제4판

SMART 사용자중심의 원가회계

수정판

서강관리회계연구회

Cost Accounting

유원북스

제 4 판 머리말

지금까지 강단에서 느낀 점은 대부분의 대학생들이 회계라는 과목을 어려워 한다는 것이다. 그러나 지금의 현대사회에서는 회계라는 것이 일상생활처럼 느껴져야 할 것이다. 왜냐하면 대부분의 자료들은 회계자료를 바탕으로 만들어지고 있어 회계라는 것이 경영 전반에 바탕이 되고 있기 때문이다. 이에 본서의 저자들은 회계라는 과목이 중요한 만큼 학생들에게 흥미를 유발시킬 필요가 있다는 생각이 들었다.

본서는 그동안 저자들의 강의경험을 바탕으로 '어떻게 하면 학생들이 원가회계 과목을 쉽게 이해할 수 있을까?'라는 점에 주안점을 두고 새롭게 집필하였다. 특히, 기본적인 개념을 충실히 설명하여 학생들 스스로 원가회계 전체의 밑그림을 그릴 수 있도록 하는 데 노력하였다. 그 밑그림이 그려진 후에야 비로소 고급문제나 현장의 실무감각을 익힐 수 있기 때문이다. 이와 관련하여 저자들이 본서를 수정하면서 염두에 두고자 했던 주요 사항은 다음과 같다.

첫째, 1, 2장의 내용을 원가회계의 전통적인 틀과 함께 전체를 이해할 수 있는 데 초점을 맞추어 설명하였으며, 원가회계의 종합적인 사고를 개발하고, 대부분 실무적으로 기업에서 많이 사용하고 있는 개념 및 용어들로 표현하고자 노력하였다.

둘째, 원가회계의 기본적인 개념을 쉽게 적용하여 충분히 이해할 수 있도록 기본예제를 강화하였으며, 이를 바탕으로 전체적인 이해를 할 수 있도록 종합예제 부분을 강화시켰다. 원가회계가 다양한 분야로 구성되어 있으며, 그 분야를 쉽게 이해하는 데 필요한 예제를 보강하였으며, 또한 이를 통해 이론적인 측면을 충실히 설명하고 전체적인 이해능력을 증진시키고자 종합적인 예제를 강화하였다.

마지막으로, 본서는 원가회계의 체계를 정확하게 이해시키는 데 중점을 두기 위해 독자 스스로 자기의 이해 정도를 확인할 수 있도록 각 장마다 기본적인 문제에서부터 응용문제에 이르기까지 해설을 곁들인 다양한 형태의 연습문제를 수록하고자 하였다. 특히, 연습문제는 그동안 각종 자격시험에서 최근 기출된 문제들을 되도록 많이 수록하여 객관식 문제와 주관식 문제를 다양하게 풀어 볼 수 있도록 하였으며, 해답에서는 그 풀이과정을 상세히 기술하여 학생들이 스스로 공부할 수 있도록 하였다.

본서를 통해 원가회계를 처음 접하는 학생들이 원가회계를 좀 더 친근하게 대할 수 있기를 바라며, 보다 큰 꿈을 키울 수 있는 디딤돌이 될 수 있기를 바란다. 본서의 출간에 있어서 저자들 중의 한 분이시면서 저자들의 스승님이신 서강대학교 김순기 교수님의 많은 관심과 배려, 날카로운 지적들이 본서를 집필하는 데 가장 큰 힘이 되었다. 끝으로 본서를 출판해 주신 유원북스의 이구만 사장님 그리고 이 책의 편집과 제작에 수고해 주신 유원북스 직원 제위께 감사의 말씀을 전한다.

2021년 1월

저자 일동

차 례

제 1 장 ❙ 원가회계 소개

제 2 장 ❙ 원가의 개념 및 분류

제 5 장 ‖ 개별원가계산

제 6 장 ‖ 활동기준원가계산

제 7 장 ┃ 종합원가계산

제 8 장 ┃ 공손품 회계

제 9 장 ▎결합제품 원가계산

제10장 ▍ 변동원가계산

제11장 ▍ 표준원가계산

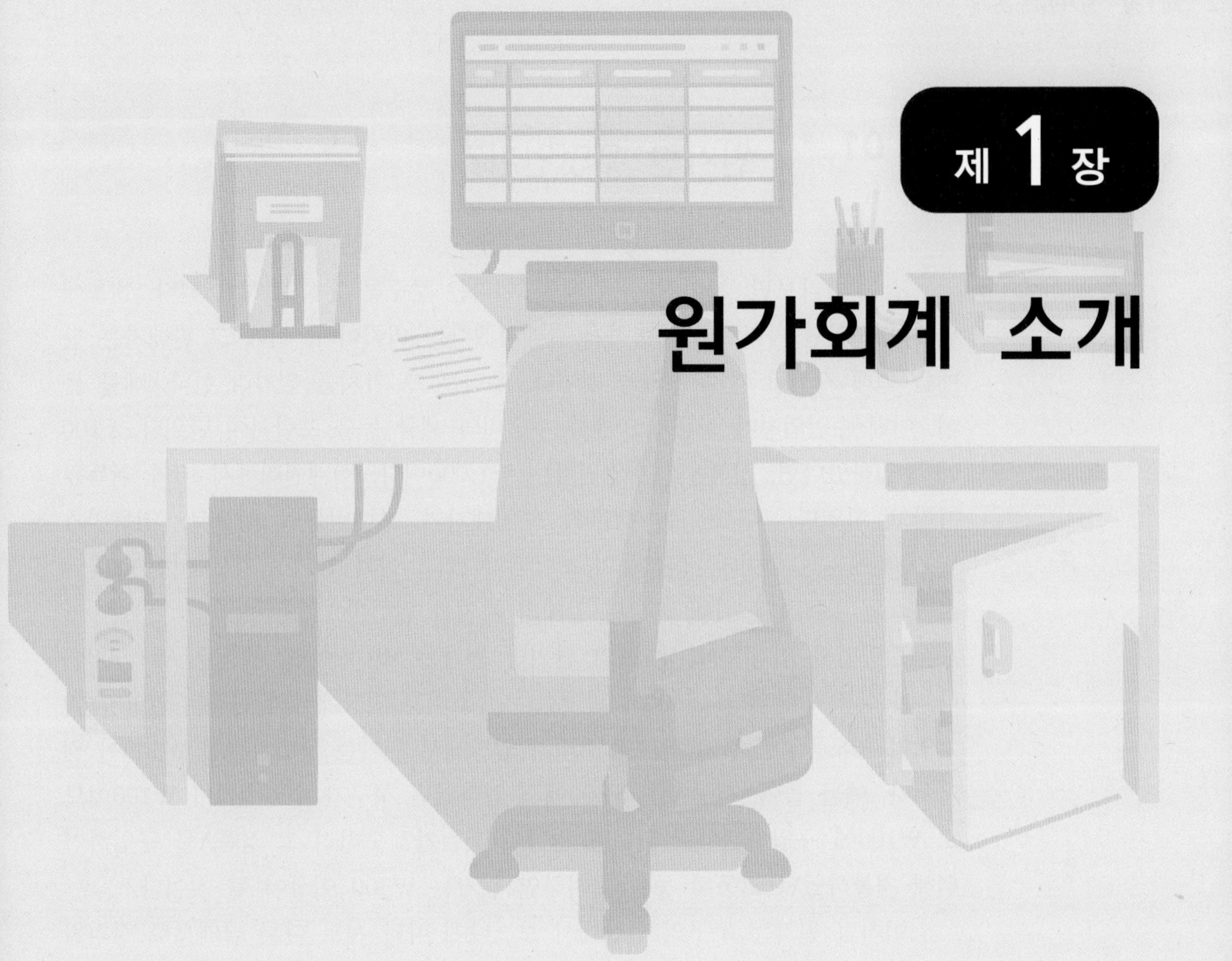

제 1 장 원가회계 소개

01 원가란 무엇인가?

길을 가다보면 '노마진! 폭탄세일!'이라는 문구를 흔히 접하게 된다. 애초에 판매하고 있던 가격보다 저렴하게 판매하겠다는 의미이다. 이때 그 판매자는 판매를 위해 지불한 가치가 있을 것이다. 우리는 그 가치를 원가라 한다. 예를 들어, 어떤 수입업자가 상품A 10개를 수송비와 세금 등을 포함하여 단위당 ₩100에 수입하였다면, 상품A의 수입원가는 ₩1,000이다. 회계원리에서 이를 취득원가라고 하였다. 취득원가는 상품의 구입대가와 부대비용의 합으로, 취득원가 ₩1,000에는 수송비와 세금 등이 포함되어 있다. 이와 같이 원가는 어떤 재화나 서비스를 획득하기 위해 희생된 일체의 가치를 말한다.

수입업자 입장에서 상품A의 단위당 원가는 ₩100이며, 총액은 ₩1,000이다. 이 상품을 단위당 ₩300에 판매한다면 소비자 입장에서의 원가는 얼마일까? 수업업자와 동일한 ₩100일까? 소비자 입장에서 원가는 구입가격인 ₩300이 원가이다. 예를 들어, 상품A를 ₩300에 구입하였던 친구가 수입원가가 ₩100이므로 ₩100에 구입하겠다고 한다면 팔아야 되는가? 오히려 그 상품A를 구입하기 위해 지불하였던 교통비 등을 고려하면 원가는 ₩300 이상이 될 것이다.

이처럼 원가는 누구의 입장에서 보느냐에 따라 서로 다른 금액으로 정의될 수 있다. 신문기사를 보면 배추의 산지 가격이 ₩200인데 마트에서는 ₩2,000에 판매되고 있다고 한다. 배추가 유통과정에서 여러 중간단계를 거치게 된다면 각 중간단계를 거칠 때마다 원가는 상승하게 될 것이다. 그러므로 중간단계를 축소하거나 제거하면 농민과 소비자 모두 윈윈하는 거래가 이루어지게 될 것이다.

그럼 상품A를 제조하는 생산자 입장에서의 원가는 얼마일까? 제품A(판매목적으로 자체 생산하는 경우 '제품'이라고 함)를 생산하기 위해서는 재료가 필요하고 사람도 있어야 하고, 공장시설도 있어야 한다. 또한 그 기업은 제품A만 생산하지 않는다. 여러 종류의 제품을 같이 생산하고 판매한다. 생산자 입장에서 원가가 얼마인지를 결정하는 것은 쉬운 문제가 아니다. 이에 따라 원가회계라는 과목을 통해 각 제품의 원가를 산출하는 과정과 절차에 대해 공부하게 된다. 따라서 원가회계는 제조시설을 가지고 있는 기업, 생산자 입장에서의 원가를 산출하는 과정에 관심을 두고 있다.

02 상품매매기업과 제조기업의 원가

회계학을 처음 접하게 되는 회계원리에서 우리는 주로 일반 상품매매기업에 대한 회계처리를 중심으로 공부하였다. 상품매매기업은 외부로부터 상품을 구매하여 이를 소비자에게 재판매함으로써 이익을 발생시키는 기업을 말한다. 우리가 가장 자주 접하게 되는 도매상들이 상품매매기업에 속한다고 보면 된다. 이 기업들은 제조시설을 가지고 있지는 않는다. 상품매매기업은 생산시설을 가진 제조기업이 생산한 제품을 구매하여 재판매할 뿐이다. 따라서 상품매매기업의 주요 경영활동은 구매와 판매가 핵심이다. 이에 반해 제조기업은 제조시설을 보유하고 제품을 생산하는 기업을 말한다. 제조기업이 상품매매기업과 다른 것은 제조시설을 가지고 제품을 생산한다는 것이다. 따라서 제조기업의 주요 경영활동은 구매와 판매뿐만 아니라 생산활동을 포함하고 있다. [도표 1-1]에 상품매매기업과 제조기업의 거래구조를 요약하였다.

[도표 1-1]을 보면 상품매매기업(상품)과 제조기업(제품)은 서로 다른 거래구조를 가지고 있으며, 그 구조에 따라 재화의 원가도 서로 다르게 산출됨을 알 수 있다. 상품매매기업의 경우 상품의 원가는 제조기업에서 구매한 재화가치(구입대가)와 부대비용의 합으로 산출된다. 회계원리에서 공부하였던 취득원가를 말한다.

상품매매기업의 취득원가는 상대적으로 쉽게 파악할 수 있다. 상품을 구입하면서 지급한 대가가 있고, 영수증이나 전표가 있기 때문이다. 그 영수증에는 몇 개의 상품을 얼마에 구입하였다는 내역이 존재한다. 상품의 구입시점이 다르고 구입가격이 다르다면 선입선출법이나 후입선출법 등으로 원가를 결정하

[도표 1-1] 상품매매기업과 제조기업의 거래구조

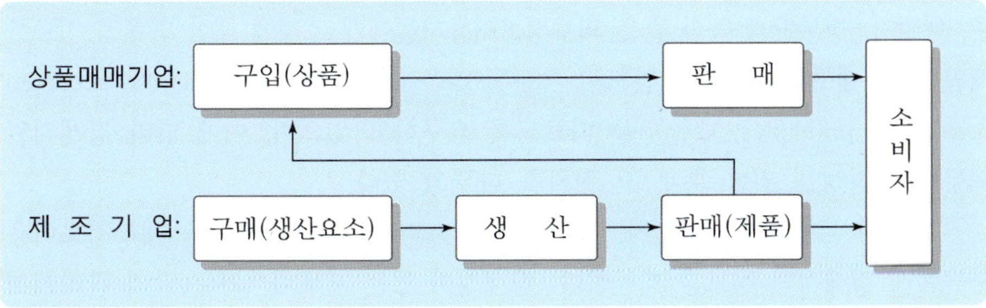

는 방법을 사용하면 된다. 즉, 상품매매기업의 원가는 쉽게 파악할 수 있다.

그러나 제조기업의 원가 결정은 쉽지가 않다. 제품을 생산하기 위해서는 재료원가, 노무원가, 제조경비 등 다양한 원가가 발생한다. 또한 대부분 기업들은 다양한 제품을 생산하고 있다. 이는 제품원가를 산출하는 절차를 복잡하게 만든다. 예를 들어, 한 종류의 제품A만을 생산하는 기업을 가정해 보자. 제품A를 생산하는 과정에서 발생하는 모든 원가요소(재료원가, 노무원가, 경비)는 그 제품A를 생산하기 위해 발생한 것이다. 따라서 재공품이 없다면 일정한 기간을 정해서 그 기간 동안 투입된 모든 원가요소 금액을 생산량으로 나누면 단위당 제품원가를 구할 수 있다.

반면에 여러 종류의 제품을 생산하는 기업이라면 문제는 달라진다. 예를 들어, 제품 A와 B를 각각 50개씩 100개를 생산했다면 동기간에 투입된 원가요소 금액을 생산량 100개로 나누면 각 제품의 단위당 원가를 구할 수 있을까? 투입된 재료가 다르고, 작업자의 작업 정도도 다르며, 경비의 소비 정도도 다르다. 이렇게 산출된 원가정보는 아무런 의미가 없다. 일반적으로 한 기업에서 생산하는 제품의 종류가 다양할수록, 제품별로 원가요소의 소비 정도가 차이가 심할수록, 기업간의 경쟁이 치열할수록 좀 더 정교한 원가계산의 절차를 구축하여야 한다.

03 재무회계와 관리회계

회계의 가장 중요한 역할 중의 하나는 정보이용자들의 경제적 의사결정에 유용한 정보를 제공하는 것이라 할 수 있다. 이와 같이 회계는 정보이용자의 유형에 따라 크게 재무회계와 관리회계 두 분야로 구분할 수 있다. 재무회계는 주주, 채권자, 정부당국 등과 같은 외부정보이용자들에게 조직에 대한 경제적 정보를 제공한다. 재무회계에서는 반드시 일반적으로 인정된 회계원칙(generally accepted accounting principles: GAAP)을 따르도록 요구하고 있으며, 이에 따라 강제적인 재무제표 작성을 위한 분개 및 절차를 다루고 있다.

반면에 관리회계는 작업자, 중간관리자 그리고 최고경영자 등 내부정보이용자들에게 경제적인 정보를 제공한다. 강제성이 있는 재무회계와는 달리 관리회계에서는 상당한 재량권이 주어져 있다. 즉, 재무제표와 같은 일정한 보고양식이 없으며, GAAP와 같은 강제적인 회계원칙에서도 비교적 자유롭다. 내부정보이용자의 의사결정에 도움이 될 수 있는 목적 적합한 정보가 적시적으로 제공될 수 있다면, 관리회계시스템에서 제공하는 정보의 가치는 아주 높다고 볼 수 있다. [도표 1-2]는 회계학의 체계를 나타낸 것이고, [도표 1-3]은 재무회계와 관리회계를 비교하여 요약·정리한 것이다.

이제 원가회계가 재무회계 및 관리회계와 어떤 연관성이 있는지를 살펴보도록 한다. 재무회계와 관리회계가 모두 역사적 원가자료를 사용하지만 서로 다른 관점을 가지고 있다. 재무회계에서는 범용목적의 재무제표를 작성하는 데 원가자료를 사용하는 반면, 관리회계는 미래의 계획을 설정하고, 내부의사결정을 수행하고, 조직을 운영·통제하는 데 원가자료를 사용한다. 이런 관점에서 볼 때 원가회계는 재무회계와 관리회계 모두에서 유용한 정보가 되고 있음을 알 수 있다. 원가회계가 재무회계 및 관리회계와 어떤 관계를 가지고 있는지 요약해 보면 [도표 1-4]와 같다.

[도표 1-2] 회계학의 체계

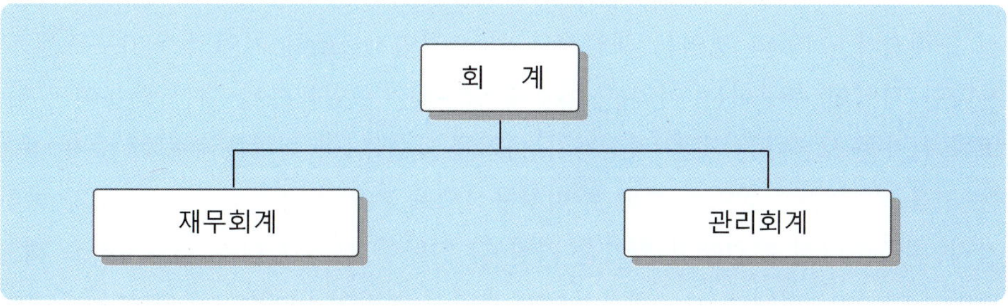

[도표 1-3] 재무회계와 관리회계

	관리회계	재무회계
목 적	조직목표 달성을 위한 의사결정 지원	기업의 외부집단에게 재무상태 및 경영성과 공시
정보이용자	경영자와 관리자 등 내부이해관계자	투자자, 금융기관, 규제기관 등 외부이해관계자
성 격	미래 지향적	과거 지향적
보 고 서	제품, 부문, 지역, 전략 등에 대한 재무 및 비재무보고서	일반목적 재무제표
작성 기준	원가-효익 분석	GAAP
보고 주기	수시 보고	주기적 보고

[도표 1-4] 원가회계와 재무회계·관리회계의 관계

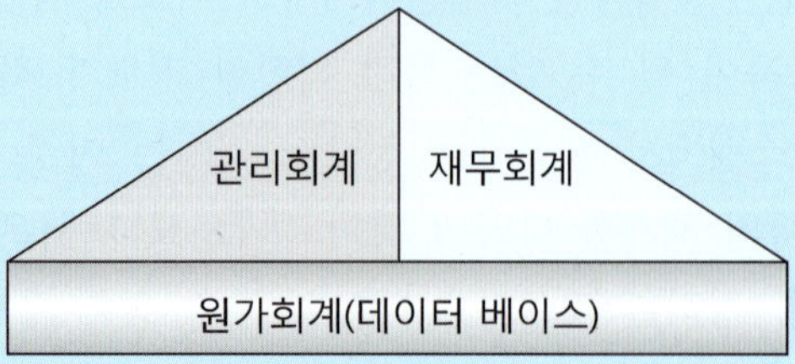

원가회계는 재무회계보고서와 관리회계보고서를 작성하기 위한 데이터 베이스의 역할을 한다. 재무회계에서 원가회계의 역할은 주로 매출원가를 결정하는 데 있다. 매출원가를 산정하기 위해서는 당기완성품원가와 재고자산금액을 알아야 한다. 제조기업의 경우 매출원가 산정을 위한 이 정보를 원가회계에서 제공하고 있다. 관리회계에서 원가회계의 역할은 조직의 계획과 통제 그리고 의사결정 등에 필요한 정보를 산출하기 위한 기초자료를 제공하는 것이다.

사실 그동안 원가회계의 역할은 재무제표 작성에 중점을 두고 있었다. 경영자들은 원가를 몰라도 되는 것일까? 기업의 이익은 총수익에서 총비용을 차감해서 구해진다. 기업의 경영을 책임지고 있는 경영자들조차 기업의 원가구조를 모른다면 기업이 추구하는 이익은 어떻게 달성될 수 있을까에 대한 의문이 든다. 또한 원가를 모른다는 것은 경영자가 이익에 대한 미래 계획을 수립할 수가 없다는 것을 의미하는 것으로 결국 주먹구구식으로 기업을 경영하겠다는 것과 마찬가지이다. 따라서 기업에서 원가를 가장 잘 알아야 하는 사람은 경영자라고 해도 과언이 아니다. 현대에서는 원가정보의 관리적 역할이 더 없이 필요하다. 원가회계시스템은 다음과 같은 다양한 의사결정의 경제적 결과를 예측할 수 있도록 유용한 정보를 제공하여야 한다.

- 미래 경영목표 및 달성계획 설정
- 제품가격의 결정
- 제품별·유통경로별 수익성 분석
- 사업부문의 성과평가
- 경영활동 및 업무의 효율성 분석
- 기타 경영활동에 대한 주요 의사결정

04 원가담당자의 역할

어느 대기업의 공장을 방문한 적이 있었다. 그 회사의 원가담당자의 말에 따르면 최근 신입사원들이 가장 기피하는 부서 중 하나가 회계부서라고 한다. 그 이유는 어렵기 때문이라고 한다. 그러나 여기서 하나 반문할 수 있는 것은 어렵기 때문에 지식과 경험을 축적하면 기업에서 핵심적인 역할을 담당할 수 있지 않을까? 그 원가담당자는 또 다시 입사하게 되더라도 원가부서를 담당하고 싶다고 하였다.

그 원가담당자는 매일 출근하면 공장을 한 바퀴 돌아본다고 한다. 원가부서는 현장과 불가분의 관계에 있기 때문이다. 현장작업자보다 생산라인에 대해 더 많은 지식을 가지고 있는 것처럼 보였고, 실제로 생산라인의 개선을 직접 제안하여 큰 효익을 본 적이 많았다고 한다. 그러한 개선활동은 수많은 경험과 지식이 없으면 불가능할 것이다. 그렇기 때문에 자신이 일하고 있는 원가부서에 대해 큰 자부심을 가질 수 있다.

현대에서 원가담당자는 단순히 원가정보를 산출하는 역할에 그치지 않고 보다 폭넓은 역할이 요구되고 있다. 앞서 지적한 바와 같이 원가정보를 이용한 원가관리 및 조직혁신의 선두주자로서의 역할을 담당해야 한다. 기업의 모든 거래결과는 회계부서에 집결된다. 기업의 전체적인 활동을 가장 잘 관찰할 수 있는 위치에 있다는 말이다. 원가담당자는 이러한 자신의 위치를 활용하여 기업의 핵심적인 성공요인을 발견하고, 이를 강화시킬 수 있는 정보를 산출하고 보고하여야 한다.

그러기 위해서는 기업의 각 기능을 가치사슬(value chain)의 개념으로 연결시켜 볼 줄 아는 통찰력을 지녀야 한다. 가치사슬은 제품에 대한 연구개발 단계에서부터 고객서비스에 이르기까지 잠재 고객의 요구가 부가되도록 하는 사업 기능들의 배열을 말한다. 각 기능에 대해 고객이 요구하는 가치를 부여하는 데 중요한 역할을 하는 것이 원가관리 담당자이다. 가치사슬 내 다양한 기능들이 하나의 팀으로 구성되어 함께 활동한다면 큰 이점이 될 수 있다. 제품설계 과정에 원가담당자, 생산담당자, 품질담당자, 마케팅담당자 등이 함께 한다면 더 나은 대안을 찾는 데 큰 도움이 될 수 있다는 것이다.

그러나 지나친 기능세분화를 바탕으로 한 개별 기능분야의 효율성 제고는

[도표 1-5] 가치사슬과 원가관리회계 정보

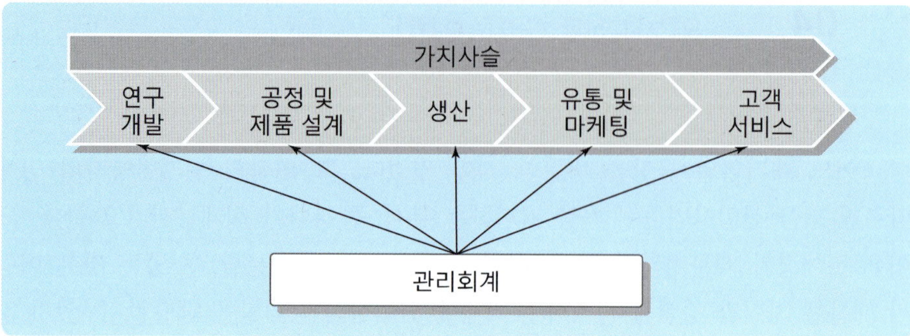

오히려 기업전체의 목적달성에 방해가 될 수도 있다. 예를 들어, 생산과 판매기능을 통합시켜 상호 보완하고자 하는 것은 이러한 경영층의 노력의 일환이다. 원가회계 담당자들은 경영층의 이러한 노력을 진작시킬 수 있는 분위기와 정보를 제공해야 한다. 특히 과거의 잘못된 관습에서부터 과감히 탈피해야 한다. 급격한 환경변화 이전에 설정한 원가회계시스템에서 산출되는 원가정보는 왜곡되고 진부화된 것일 수 있기 때문에 환경변화를 잘 포착하고 올바른 정보를 전달하도록 세심한 노력을 기울여야 한다.

05 원가회계의 과거와 현재

18세기 중엽 산업혁명이 일어나기 전까지는 원가의 개념이 아직 정립되지 않은 시기였다. 중세시대부터 베네치아, 안트워프, 제노바, 암스테르담 그리고 영국 런던으로 이어지는 유럽 중심의 패권주의와 더불어 세계경제는 주로 상업무역을 중심으로 발달하였다. 주로 농어업과 같은 1차산업이 주류였으며, 공업은 노동집약적인 가내수공업을 위주로 단일활동의 조직형태를 띠었다. 예를 들어, 섬유산업에서 양털깎기, 털실방적, 방직, 염색 등의 일련의 작업단위가 개별적인 조직형태를 갖추고 있었다. 따라서 이런 환경에서는 시장에서 거래되는 가격이 곧 원가의 역할을 할 수 있었다. 생산자는 소비처에서 구입한 가격보다 더 많은 현금을 소비자로부터 회수하면 되었기 때문에 성공 여부에 대한 측정치를 비교적 쉽게 구할 수 있었다.

이후 산업혁명을 거치면서 단일활동 조직들이 복수활동 조직으로 전환되면서 위계조직이 생겨나게 되었다. 예를 들어, 방적과 방직, 염색 등의 개별 작업단위를 한 조직에서 통합한 복수활동기업들이 나타나게 되었다. 시장에서의 구입가격이 원가가 되던 시대는 지나갔다는 말이다. 따라서 원가를 파악하기 위해 복수공정을 거치면서 발생되는 가공원가에 대한 측정치들이 도입되었다. 19세기 중반 철도와 전신의 발명에 따라 지역적인 산업규모는 그 영역을 더욱 확대할 수 있게 되었으며, 생산과 소비의 불균형이 나타나게 되었다. 이때 기업들은 효율성과 이익에 관심을 갖게 되었고, 이에 따라 생산과정의 효율성 측정, 생산성 목표달성 그리고 작업자들의 동기유발 등에 관심을 갖게 되었다. 이를 위하여 중간제품과 완제품의 원가를 식별하는 것이 중요한 관리요소였으며, 더 나아가서는 과학적 관리운동을 통해 표준과 실제성과의 차이 분석, 즉 표준원가제도를 태동시키는 계기가 되기도 하였다. 이때까지만 해도 원가정보는 기업관리를 위한 목적으로 수집되고 사용되었다. 즉, 원가정보는 단순히 제품원가를 산출하는 계산의 목적이 아니라 원가관리의 목적이었다.

그러나 조직의 복수업무를 수행하는 거대기업이 출현하고, 복수사업부 형태의 조직이 나타나면서부터 원가회계에도 많은 변화가 있었다. 거대기업을 관리하기 위한 성과지표가 개발되기도 하였지만, 무엇보다 큰 변화는 원가정보의 산출목적이 재무제표 작성을 위한 것으로 변화했다는 점이다. 자본시장과 규제기관 등 기업 외부로부터의 압력이 가해졌고, 공인회계사들도 원가회계와 재무회계의 통합을 요구하였다. 즉, 개별 제품의 정확한 원가보다는 총계만 정확하다면 세부적으로 상쇄될 수 있는 오류는 중요하지 않다는 것이었다. 이때부터 재무제표의 매출원가와 기말재고액의 산정이 원가회계의 핵심이 되었다.

많은 학자들은 1920년대의 원가·관리회계가 지금까지도 큰 변화없이 그대로 사용되고 있음을 지적하고 있다. 1920년대의 단순한 생산환경에 비하면 현재는 훨씬 복잡하고 다양화되었다. 예를 들어, 한 기업에서 생산되는 제품의 종류는 수없이 많아졌으며, 생산기술도 기계화·자동화를 거쳐 무인생산시스템으로까지 발전하는 단계에 이르렀다. 앞으로 계속 살펴보겠지만, 이러한 변화는 원가구조를 변화시키며, 결국에는 잘못된 원가정보를 산출하는 원인이 된다. 최근에 와서야 이러한 문제들이 논의되기 시작하였다. 1980년 초부터 제안되어 많은 기업들에 의해 각광을 받고 있는 활동기준원가계산제도(activity-based costing: ABC)도 이러한 논의의 결과로 주목을 받고 있는 기법이다. 전통적인 원가계산에서는 단순히 직접노무시간에 의해 제조간접원가를 제품에 배부하고 있다. 그러나 제조설비의 자동화로 직접노무시간을 기준으로 하는 제조간접원가의 배부는 그 유효성이 상실되었고 제품원가를 왜곡시킨다는 비난을 받게 되었다. 활동기준원가계산에서는 직접노무시간 대신 원가동인(cost driver)이라 불리는 다수의 보다 정확하고 개선된 활동측정치를 배부기준으로 활용하여 각 제품의 제조간접원가 자원의 소모액을 전통적인 원가계산방법보다 정확하게 측정하려 하고 있다. 활동기준원가계산은 전통적인 원가계산에 비해 운영(측정)비용이 많이 소요된다. 활동기준원가계산은 운영비용이 많이 소요되는데, 최근 정보기술의 발달로 인해 정보처리비용이 감소되면서 적용이 가능하게 되었다. 이 책에서도 중반부에 활동기준원가계산에 대해 설명할 것이다. 그러나 최신 기법이 모든 문제를 해결해 주지는 못한다. 또한 전통적인 방법이라고 해서 무조건 배척해서도 안 된다. 다만, 원가회계는 단순한 원가계산이 아니라 원가관리라는 1920년대 이전의 역할을 회복해야 한다는 점을 강조하고 싶다.

원가회계정보는 기업의 성패를 좌우하는 주요 역할을 한다. 우수한 제품을 생산하고 있는 기업도 정확하고 유용한 원가회계정보를 산출하지 못하면 오늘날의 글로벌 경쟁환경하에서 실패할 수 있다. 또 어떤 기업들은 시대에 뒤떨어진 원가회계제도를 사용함으로써 어떤 제품에 대해서는 가격을 너무 낮게 책정하는가 하면 또 다른 제품에 대해서는 가격을 너무 높게 책정하여 수익성과 경쟁력을 동시에 상실하기도 한다. 효과적인 원가회계시스템은 운전자본의 부족 또는 바람직하지 못한 재고의 증가와 같은 잠재적 문제점들을 예방하거나 탐지할 수 있는 합목적적이고 시기적절한 정보를 제공한다. 뿐만 아니라 원가회계는 과거 의사결정의 결과를 시기적절하게 보고함으로써 경영자로 하여금 사업운영을 보다 잘 통제하고 현행 및 잠재적인 문제점들을 해결할 수 있게 한다. 이는 곧 기업의 가치를 극대화시킬 수 있는 길이기도 하다.

제 2 장

원가의 개념 및 분류

01 제품생산과 원가

제품을 생산하기 위해서는 여러 단계의 작업과정을 거쳐야 한다. 예를 들어, 우리가 직접 책상을 만든다고 생각해 보자. 먼저 책상의 재료가 되는 목재와 못 등을 구입하여야 한다. 목재를 크기와 종류에 따라 자르고, 이를 조립하여 못을 박아야 한다. 물론 많은 작업들이 필요하지만 책상을 만들기 위해서는 각각의 작업순서에 따라 작업단계를 거쳐야 한다. 이때 각각의 작업단계를 공정(process)이라 한다.

이와 같이 제품을 생산하기 위해서는 재료와 작업자, 기계나 용구, 그리고 전기·수도 등이 투입되어야 한다. 이 과정에서 원가, 즉 재료원가, 작업자의 노무원가, 기계의 감가상각비, 전기수도료 등의 비용이 필연적으로 발생하게 되는데, 이들은 모두 제품의 원가를 구성하는 요소이다. 이 생산요소들이 발생시키는 원가를 요약해 보면 크게 재료원가, 노무원가 그리고 제조경비 세 가지로 구분된다. 이를 제조원가의 3요소라고 한다. 따라서 원가(cost)란 재화나 서비스를 획득하기 위하여 희생되는 일체의 경제적 가치를 말한다.

원가가 최종적으로 집계되는 제품을 원가대상(cost objective)이라고 한다. 원가라는 용어 그 자체만으로는 아무런 의미가 없다. 원가는 반드시 하나 이상의 원가대상이 결합되었을 때 의미를 가진다. 제조기업에서 주요 원가대상은 생산되는 제품이다. 그렇지만 제품만이 경영자들이 관심을 갖는 유일한 원가대상은 아니다. 경영자가 어떤 것의 원가를 알고 싶다면 그 어떤 것이 바로 원가대상이 될 수 있다. 경영자들은 기업의 모든 측면을 효과적이고 효율적으로 관리해야 하기 때문에 다양한 원가정보를 요구한다. 원가대상에는 제품뿐만 아니라 조직 내 부서, 고객, 특정 프로젝트 혹은 프로그램 등도 될 수 있다. 예를 들어, 광고 캠페인을 벌이고 있다면 이것도 원가대상이 될 수 있다. 원가대상을 좀 더 정확하고 명료하게 정의하게 되면 의사결정에 사용되는 원가측정 결과는 보다 정확해진다. 원가대상이 불명료하면 그 대상의 원가측정은 부정확하게 될 것이다.

원가는 분류방식에 따라 여러 가지로 구분된다. 생산관련성에 따라 제조원가와 기간비용으로 분류되며, 자산관련성에 따라 소멸원가와 미소멸원가, 추적가능성에 따라 직접원가와 간접원가, 원가행태에 따라 변동원가와 고정원가, 의사결정의 관련성에 따라 관련원가와 비관련원가 등으로 분류된다. 이 가운데 관련원가와 비관련원가는 의사결정과 관련된 상황에서 주로 다루는 개념이기 때문에 원가회계보다는 관리회계적인 측면이 강하다. 따라서 본서에서는 관련원가와 비관련원가에 대한 부분은 다루지 않기로 한다.

한편, 회계를 잘 아는 사람도 자주 혼동하여 쓰는 용어가 원가와 비용이다. 실제 기업의 생산 현장에 가 보면 '원가를 절감하자' 혹은 '비용을 절약하자'라는 구호를 많이 보게 된다. 이는 기업 현장에서 두 용어가 거의 동의어로 사용되고 있음을 나타내고 있는 것이다. 현실적으로 양자가 많은 경우에 혼용되고 있고 구분의 실익도 별로 없지만 회계학적으로는 양자를 구분할 수는 있다. 본래 비용이란 손익을 계산하기 위한 용어로서 수익과 대응되는 개념이다. 반면에, 원가란 제품에 대한 경제적인 가치의 소비를 의미하기 때문에 제품과의 관계에서 사용되는 용어이다. 좀 더 구체적으로 살펴보면, 원가(cost)란 그 가치가 어딘가에 잠겨있는 것이다. 즉, 제품을 생산하기 위해 소비된 경제적 가치로 그 가치가 기업 내에 남아 있는 것이다. 이때 소멸된 원가를 비용(expense)이라고 하며, 수익을 발생시키면서 그 가치가 밖으로 소멸되는 것이다. 즉, 수익을 얻기 위해 소비된 경제적 가치로 그 가치가 기업 밖으로 나간 것이라 할 수 있다. 한편, 비용과 유사한 용어로 손실(loss)이 있다. 손실은 아무런 수익도 발생시키지 못하면서 그냥 사라지는 가치를 의미한다.

원가는 소멸된 원가와 소멸되지 않은 원가로 구분되는데 손익계산서에서 수익과 대응되는 비용은 소멸된 원가(expired costs)이고 발생된 원가 중에서 현재시점까지 수익창출목적의 기업활동에 기여하지 않은 소멸되지 않은 원가(unexpired costs)는 자산으로 구분된다. 그러나 자산이 기업활동에 사용되면 비로소 원가는 소멸되며 이때 소멸된 원가는 손익계산서상에 비용으로 처리된다(예: 매출원가). 따라서 원가는 비용(소멸된 원가)이 될 수도 있고 자산(소멸되지 않은 원가)이 될 수도 있다.

02 생산관련성에 따른 원가 분류

특정 제품이 생산되고 고객에게 판매되는 일련의 과정을 보면 연구개발, 생산, 판매라는 과정을 거치게 된다. 연구개발단계에서는 연구개발비가 발생하며, 생산단계에서는 제조원가가 발생하고, 판매단계에서는 판매비가 발생한다. 생산관련성에 따라서 원가를 분류해 보면 제조원가와 기간비용으로 구분할 수 있다.

먼저 연구개발비를 보면 한국채택국제회계기준(K-IFRS)에서 연구단계와 개발단계로 구분한다. 연구단계에서 발생한 모든 투자액은 당기비용으로 처리하도록 하고 있다. 예를 들어, 무인자동차를 개발하기 위한 연구가 이루어지고 있는

[도표 2-1] 생산관련성에 따른 원가 분류

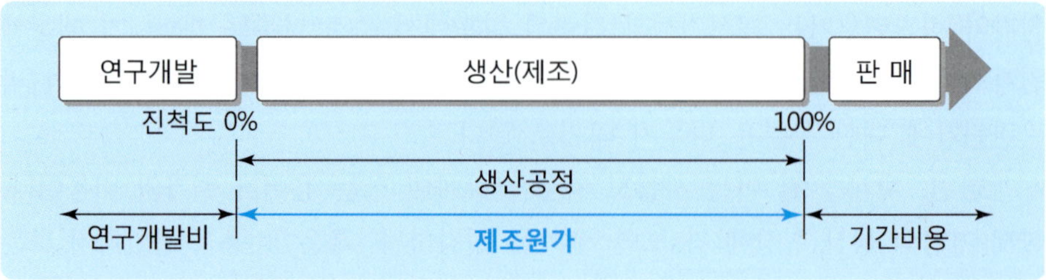

데, 현재 무인자동차는 판매목적의 양산단계에 있지 못하다. 이 과정에서 발생한 금액은 모두 당기비용이 된다. 개발단계에서는 아주 까다로운 조건을 모두 충족할 경우에만 무형자산으로 처리할 수 있도록 하였다. 그 조건은 미래의 경제적 효익이 존재해야 하고, 신뢰성있게 측정가능해야 하며, 기술적으로 실현가능해야 하며, 자원확보가 가능해야 하며, 사용 또는 판매의도가 있어야 하고 판매능력도 있어야 한다. 따라서 연구개발비는 많은 경우 자산으로 처리되기보다는 당기비용으로 처리되는 경우가 많다.

판매단계에서는 판매비가 발생한다. 판매비는 손익계산서에 기재된 판매관리비에 해당하는 것이다. 예를 들어, A와 B 두 사람이 있는데, A는 제품생산을 담당하고, B는 판매 및 관리를 담당하고 있다면, 두 사람의 인건비 가운데 제품원가에 포함되어야 하는 것은 어느 것인가? 제품생산을 담당하고 있는 A의 인건비이다. A의 인건비를 제조원가(manufacturing costs) 또는 제품원가(product costs)라고 한다. B의 인건비는 손익계산서의 판매관리비에 포함되는데 기간비용(period costs) 또는 비제조원가(non-manufacturing costs)라고 한다. 감가상각비를 예로 들어 보자. 감가상각비는 공장건물에 대해서도 발생하고, 본사건물에 대해서도 발생한다. 이 가운데 제품원가에 포함되는 것은 공장건물에 대한 감가상각비이다. 만약 본사건물의 감가상각비를 제품원가에 포함시킨다면 실제보다 더 높은 원가가 산출될 것이다. 따라서 제조원가가 되기 위한 첫 번째 조건은 제품생산과 관련이 있어야 한다.

둘째, 화폐가치로 측정가능해야 한다. 예를 들어, 재료는 구입수량과 구입가격이 있기 때문에 총 얼마나 구입하였는지를 측정할 수 있다. 또한 그 재료를 얼마나 제품생산에 소비하였는지도 측정가능하다. 예를 들어, 지난 달 말에 총 ₩10,000의 재료를 보유하고 있었는데, ₩3,000의 재료가 재고로 남아 있다면 ₩7,000의 재료가 생산에 투입되었음을 알 수 있다. 그러나 종업원들의 능력이나 조직관리능력 등은 기업의 경쟁력이나 부가가치 창출에 기여하지만, 그것을 화폐가치로 측정하는 것은 현재로서는 거의 불가능하다. 따라서 화폐가치로 측정할 수 없는 것들은 제품원가에 포함되지 않는다.

셋째, 경제적 가치가 소비되어야 한다. 앞에서 예로 들었듯이 총 ₩10,000의 재료 가운데 제품원가에 포함되어야 하는 것은 제품생산에 소비된 ₩7,000이다. 반면에 제품생산에 사용되지 않고 재고로 남아 있는 재료 ₩3,000은 제품원가에 포함되어서는 안 된다. 재료의 재고 ₩3,000은 재무상태표상의 재고자산에 포함되어야 한다. 이와 같이 원가는 제품을 생산하는 과정에 소비된 것이라고 할 수 있다. 즉, 제품을 생산하기 위해 가동 중인 기계 감가상각비, 공장의 전기요금 등 그 자체가 원가인 것이다.

그러나 어떤 경우에는 제품이나 서비스의 원가를 결정하는 일이 쉽지 않다. 예를 들면 한 기업이 어떤 상품을 구입하는 대신 자체적으로 제조하기로 결정하였다면, 이때 그 물품의 원가에는 그 제품을 제조하는 데 소요되는 모든 자원의 원가가 집계되어 산출된다. 그 제품의 제조원가에는 재료원가, 노무원가, 공장 및 기계 감가상각비 등이 포함될 것이다. 추가로 특정 제품과 함께 여러 제품이 생산되는 경우 전체 공장 및 기계 감가상각비 중 얼마 만큼을 특정 제품의 원가 산정에 귀속시켜야 하는지를 결정하는 일은 쉽지 않다.

03 자산관련성에 따른 원가 분류

제품을 생산하게 되면 소비자에게 판매된 부분은 매출원가로 인식하고, 판매되지 않은 것은 재고자산으로 남게 된다. 이와 같이 손익계산서 상에 비용이나 손실로 인식되는 부분을 소멸원가(expired costs)라고 하고, 재무상태표에 재고자산으로 남아 있는 부분을 미소멸원가(unexpired costs)라 한다. 비용은 수익을 창출하기 위하여 소멸된 원가를 의미하고, 손실은 수익창출과 무관하게 소멸된 원가를 말한다. 넓은 의미에서 원가는 손익계산서 상에 비용으로 처리된 소멸원가뿐만 아니라 재무상태표에 계상된 미소멸원가, 즉 자산도 포함하는 개념이다. 넓은 의미에서 원가는 다음과 같이 나타낼 수 있다.

어떤 상품매매기업이 내용연수 5년이며, 잔존가치가 없는 운반용화물차를

[도표 2-2] 소멸원가와 미소멸원가

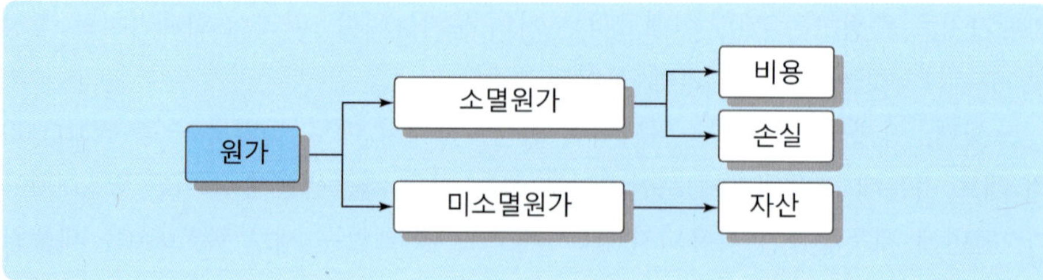

₩5,000,000에 구입하여 정액법으로 감가상각한다고 하자. 이때 운반용화물차의 원가는 ₩5,000,000이다. 취득시점에서 소멸된 것이 없기 때문에 비용이 아니라 유형자산이라는 소멸되지 않은 원가가 된다. 그러나 취득한 후 영업활동에 사용되어 1년이 경과되면 ₩5,000,000의 원가 가운데 ₩1,000,000은 소멸된 것으로 인식되어 손익계산서 상에 감가상각비라는 비용으로 ₩1,000,000이 계상된다. 나머지 ₩4,000,000은 소멸되지 않는 채 유형자산으로 남아 잔여 내용연수인 4년 동안에 걸쳐 소멸될 자산이다. 한편, 한여름 낙뢰로 인하여 동 차량이 파손되었다면 이는 손실에 해당한다.

04 추적가능성에 따른 원가 분류

4.1 직접원가와 간접원가

원가는 각 원가대상별로 집계되어 원가대상별 원가를 산출하게 된다. 즉, 원가대상이 제품이라면 제품별 원가계산이 이루어지게 된다. 그러나 모든 원가를 각 원가대상별로 추적할 수 있는 것은 아니다. 예를 들어, 책상과 의자를 생산하는 데 필요한 주재료인 목재는 각 제품별로 얼마나 소비되었는지 파악할 수 있는 반면에, 못은 추적이 불가능하다. 이와 같이 원가대상별로 각 원가요소가 얼마나 소비되었는지 추적가능한 경우 직접원가(direct costs)라고 하며, 불가능한 경우 간접원가(indirect costs)라고 한다.

추적가능성 여부에 따라 직접원가와 간접원가로 구분한다.

재료원가에도 제품별로 추적가능한 직접재료원가와 추적불가능한 간접재료

[도표 2-3] 추정가능성에 따른 원가 분류

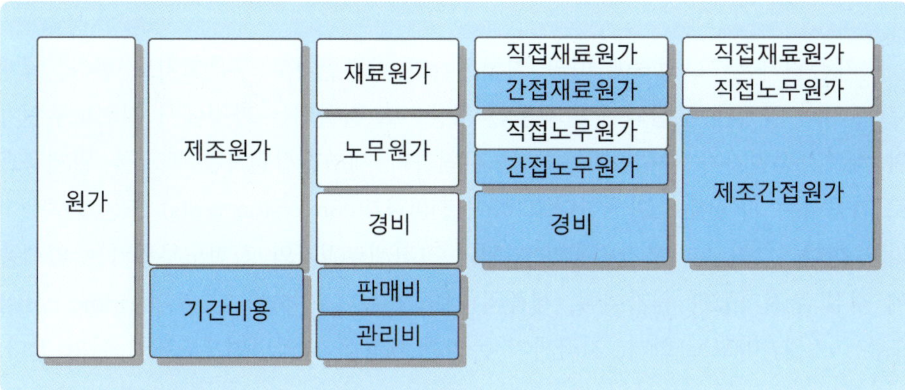

제조경비: 제조경비는 외주가공비, 특허권사용료, 특정제품설계비만이 직접경비이고, 나머지 항목은 거의 간접원가이므로 본서에서는 모든 제조경비를 제조간접원가로 취급하기로 한다.

원가가 있다. 그리고 노무원가도 마찬가지로 추적가능한 직접노무원가와 추적불가능한 간접노무원가로 구분된다. 제조간접원가는 직접재료원가와 직접노무원가 이외에 제품생산에 필요한 모든 원가로 구성된다. 즉, 간접재료원가와 간접노무원가 그리고 제조경비 등 간접원가를 모두 집계하여 이를 제조간접원가(manufacturing overhead costs)라고 한다. 제조간접원가는 원가대상별로 추적불가능한 원가만을 집계해 놓은 것이다. 따라서 제품원가는 직접재료원가, 직접노무원가 그리고 제조간접원가로 구성되어 있음을 알 수 있다.

직접원가와 간접원가의 구분은 쉬운 일이 아니다. 또 원가대상별로 특정 원가를 추적하기 위해서는 측정비용이 발생한다. 어떤 원가를 직접원가로 분류하기 위해서는 다음의 두 가지 요건을 충족해야 한다. 첫째는 원가대상에 대한 추적가능성(traceability)이고, 둘째는 중요성(materiality)이다. 원가대상에 추적가능하더라도 그 금액이 중요하지 않다면 보통 간접원가로 분류된다. 예를 들어, 책상과 의자를 만들 때 못이 사용되고 있는데, 그 못의 사용량을 책상과 의자별로 추적하는 것이 더 나을까? 못의 사용량을 원가대상별로 추적하는 것은 추가적인 인건비와 관리비용 등이 필요하다. 그러나 못의 사용량을 추적하여 직접원가로 인식한다고 하더라도 제품원가의 정확성은 크게 개선되지 않는다. 왜냐하면 못 한 개의 가치가 크지 않기 때문이다. 따라서 자금을 투입하여 대부분의 원가를 직접원가로 인식할 수도 있겠지만, 그것이 비효율적이기 때문에 오히려 간접원가로 구분하여 사용하게 된다.

4.2 기본원가와 가공원가

제품원가는 그 성격에 따라 기본원가와 가공원가로 구분되기도 한다. 원재료(목재)가 공정에 투입되어 완제품인 책상으로 전환되는 과정에서 직접노무원가와 제조간접원가가 발생한다. 직접노무원가와 제조간접원가는 재료를 완제품으로 가공하는 과정에서 발생한다고 하여 전환원가(conversion costs) 또는 가공원가라고 한다. 그리고 제조간접원가 이외의 직접재료원가와 직접노무원가는 완제품에 직접 추적가능한 원가이며, 제품의 기초가 된다고 하여 기본원가(prime costs) 또는 기초원가라고도 한다. 지금까지 논의한 내용을 요약하면 [도표 2-4]와 같다.

[도표 2-4] 기본원가와 전환원가(가공원가)

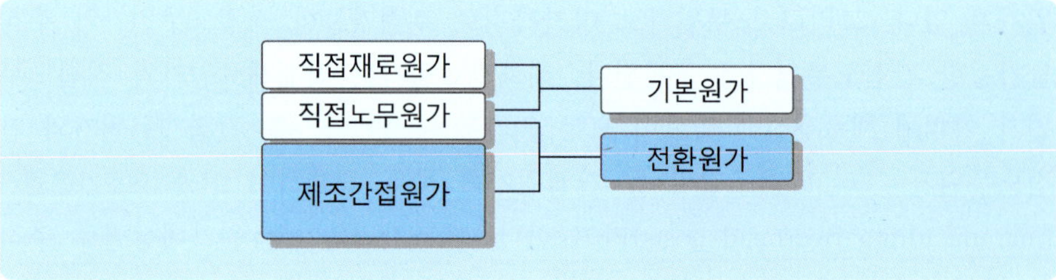

예제 2-1

다음은 12월말 결산법인인 (주)스마트의 20×1년 회계연도 중의 발생원가 및 비용 관련 자료이다. 이 회사는 20×1년 중에 2,000단위의 제품을 생산하였다.

• 직접재료원가	₩34,000	• 직접노무원가	₩30,000
• 공장건물감가상각비	20,000	• 본사비품감가상각비	25,000
• 판매원판매수당	17,000	• 공장수도광열비	12,000
• 간접노무원가	18,000	• 공장소모품비	5,000
• 간접재료원가	15,000		

(요구사항)

(주)스마트의 20×1년 제품단위당 기본원가와 제품단위당 가공원가를 산출하시오.

(해　답)

기본원가 = 직접재료원가 + 직접노무원가 = ₩34,000 + ₩30,000 = ₩64,000

$$단위당\ 기본원가 = \frac{기본원가}{생산량} = \frac{₩64,000}{2,000} = ₩32$$

가공원가＝직접노무원가＋제조간접원가

직접노무원가	₩30,000
공장건물감가상각비	20,000
공장수도광열비	12,000
간접노무원가	18,000
공장소모품비	5,000
간접재료원가	15,000
	₩100,000

$$단위당\ 가공원가 = \frac{가공원가}{생산량} = \frac{₩100,000}{2,000} = ₩50$$

4.3 제품의 가격

자판기의 커피값은 ₩500이다. 시골커피점의 커피값은 ₩5,000이다. 호텔 카페의 커피값은 ₩20,000이다. 동일한 커피값을 두고 왜 이런 가격차이가 발생할까? 원두커피와 가공커피의 원가 차이는 그다지 크지 않을 것이다. 분위기 값이겠지라고 생각하는 이들도 있을 것이다. 비싼 커피 마시면 상류층 사람같고, 자판기 커피 마시면 아주 서민적인 사람이라고 생각할 수 있다. 하지만 그 커피값 속에는 다양한 비용들이 포함되어 있다. 예를 들어, 호텔 카페의 커피값에는 그만큼 비싼 인테리어의 감가상각비가 포함되어 있다. 분위기를 만들려고 하니 비싼 인테리어가 필요했기 때문이다.

이처럼 우리가 알고 있는 가격은 제품원가에 단순히 이익을 가산하여 결정되는 것은 아니다. 제품가격에는 제품원가뿐만 아니라 판매관리비도 포함되어 있다. 신문이나 방송을 보면 유명 연예인이나 운동선수들이 어느 대기업과 몇 억 혹은 몇 십억 원에 광고전속계약을 체결하였다는 기사를 자주 접하게 된다. 연예인들에게 지급되는 광고비는 누가 부담하는가? 모두 소비자의 부담이다. 광고를 많이 하면 할수록 기업이 제품단위당 이익을 줄이지 않는 한 가격은 그만큼 상승하게 된다. 중소기업들이 광고비 지출을 많이 할 수 없는 것은 자금부족도 원인이겠지만 가격이 그만큼 상승하기 때문이다. 일반적으로 제품의 가격은 [도표 2-5]와 같이 구성된다.

[도표 2-5] 가격의 구성

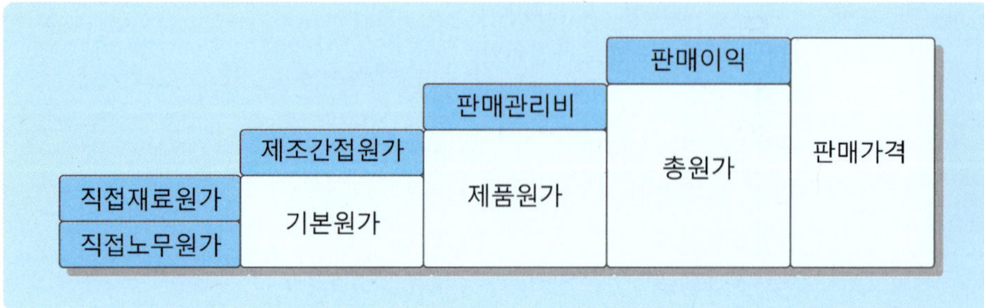

제품의 가격은 판매이익과 판매관리비, 직접재료원가, 직접노무원가, 제조간접원가 등으로 구성된다. 이 중에 직접재료원가와 직접노무원가 그리고 제조간접원가는 제품원가이다. 원가회계에서 주 대상으로 삼는 것은 바로 제품원가이다. 제품원가에 이익만을 가산하여 제품가격을 결정해서는 안 된다. 제품가격에는 판매관리비도 포함되어야 한다. 제품원가보다는 판매관리비 등이 더 큰 비중을 차지하는 경우가 많기 때문에 특히 주의해야 한다.

05 원가행태에 따른 원가 분류

원가행태(cost behavior)는 기업활동의 변화에 따라 총원가가 어떻게 변하는지를 나타낸다. 여기서 기업활동은 조업도를 말하는데, 조업도(volume)란 생산량이나 판매량 혹은 매출액, 기계작업시간 등과 같이 여러 가지 의미를 가지고 있다. 즉, 생산량이 증가하게 되면 직접재료원가와 직접노무원가 그리고 제조간접원가 등이 어떻게 변화하는지를 관찰하고자 한다. 이러한 원가행태를 이용하여 미래의 원가를 예측할 수 있으며, 과거에 발생된 원가를 분석할 수도 있다. 따라서 원가행태를 파악한다는 것은 미래의 계획 및 의사결정에 중요한 정보가 된다.

원가행태에 따라 변동원가(variable costs)와 고정원가(fixed costs)로 구분할 수 있다. 변동원가는 다시 순수변동원가와 준변동원가로 구분할 수 있으며, 고정원가는 순수고정원가와 준고정원가로 구분할 수 있다. 그러나 일정한 조업도 범위 내에서 고정원가라 하더라도 그 조업도 범위를 벗어나게 되면 변동원가가 될 수도 있다. 즉, 조업도의 범위를 제한하지 않을 경우 원가의 행태는 비선형의 형태로 나타날 수 있다. 그러나 그 범위를 좁혀 보면 무수한 선형의 조합으로 이루어진 비선형이다. 회계학에서는 조업도와 원가 간의 관계가 선형으로 나타나는 구간을 관련범위라고 한다. 즉, 관련범위(relevant range)란 한 기업이 단기간 동안 효율적으로 활동을 수행할 수 있는 활동범위이다. 모든 원가행태는 관련범위를 전제로 하고 있음을 알아야 한다. 관련범위는 단기간의 활동을 전제로 하고 있기 때문에 관련범위 내에서는 조업능력을 확장할 수 없다고 가정한다.

5.1 변동원가

변동원가(variable costs)는 조업도가 증가함에 따라 비례적으로 총원가가 증가하는 원가를 말한다. 만약 조업도가 10% 증가한다면 총원가도 10% 증가한다는 의미이다. 직접재료원가가 변동원가의 좋은 예이다. 변동원가의 특성을 살펴보면, 첫째, 조업도가 증가함에 따라 총원가도 비례적으로 증가한다. TV 10대를 생산하면 TV부품도 10대 값이 발생되어야 하고, TV생산량이 2배 증가하여 20대를 생산하면 TV부품 값도 2배 증가한 20대 값이 발생한다. 둘째, 조업도가 증가하면 총원가는 비례적으로 증가하지만, 단위당 변동원가는 일정하다. TV 1대당 투입되는 TV부품의 값은 TV 10대를 만드나 20대를 만드나 동일하다는 의미이다. 셋째, 조업도가 0이면 변동원가의 발생액도 0이다. TV를 1대도 생산하지 않으면 TV부품 값도 발생하지 않는다. 변동원가를 (식 2-1)과 같이 나타낼 수 있다.

$$y = bx \qquad \text{(식 2-1)}$$

단, y =총원가, b =단위당 변동원가, x =조업도

(식 2-1)에서 총원가는 조업도(x)의 변화에 따라 단위당 변동원가(b)만큼 증감한다. 조업도가 0이면 총원가(y)도 0이며, 조업도(x)가 10이면 ($b \times 10$)만큼 총원가가 발생함을 알 수 있다. (식 2-1)을 보면 총원가는 관련범위 내의 조업도(x)에 대해 선형함수를 가정하고 있다. 그러나 현실적으로 보면 TV부품 값이 수량할인이나 물가인상 등으로 항상 일정하지 않기 때문에 선형의 가정은 성립되기 어렵다. 따라서 계획설정이나 의사결정시 이를 고려하여야 한다. 변동원가의

[도표 2-6] 변동원가의 행태

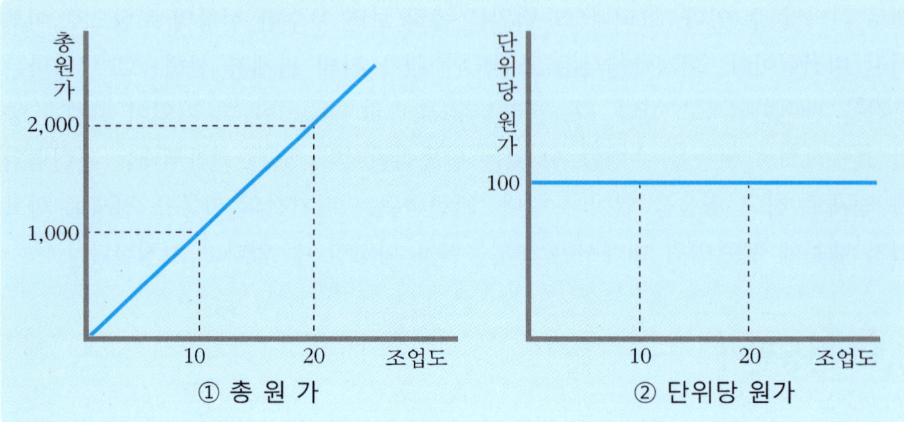

특성을 그래프로 나타내면 [도표 2-6]과 같다.

[도표 2-6]에서 총원가는 앞서 언급한 내용이 그대로 반영되어 있다. 조업도가 10개일 때 총원가는 ₩1,000이며, 조업도가 20일 때 총원가는 ₩2,000이다. 제품 한 단위당 원가가 ₩100씩 발생한다는 것을 알 수 있다. 즉, 조업도가 10개일 때나 20개일 때나 단위당 원가는 항상 ₩100이다. 따라서 총원가는 (식 2-2)와 같이 나타낼 수 있다. 만약 가격인상 등으로 단위당 원가가 증가한다면 [도표 2-6]의 ①에서 기울기는 더욱 커지게 된다.

$$y = 100x \qquad \text{(식 2-2)}$$

단, y=총원가, x=조업도

5.2 고정원가

고정원가(fixed costs)는 조업도가 증가하더라도 총원가의 변화가 없는 원가를 말한다. 즉, 관련범위 내에서는 생산량이 증가하더라도 고정원가는 항상 일정하게 발생한다. 제조간접원가의 하나인 감가상각비가 고정원가의 좋은 예이다. 관련범위 내에서 고정원가의 특성을 살펴보면 첫째, 조업도에 관계없이 총원가는 일정하다. TV 10대를 생산하는 데 기계감가상각비가 ₩10,000이 발생했다면 TV 20대를 생산하더라도 기계감가상각비는 일정하게 ₩10,000이 발생한다. 둘째, 조업도가 증가하더라도 총원가는 일정하게 발생하지만, 단위당 고정원가는 조업도가 증가(감소)하게 되면 감소(증가)하게 된다. 즉, TV 10대를 생산할 때 단위당 고정원가는 ₩1,000[=₩10,000÷10대]이지만, TV생산량이 10대에서 20대로 증가하면 단위당 고정원가는 ₩500[=₩10,000÷20대]으로 감소한다. 셋째, 관련 범위 내에서 고정원가는 조업도가 0일 때도 일정하게 발생한다. 즉, 기계감가상각비는 제품생산이 전혀 이루어지지 않더라도 ₩10,000이 발생한다. 이러한 고정원가의 특성을 함수식으로 나타내면 (식 2-3)과 같고, 이를 [도표 2-7]과 같이 그래프로 나타낼 수 있다.

$$y = a \quad \text{(식 2-3)}$$

단, y=총원가, a=고정원가

[도표 2-7] 고정원가의 행태

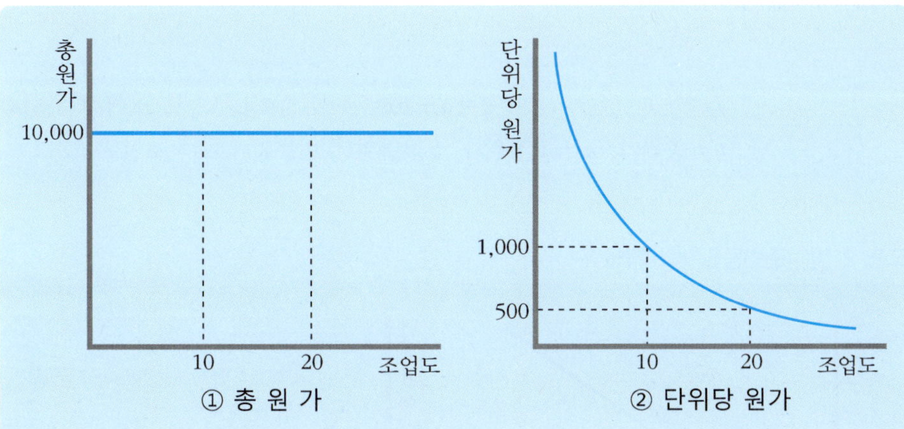

(식 2-3)에서 a는 조업도와 관계없이 발생하는 상수항이다. 이는 [그림 2-7]의 ①에서 총원가 ₩10,000에 해당한다. 그러나 ②에서 단위당 고정원가를 보면 조업도가 증가할 때 단위당 원가는 감소함을 볼 수 있다. 총원가(y)는 (식 2-4)와 같이 나타낼 수 있다.

$$y = ₩10,000 \quad \text{(식 2-4)}$$

단, y=총원가

5.3 준변동원가

준변동원가(semi-variable costs)는 조업도의 증감에 관계없이 일정하게 발생하는 고정원가와 조업도에 따라 비례적으로 변화하는 변동원가의 두 가지 요소를 모두 가지고 있는 원가를 말한다. 이를 혼합원가(mixed costs)라고도 한다. 택시요금이 준변동원가의 좋은 예이다. 택시요금은 거리에 관계없이 지불해야 하는 기본요금과 거리나 시간에 따라 변화하는 운행요금으로 징수된다. 기본요금은 고정원가, 운행요금은 변동원가의 성격을 가진다. 결국 준변동원가의 특성은 첫째, 조업도가 증가함에 따라 총변동원가도 비례적으로 늘어나지만 단위당 원가는 감소한다. 이는 준변동원가에 변동원가뿐만 아니라 고정원가가 포함되어 있기 때문이다. 즉, 단위당 원가는 조업도가 증가함에 따라 감소한다. 둘째, 조업도가 0이더라도 고정원가만큼은 항상 발생한다. 이러한 특성을 (식 2-5)와 [도표 2-8]로 나타낼 수 있다.

$$y = a + bx \qquad \text{(식 2-5)}$$

단, y=총원가, a=고정원가, b=단위당 변동원가, x=조업도

[도표 2-8] 준변동원가의 행태

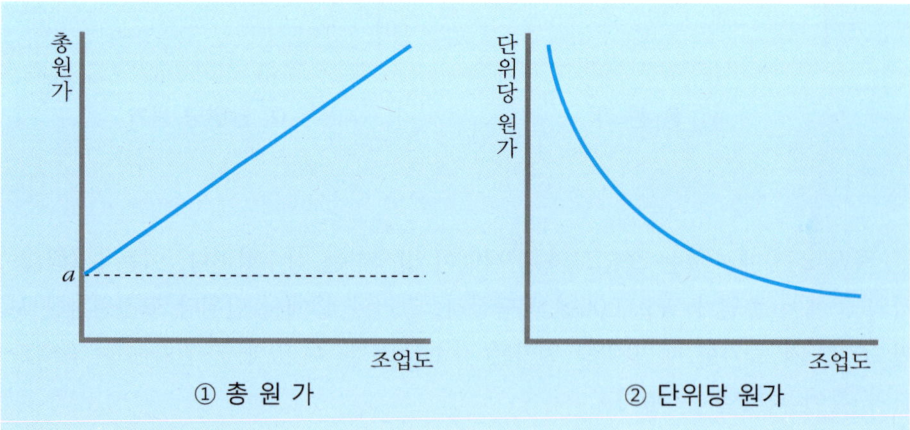

(식 2-5)와 [도표 2-8]에서 보는 바와 같이 조업도가 0일 때에도 a라는 고정원가는 항상 발생하며, 조업도가 증가함에 따라 총원가는 기울기인 b만큼 비례적으로 증가하고 있다. 그러나 단위당 원가는 조업도가 증가(감소)함에 따

라 감소(증가)하고 있다. 그 이유는 준변동원가에 고정원가가 포함되어 있기 때문이다.

5.4 준고정원가

준고정원가(semi-fixed costs)는 일정한 조업도 범위 내에서는 일정한 금액의 원가가 발생하지만 그 조업도를 벗어나게 되면 원가발생액이 일정액만큼 변화하는 원가를 말한다. 이를 계단원가(step costs)라고도 한다. 생산감독자의 임금과 같은 것이 준고정원가의 좋은 예이다. 예를 들어, 제품 10개를 생산할 때까지는 감독자가 1명이면 되지만 10개를 초과하게 되면 1명의 감독자를 추가로 필요로 하는 경우이다. 이때 감독자에게 지급되는 임금은 조업도가 늘어남에 따라 증가하게 된 것이다. 다만 그 증가폭이 일정한 구간을 가지게 된다는 특징을 가지고 있다. 준고정원가의 특성을 (식 2-6)과 [도표 2-9]로 나타낼 수 있다.

$$y = a_1 : x_0 < x \le x_1 \quad \text{(식 2-6)}$$
$$y = a_2 : x_1 < x \le x_2$$
$$y = a_3 : x_2 < x \le x_3$$

단, y=총원가, a=고정원가, x=조업도

[도표 2-9] 준고정원가의 행태

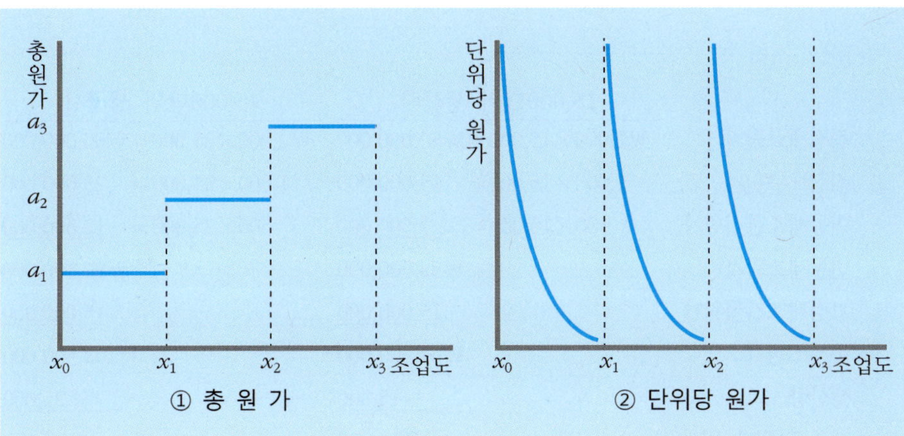

(식 2-6)과 [도표 2-9]에서 조업도가 $x_0 \sim x_1$일 때 총원가는 a_1만큼 발생하며, 조업도가 $x_1 \sim x_2$일 때 총원가는 a_2만큼 발생한다. 이와 같이 조업도 발생정도에 따라 원가의 발생이 계단모양을 하고 있다. 대부분의 고정원가도 관련범위를 벗어나게 되면 이와 같은 계단식 원가행태를 보여준다. 예를 들어, 기계의 경우에도 최대생산능력을 초과하는 경우 새로운 기계를 도입하여야 하고, 이 경우 새 기계 구입에 따른 감가상각비도 이러한 계단식 행태를 보여줄 것이다.

예제 2-2

(주)스마트는 TV를 생산·판매하고 있다. TV를 생산하기 위해서는 다음과 같은 원가가 발생한다. 단, 재공품은 없다.

	단위당 원가	총원가
직접재료원가	₩2,000	
직접노무원가	1,000	
변동제조간접원가	500	
고정제조간접원가(연간)		₩15,000,000
변동판매관리비	300	
고정판매관리비(연간)		5,000,000

(요구사항)

(주)스마트가 20×1년에 15,000단위의 TV를 생산하는 경우와 25,000단위의 TV를 생산하는 경우 단위당 제품원가를 구하시오(단, 동사의 관련범위는 10,000단위에서 30,000단위까지이다).

(해　답)

	15,000단위 생산시	25,000단위 생산시
직접재료원가	₩2,000×15,000=₩30,000,000	₩2,000×25,000=₩50,000,000
직접노무원가	1,000×15,000= 15,000,000	1,000×25,000= 25,000,000
변동제조간접원가	500×15,000= 7,500,000	500×25,000= 12,500,000
변동제조원가	₩52,500,000	₩87,500,000
고정제조간접원가	15,000,000	15,000,000
총제조원가	₩67,500,000	₩102,500,000
생산량	÷15,000	÷25,000
제품 단위당 원가	₩4,500	₩4,100

연·습·문·제

EXERCISES

객관식 문제

[2-1] 원가회계의 목적 중 재무제표 작성 목적이란 무엇인가?

① 매출채권액 결정
② 재고자산가액과 매출원가 결정
③ 매출액 결정
④ 판매비와 관리비 결정

[2-2] 다음 중 원가의 분류방법과 그 내용이 바르게 연결되지 않은 것은? (재경관리사)

① 원가행태에 따른 방법 – 변동원가와 고정원가
② 추적가능성에 따른 분류 – 직접원가와 간접원가
③ 의사결정 관련성에 따른 분류 – 제품원가와 기간원가
④ 생산관련성에 따른 분류 – 제조원가와 기간비용

[2-3] 직접원가 및 간접원가에 관한 다음 설명 중 올바르지 않은 것은? (기업회계 1급)

① 발생한 원가를 원가대상별로 추적할 수 있는가에 따라서 직접원가와 간접원가로 분류된다.
② 제품원가 계산시 간접원가는 인과관계 등 합리적인 기준에 따라 제품에 배부된다.
③ 실질적으로 또는 경제적으로 특정 제품 등에 직접 관련시킬 수 있는 원가를 직접원가라고 한다.
④ 조업도의 변동에 따른 원가행태(cost behavior)에 근거하여 통제가능원가와 통제불능원가로 분류된다.

[2-4] 여러 종류의 제품을 생산하는 제조업의 경우 제조간접원가에 포함되어야 하는 것은? (기업회계 1급)

① 특정 제품 주재료의 매입운임과 매입수수료
② 판매사원의 급여
③ 특정 생산라인 작업인력의 인건비
④ 공장전체의 수도광열비

[2-5] 관련범위 내에서 단위당 변동원가는 어떤 행태로 설명될 수 있는가? (기업회계 1급)

① 각 생산수준에서 일정하다.
② 생산량이 증가함에 따라 감소한다.
③ 각 생산수준에서 다르다.
④ 생산량이 증가함에 따라 증가한다.

[2-6] 기간비용에 대한 설명으로 옳지 않은 것은? (9급 공무원)

① 발생기간의 비용으로 계상한다.
② 손익계산서에 판매비와 관리비로 계상된다.
③ 제품의 제조와 직접 관련이 없는 활동에 대한 원가로 이루어진다.
④ 기간비용의 원가배분 계산으로 제품별 수익성과 정확성을 높일 수 있다.
⑤ 손익계산서에 수익과 비용의 기간별 대응이 효과적으로 이루어질 수 있다.

[2-7] 자동차를 생산하는 기업의 제조간접원가에 포함되는 항목은? (기업회계 1급)

① 생산을 지원하는 구매부나 자재관리부 직원의 급여
② 자동차 생산라인에서 일하는 생산직의 노무비
③ 판매관리직의 인건비
④ 타이어 생산업체에서 구입한 타이어

[2-8] 생산부장의 급여와 인사부장의 급여에 관한 설명 중 가장 옳은 것은? (전산회계)

① 생산부장의 급여는 제조원가이고, 인사부장의 급여는 판매관리비이다.
② 생산부장의 급여는 직접노무비이고, 인사부장의 급여는 간접노무비이다.
③ 생산부장의 급여는 기본원가이고, 인사부장의 급여는 가공비이다.
④ 생산부장의 급여는 기간비용이고, 인사부장의 급여는 판매관리비이다.

[2-9] 조업도가 변화할 때 원가가 어떻게 달라지는가에 따라 변동원가, 고정원가, 준변동원가, 준고정원가로 분류할 수 있다. 고정원가에 대한 설명으로 가장 적당한 것은? (기업회계 1급)

① 조업도의 증감에 따라 비례적으로 증가 또는 감소하는 성격의 원가이다.
② 조업도가 증감하더라도 관련범위 내에서는 고정적이기 때문에, 다른 조건이 동일할 경우 제품의 단위당 원가는 조업도의 증가에 따라 감소한다.
③ 조업도가 0(영)인 경우에도 일정액이 발생하고, 그 이후로부터 조업도에 따라 비례적으로 증가하는 원가를 말한다.
④ 조업도와 관계없이 제품의 단위당 원가는 항상 일정하다.

[2-10] 당기의 기본원가는 ₩30,000이고, 가공원가는 ₩25,000이었다. 제조간접원가가 ₩20,000일 때 총제조원가는 얼마인가? (재경관리사)

① ₩30,000 ② ₩45,000
③ ₩50,000 ④ ₩55,000

[2-11] 20×3년도 중의 발생원가 및 비용과 관련된 자료이다. 이를 이용하여 가공원가를 계산하면? (기업회계 1급)

직접재료원가	₩35,000	직접노무원가	₩30,000
공장건물감가상각비	20,000	본사비품감가상각비	25,000
판매원판매수당	17,000	공장수도광열비	12,000
간접노무원가	18,000	공장소모품비	7,000

① ₩65,000 ② ₩83,000
③ ₩87,000 ④ ₩122,000

[2-12] 다음 중 변동원가에 속하지 않는 것은?

① 직접재료원가 ② 직접노무원가
③ 감가상각비 ④ 포장재료원가

[2-13] 다음의 자료를 이용하여 기본원가와 가공원가를 구하면? (재경관리사)

	제품으로 추적가능성 있음	제품으로 추적가능성 없음
재 료 원 가	₩30,000	₩50,000
노 무 원 가	10,000	60,000
제 조 경 비	0	40,000

	기 본 원 가	가 공 원 가
①	₩40,000	₩110,000
②	₩150,000	₩160,000
③	₩40,000	₩160,000
④	₩150,000	₩110,000

[2-14] 다음 자료에서 기본원가와 가공원가 양쪽 모두에 해당하는 금액은 얼마인가?

(전산회계)

직접재료원가	₩300,000
직접노무원가	400,000
변동제조간접원가	200,000
고정제조간접원가	150,000

① ₩350,000 ② ₩400,000
③ ₩450,000 ④ ₩500,000

[2-15] (주)스마트의 가방생산라인에 있어 20×8년도 한 해 동안 발생한 원가는 다음과 같다. 잘못 계산한 것은?

직접노무원가	₩900,000
급여(고정판매관리비)	600,000
소모품비(변동판매관리비)	120,000
광고비(고정판매비)	90,000
고정제조간접원가	450,000
직접재료원가	780,000
판매수수료(변동원가)	270,000
변동제조간접원가	360,000

① 변동원가 ₩2,430,000 ② 기본원가 ₩1,680,000
③ 재고가능원가 ₩2,490,000 ④ 가공원가 ₩1,710,000
⑤ 기간비용 ₩960,000

주관식 문제

[2-1] 스마트(주)는 경비행기와 헬기를 제작하는 회사이다. 1개월간의 항공기 제작과 관련된 원가자료는 다음과 같다.

1. 경비행기와 헬기를 제작하기 위해 엔진을 구입, 사용하는 데 경비행기와 관련하여 직접 사용되는 엔진의 원가는 ₩500,000이고, 헬기를 제작하는 데 직접 사용되는 엔진의 원가는 ₩300,000이다. 엔진의 원가 외에도 볼트, 페인트 등의 원가가 ₩200,000 소비되었다.

2. 항공기를 제작하는 데는 노동력이 사용되는데, 경비행기를 제작하는 데 직접 소비된 노동자의 임금은 ₩150,000이고, 헬기를 제작하는 데 직접 소비된 노동자의 임금은 ₩120,000이다. 그리고 경비행기와 헬기를 생산하는 라인을 동시에 감독하는 공장장의 급료는 ₩100,000이다.
3. 항공기를 제작하는 데 사용된 전력비는 ₩20,000, 수도료는 ₩7,000이 발생하였고, 제작과 관련된 기계의 감가상각비는 ₩9,000, 공장전체 건물에 대한 감가상각비는 ₩13,000이 발생하였다.
4. 영업사원의 급료는 ₩60,000이고, 영업소장의 급료는 ₩100,000이며, 본사건물의 감가상각비는 ₩15,000이다.

(요구사항)

1. 항공기 제작과 관련하여 소비된 원가를 원가의 3요소인 재료원가, 노무원가, 제조경비로 분류하시오.
2. 제품별로 발생된 원가를 추적가능성에 따라 제조직접원가와 제조간접원가로 분류하시오.
3. 제조원가에 포함되지 않는 원가를 식별하시오.

[2-2] 다음의 항목들을 원가분류하고 있다. 제품원가와 기간비용으로 분류하시오.

	제품원가	기간비용
1. 공장건물의 감가상각비		
2. 본사건물의 감가상각비		
3. 기계설비 유지보수비용		
4. 공장감독자의 급여		
5. 작업자 산재보험		
6. 사장의 업무용차량 운행비		
7. 제품포장재료		
8. 기획조정실 직원의 급료		
9. 완성품 보관창고의 관리인급료		
10. 판매사원의 업무용차량 감가상각비		
11. 외주가공비		
12. 공정에 투입된 재료의 매입운임		
13. 생산직원 야유회비		

(요구사항)

원가의 성격에 따라 제품원가와 기간비용으로 구분하시오.

[2-3] 다음 원가항목을 특징별로 분류하시오.

제조직접원가 제조간접원가 기간비용	변동원가 고정원가

1. 책상의 나무(재료)
2. 공장난방용 석탄
3. 영업용차량 감가상각비
4. 제품검사직원 급료
5. 공장장 급료
6. 생산설비의 재산세
7. 생산감독자 급료
8. 생산근로자의 임금
9. 감사인 수수료
10. 광고선전비

[2-4] 다음 원가자료를 이용하여 요구사항에 답하시오.

• 직접재료원가	₩100,000	• 간접재료원가	₩2,000
• 직접노무원가	70,000	• 간접노무원가	3,000
• 간접경비	4,000		

(요구사항)

가공원가는 얼마인가?

[2-5] 스마트(주)의 월 생산량은 100단위이며, 원가자료는 다음과 같다.

단위당 직접재료원가	₩200
단위당 직접노무원가	150
단위당 변동제조간접원가	100
총고정제조간접원가	5,000

(요구사항)

1. 단위당 기본원가는 얼마인가?
2. 단위당 가공원가는 얼마인가?

[2-6] 다음은 스마트(주)의 원가자료이다. 지난 한 달 동안 100개의 제품을 생산하였다. 수도광열비와 간접노무원가는 70%가 고정원가이며, 나머지 30%는 변동원가이다.

직접재료원가	₩20,000
직접노무원가	15,000
간접재료원가	5,000
간접노무원가	6,000
감가상각비	4,000
수도광열비	2,000
화재보험료	1,000

(요구사항)

변동원가와 고정원가는 각각 얼마인가?

[2-7] 다음 자료를 이용하여 요구사항에 답하시오.

직접재료원가	₩200,000	기타 제조간접원가	₩70,000
간접재료원가	150,000	판 매 비	40,000
직접노무원가	90,000	관 리 비	20,000
간접노무원가	30,000		

(요구사항)

1. 직접원가는 얼마인가?
2. 제조간접원가는 얼마인가?
3. 제조원가는 얼마인가?
4. 총원가는 얼마인가?
5. 이익이 총원가의 20%일 때 판매가격은 얼마인가?

[2-8] 다음은 연평균 생산량이 10,000단위인 스마트(주)의 단위당 원가자료이다.

계 정	단위당 원가
직접재료원가	₩200
직접노무원가	150
변동제조간접원가	250
고정제조간접원가	500
변동판매관리비	100
고정판매관리비	600

(요구사항)

1. 단위당 기본원가는 얼마인가?
2. 단위당 변동원가는 얼마인가?

[2-9] (주)스마트의 당기 직접재료원가는 ₩50,000이고, 제조간접원가는 ₩45,000이다. 직접노무원가는 가공원가의 20%에 해당한다.

(요구사항)

당기의 직접노무원가는 얼마인가?

[2-10] 스마트(주)는 20×1년 200,000개의 제품을 생산하였다. 20×1년 중 발생한 재료원가는 ₩750,000이며, 이중 80%는 직접재료원가이다. 노무원가는 ₩800,000이 발생하였으며, 이 가운데 65%는 직접노무원가이다. 기타 자료는 다음과 같다.

수도광열비	₩320,000
감가상각비	90,000
재 산 세	170,000
수 선 비	40,000
판매관리비	410,000

(요구사항)

1. 기본원가는 얼마인가?
2. 직접원가는 얼마인가?
3. 가공원가는 얼마인가?
4. 제품원가는 얼마인가?

[2-11] 스마트(주)는 20×1년에 5,000단위의 제품을 생산하여 4,000단위를 판매하였다. 이때 발생된 원가는 다음과 같다.

직접재료원가	₩40,000
직접노무원가	80,000
변동제조간접원가	50,000
고정제조간접원가(기계감가상각비)	100,000
변동판매관리비	50,000
고정판매관리비	100,000

(요구사항)

1. 20×1년 제품의 단위당 제조원가는 얼마인가?
2. 생산량이 10,000단위일 때 단위당 원가는 얼마인가? 단, 5,000단위와 10,000단위는 관련범위 내에 있다.

[2-12] (주)다음 자료를 이용하여 요구사항에 답하시오. (공무원 수정)

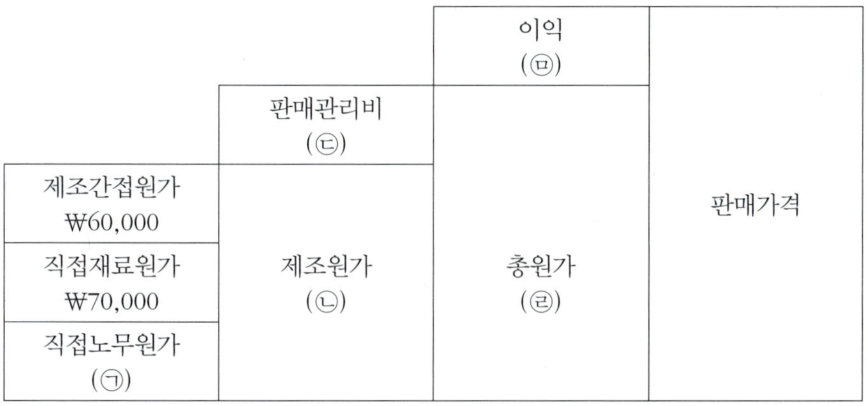

(요구사항)

㉠과 ⓜ의 금액은 각각 얼마인가? (단, 제조간접원가는 직접노무원가의 120%이며, 판매관리비는 제조원가의 20%이다. 판매이익은 총원가의 20%이다.)

[2-13] (주)스마트의 20×1년 직접재료 매입액은 ₩225,000이며, 가공원가는 ₩168,000이 발생하였다. 직접노무원가는 제조간접원가의 60%이며, (주)스마트의 20×1년에 발생한 원가 관련 자료는 다음과 같다. (공무원 수정)

구 분	기초재고	기말재고
직접재료	₩45,000	₩30,000
재공품	20,000	28,000
제품	35,000	60,000

(요구사항)

(주)스마트의 20×1년의 기본(기초)원가는 얼마인가?

[2-14] 당기 투입된 제조원가는 다음과 같다.

당기총제조원가	₩1,000,000
기본원가	700,000
가공원가	900,000

(요구사항)

직접노무원가는 얼마인가?

[2-15] 다음 자료를 이용하여 요구사항에 답하시오.

• 직접재료원가	₩25,000	• 간접노무원가	₩3,000
• 간접재료원가	5,000	• 감가상각비(기계)	2,000
• 직접노무원가	6,000	• 공장보험료	1,000

(요구사항)

기본원가와 가공원가를 각각 구하시오.

제 3 장 원가의 흐름

01 제조기업의 제품원가

1.1 제조기업의 재고자산

서비스기업은 서비스를 판매하기 때문에 재고개념이 중요하지 않다. 제조부문이 없는 상기업은 제조된 상품을 외부에서 구매해서 고객에게 판매하고, 제조기업은 자체적으로 제품을 생산해서 판매한다. 그러므로 상기업과 제조기업은 서비스기업과는 달리 재고자산이 존재하며 그 관리에 신경을 써야 한다. 상기업에서도 재고자산을 상품의 유형별로 구분하면 품목이 다양해지지만 이를 하나로 묶는다면 상품으로 묶을 수가 있다. 즉, 상기업의 경우 상품과 재고자산은 같은 의미로 사용된다. 이에 비해 제조기업은 통상 재고자산을 원재료, 재공품, 그리고 완제품 등 세 가지 유형으로 구분한다.

첫째, 완제품으로 전환되는 기본적인 자재투입물을 원재료(raw materials)라고 한다. 원재료라고 해서 철강석, 목재 등과 같이 아주 기본적인 자원일 필요는 없다. 생산되는 제품에 따라서는 이미 상당부분 가공이 끝난 제조물일 수도 있다. 그렇기 때문에 직접재료원가의 비중이 총제품원가의 60% 내외를 점유하는 것으로 나타난다.

둘째, 완제품으로 전환되는 과정에 있는 미완성인 제품을 재공품(work in process)이라 한다. 많은 다양한 가공단계에 있는 미완성품이 동시에 재공품이 될 수 있다. 또한 나중에도 설명하겠지만 재공품계정은 제품원가의 흐름에서는 모든 발생된 제품원가가 누적·집계되는 수단으로 이용된다. 모든 제품원가는 일단 발생되면 재공품계정에 집계되었다가 생산이 완료되면 완제품계정으로 대체된다.

셋째, 완성되어 판매할 수 있는 제품을 완제품(finished goods)이라 한다. 제조기업에 있어서 완제품재고는 상기업에 있어서 상품재고와 유사하다.

1.2 생산요소의 투입과 제품원가

앞서 2장에서 생산공정의 흐름에 대하여 간단히 살펴보았다. 제품을 완성하기 위하여 직접재료원가, 직접노무원가 그리고 제조간접원가 등을 생산공정에 투입하여 가공이라는 과정을 거치면서 아직 제품으로 100% 완성되지 않은 재공품의 형태를 거쳐 최종적으로 제품이 완성된다. 최종 완제품은 직접재료원가, 직접노무원가 그리고 제조간접원가가 100% 투입이 완료되어 산출된 것이다. 이에 반해 재공품은 아직 원가가 100% 투입되지 않은 가공 중에 있는 것이다. 이 과정을 [도표 3-1]과 같이 나타낼 수 있다.

[도표 3-1] 생산요소의 투입과 제품완성

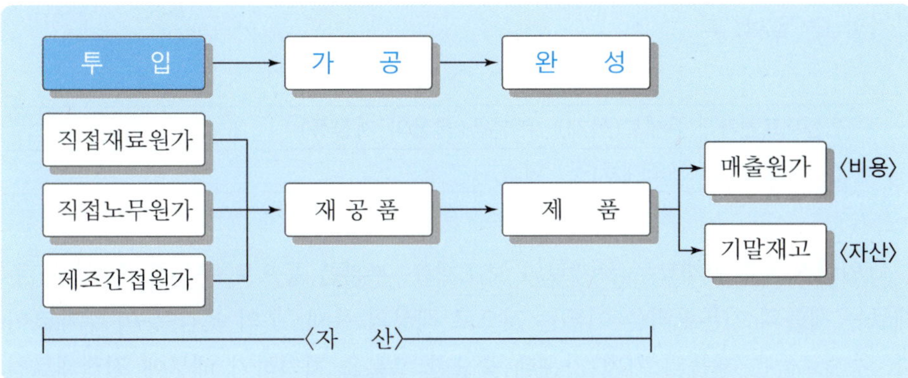

완성된 제품은 소비자에게 판매되기를 기다린다. 이 제품은 실제로 판매될 수도 있으며, 판매되지 않고 창고에 보관될 수도 있다. 판매된 제품의 원가는 매출원가라는 비용으로 처리되며, 판매되지 않고 남아 있는 제품은 기말재고라는 자산의 형태로 처리된다. 이때 제품원가는 투입요소인 직접재료원가, 직접노무원가 그리고 제조간접원가의 소비액을 집계하여 산출한다. 소비된 생산요소들은 일단 재공품이라는 가공형태를 거쳐 최종적으로 제품이 완성된다.

02 원가요소별 회계처리

2.1 재료원가

원재료(raw material)는 제품생산을 위하여 사용되는 물품을 말한다. 옷을 만드는 데는 옷감과 실, 단추 등이 원재료가 되며, 책상을 만드는 데는 나무와 못

등이 원재료가 된다. 이들 원재료가 생산공정에 투입됨으로써 제품화가 시작되는데, 이때 제품의 재료원가(material costs)가 발생하게 된다. 원가계산을 위하여 이 재료원가를 각 제품별로 집계하게 된다. 즉, 물리적 형태를 갖춘 재료가 생산공정에 투입됨과 동시에 원가집계가 이루어지게 된다. 앞서 원가의 추적가능성에 따라 직접재료원가와 간접재료원가로 구분한 바 있다. 즉, 책상과 의자를 만드는데 원재료를 얼마나 소비하였는지 파악할 수 있는 직접재료원가는 각 제품의 재료원가에 직접 부가하면 되지만, 추적불가능한 간접재료원가는 각 제품에 직접 부가할 수 없다.

직접재료원가	주재료(목재), 부분품(책상의 자물통)
간접재료원가	보조재료(못, 니스)

일반적으로 원재료는 주재료와 보조재료, 부분품 등으로 구분할 수 있다. 주재료는 제품의 기본골격을 이루는 것으로 책상의 목재, 옷의 옷감 등이 주재료이다. 주재료들은 제품의 가치 가운데 중요한 부분을 차지하기 때문에 직접재료원가로 본다. 보조재료는 책상의 못이나 옷의 실 등과 같이 제품의 기본골격은 아니지만 간접적으로 사용되는 것이다. 보조재료원가는 일반적으로 간접재료원가로 본다. 부분품은 책상의 열쇠나 옷의 단추 등과 같이 제품의 일부로 사용되는 것을 말한다. 부분품은 일반적으로 직접재료원가로 본다. 그러나 어떤 재료이든지 간에 직접재료원가로 분류하기 위해서는 반드시 각 제품별로 그 소비정도가 추적가능해야 한다. 다음의 간단한 예를 이용하여 회계처리를 살펴보자.

재료원가의 회계처리 : 원재료 ₩100,000을 외상으로 구입하였고, 직접재료로 ₩40,000, 간접재료로 ₩10,000을 생산공정에 투입하였다.

원재료구입시	(차) 원 재 료	100,000	(대) 매입채무	100,000
원재료투입시	(차) 재 공 품	40,000	(대) 원 재 료	50,000
	(차) 제조간접원가	10,000		

원재료를 구입하였을 경우 차변에 원재료, 대변에 매입채무(또는 현금)로 처리하며, 이때 원재료는 자산이다. 원재료를 공정에 투입하였을 경우 직접재료원가는 재공품으로 처리하며, 간접재료원가는 제조간접원가로 처리한다. 원재료

투입시 대변에 있는 원재료는 직접재료원가와 간접재료원가로 구분하여 처리할 수도 있다. 이러한 관계를 원재료계정에 나타내 보면 다음과 같다.

원 재 료

차변		대변	
기초재고	×××	재 공 품	40,000
당기구입	100,000	제조간접원가	10,000
		기말재고	×××

재 공 품

차변		대변	
원 재 료	40,000		

제조간접원가

차변		대변	
원 재 료	10,000		

2.2 노무원가

노무원가(labor costs)는 제품생산을 위하여 노동력을 사용함으로써 발생하는 원가이다. 노무원가는 임시고용자부터 작업자 그리고 공장장에 이르기까지 다양하게 발생한다. 또한 지급되는 노무원가의 종류도 정상임금 이외에 상여금과 수당 등 다양하게 발생한다. 이 중에서도 노무원가의 가장 많은 부분은 제품생산을 담당하는 작업자의 임금이다. 작업자들은 일반적으로 시간급 혹은 성과급 등으로 임금을 받게 된다. 즉, 노무원가는 총노무시간(혹은 생산량)에 임률을 곱하여 산출된다. 임률은 시간당 노무원가를 말한다.

$$\text{노무원가} = \text{총노무시간} \times \text{임률} \quad \text{(식 3-1)}$$

구분	내용
직접노무원가	작업자 임금
간접노무원가	초과근무수당, 감독자·사무직원·임시고용자 급여, 각종 수당·상여, 유휴시간급 등

노무원가도 직접노무원가와 간접노무원가로 구분된다. 노무원가의 구분기준도 원재료의 구분기준과 마찬가지로 원가대상별로 추정가능한지 여부이다. 일반적으로 제품생산에 직접 참여하는 작업자들의 노무원가는 직접노무원가로 분류한다. 그러나 작업자가 초과근무(overtime)를 통하여 일반 임금보다 더 많은 임금, 즉 초과근무수당이 있다면 그만큼은 간접노무원가로 구분하는 것이 일반적이다. 이 외에 공장장이나 감독자, 공장사무직원, 임시고용자 등에 대한 노무원가는 간접노무원가로 분류하며, 정근수당이나 휴가수당 등 상여 및 제 수당, 유휴시간급 등도 간접노무원가로 분류한다. 다음의 간단한 예를 이용하여 회계처리를 살펴보자.

유휴시간급이란 기계고장이나 재료부족 등으로 인한 비생산시간에 대하여 지급되는 임금을 말한다.

노무원가의 회계처리 : 직접노무원가 ₩30,000과 간접노무원가 ₩20,000이 발생하여 현금지급하였다.

노무원가지급시	(차) 노 무 원 가	50,000	(대) 현 금	50,000
노무원가대체시	(차) 재 공 품	30,000	(대) 노무원가	50,000
	(차) 제조간접원가	20,000		

노무원가를 지급하였을 경우 차변에 노무원가, 대변에 현금으로 처리한다. 노무원가를 제품원가에 대체시 직접노무원가는 재공품으로 처리하며, 간접노무원가는 제조간접원가로 처리한다. 노무원가 대체시 대변에 있는 노무원가를 직접노무원가와 간접노무원가로 구분하여 처리할 수도 있다. 이러한 관계를 노무원가 계정에 나타내 보면 다음과 같다.

노 무 원 가

현 금	50,000	재 공 품	30,000
		제조간접원가	20,000

재 공 품

원 재 료	40,000		
노무원가	30,000		

제조간접원가

원 재 료	10,000		
노무원가	20,000		

예제 3-1

스마트(주)의 생산라인에 근무하고 있는 A씨는 20×1년 9월 한 달간 180시간의 작업을 수행하였다. 스마트(주)는 1개월 동안 160시간을 초과하는 직접노무시간에 대해서는 정상임금의 150%를 지급하고 있다. A씨의 9월 노무시간에는 원재료 부족으로 인한 10시간의 유휴시간이 포함되어 있으며, A씨의 20×1년 시간당 정상임률은 ₩15,000이며, 스마트(주)는 모든 근로자에게 3개월에 한번씩 ₩1,500,000의 상여금을 지급하고 있다.

(요구사항)

1. 20×1년 9월 한 달 동안 A씨의 총노무원가는 얼마인가? 단, 상여금은 월할계산한다.
2. 총노무원가 중에서 직접노무원가와 간접노무원가는 각각 얼마인가?

(해　답)

1. 총노무원가

   180시간×₩15,000+20시간×₩7,500+₩500,000* =₩3,350,000

   $* \frac{₩1,500,000}{3}$

2. 직접노무원가와 간접노무원가

   직접노무원가=정상노무시간×정상임률
   =170시간×₩15,000=₩2,550,000

   간접노무원가=유휴시간급+초과근무수당+상여금
   =10시간×₩15,000+20시간×₩7,500+₩500,000
   =₩800,000

2.3 제조간접원가

제조간접원가(manufacturing overhead costs)에는 직접재료원가와 직접노무원가를 제외한 모든 원가요소가 포함된다. 그 만큼 종류가 많다는 말이다. 앞서 살펴보았던 간접재료원가와 간접노무원가도 제조간접원가이며, 공장건물 및 설비의 감가상각비, 수도광열비, 보험료, 통신비 등도 모두 제조간접원가에 포함된다. 또한 제조간접원가는 손익계산서의 판매관리비와는 반드시 구분되어야 한다는 것도 앞서 제 2 장에서 지적한 바 있다. 예를 들어 본사건물에 대한 감가상각비는 판매관리비에 포함되어야 하지만, 공장건물에 대한 감가상각비는 제품원가에 포함되어야 한다는 것이다. 다만, 외주가공비와 특허권사용료는 직접제조경비의 성격이 있지만, 실무적으로는 제조간접원가로 구분되는 경우가 많기 때문에 본서에서는 이들 원가를 제조간접원가 항목으로 간주하고자 한다.

제조경비	외주가공비, 특허권사용료, 감가상각비, 수도광열비, 보험료, 통신비, 복리후생비, 재산세 등

다음의 간단한 예를 이용하여 제조간접원가의 회계처리를 살펴보자.

제조간접원가의 회계처리 : 감가상각비로 ₩30,000, 보험료가 ₩10,000 발생하여 현금지급하였다.

제조간접원가 발생시	(차)	감가상각비	30,000	(대)	감가상각누계액	30,000
		보험료	10,000		현금	10,000
제조간접원가 대체시	(차)	제조간접원가	40,000	(대)	감가상각비	30,000
					보험료	10,000

감가상각비가 발생하였을 때 차변에 감가상각비, 대변에 감가상각누계액으로 처리한다. 이를 제품원가에 대체시 차변에 제조간접원가, 대변에 감가상각비로 처리한다. 보험료도 동일한 방법으로 처리하면 된다. 이러한 관계를 감가상각비와 보험료 계정에 나타내 보면 다음과 같다.

감가상각비

감가상각누계액	30,000	제조간접원가	30,000

보험료

현금	10,000	제조간접원가	10,000

제조간접원가

차변	금액	대변	금액
원 재 료(간접)	10,000		
노무원가(간접)	20,000		
감가상각비	30,000		
보 험 료	10,000		

이렇게 집계된 제조간접원가는 합리적인 배부기준에 따라 특정제품에 배부하여야 한다. 제조간접원가는 각 제품별로 추적불가능한 원가요소, 즉 간접원가들로 구성되어 있기 때문이다. 만약 이 비용들이 추적가능한 직접원가였다면 제조간접원가 계정에 집계될 필요없이 직접재료원가나 직접노무원가와 같이 해당 제품에 직접 할당했을 것이다. 제조간접원가를 해당 제품에 배부하는 방법은 제 4 장의 부문별 원가계산의 절차에서 자세히 살펴보기로 한다.

제조간접원가는 제품계정에 직접 배부되는 것이 아니라 그 제품의 재공품계정을 거쳐 최종적으로 완제품에 집계된다. 제조간접원가의 배부기준은 여러 가지가 사용될 수 있는데, 이에 대해서는 제 5 장 개별원가계산에서 다시 논의하기로 한다. 여기서는 논의의 편의상 모든 제조간접원가가 한 제품에 배부되는 것으로 가정해 보자.

재공품으로 대체 회계처리 : 제조간접원가 ₩70,000을 재공품으로 대체하였다.

회계처리와 제조간접원가 계정을 보면 다음과 같다.

재공품으로 대체시 (차) 재공품 70,000 (대) 제조간접원가 70,000

제조간접원가

차변	금액	대변	금액
원 재 료(간접)	10,000	재 공 품	70,000
노무원가(간접)	20,000		
감가상각비	30,000		
보 험 료	10,000		

2.4 재공품계정

재공품계정은 특정 제품이 완성되기 전 단계, 즉 아직 생산과정 중에 있는 것을 말한다. 재료투입이 100% 완료되고, 직접노무원가와 제조간접원가, 즉 가공원가 투입이 100% 완료되었을 때 제품이 완성된다. 따라서 제품생산을 위해 투입된 모든 원가요소들은 재공품계정의 차변에 집계된다. 앞의 예를 그대로 사용해서 보면, 직접재료원가 ₩40,000을 공정에 투입하고, 직접노무원가 ₩30,000이 발생하였으며, 간접재료원가와 간접노무원가, 감가상각비, 보험료를 모두 포함한 제조간접원가 ₩70,000을 재공품으로 대체하였고 다음과 같이 회계처리되었다. 이 회계처리도 각 원가 발생시 이미 한 것이며, 논의의 편의를 위해 다시 간략히 요약해 보면 다음과 같다.

직접재료원가 투입시(요약)	(차)	재 공 품	40,000	(대)	원 재 료	40,000
직접노무원가 발생시(요약)	(차)	재 공 품	30,000	(대)	노 무 원 가	30,000
제조간접원가 대체시(요약)	(차)	재 공 품	70,000	(대)	제조간접원가	70,000

이렇게 집계된 재공품계정의 금액은 특정 제품이 완성되면서 완성품의 원가만큼 제품계정으로 할당된다. 예를 들어 회계처리와 재공품계정을 살펴보자.

제품계정으로 대체 회계처리 : 제품 ₩100,000을 완성하였다.

회계처리, 그리고 재공품계정은 다음과 같다. 한 가지 주의할 점은 재공품계정에는 기초재고와 기말재고가 존재한다는 것이다. 즉, 기간 말에 완성하지 못하고 생산중인 미완성품이 존재하고 있음을 말한다.

제품계정으로 대체시	(차)	제 품	100,000	(대)	재 공 품	100,000

재 공 품

기초재고	×××	제 품	100,000
원 재 료(직접)	40,000	기말재고	×××
노무원가(직접)	30,000		
제조간접원가	70,000		

2.5 제품계정

제품계정은 직접재료원가와 직접노무원가 그리고 제조간접원가 등 모든 원가요소들이 최종적으로 집계되는 곳이다. 이를 원가대상이라고 한 바 있다. 제품은 직접재료가 100% 투입되고, 가공원가도 100% 투입된 완성품이다. 이렇게 완성된 제품은 매출원가와 기말재고로 대체된다. 즉, 완성품 원가 중 판매가 이루어진 부분은 매출원가가 되며, 아직 판매되지 않은 것은 기말재고로 남게 된다. 간단한 예를들어 회계처리를 살펴보자.

제품판매시 회계처리 : 제품원가 ₩70,000을 현금 ₩120,000에 판매하였다.

이에 대한 회계처리는 다음과 같다.

제품 매출시	(차) 현　　금	120,000	(대) 매　　출	120,000
매출원가 인식시	(차) 매출원가	70,000	(대) 제　　품	70,000

제품계정에 차기할 때까지, 또는 달리 표현하면 제품의 생산이 완료될 때까지 발생된 모든 원가는 제품의 가치를 증대시키기 때문에 자산으로 처리되는데 이와 같이 생산의 흐름에서 제품의 가치를 증대시키는 직접재료원가, 직접노무원가, 그리고 제조간접원가를 총칭해서 재고가능원가(inventoriable costs)라고 한다. 생산의 완료단계까지 자산으로 처리된 재고가능원가는 제품의 판매가 이루어지면 매출수익을 창출하고 비용화된다. 따라서 제품원가 흐름의 최종단계는 제품의 판매이다. 제품의 판매가 이루어지면 판매된 제품원가만큼을 완제품계정으로부터 비용계정인 매출원가로 전환시키게 된다.

이상에서 설명한 제품원가의 측정은 기본적으로 수익과 관련비용의 대응을 요구하는 대응원칙(matching principle)에 따라 이루어진다. 생산활동이 이루어지면 발생된 원가는 자산으로 처리되며 일단 제품에 할당된다. 이후 생산된 제품이 판매되면 판매된 제품에 할당된 원가는 매출원가라는 비용으로 처리되어 판매에 의해 실현된 수익과 대응되는 것이다. 대응개념은 앞으로도 본서 전체에서 제품원가계산과 각종 경영보고서 작성에 있어서 필수적인 회계원칙으로 강조될 것이다. 대응원칙에 의하면 제품원가는 각 제품을 제조하는 데 사용된 생산자원의 실제 사용을 정확하게 반영할 수 있도록 측정되어져야 한다. 이와 같이 제품원가계산이 정확해야 손익계산서에 보고되는 매출원가가 해당 제품의 판매에서 실현된 수익과 정확하게 대응된다.

03 제품원가의 흐름

3.1 원가의 흐름

앞서 살펴보았듯이 원가요소, 즉 직접재료원가와 직접노무원가 그리고 제조간접원가 계정간에는 서로 밀접한 관련성을 가지고 있다. 이를 요약해 보면 [도표 3-2]와 같다.

[도표 3-2] 원가요소의 계정흐름

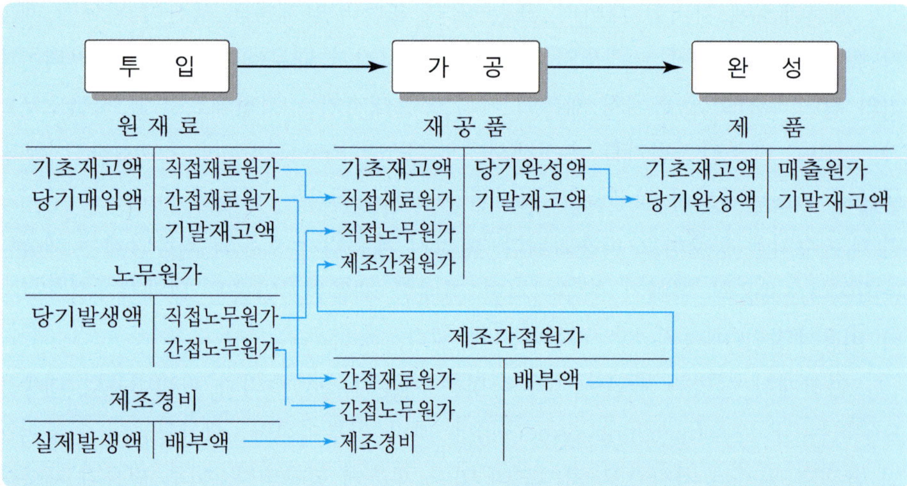

예제 3-2

다음은 스마트(주)의 20×1년 9월 A제품 생산과 관련된 자료이다.

• 기초원재료 ₩20,000 • 기초재공품 ₩30,000 • 기초제품 ₩40,000

① 원재료 ₩150,000을 외상으로 구입하였다.

② 원재료 ₩140,000을 생산에 투입하였으며, 이 중 ₩110,000은 직접재료원가이며, 나머지는 간접재료원가이다.

③ 당월에 발생한 급여 및 임금은 다음과 같다. 모두 현금으로 지급되었다.

판매사원 급여	₩80,000
생산 근로자 임금	180,000

공장관리자 임금 70,000

④ 당월 발생한 수도광열비는 ₩30,000이며, 이 중 80%는 공장에서 발생한 것이며, 나머지는 본사에서 발생한 것이다. 모두 현금으로 지급되었다.

⑤ 당월 발생한 광고선전비 ₩100,000을 현금으로 지급하였다.

⑥ 당월 공장 기계장치의 감가상각비는 ₩50,000이다.

⑦ 제조간접원가 전액을 재공품 계정으로 대체하다.

⑧ 당월 제품 ₩450,000을 완성하다.

⑨ 당월 제품 ₩470,000을 ₩600,000에 외상으로 판매하였다.

(요구사항)

거래내역을 분개하고, 원가흐름도를 작성하시오.

(해 답)

1) 거래분개

	(차)		(대)	
① 원재료 구입시	원 재 료	150,000	매입채무	150,000
② 원재료 생산투입시	재 공 품	110,000	원 재 료	140,000
	제조간접원가	30,000		
③ 노무원가 발생시	급 여	80,000	현 금	330,000
	노무원가	250,000		
노무원가 대체시	재 공 품	180,000	노무원가	250,000
	제조간접원가	70,000		
④ 수도광열비 발생시	수도광열비	30,000	현 금	30,000
수도광열비 대체시	제조간접원가	24,000	수도광열비	24,000
⑤ 광고선전비 발생시	광고선전비	100,000	현 금	100,000
⑥ 감가상각비 계상시	감가상각비	50,000	감가상각누계액	50,000
감가상각비 대체시	제조간접원가	50,000	감가상각비	50,000
⑦ 제조간접원가 대체시	재 공 품	174,000	제조간접원가	174,000
⑧ 제품계정으로 대체시	제 품	450,000	재 공 품	450,000
⑨ 제품 판매시	매출채권	600,000	매 출	600,000
	매출원가	470,000	제 품	470,000

2) 원가흐름도

원 재 료

기초재고	20,000	재 공 품	110,000
매입채무	150,000	제조간접원가	30,000
		기말재고	30,000

재 공 품

기초재고	30,000	제 품	450,000
원 재 료	110,000	기말재고	44,000
노무원가	180,000		
제조간접원가	174,000		

노 무 원 가

차변		대변	
현 금	250,000	재 공 품	180,000
		제조간접원가	70,000

제조간접원가

차변		대변	
원 재 료	30,000	재 공 품	174,000
노무원가	70,000		
수도광열비	24,000		
감가상각비	50,000		

수도광열비

차변		대변	
현 금	30,000	제조간접원가	24,000

제 품

차변		대변	
기초재고	40,000	매출원가	470,000
재 공 품	450,000	기말재고	20,000

감가상각비

차변		대변	
감가상각누계액	50,000	제조간접원가	50,000

3.2 제조원가명세서

앞서 상기업과 제조기업의 거래구조에 대한 차이를 언급한 바 있다. 이러한 차이 때문에 재무제표도 조금 다르게 나타난다. [도표 3-3]의 손익계산서를 보면 첫째, 상기업은 매출원가 산정시 상품과 매입이라는 용어를 사용하고 있지만, 제조기업은 제품과 제조라는 용어를 사용하고 있다. 둘째, 매출원가 산정시 기록되는 금액의 산출방법이 다르다. 상기업에서는 당기상품구입액은 상품구입대가와 부대비용의 합으로 산출한다. 그러나 제조기업에서는 앞서 언급한 바와 같이 직접재료원가, 직접노무원가 그리고 제조간접원가 등을 이용하여 원가계산절차를 거쳐 산출된다. 특히 제조기업의 당기제품제조원가는 [도표 3-4]와 같이 제조원가명세서(schedule of cost of goods manufactured)의 금액과 일치한다. [도표 3-4]

당기총제조원가는 당기에 투입된 총원가를 의미한다. 즉, 당기에 발생된 직접재료원가, 직접노무원가, 제조간접원가의 합계이다.
• 당기총제조원가 = 직접재료원가 + 직접노무원가 + 제조간접원가
당기제품제조원가는 당기에 완성된 제품의 원가를 의미한다.
• 당기제품제조원가 = 기초재공품 + 당기총제조원가 − 기말재공품

[도표 3-3] 상기업과 제조기업의 손익계산서 양식

상 기 업			제조기업		
매 출		×××	매 출		×××
매출원가		×××	매출원가		×××
기초상품재고액	×××		기초제품재고액	×××	
당기상품매입액	×××		당기제품제조원가	450,000	
기말상품재고액	×××		기말제품재고액	×××	
매출총이익		×××	매출총이익		×××
판매관리비		×××	판매관리비		×××
영업이익		×××	영업이익		×××

[도표 3-4] 제조원가명세서

직접재료원가		
기초원재료	₩20,000	
당기매입액	150,000	
사용가능액	₩170,000	
타계정대체*	(30,000)	
기말원재료	(30,000)	₩110,000
직접노무원가		180,000
제조간접원가		
간접재료원가	₩30,000	
간접노무원가	70,000	
수도광열비	24,000	
감가상각비	50,000	174,000
당기총제조원가		₩464,000
기초재공품재고액		30,000
기말재공품재고액		(44,000)
당기제품제조원가		₩450,000

* 간접재료원가로서 제조간접원가 계정으로 대체된 금액

는 [예제 3-2]의 거래내역을 기초로 작성한 것이다.

[도표 3-4]에서 보는 바와 같이 제조원가명세서는 크게 직접재료원가, 직접노무원가, 제조간접원가, 기초재공품재고액 그리고 기말재공품재고액으로 구성되어 있다. 당기제품제조에 소비된 모든 원가들이 당기총제조원가에 포함되어 있으며, 재공품의 기초와 기말재고액을 고려하여 최종적으로 당기제품제조원가를 산출하는 구조로 되어 있다. 한 가지 중요한 사항은 [도표 3-4]의 제조원가명세서의 당기제품제조원가가 [도표 3-3]의 매출원가 산정에 필요한 당기제품제조원가와 일치한다는 점이다. 즉, ₩450,000이 되어야 한다.

매출원가 = 기초제품 + 당기제품제조원가 − 기말제품

04 종합예제

※ 아래의 정보를 이용하여 다음 물음에 답하시오. 단, 재료원가와 노무원가는 모두 직접원가이다.

• 기초제품재고액	₩54,000	• 기말제품재고액	₩65,000
• 기초재공품재고액	52,000	• 기말재공품재고액	47,000
• 당기 매출원가	489,000	• 기초원재료재고액	12,000
• 당기 원재료 매입액	85,000	• 기말원재료재고액	25,000
• 당기 발생 제조간접원가	235,000	• 당기 노무원가 현금 지급액	138,000

(요구사항)

1. 위의 자료에 의하여 당기에 발생한 미지급노무원가 금액을 구하면 얼마인가?
2. 위의 자료를 이용하여 제조원가명세서를 작성하시오.

(해 답)

1. 미지급노무원가
   - 당기제품제조원가 = 매출원가 + 기말제품 − 기초제품
     = ₩489,000 + ₩65,000 − ₩54,000
     = ₩500,000
   - 당기총제조원가 = 당기제품제조원가 + 기말재공품 − 기초재공품
     = ₩500,000 + ₩47,000 − ₩52,000
     = ₩495,000
   - 당기 직접재료원가 발생액 = 기초 원재료 + 당기 원재료 매입액 − 기말 원재료
     = ₩12,000 + ₩85,000 − ₩25,000
     = ₩72,000
   - 당기 발생 노무원가 = 당기 총제조원가 − 직접재료원가 − 제조간접원가
     = ₩495,000 − ₩72,000 − ₩235,000
     = ₩188,000
   - 당기 발생 미지급노무원가
     = 당기 발생 노무원가 − 당기 노무원가 현금지급액
     = ₩188,000 − ₩138,000
     = ₩50,000

2. 제조원가명세서

제조원가명세서		
직접재료원가		
기초원재료	₩12,000	
원재료 매입액	85,000	
기말원재료	(25,000)	₩72,000
직접노무원가		188,000
제조간접원가		235,000
당기총제조원가		₩495,000
기초재공품		52,000
기말재공품		(47,000)
당기제품제조원가		₩500,000

연 · 습 · 문 · 제

EXERCISES

객관식 문제

[3-1] 원가에 대한 설명 중 틀린 것은? (기업회계 1급)

① 기본원가는 직접재료원가와 직접노무원가를 합한 것이다.
② 가공원가는 직접노무원가와 제조간접원가를 합한 것이다.
③ 원가 중에서 수익을 얻기 위하여 이미 사용된 부분, 즉 소멸된 원가를 손실이라고 하고, 사용되지 않은 부분, 즉 미소멸된 원가를 자산이라 한다.
④ 제품원가는 재고가능원가라고도 하며 판매되지 않은 부분은 재무상태표에 자산으로 기재되고, 기간원가는 재고불능원가라고도 하며 발생기간에 비용처리된다.

[3-2] 다음은 제조원가명세서에 대한 설명이다. 가장 옳지 않은 것은? (전산세무 1급)

① 재무상태표의 제품재고액은 제조원가명세서 작성과 관련없다.
② 제조원가명세서의 당기제품제조원가는 손익계산서의 제품매출원가 계산에 반영된다.
③ 제조원가명세서 항목 중 재무상태표에 직접적으로 영향을 미치는 항목은 없다.
④ 당기총제조원가는 직접재료원가, 직접노무원가, 제조간접원가의 총액을 의미한다.

[3-3] 다음은 (주)스마트의 20×1년 중에 발생한 원가 및 비용에 관한 자료이다. 이 자료를 이용하여 기본원가와 가공원가를 계산하면? (9급 공무원)

직접재료원가	₩60,000	간접재료원가	₩15,000
직접노무원가	15,000	간접노무원가	7,500
공장건물감가상각비	10,000	영업사원 급여	12,000
공장수도광열비	7,000	본사비품감가상각비	10,500
공장소모품비	5,000	본사임차료	15,000

	기본원가	가공원가
①	₩75,000	₩59,500
②	₩75,000	₩97,000

③ ₩97,500 ₩44,500

④ ₩97,500 ₩82,000

[3-4] 다음은 (주)스마트의 20×1년 제조원가명세서이다. (주)스마트의 20×1년 12월 31일 현재 원재료재고액과 재공품재고액 합계액은 얼마인가? (재경관리사)

제조원가명세서		
직접재료원가		₩3,000,000
기초재고액	₩300,000	
당기매입액	6,000,000	
기말재고액	(1)	
직접노무원가		2,000,000
제조간접원가		3,000,000
당기총제조원가		₩8,000,000
기초재공품		1,000,000
기말재공품		(2)
당기제품제조원가		₩8,500,000

① ₩3,800,000 ② ₩3,900,000

③ ₩4,000,000 ④ ₩4,100,000

[3-5] 다음 자료에 의한 당기 직접재료 매입액은? (9급 공무원)

매출원가	₩1,000
직접노무원가	300
제조간접원가	400

	기초재고액	기말재고액
직접재료	₩250	₩200
재 공 품	200	250
제 품	350	300

① ₩150 ② ₩250

③ ₩450 ④ ₩650

[3-6] 다음은 (주)스마트의 20×1년 12월 31일로 종료되는 회계연도의 제조원가와 관련된 자료이다. 기초재공품은 얼마인가? (9급 공무원)

• 직접재료원가	₩50,000	• 직접노무원가	₩40,000
• 제조간접원가	30,000	• 기말재공품	20,000
• 당기제품제조원가	130,000	• 제품제조단가	100

① ₩10,000　　② ₩20,000
③ ₩30,000　　④ ₩40,000

[3-7] 다음 자료를 이용하여 20×1년 1월의 매출원가를 계산하면? (9급 공무원)

재 고 자 산	20×1. 1. 1	20×1. 1. 31
직접재료	₩30,000	₩40,000
재 공 품	50,000	30,000
제　　품	70,000	50,000

－20×1년 1월 중 직접재료 매입액은 ₩110,000이다.
－20×1년 1월 중 직접노무원가의 발생액은 가공원가 발생액의 60%이다.
－20×1년 1월 중 제조간접원가 발생액은 ₩80,000이다.

① ₩340,000　　② ₩370,000
③ ₩400,000　　④ ₩420,000

[3-8] 20×1년 원가 및 재고자산에 관련된 자료가 다음과 같을 때 20×1년의 당기제품제조원가는 얼마인가? (전산세무 1급)

구　분	20×1. 1. 1.	20×1년 중 매입	20×1. 12. 31.
직 접 재 료	₩55,000	₩400,000	₩35,000
재 공 품	200,000		250,000
직접노무원가 발생		600,000	
제조간접원가 발생		500,000	
제　　품	300,000		200,000

① ₩1,470,000　　② ₩1,550,000
③ ₩1,620,000　　④ ₩1,650,000

[3-9] 다음은 (주)스마트의 20×1년 한 해 동안의 제조원가 자료이다. (재경관리사)

구 분	기 초		기 말
직 접 재 료	₩10,000		₩8,000
재 공 품	12,000		15,000
제 품	15,000		20,000
직접재료 매입액		₩20,000	
기 본 원 가		37,000	
가 공 원 가		30,000	

(주)스마트의 20×1년 제조원가명세서상의 당기제품제조원가는 얼마인가?

① ₩52,000 ② ₩49,000
③ ₩44,000 ④ ₩34,000

[3-10] 다음 자료를 이용하여 당기제품제조원가를 구하면 얼마인가? (재경관리사)

기초재공품	₩15,000	직접재료원가	₩40,000
기말재공품	10,000	직접노무원가	28,000

제조간접원가 배부액은 직접노무원가 발생액의 50%이다.

① ₩87,000 ② ₩86,000
③ ₩85,000 ④ ₩82,000

[3-11] (주)스마트는 5월 중 ₩43,000의 직접재료를 구입하였다. 5월 중 제조간접원가의 합은 ₩27,000이었고 총제조원가는 ₩106,000이었다. 직접재료의 5월초 재고가 ₩8,000이었고 5월말 재고가 ₩6,000이었다면 5월 중 직접노무원가는 얼마인가? (세무사)

① ₩34,000 ② ₩38,000 ③ ₩36,000
④ ₩45,000 ⑤ ₩35,000

[3-12] 스마트 회사의 제품 A 제조와 관련한 다음의 자료를 토대로 당기에 발생한 제품 A의 직접재료원가를 구하면 얼마인가? (세무사)

- 당기총제조원가 : ₩6,000,000
- 당기제품제조원가 : ₩4,900,000
- 제조간접원가는 직접노무원가의 60%이며, 이는 당기총제조원가의 25%에 해당한다.

① ₩4,125,000 ② ₩2,000,000 ③ ₩4,500,000
④ ₩3,600,000 ⑤ ₩900,000

[3-13] 제품생산에 사용한 기계의 감가상각비를 기간비용으로 처리한 결과로 옳은 것은? (단, 선입선출법이 적용된 기말재공품재고가 존재한다.) (관세사)

① 매출총이익이 과소계상된다.
② 판매관리비가 과소계상된다.
③ 당기총제조원가가 과대계상된다.
④ 기말재공품재고 금액이 과소계상된다.
⑤ 매출원가가 과대계상된다.

[3-14] (주)스마트의 4월 중 영업자료에서 추출한 정보이다. (관세사)

노무원가	₩600	기타 제조경비	₩300
감가상각비-공장설비	50	재료재고(기초)	200
감가상각비-본사사옥	100	재료재고(기말)	100
보험료-공장설비	100	재공품재고(기초)	1,200
보험료-본사사옥	200	재공품재고(기말)	1,000

4월 중 재료 매입액이 ₩400일 때, 4월 당기제품제조원가는 얼마인가?

① ₩1,450 ② ₩1,550 ③ ₩1,650
④ ₩1,750 ⑤ ₩1,850

[3-15] (주)스마트의 1월 중 발생한 비용과 월초 및 월말 재고자산 자료는 다음과 같다.

1월 중 발생비용		재고자산	1월초	1월말
직접노무원가	₩300	재 공 품	₩1,000	₩800
감가상각비-공장	50	직접재료	300	100
감가상각비-영업점포	50			
감가상각비-본부사옥	100			
공장감독자급여	100			
기타 제조간접원가	200			

1월 중 직접재료의 매입은 발생하지 않았다. 회사의 1월 당기제품제조원가는 얼마인가? (공인회계사)

① ₩850　　② ₩900　　③ ₩1,050
④ ₩1,100　　⑤ ₩1,200

주관식 문제

[3-1] (주)스마트의 원가관련 자료는 다음과 같다. (기업회계 1급)

- 직접재료원가는 ₩50,000이며 당기총제조원가의 25%이다.
- 제조간접원가는 가공원가의 30%를 차지한다.
- 기초재공품은 당기총제조원가의 20%이고, 기말재공품은 기초재공품의 1.2배 이다.

(요구사항)

당기제품제조원가는 얼마인가?

[3-2] (주)스마트의 원가자료는 다음과 같다. 기말재공품 재고액이 기초재공품 재고액보다 20% 증가했다. (기업회계 1급)

- 기초제품 재고액 : ₩18,000
- 기말제품 재고액 : ₩23,000
- 당기제품 매출원가 : ₩331,600
- 당기 총제조원가 : ₩340,000

(요구사항)

위의 자료에 의한 기초재공품 재고액은 얼마인가?

[3-3] (주)스마트의 자료는 다음과 같다. (기업회계 1급)

Ⅰ. 당기 직접재료 매입은 ₩70,000이며, 기말 직접재료재고는 기초에 비해서 ₩20,000이 증가했다.
Ⅱ. 노무원가는 직접재료원가의 210%이다.
Ⅲ. 제조간접원가는 가공원가의 30%를 차지한다.
Ⅳ. 기초재공품은 당기총제조원가의 20%이고 기말재공품은 기초재공품의 1.2배 이다.

(요구사항)

위의 자료를 이용하여 당기제품제조원가를 산출하시오.

[3-4] 다음은 스마트(주)의 20×1년 1월에 대한 회계기록이다. 20×1년 1월초 재공품 재고액은 ₩100,000이며, 20×1년 1월말 재공품재고액은 ₩150,000이다.

직접재료원가	₩240,000	직접노무원가	₩720,000	공장설비 임대료	₩200,000
간접재료원가	100,000	간접노무원가	50,000	공장설비 보험료	100,000
기계 감가상각비	180,000	판매수수료	140,000	관리비	300,000

(요구사항)

1. 1월에 실제 발생한 제조간접원가는 얼마인가?
2. 1월의 제품제조원가는 얼마인가?

[3-5] 스마트(주)의 20×1년 노무원가 발생액은 ₩20,000이며, 당기초의 노무원가 미지급액은 ₩5,000이다. 당기말의 노무원가 미지급액은 ₩10,000이다.

(요구사항)

20×1년 노무원가 지급액은 얼마인가?

[3-6] 스마트(주)의 원가자료는 다음과 같다.

기초재공품	₩150,000	기말재공품	₩250,000
기본원가	500,000	가공원가	600,000

(요구사항)

제조간접원가가 직접노무원가의 4배가 발생할 때 당기제품완성액은 얼마인가?

[3-7] (주)스마트의 제품제조 및 판매와 관련된 계정과목이다. (9급 공무원 수정)

직접재료원가	₩900	당기제품제조원가	₩13,000
직접노무원가	700	기초제품재고액	8,000
제조간접원가	(㉠)	기말제품재고액	(㉢)
당기총제조원가	2,000	매출원가	(㉣)
기초재공품재고액	14,000	매출액	25,000
기말재공품재고액	(㉡)	매출총이익	8,000

(요구사항)

㉠~㉣은 얼마인가?

[3-8] 스마트(주)의 20×1년의 원가자료이다.

	기초재고액	기말재고액
직접재료	₩22,000	₩30,000
재 공 품	40,000	48,000
제　　품	25,000	18,000

20×1년 동안 다음과 같은 원가와 비용이 발생하였다.

직접재료구입액	₩300,000
직접노무원가	120,000
간접노무원가	60,000
공장의 제조간접원가	50,000
판매원의 급여	64,000

(요구사항)

20×1년의 매출원가는 얼마인가?

[3-9] 다음은 스마트(주)의 원가자료이다.

	20×1. 12. 31	20×2. 12. 31
직접재료	₩100,000	₩80,000
재 공 품	120,000	150,000
제　　품	150,000	200,000
직접재료매입액		200,000
직접노무원가		150,000
간접노무원가		155,000

(요구사항)

1. 당기제품제조원가는 얼마인가?
2. 당기매출원가는 얼마인가?

[3-10] 스마트(주)의 20×1년 제조활동과 영업활동에 관한 자료는 다음과 같다.

1) 20×1년초 재고자산

직접재료	₩300
재 공 품	450
제　　품	650
합　　계	₩1,400

2) 스마트(주)의 20×1년의 거래사항은 다음과 같다.

① 직접재료를 ₩1,000에 현금 매입하였다.

② 직접재료 ₩900을 생산에 투입하였다.

③ 노무원가는 ₩1,500 발생하였다. 80%는 직접노무원가이며, 나머지는 간접노무원가이다.

④ 공장감가상각비 ₩130, 공장소모품비 ₩140, 수선유지비 ₩230이 발생하였다.

⑤ 20×1년말 재공품재고액은 ₩350이며, 제품재고액은 ₩150이다.

⑥ 20×1년 중 현금매출액은 ₩4,000이며, 외상매출액은 ₩2,000이고, 판매비 ₩200, 관리비는 ₩300이 발생하였다.

(요구사항)

1. 20×1년의 거래를 모두 분개하시오.
2. 제조간접원가와 재고자산의 각 계정에 원가흐름을 표시하시오.
3. 20×1년의 제조원가명세서를 작성하시오.
4. 20×1년의 손익계산서를 작성하시오.

[3-11] 스마트(주)의 최근 2년간 생산량과 총제조원가는 아래와 같다. 2년간 고정원가와 단위당 변동원가는 변화가 없었다.

	생 산 량	총제조원가
20×1년	1,000개	₩50,000,000
20×2년	2,000개	₩70,000,000

(요구사항)

20×3년도에 고정원가 20% 증가하고 단위당 변동원가가 40% 감소하면 생산량이 3,000개일 때 총제조원가는 얼마인가?

[3-12] 다음은 스마트(주)의 20×1년 생산 및 판매에 관한 자료이다.

재고자산 :

기초재공품	₩100,000	기말재공품	₩20,000
기초제품	400,000	기말제품	120,000
기초매출채권	500,000	기말매출채권	300,000
기초매입채무	400,000	기말매입채무	200,000
기초직접재료	300,000	기말직접재료	50,000

영업활동 :

공장동력비	₩50,000	간접노무원가	₩200,000
공장감가상각비	90,000	매출액	3,500,000
기타 제조간접원가	100,000	판매관리비	900,000
직접재료매입액	800,000	직접노무원가	400,000
공장소모품 사용액	60,000	공장재산세	10,000

(요구사항)

1. 20×1년 스마트(주)의 제조원가명세서를 작성하시오.
2. 20×1년 스마트(주)의 손익계산서를 작성하시오.

[3-13] (주)스마트의 20×1년 재고자산 및 원가와 관련된 자료이다.

재고자산	기초	기말
직접재료	₩45,000	₩40,000
재공품	15,000	18,000
제품	30,000	40,000

－당기의 직접재료 매입액은 ₩85,000이다.
－당기의 직접노무원가 발생액은 ₩100,000이다.
－시간당 노무원가는 ₩10이다.
－시간당 제조간접원가 배부율은 ₩15이다.

(요구사항)

1. 당기의 기본원가는 얼마인가?
2. 당기의 가공원가는 얼마인가?
3. 당기총제조원가는 얼마인가?
4. 당기제품제조원가는 얼마인가?
5. 당기의 매출원가는 얼마인가?

[3-14] (주)스마트의 20×1년 10월의 재고자산 관련 자료는 다음과 같다.

	20×1. 10. 1	20×1. 10. 31
직접재료	₩40,000	₩20,000
재공품	65,000	30,000
제품	50,000	75,000

－당기 직접재료 매입액은 ₩150,000이며 매입부대비용으로 ₩20,000을 지급하였다.
－당기에 발생한 급여는 ₩275,000이며, 소득세 등 원천징수액은 ₩25,000이다. 급여 중에서 제조부문의 생산직 급여는 70%이며, 나머지 30%는 영업사원의 급여이다.
－감가상각비는 ₩120,000이며, 이 중에서 제조부문에 60%가 배분된다.
－5월의 매출액은 ₩1,000,000이며, 공장감독자급여 ₩30,000, 본사임차료 ₩65,000, 공장전기료 ₩60,000, 그리고 공장임차료 ₩80,000이 발생하였다.

(요구사항)

1. 다음을 산정하시오.
   ① 직접재료원가　　② 직접노무원가
   ③ 제조간접원가　　④ 당기총제조원가
   ⑤ 당기제품제조원가
2. 제조원가명세서를 작성하시오.
3. 당기의 영업이익을 계산하시오.

[3-15] (주)스마트의 4월 매출액은 ₩20,000이며, 매출총이익률은 30%이다. (주)스마트의 4월에 발생한 원가관련 자료는 다음과 같다. (세무사)

• 재고자산 현황

	직접재료	재 공 품	제　　품
4월　1일	₩1,000	?	₩3,000
4월 30일	2,000	₩2,000	4,000

－4월 중 직접재료 매입액은 ₩4,500이다.
－4월 1일 미지급급여는 ₩2,000이며, 4월 30일 미지급급여는 ₩4,000이다.
－4월에 지급한 급여는 ₩6,000이다.
－급여의 80%는 생산직 종업원의 급여이며, 나머지 20%는 영업사원의 급여이다.
－4월에 발생한 제조간접원가는 감가상각비, 임차료 등 ₩3,500이다.

(요구사항)

1. 기초재공품원가는 얼마인가?
2. 당기총제조원가는 얼마인가?
3. 당기제품제조원가는 얼마인가?
4. 매출원가는 얼마인가?

제 4 장

부문별 원가계산

01 원가계산과 제조간접원가

제품은 여러 부문들의 직·간접적인 기여를 통해 생산된다. 제조부문은 제품생산에 직접 참여하고 있다. 반면에 수선부문은 제품생산에 직접 참여하지는 않지만 제조부문의 기계가 고장났을 때 이를 수리해 준다. 즉, 수선부문은 원활한 제품생산을 위하여 간접적으로 기여하고 있다. 이 과정에서 다양한 원가가 발생하는데, 제조부문이나 수선부문과 같이 원가가 발생되는 장소를 원가중심점(cost center) 또는 원가부문(cost department)이라고 한다. 발생된 원가는 그 원가가 발생된 장소, 즉 원가중심점별로 집계된다.

각 부문에서 발생하는 원가는 직접재료원가와 직접노무원가 그리고 제조간접원가 등이 있다. 직접원가는 특정 제품을 생산하는 데 소비된 것이기 때문에 직접 해당 제품에 할당할 수 있다. 그러나 제조간접원가는 특정 제품을 생산하는 데만 소비된 것이 아니기 때문에 합리적인 배부절차에 따라 특정 제품에 배부하는 과정을 거치게 되는데, 이때 배부기준에 따라 배부금액이 결정된다.

원가계산을 복잡하고 어렵게 만드는 것이 바로 제조간접원가이다. 직접원가는 특정 제품을 생산하는 데 소비되었다는 동질적인 특성을 가지고 있지만, 제조간접원가는 여러 제품을 생산하는 데 간접적으로 기여하였다는 이질적인 특성을 가진 원가요소로 구성되어 있기 때문이다. 즉, 제조간접원가에는 공장전체에서 발생한 제조간접원가, 제조부문이나 보조부문 같이 특정 부서에서만 발생한 제조간접원가 등 다양한 원가요소들이 포함되어 있다. 예를 들어 공장전체에서 발생한 비용(복리후생비 등)은 그 공장에서 생산되는 모든 제품이 그 혜택을 보고 있는 것이며, 특정 부서에서 발생한 비용은 그 부서의 혜택을 보고 있는 제품만이 관련되어 있다. 따라서 이들 제조간접원가를 어떻게 제품에 배부할 것인가가 원가계산에서 가장 중요한 과정이라 할 수 있다.

02 제조간접원가의 배부

2.1 제조부문과 보조부문

원가계산과정을 이해하기 위해서는 먼저 제품생산이 이루어지는 공장에 대한 이해가 필요하다. 제품원가에 포함되는 원가요소는 공장에서 발생되고, 집계되기 때문이다. 특히 제조간접원가는 그 특성이 아주 다른 이질적인 간접원가들이 포함되어 있기 때문에 제조간접원가의 구성과 그 배부과정에 대한 이해가 반드시 필요하다. 이를 이해하기 위해서는 제조부문과 보조부문의 이해가 먼저 선행되어야 한다.

제조부문은 제품생산에 직접 참여하는 부서이다. 주조부, 절단부, 조립부 등이 그 예이다. 보조부문은 직접 제품생산에 참여하지는 않지만 제조공정의 원활한 제품생산과 공장관리를 위하여 보조적인 역할을 하는 부서이다. 동력부나 수선부 그리고 공장사무부 등이 그 예이다. [도표 4-1]에 제조부문과 보조부문을 예시하였다.

[도표 4-1] 제조부문과 보조부문의 예

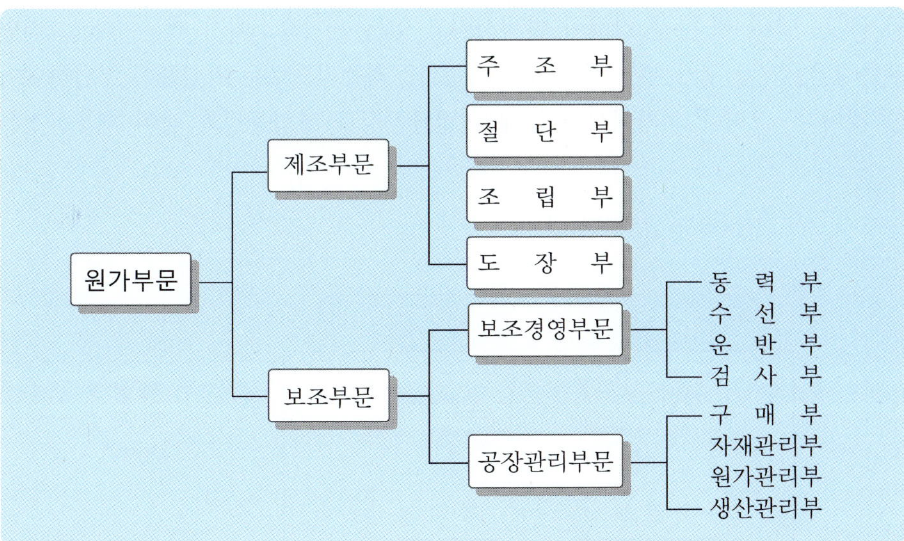

2.2 제조간접원가의 배분과정

[도표 4-2]와 같은 아주 간단한 공장의 배치를 생각해 보자. 이 공장에서는 책상과 의자가 한 공장 내에서 생산되고 있다. 제품생산을 위해서는 절단공정과 조립공정을 거쳐야 하는데, 이는 제조부문이다. 각 공정의 기계가 고장이 난다거나 동력부문의 기기가 이상이 있을 경우 수선부문에서 수선한다. 동력부문은 각 제조공정과 수선부문 등에 동력을 공급하는 곳이다. 수선부문과 동력부문은 보조부문이다. 이 공장에서는 다양한 제조간접원가가 발생한다. 예를 들어 설명해 보자.

첫째, 공장건물에 대해 감가상각비가 발생하게 된다. 그러면 공장건물의 감가상각비를 누가 부담하여야 하는가? 감가상각비는 절단공정, 조립공정, 수선부문 그리고 동력부문 모두가 부담해야 한다. 공장건물에 대한 혜택을 네 부문 모두 받고 있기 때문이다. 이를 부문공통원가라고 한다. 네 부문이 공통적으로 사용하고 있다는 의미로 보면 될 것이다. 따라서 부문공통원가는 그 혜택을 받고 있는 네 부문에 배부하게 된다. 그러면 감가상각비는 무엇을 기준으로 각 부문에 배부하는 것이 합리적일까? 아마도 각 부문이 차지하고 있는 면적이 배부기준이 되면 합리적이지 않을까?

둘째, 이제 건물내부로 들어와서 보면 절단공정, 조립공정, 수선부문 그리고 동력부문에서도 제조간접원가가 발생한다. 이를 부문개별원가라고 한다. 부문공통원가와는 달리 네 부문 각각이 발생시키고 있는 원가요소이기 때문이다. 그러면 부문개별원가는 누가 부담을 하여야 하는가? 최종적으로는 완성품이 부담하여야 할 것이다. 그러나 여기에서의 문제는 절단공정과 조립공정과 같이 제조공정은

[도표 4-2] 책상·의자 생산공장 배치도

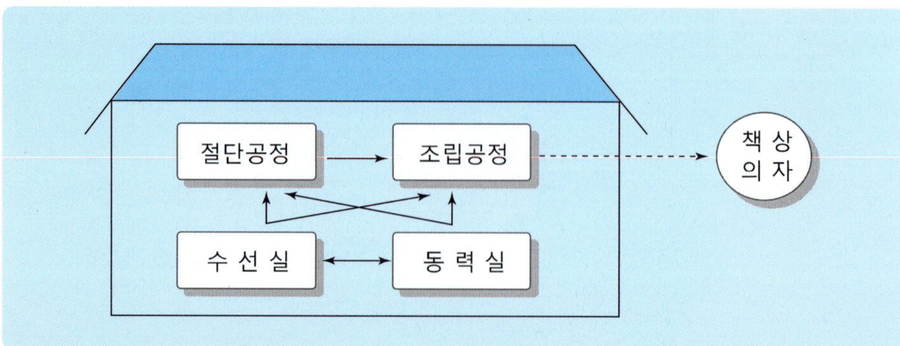

제품생산에 직접 기여하고 있다. 그러나 수선부문이나 동력부문은 제품제조에 직접 기여하기보다는 간접적으로 참여하고 있을 뿐이다. 오히려 보조부문의 혜택을 제조부문이 직접적으로 받고 있음을 알 수 있을 것이다. 따라서 수선부문과 동력부문 등 보조부문에서 발생한 부문개별원가(배부받은 부문공통원가 포함)를 제조부문에 먼저 배부하게 된다. 보조부문원가를 배부하는 방법에는 직접배분법, 단계배분법, 그리고 상호배분법이 있다.

셋째, 이제 절단공정과 조립공정, 즉 제조부문에는 자체에서 발생시킨 부문개별원가뿐만 아니라 배부받은 부문공통원가(감가상각비)와 보조부문에서 배부받은 금액이 모두 집계되어 있다. 즉, 공장 내에서 발생된 제조간접원가가 각 제조부문에 모두 집계되어 있음을 알 수 있다. 이렇게 집계된 제조간접원가는 각 제품(책상과 의자)에 배부되는데, 이때에도 합리적인 배부기준이 필요하다.

지금까지는 제조간접원가의 배부과정에 대해 살펴보았다. 원가요소 중에서 제조간접원가를 제외하면 직접재료원가와 직접노무원가가 남아 있다. 이러한 직접원가는 특정 제품에 대하여 추적가능한 원가이기 때문에 배부과정을 거칠 필요없이 직접 제품에 할당하면 된다. 이 과정이 완료되면 공장에서 발생한 모든 제조간접원가와 직접재료원가 그리고 직접노무원가가 각 제품에 집계됨을 알 수 있을 것이다. 이상의 내용을 간단히 그림으로 나타내면 [도표 4-3] 및 [도표 4-4]와 같다.

[도표 4-3] 제조간접원가 배분과정

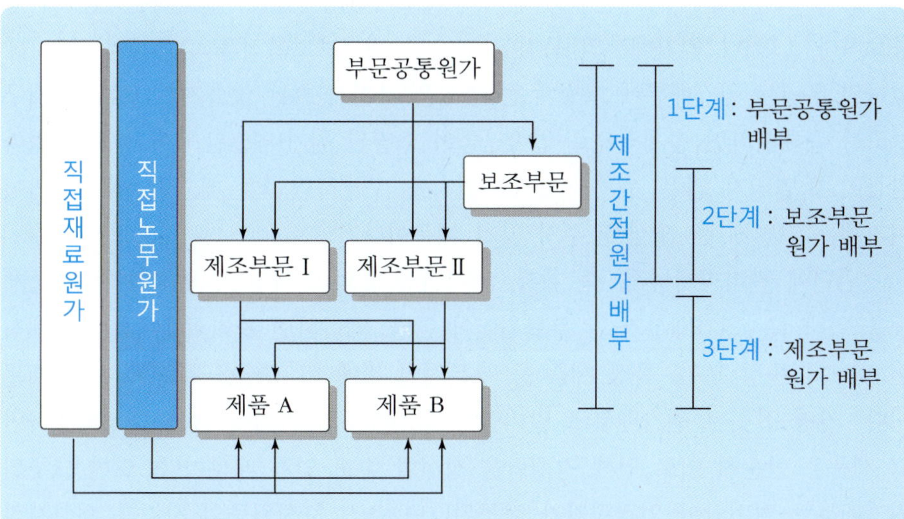

[도표 4-4] T-계정을 이용한 제조간접원가의 배분과정

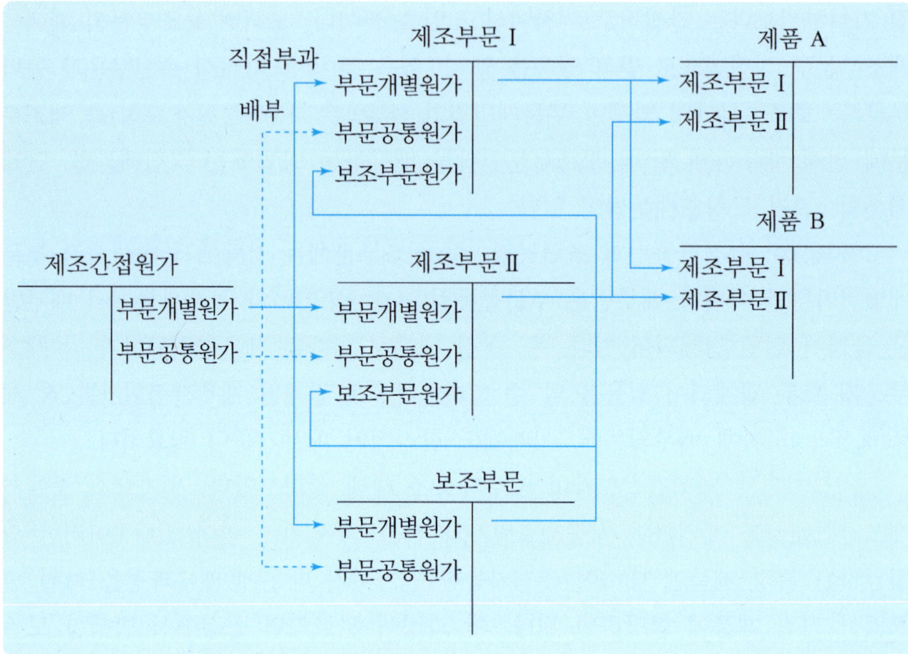

2.3 원가배부의 목적

원가배부의 목적은 크게 재무보고와 관리회계목적으로 구분할 수 있다. 먼저 재무보고목적을 위해서는 매출원가와 재고자산의 가치를 결정하는 것이 가장 중요하다. 그러나 원가배부의 목적이 단순히 재무보고목적을 충족시켜 주는 데 있다면 우리는 원가배부에 그렇게 큰 관심을 가질 필요는 없을지도 모른다. 재무보고를 위해서라면 총계적으로 얼마만큼이 소멸된 원가(매출원가)이고 또한 얼마만큼이 소멸되지 않은 원가(기말재고)인지를 구분하면 되는데, 원가배부방법이 여기에는 그렇게 큰 영향을 주지 않기 때문이다.

반면에 관리회계목적, 즉 계획, 가격결정 등의 의사결정, 업적평가 및 통제 등을 위해서는 원가배부가 잘 부합되어야 한다. 왜냐하면 관리회계에서는 총체적인 것보다 특정 부서, 특정 제품 등 부분적인 것에 더 관심을 두어야 하기 때문이다. 가령 잘못된 원가배부로 말미암아 특정제품의 가격이 높게 책정되었다면 그 제품은 단순히 이로 인해 경쟁력을 상실할 수도 있기 때문이다. 또한 그릇된 원가배부로 말미암아 업적평가가 잘못된다면 조직 구성원들의 사기를 저하시킴

은 물론 조직 구성원들로 하여금 조직의 이익을 위해 최선을 다하게끔 동기부여하는 데도 문제가 야기될 수 있다. 따라서 기업은 원가배부를 보다 정확히 하는데 노력을 기울이고 있다. 제 6 장에서 학습하게 될 활동기준원가계산도 보다 정확한 원가정보를 산출하기 위한 노력의 일환으로 기업들이 많은 관심을 기울이고 있는 원가계산의 한 방법이다.

2.4 원가배부시 고려사항

어떠한 원가배부 상황에서도 경영자들은 몇 가지 사항에 대해서 묵시적으로나 명시적으로 결정해야 한다. 즉, 원가풀의 숫자를 몇 개로 할 것인지, 배부기준을 무엇으로 할 것인지, 그리고 원가배부시 조직 구성원들의 행동양식에는 어떤 영향을 미치는지 등을 고려하여야 한다.

첫째, 원가풀(cost pool)은 원가대상에 배부될 관련원가의 집합체이다. 원가풀에 축적된 원가는 보통 두 개 이상의 원가대상에 기여하기 위해 발생되므로 공통원가이다. 일반적으로 원가풀의 숫자를 늘리면 원가계산은 그만큼 정확하게 된다. 그러나 원가계산에 비용이 많이 소요되기 때문에 경영자들은 원가풀의 숫자를 적절히 조정해야 한다. 예를 들면 제조간접원가 배부에 있어서 공장전체 제조간접원가 배부율을 사용하기로 결정하였다면 이때 제조간접원가 원가풀의 숫자는 전체공장 하나이다. 반면에 부서별 제조간접원가 배부율을 사용한다면 제조부문의 수만큼 제조간접원가 원가풀의 수는 늘어나게 된다. 이 경우 기업들은 원가계산에 소요되는 비용을 절약하기 위해서 유사한 제조부문이 있다면 원가배부 목적을 위해 하나의 원가풀로 묶어서 제조간접원가 원가풀의 수를 줄이면서도 정확한 원가계산을 할 수 있는 방안을 강구하게 된다. 마찬가지로 보조부문의 원가를 제조부문에 배부하는 경우에도 유사한 부문을 한데 묶어서 원가풀의 수는 줄이면서도 보다 정확한 배부결과가 나타날 수 있도록 할 수 있을 것이다.

둘째, 합리적인 원가의 배부기준은 인과관계에 따라 결정하는 것이다. 인과관계란 배부기준으로 결정된 측정치의 사용량이 늘어나면 이에 비례해서 배부될 원가의 사용도 늘어나는 관계에 있는 것을 의미한다. 가령 전력부 원가의 배부기준으로 전력사용량의 측정치인 킬로와트시(kWh)를 사용하게 되면 인과관계를 적절히 반영한다고 할 수 있다. 왜냐하면 어떤 제조부문에서 생산활동 결과 많은 킬로와트시를 기록하였다면 이는 보조부문인 전력부의 활동을 많이 유발시켜 전력부의 자원을 많이 사용했다고 볼 수 있기 때문이다. 또한 배부기준을 결정하는 데 효익수혜 정도를 이용할 수도 있다. 예를 들면 회사 전체광고를 하였을 경우 이 광고비를 사업부문에 할당시키는데, 사업부문의 매출액을 이용하는 것이 그것이다. 또한 공정성과 부담능력 등도 원가배부의 기준을 결정하는 데 사용된다. 그러나 어떠한 방법에 의해 원가배부의 기준을 결정하더라도 원가배부가 정확하게 되었는지는 그 성격상 아무도 알 수 없는 것이기 때문에 경영자들은 항상 원가배부의 기준을 결정하는 데 세심한 주의를 기울여야 할 것이다.

셋째, 조직 구성원들의 행동적 측면을 고려하여야 한다. 보조부문원가를 제조부문에 배부하는 것은 관리회계의 행동적 관점에서 보면 내부에서 서비스를 생산한 부서가 서비스에 가격을 매겨서 그 서비스를 내부이용자 부서에게 판매하는 것으로 볼 수 있다. 이때 내부서비스는 사용자에게 적정가격으로 부과되어져야 한다. 만약에 보조부문원가가 사용자에게 적정가격으로 부과되지 않고 적당히 배부된다면, 다음과 같은 문제점이 나타날 수 있다. 먼저 사용자는 기업에서 경제적으로 제공할 수 있는 수준 이상의 서비스를 요구할 수도 있다. 그리고 보조부문이 효율적으로 운영되었는지를 평가할 수 있는 기준이 없게 된다. 또한 해당 서비스를 외부에서 조달하는 것이 더 유리한지 그렇지 않은지를 결정할 기준이 없게 된다. 마지막으로, 제공하는 서비스의 질을 평가하는 기준이 없게 된다.

보조부문의 원가가 사용자 부서에 적정가격으로 부과된다면, 사용자 부서의 경영자는 서비스의 사용을 통제하게 될 것이고, 외부구매의 경우와 비교하고 또한 제공받는 서비스의 질을 평가하게 될 것이다. 아울러 보조부문 부서장과 의사소통을 하여 개선점을 모색하도록 도와 줄 수도 있을 것이다. 또한 보조부문의 부서장은 이용자 부서에서 그 서비스를 사용하도록 관심을 기울이고 사용자 지향적인 마음을 지니고 서비스를 생산하게 될 것이다. 따라서 기업전체로 볼 때 보조부문의 원가를 이용자에게 적정가격으로 부과시키는 것은 내부자원의 배분이 적절하게 이루어질 수 있도록 경영자의 결정을 유도하게 될 것이다. 사실 앞으로 설명할 보조부문원가의 배부절차는 단순한 기술적인 측면이다. 우리는 보조부문 원가배부에 있어서 기술적이고 계산적인 측면만 강조한 나머지 행동적인 측면에 대한 고려를 무시하는 우를 범하여서는 안 된다.

03 부문공통원가의 배부

제조간접원가의 1단계 배부에 해당하는 것이 부문공통원가의 배부이다. 부문공통원가의 배부대상은 각 개별부문이다. 부문공통원가는 제조부문과 보조부문 등 공장의 전 부문들이 그 혜택을 봄으로써 발생한 원가요소이다. 따라서 혜택을 받고 있는 각 부문에 배부를 해야 하는데, 이때 사용될 수 있는 배부기준의 예는 [도표 4-5]와 같다. 그러나 어떤 기업에서는 부문공통원가로 보지만 또 다른 기업에서는 부문개별원가로 볼 수 있다는 점을 알아야 한다. 또한 부문공통원가의 배부기준도 기업상황이나 공장여건에 따라 차이가 있다. 그러나 배부기준을 선택할 때 반드시 원가와 배부기준간의 인과관계를 고려하여야 한다.

[도표 4-5] 부문공통원가와 배부기준의 예시

부문공통원가의 예	배부기준의 예
건물의 감가상각비와 보험료	각 부문의 점유면적
기계감가상각비	각 부문의 기계사용시간
전력요금	각 부문의 전력사용량
복리후생비	각 부문의 종업원수 또는 노무원가
건물임차료	각 부문의 점유면적

예제 4-1

스마트(주)는 책상과 의자를 생산·판매하고 있다. 제품생산을 위해서는 공통적으로 절단부문과 조립부문을 거쳐야 하며, 보조부문은 동력부문과 수선부문이 있다. 각 부문에서 발생한 원가 및 배부기준은 다음과 같다.

1) 각 부문별 발생원가

	보조부문		제조부문		
	동력부문	수선부문	절단부문	조립부문	합 계
부문개별원가	₩166,000	₩108,000	₩300,000	₩326,000	₩900,000
부문공통원가					
감가상각비(기계장치)					40,000
수도광열비					35,000
복리후생비					25,000

2) 부문공통원가 배부기준

	보조부문		제조부문		
	동력부문	수선부문	절단부문	조립부문	합 계
기계작업시간	150시간	100시간	500시간	250시간	1,000시간
점유면적(m^2)	300	100	200	400	1,000
종업원수(명)	6	18	16	60	100

(요구사항)

부문공통원가를 각 부문에 배부하시오.

(해 답)

	보조부문		제조부문		합계
	동력부문	수선부문	절단부문	조립부문	
부문개별원가	₩166,000	₩108,000	₩300,000	₩326,000	₩900,000
부문공통원가					
감가상각비	6,000[a)]	4,000	20,000	10,000	40,000
수도광열비	10,500[b)]	3,500	7,000	14,000	35,000
복리후생비	1,500[c)]	4,500	4,000	15,000	25,000
합계	₩184,000	₩120,000	₩331,000	₩365,000	₩1,000,000

a) ₩40,000×(150시간/1,000시간)=₩6,000

b) ₩35,000×(300㎡/1,000㎡) =₩10,500

c) ₩25,000×(6명/100명)=₩1,500

[예제 4-1]에서 보는 바와 같이 각 부문별로 원가를 먼저 집계하였다. 부문개별원가는 각 개별부문에서 발생한 원가를 집계한 것이며, 부문공통원가는 각 개별부문이 공동으로 그 혜택을 받음으로써 발생한 원가이다. 그래서 1단계로 부문공통원가를 각 부문에 배부하였는데, 감가상각비는 기계작업시간, 수도광열비는 점유면적, 그리고 복리후생비는 종업원수를 배부기준으로 하였다. 1단계 부문공통원가를 배부하게 되면, 각 개별부문에는 부문개별원가와 배부받은 부문공통원가가 모두 집계되었다.

04 보조부문원가의 배부

제조간접원가의 2단계 배부에 해당하는 것이 보조부문원가의 배부이다. 보조부문원가의 배부대상은 각 제조부문이다. 보조부문원가에는 각 보조부문 자체가 발생시킨 원가요소 금액과 배부받은 부문공통원가가 포함되어 있다. 이 두 금액이 모두 제조부문에 배부되어야 하는데, 배부기준은 [도표 4-6]과 같은 것들이 있다.

보조부문원가를 제조부문에 배분하는 방법은 보조부문 상호간의 용역수수관계를 어느 정도 고려하느냐에 따라 **직접배분법**, **단계배분법**, **상호배분법**으로 나눈다.

[도표 4-6] 보조부문과 배부기준의 예시

보조부문원가의 예	배부기준의 예
공장인사관리부문원가	종업원수
건물관리부문원가	점유면적
동력부문원가	전력소비량
수선부문원가	수선작업시간
검사부문원가	검사수량, 검사시간
식당부문원가	종업원수

이 배부기준을 이용하여 보조부문원가를 제조부문에 배부하는 방법은 직접배분법, 단계배분법, 그리고 상호배분법 등이 있다. 보조부문원가의 배부기준과 배부방법도 부문공통원가와 마찬가지로 기업의 상황이나 공장의 여건에 따라 달라질 수 있다. 보조부문원가를 제조부문에 배부하게 되면, 부문공통원가와 부문개별원가 모두가 각 제조부문에 집계되게 된다.

4.1 직접배분법

직접배분법(direct method)은 보조부문 상호간의 용역수수관계를 완전히 무시하고, 보조부문원가를 제조부문에만 배부하는 방법이다. 예를 들어 수선부문과 동력부문 두 개의 보조부문이 있는데, 동력부문의 설비가 고장났을 때 수선부문이 수리하고, 동력부문도 수선부문에 전력을 공급하였지만 이들 보조부문간에 주고받은 용역관계는 무시하겠다는 것이다. 따라서 보조부문원가를 모두 제조부문에만 배부함으로써 보조부문원가의 배부는 끝나게 된다. 이 방법은 계산절차가 간단하다는 장점은 있지만 보조부문 상호간에 용역수수가 많은 경우 정확한 원가배분이 이루어지지 않는다는 단점이 있다. 직접배분법을 그림으로 표현하면 다음 [도표 4-7]과 같다.

[도표 4-7] 직접배분법

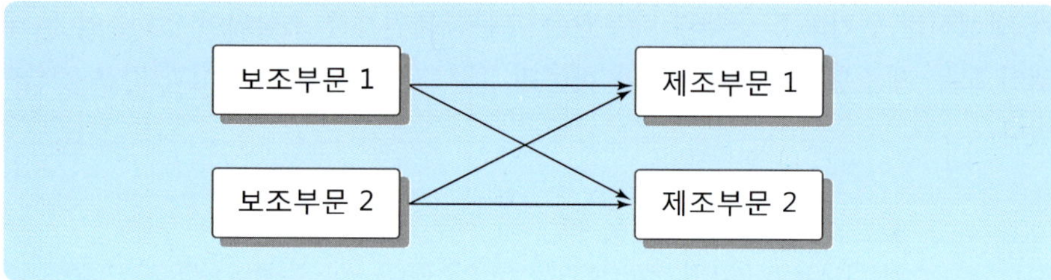

예제 4-2

앞의 [예제 4-1]의 자료를 그대로 이용하여 직접배분법에 따라 보조부문원가를 배부하시오. 보조부문의 서비스 제공비율은 다음과 같다.

사용처 / 제공처	보조부문		제조부문		합 계
	동력부문	수선부문	절단부문	조립부문	
동력부문	–	20%	50%	30%	100%
수선부문	10%	–	30%	60%	100%

(해 답)

	보조부문		제조부문		금 액
	동력부문	수선부문	절단부문	조립부문	
부 문 원 가	₩184,000	₩120,000	₩331,000	₩365,000	₩1,000,000
동력부문원가	(184,000)	–	115,000[a]	69,000	
수선부문원가	–	(120,000)	40,000[b]	80,000	
합계	₩0	₩0	₩486,000	₩514,000	₩1,000,000

a) ₩184,000×(50%/80%)=₩115,000
b) ₩120,000×(30%/90%)=₩40,000

[예제 4-2]에서 보조부문 상호간에 용역수수관계가 존재하고 있다. 즉, 수선부문의 용역은 동력부문이 10%를 사용하였으며, 동력부문의 용역도 수선부문이 20%를 사용하였다. 그러나 직접배분법에서는 이들 보조부문간의 용역수수관계를 무시하기 때문에 보조부문원가가 다른 보조부문에는 전혀 배부되지 않고, 모두 제조부문에만 배부되었다.

4.2 단계배분법

단계배분법(step method)은 보조부문간의 용역수수관계를 일부 고려하는 방법이다. 즉, 보조부문간의 용역수수관계를 검토하여 먼저 다른 보조부문에 가장 많은 용역을 제공한 순서대로 순위를 매긴 후, 용역제공정도가 가장 많은 부문부터 부문원가를 차례대로 제조부문과 보조부문에 배분하는 방법이다. 일단 한 번 배부를 마친 보조부문은 다른 차순위의 보조부문으로부터 다시 부문원가를 배부받지 못한다. 여기서 주의할 점은 용역제공정도의 순위를 매길 때 반드시 보조부문간의 용역수수관계만을 보아야 한다. 제조부문에 제공한 용역은 고려하지 않는다.

일반적으로 다음 순서에 따르나 학자마다 다소의 차이가 있다. 그리고 문제에서 배분순서가 주어진 경우에는 그 순서에 따라야 한다.
1. 다른 보조부문에 제공하는 용역비율
2. 용역을 제공받는 다른 보조부문의 수
3. 보조부문원가의 크기

따라서 단계배분법에서는 배부순서를 정하는 것이 가장 중요한데, 일반적으로 다른 보조부문에 제공한 용역의 비율, 용역을 제공한 타 보조부문의 수, 그리고 보조부문원가의 금액 등을 기준으로 판단한다. 만약 배부순서를 잘못 결정한 경우 제조부문에 집계되는 금액이 달라지며, 결국은 제품원가도 달라지게 되므로 주의해야 한다. 이 방법은 보조부문간의 용역수수관계를 일부 고려한다는 점에서 장점이 있지만, 여전히 그 관계를 모두 반영하지 못하기 때문에 원가배분의 부정확성은 여전히 남아 있다. 단계배분법을 그림으로 표현하면 다음 [도표 4-8]과 같다.

[도표 4-8] 단계배분법

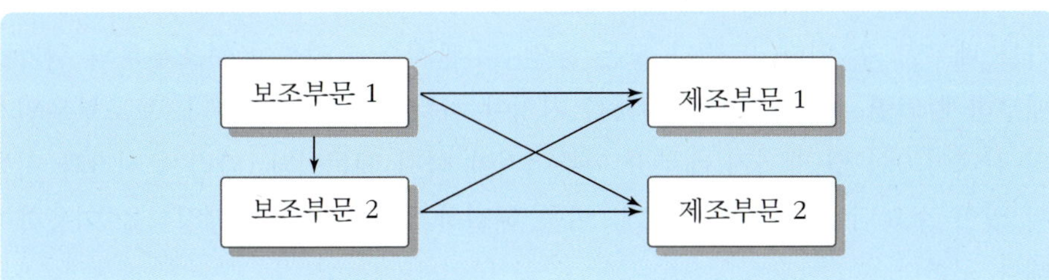

예제 4-3

앞의 [예제 4-1]과 [예제 4-2]의 자료를 그대로 이용하여 단계배분법에 의하여 보조부문원가를 배부하시오. 단, 보조부문원가는 동력부문부터 배부한다.

(해 답)

	보조부문		제조부문		금 액
	동력부문	수선부문	절단부문	조립부문	
부 문 원 가	₩184,000	₩120,000	₩331,000	₩365,000	₩1,000,000
동력부문원가	(184,000)	36,800	92,000[a)]	55,200	
수선부문원가	–	(156,800)	52,267[b)]	104,533	
합계	₩0	₩0	₩475,267	₩524,733	₩1,000,000

a) ₩184,000×(50%/100%)=₩92,000
b) ₩156,800×(30%/90%)≒₩52,267

[예제 4-2]에서 먼저 보조부문원가의 배부순서를 결정하여야 한다. 보조부문간의 용역수수관계를 보면 수선부문이 동력부문에 제공한 용역은 10%이며, 동력부문이 수선부문에 제공한 용역은 20%이다. 따라서 용역제공비율로 본다면 동력부문이 1순위가 되며, 수선부문은 2순위이다. 그리고 동력부문의 원가가 1차 배부된 후 수선부문의 원가는 동력부문에서 배부받은 금액 ₩36,800을 포함하여 전체 금액 ₩156,800을 제조부문에 배부하여야 한다. 이때 동력부문은 수선부문으로부터 배부받지 못한다.

4.3 상호배분법

상호배분법(reciprocal method)은 보조부문간의 용역수수관계를 모두 고려하는 방법이다. 즉, 각 보조부문원가를 제조부문뿐만 아니라 다른 보조부문에도 사용량만큼 배부하게 된다. 따라서 다른 어떤 방법보다 더 정확하게 보조부문의 원가를 배부할 수 있다. 그러나 모든 용역수수관계를 고려하여 보조부문의 원가를 배부하게 되면 수차례의 배부절차를 거쳐야 하는 문제가 발생한다. 보조부문원가의 잔액이 0이 될 때까지 배부가 이루어져야 하기 때문이다. 따라서 시간과 비용이 많이 소요되는 문제가 있는데, 이를 해결하기 위하여 연립방정식을 이용하여 해를 구한다.

상호배분법을 그림으로 표현하면 다음 [도표 4-9]와 같다.

[도표 4-9] 상호배분법

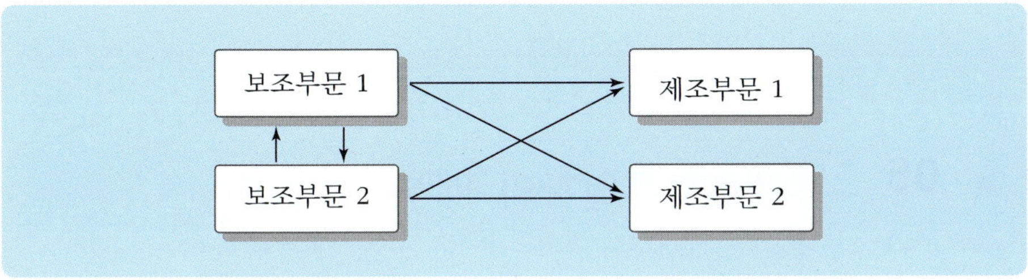

[예제 4-4]를 이용하여 좀더 구체적으로 살펴보기로 하자.

예제 4-4

앞의 [예제 4-1]과 [예제 4-2]의 자료를 그대로 이용하여 상호배분법에 의하여 보조부문원가를 배부하시오.

(해 답)

연립방정식을 이용할 경우

총동력부문원가를 x라 하고, 총수선부문원가를 y라고 하면,

$$x = ₩184,000 + 0.1y \quad \cdots\cdots ①$$

$$y = ₩120,000 + 0.2x \quad \cdots\cdots ②$$

②를 ①에 대입하여 풀면, 총동력부문원가 x는 ₩200,000이 된다. 이 x값을 식 ②에 대입시키면 총수선부문원가 y는 ₩160,000이 된다.

	보조부문		제조부문		금 액
	동력부문	수선부문	절단부문	조립부문	
부 문 원 가	₩184,000	₩120,000	₩331,000	₩365,000	₩1,000,000
동력부문원가	(200,000)	40,000	100,000[a)]	60,000	
수선부문원가	16,000	(160,000)	48,000[b)]	96,000	
합계	₩0	₩0	₩479,000	₩521,000	₩1,000,000

a) ₩200,000 × (50%/100%) = ₩100,000
b) ₩160,000 × (30%/100%) = ₩48,000

[예제 4-4]에서 상호배분법은 부문원가 배부표를 이용할 경우 보조부문원가의 배부가 수 차례 이어지게 되어 많은 시간과 비용이 소비된다. 이를 연립방정식을 이용하여 간단하게 그 해를 구할 수 있었다.

05 제조부문원가의 배부

5.1 제조부문원가 배부방법

제조간접원가의 3단계 배부에 해당하는 것이 제조부문원가를 각 제품에 배부하는 것이다. 제조부문원가에는 제조부문 자체가 발생시킨 원가뿐만 아니라 앞서 살펴본 부문공통원가와 보조부문원가 배부액이 모두 집계되어 있다. 제조부문원가의 배부대상은 각 제품이다. 따라서 직접재료원가와 직접노무원가는 특정 제품에 추적가능한 원가이기 때문에 이미 각 제품에 집계되어 있으며, 이제 부문공통원가와 부문개별원가가 모두 집계되어 있는 제조부문원가, 즉 제조간접원가를 제품에 배부하게 되면 각 제품원가를 구할 수 있다.

$$\text{제조간접원가 배부율} = \frac{\text{제조간접원가 합계}}{\text{배부기준치의 합계}} \quad \text{(식 4-1)}$$

(식 4-1)을 보면 배부기준 단위당 해당 제조부문의 제조간접원가를 산출해 낼 수 있다. 예를 들어 배부기준이 직접노무시간이라면 직접노무시간당 제조간접원가 배부율을 구할 수 있게 된다. 이렇게 구해진 배부율을 이용하여 각 제품에 배부하게 되는데, 이때 각 제품이 배부기준인 직접노무시간을 얼마나 발생시켰는지를 알아야 한다. 그래야 각 제품이 소비한 해당 제조부문의 제조간접원가를 배부율에 따라 배부받을 수 있기 때문이다. 즉, (식 4-2)를 통해 각 제품의 제조부문원가 배부액을 산출할 수 있다.

$$\begin{aligned}&\text{제품별 제조간접원가 배부액}\\&\quad = \text{제품별 배부기준 실제사용량} \times \text{제조간접원가 배부율} \quad \text{(식 4-2)}\end{aligned}$$

예제 4-5

앞의 예제 책상과 의자를 생산하는 스마트(주)의 자료를 그대로 이용한다. 단, 보조부문원가의 배부방법은 직접배분법에 따르며, 절단부문은 기계작업시간, 조립부문은 직접노무원가를 기준으로 제조간접원가를 각 제품에 배부한다. 다음은 각 제조부문의 발생자료이다.

	제 품	절단부문	조립부문
부문별 제조간접원가	–	₩486,000	₩514,000
	책 상	300시간	150시간
기계작업시간	의 자	200	100
	합 계	500시간	250시간
	책 상	₩300,000	₩250,000
직접노무원가	의 자	200,000	150,000
	합 계	₩500,000	₩400,000

(요구사항)

1. 절단부문과 조립부문의 제조간접원가 배부율을 구하시오.
2. 각 제품별 제조간접원가 배부액은 얼마인가?

(해 답)

1. 제조간접원가 배부율

제조부문	배부기준	계산근거	배 부 율
절단부문	기계작업시간	₩486,000÷500시간	=₩972/기계작업시간
조립부문	직접노무원가	₩514,000÷₩400,000	=₩1.285/직접노무원가

2. 제품별 제조간접원가 배부액

제 품 명	구 분	계산근거	배 부 액
책 상	절단부문	₩972×300시간	= ₩291,600
	조립부문	₩1.285×₩250,000	= 321,250
	소 계		₩612,850
의 자	절단부문	₩972×200시간	= ₩194,400
	조립부문	₩1.285×₩150,000	= 192,750
	소 계		₩387,150
	총 계		₩1,000,000

5.2 배부기준과 제품원가

지금까지 제조간접원가의 배부방법에 대해 살펴보았다. 제조간접원가의 배부는 제조간접원가가 발생한 각 부문별로 원가요소의 발생액을 집계하고, 부문공통원가와 부문개별원가를 각 제품에 어떻게 배부할 것인가에 관한 것이다. 여기서 중요한 것은 배부기준의 선택이다. 어떤 배부기준을 사용하느냐에 따라 각 제품에 배부되는 금액이 달라질 수 있기 때문이다. 이것은 부문공통원가를 각 개별부문에 배부할 때나 보조부문원가를 제조부문에 배부할 때 그리고 제조부문원가를 각 제품에 배부할 때 모두 적용된다. 원가계산에서 배부기준의 선택이 중요하다는 의미이다.

예제 4-6

앞의 [예제 4-5]의 자료를 그대로 이용한다. 단, 절단부문은 직접노무원가를 기준으로, 조립부문은 기계작업시간을 기준으로 각 제품에 배부한다.

(요구사항)

1. 절단부문과 조립부문의 제조간접원가 배부율을 구하시오.
2. 각 제품별 제조간접원가 배부액은 얼마인가?

(해　답)

1. 제조간접원가 배부율

제조부문	배부기준	계산근거	배 부 율
절단부문	직접노무원가	₩486,000 ÷ ₩500,000	=₩0.972/직접노무원가
조립부문	기계작업시간	₩514,000 ÷ 250시간	=₩2,056/기계작업시간

2. 제품별 제조간접원가 배부액

제 품 명	구　분	계산근거	배 부 액
책　상	절단부문	₩0.972 × ₩300,000	= ₩291,600
	조립부문	₩2,056 × 150시간	= 308,400
	소　계		₩600,000
의　자	절단부문	₩0.972 × ₩200,000	= ₩194,400
	조립부문	₩2,056 × 100시간	= 205,600
	소　계		₩400,000
	총　계		₩1,000,000

[도표 4-10] 배부기준의 차이에 따른 원가차이

	공 정	[예제 4-5]의 결과 배부기준	[예제 4-5]의 결과 제품원가	[예제 4-6]의 결과 배부기준	[예제 4-6]의 결과 제품원가
책 상	절단부문	기계작업시간	₩291,600	직접노무원가	₩291,600
	조립부문	직접노무원가	321,200	기계작업시간	308,400
	합 계		₩612,850		₩600,000
의 자	절단부문	기계작업시간	₩194,400	직접노무원가	₩194,400
	조립부문	직접노무원가	192,750	기계작업시간	205,600
	합 계		₩387,150		₩400,000

[예제 4-5]와 [예제 4-6]을 비교해 보면 동일한 내용을 단지, 각 제조공정의 배부기준만을 달리하여 산출한 결과이다. 즉, 절단부문은 기계작업시간이 아닌 직접노무원가를 기준으로, 조립부문은 직접노무원가가 아닌 기계작업시간을 기준으로 각 제품에 배부하였다. 즉, 두 예제는 배부기준의 차이뿐이다. 두 예제에서 산출된 제품원가를 간단히 요약해 보면 [도표 4-10]과 같다.

[도표 4-10]을 보면, 책상의 원가는 [예제 4-5]와 [예제 4-6]에서 각각 ₩612,850과 ₩600,000, 그리고 의자의 원가는 각각 ₩387,150과 ₩400,000으로 나타났다. 배부기준을 달리하면 제품원가 계산의 결과가 달라짐을 알 수 있다. 배부기준이 달라지면 각 제품에 배부되는 제조간접원가 금액이 달라지며, 결국 제품원가도 달라지게 된다. 제품원가가 달라진다는 것은 매출원가와 기말재고액이 달라진다는 것이며, 결과적으로 당기순이익에도 영향을 미치게 된다. 원가계산에서 배부기준의 선택이 중요하다는 의미이다. 따라서 제조간접원가와의 인과관계를 잘 반영해 줄 수 있는 배부기준을 선택하여야 한다.

06 단일배분율법과 이중배분율법

보조부문의 원가를 배분할 때 변동원가와 고정원가로 구분하지 않고 배분하는 것을 **단일배분율법**이라고 하고, 구분하여 배분하는 것을 **이중배분율법**이라고 한다.

제 2 장에서 원가행태에 따라 원가를 변동원가와 고정원가로 구분한 바 있다. 제조간접원가에도 변동원가와 고정원가의 성격을 가진 원가들이 포함되어 있다. 변동제조간접원가와 고정제조간접원가에 대한 원가배부는 어떻게 하는 것이 타당한가? 예를 들어 사업부 A와 사업부 B를 운영하고 있는 기업이 있다고 가정하자. 동사에서 동력비에 대한 예정사용량을 조사한 결과 사업부 A에서는 300kWh를, 사업부 B에서는 200kWh를 사용할 것으로 조사되었다. 따라서 동력부문에서는 500kWh에 대한 설비를 갖추고 서비스를 시작하였다. 그 결과 설비에 대한 감가상각비가 ₩300,000이 발생하였다. 그런데 1년간의 생산활동을 수행한 결과 사업부 A는 100kWh, 사업부 B는 200kWh를 사용하였다. 이때 설비에 대한 감가상각비 ₩300,000은 어떻게 배부하는 것이 타당한가?

이 경우 실제사용량을 기준으로 배부할 경우 사업부 B는 자신의 의지와는 상관없이 추가적인 원가를 배부받게 되어 불만이 있을 것이다. 사업부 A에서 처음부터 예정사용량을 정확하게 파악하였다면 감가상각비의 전체규모가 줄어들 수도 있었기 때문이다. 이와 같이 고정제조간접원가의 경우에는 실제사용량이 아니라 최대조업도 혹은 예정조업도를 기준으로 배부하는 것이 타당하다.

6.1 단일배분율법

단일배분율법은 고정제조간접원가도 변동제조간접원가와 같이 취급하여 배부율을 구하는 방법이다. 앞서 살펴본 부문별 원가계산의 직접배분법, 단계배분법 그리고 상호배분법은 모두 단일배분율을 이용한 방법이다. 이 방법은 배부율을 하나만 사용하기 때문에 간편하다는 장점이 있지만, 고정제조간접원가를 변동제조간접원가와 같이 취급함으로써 정확한 금액의 배부가 이루어지지 않는다는 큰 단점이 있다.

예제 4-7

스마트(주)의 각 부문별 생산자료와 원가자료가 다음과 같을 때 단일배분율법을 이용하여 직접배분법에 따라 보조부문의 원가를 제조부문에 배부하시오.

원가자료	보조부문		제조부문		합　계
	동력부문	수선부문	절단부문	조립부문	
변동제조간접원가	₩300,000	₩360,000	₩640,000	₩700,000	₩2,000,000
고정제조간접원가	500,000	240,000	1,260,000	1,000,000	3,000,000

부문별 최대사용량

사용처 / 제공처	보조부문		제조부문		합　계
	동력부문	수선부문	절단부문	조립부문	
동력부문원가	–	200kwh	600kwh	600kwh	1,400kwh
수선부문원가	150시간	–	500시간	750시간	1,400시간

부문별 서비스 실제사용량

사용처 / 제공처	보조부문		제조부문		합　계
	동력부문	수선부문	절단부문	조립부문	
동력부문원가	–	200kwh	500kwh	300kwh	1,000kwh
수선부문원가	100시간	–	300시간	600시간	1,000시간

(해　답)

단일배분율법에 따른 보조부문원가 배부

	보조부문		제조부문		합　계
	동력부문	수선부문	절단부문	조립부문	
부 문 원 가	₩800,000	₩600,000	₩1,900,000	₩1,700,000	₩5,000,000
동력부문원가	(800,000)	–	500,000[a)]	300,000	
수선부문원가	–	(600,000)	200,000[b)]	400,000	
합　계	₩0	₩0	₩2,600,000	₩2,400,000	₩5,000,000

a) ₩800,000 × (500/800) = ₩500,000
b) ₩600,000 × (300/900) = ₩200,000

6.2 이중배분율법

이중배분율법은 단일배분율법의 단점을 보완하여, 변동제조간접원가와 고정제조간접원가의 배부율을 각각 계산하여 사용하는 방법이다. 변동제조간접원가는 조업도와 비례적으로 발생하는 것이기 때문에 실제조업도를 기준으로 배부하며, 고정제조간접원가는 주로 설비와 관련된 것으로, 이는 설비를 최대한 활용함으로써 경제적인 효익을 극대화하도록 유도하기 위하여 설비의 최대조업도(혹은 예정조업도)를 기준으로 배부한다. 따라서 이중배분율법을 사용하여 부문별 원가계산의 직접배분법과 단계배분법, 그리고 상호배분법을 적용할 수 있기 때문에 단일배분율법을 사용할 경우를 고려해 보면, 모두 6가지 방법이 존재한다. 이중배분율법에서 배부율과 특정 부문에 배부되는 금액을 구하는 방법은 (식 4-3)~(식 4-6)과 같다.

$$\text{변동제조간접원가 배부율} = \frac{\text{변동제조간접원가 실제발생액}}{\text{실제조업도}} \quad \text{(식 4-3)}$$

$$\text{부문별 배부액} = \text{부문별 실제조업도} \times \text{변동제조간접원가 배부율} \quad \text{(식 4-4)}$$

$$\text{고정제조간접원가 배부율} = \frac{\text{고정제조간접원가 실제발생액}}{\text{최대조업도(혹은 예정조업도)}} \quad \text{(식 4-5)}$$

$$\text{부문별 배부액} = \text{부문별 최대조업도} \times \text{고정제조간접원가 배부율} \quad \text{(식 4-6)}$$

예제 4-8

앞의 [예제 4-7]의 자료를 그대로 이용하여 이중배분율법을 이용하여 직접배분법에 따라 보조부문의 원가를 제조부문에 배부하시오.

(해 답)

1) 변동제조간접원가 배부

	보조부문		제조부문		합 계
	동력부문	수선부문	절단부문	조립부문	
부 문 원 가	₩300,000	₩360,000	₩640,000	₩700,000	₩2,000,000
동력부문원가	(300,000)	–	187,500[a)]	112,500	
수선부문원가	–	(360,000)	120,000[b)]	240,000	
합 계	₩0	₩0	₩947,500	₩1,052,500	₩2,000,000

a) ₩300,000×(500/800) = ₩187,500
b) ₩360,000×(300/900) = ₩120,000

2) 고정제조간접원가 배부

	보조부문		제조부문		합 계
	동력부문	수선부문	절단부문	조립부문	
부 문 원 가	₩500,000	₩240,000	₩1,260,000	₩1,000,000	₩3,000,000
동력부문원가	(500,000)	–	250,000[a)]	250,000	
수선부문원가	–	(240,000)	96,000[b)]	144,000	
합 계	₩0	₩0	₩1,606,000	₩1,394,000	₩3,000,000

a) ₩500,000×(600/1,200)=₩250,000
b) ₩240,000×(500/1,250)=₩96,000

3) 제조간접원가 배부액

절단부문=₩947,500+₩1,606,000=₩2,553,500

조립부문=₩1,052,500+₩1,394,000=₩2,446,500

07 종합예제

(주)스마트는 20×1년 1월 소비자 A로부터 책상 50개를 주문받았고, 소비자 B로부터 의자 40개를 주문받아 제품생산을 완료하였다. 원가계산에 필요한 자료를 요약해 보면 다음과 같다.

① 제조부문은 절단부문과 조립부문이 있으며, 보조부문은 동력부문과 관리부문이 있다.

② 목재는 책상을 생산하는 데 ₩7,000, 의자를 생산하는 데 ₩3,000이 소요되었다. 못과 니스 등이 모두 ₩1,220 소비되었다. 기초재고와 기말재고는 없다.

③ 간접재료는 절단부문과 조립부문에서 각각 ₩700, ₩520이 발생하였다.

④ 종업원은 총 20명이며, 절단부문에서는 작업자 10명이 제품생산에 직접 참여하고 있으며 노무원가 발생금액은 총 ₩6,000이다. 조립부문에서는 작업자 5명이 제품생산에 직접 참여하고 있으며 노무원가는 총 ₩2,800이다. 그리고 동력부문 근무인원은 3명으로 총노무원가는 ₩1,000, 관리부문 근무인원은 2명으로 총노무원가는 ₩1,700이 발생하였다.

⑤ 절단부문에서는 책상을 생산하는 데 총 800시간, 의자생산에 총 400시간의 직접노

무시간이 소요되었으며, 조립부문에서는 책상에 총 500시간, 의자생산에 200시간의 직접노무시간이 소요되었다.

⑥ 공장은 단일건물로 감가상각비는 월 ₩1,000 발생하였다. 절단부문 40평, 조립부문 30평, 동력부문 10평, 관리부문 20평으로 구성되어 있다.

⑦ 동일기간 동안 건물보험료 ₩1,500, 복리후생비 ₩2,000이 발생하였다.

⑧ 절단부문과 조립부문에서는 동력부문의 전력을 각각 200kWh, 300kWh를 사용하였다.

⑨ 보조부문원가의 배부는 직접배분법을 사용하고, 제조부문원가의 배부는 각 부분의 직접노무시간을 기준으로 배부한다.

(요구사항)

각 제품의 단위당 원가를 산출하시오.

(해　답)

1) 요소별 원가계산

(1) 재료원가

	책 상	의 자
직접재료원가	₩7,000	₩3,000
간접재료원가	₩1,220	

(2) 노무원가

	책 상		의 자	
	금 액	계산근거	금 액	계산근거
직접노무원가 :				
절단부문	₩4,000	₩6,000×800/(800+400)	₩2,000	₩6,000×400/(800+400)
조립부문	2,000	2,800×500/(500+200)	800	2,800×200/(500+200)
소　계	₩6,000		₩2,800	
간접노무원가	₩2,700[=₩1,000+₩1,700]			

(3) 제조간접원가

공장건물의 감가상각비	₩1,000
건물보험료	₩1,500
복리후생비	₩2,000

2) 부문별 원가계산(직접배분법)

(1) 제조간접원가의 구분

	동력부문	관리부문		절단부문	조립부문	합 계
부문개별원가						
간접재료원가	–	–		₩700	₩520	₩1,220
간접노무원가	₩1,000	₩1,700		–	–	2,700
부문공통원가						
감가상각비			₩1,000			1,000
건물보험료			1,500			1,500
복리후생비			2,000			2,000
합 계						₩8,420

(2) 부문공통원가의 배부

	보조부문		제조부문		합 계
	동력부문	관리부문	절단부문	조립부문	
부문개별원가	₩1,000	₩1,700	₩700	₩520	₩3,920
부문공통원가 :					
감가상각비	100[a)]	200	400	300	1,000
보 험 료	150[b)]	300	600	450	1,500
복리후생비	300[c)]	200	1,000	500	2,000
합 계	₩1,550	₩2,400	₩2,700	₩1,770	₩8,420

a) ₩1,000×(10평/100평)=₩100

b) ₩1,500×(10평/100평)=₩150

c) ₩2,000×(3명/20명)=₩300

(3) 보조부문원가의 제조부문 배부

	보조부문		제조부문		합 계
	동력부문	관리부문	절단부문	조립부문	
부문원가	₩1,550	₩2,400	₩2,700	₩1,770	₩8,420
동력부문원가	(1,550)	–	620[a)]	930	
관리부문원가	–	(2,400)	1,600[b)]	800	
합 계	₩0	₩0	₩4,920	₩3,500	₩8,420

a) ₩1,550×(200kW/500kW)=₩620

b) ₩2,400×(10명/15명)=₩1,600

3) 제품별 원가계산

(1) 제조간접원가 배부율

절단부문 제조간접원가 배부율=₩4,920/1,200시간=₩4.1/시간

조립부문 제조간접원가 배부율=₩3,500/700시간=₩5/시간

(2) 제품원가표

원가요소	책　상	의　자
1. 직접재료원가	₩7,000	₩3,000
2. 직접노무원가	6,000	2,800
3. 제조간접원가		
절단부문원가	3,280[a)]	1,640
조립부문원가	2,500[b)]	1,000
총제조원가	₩18,780	₩8,440
생 산 량	÷ 50단위	÷ 40단위
단위당 제품원가	₩375.6	₩211

a) 800시간×₩4.1=₩3,280

b) 500시간×₩5=₩2,500

연·습·문·제

EXERCISES

객관식 문제

[4-1] 보조부문원가의 배부에 대한 설명으로 옳은 것은? (9급 공무원)

① 보조부문원가는 제조부문에 배부하지 않고 기간비용으로 처리하여야 한다.
② 보조부문원가의 배부순서가 중요한 배부방법은 상호배분법이다.
③ 직접배분법은 보조부문의 배부순서에 관계없이 배부액이 일정하다.
④ 상호배분법은 보조부문 상호간의 용역수수관계가 중요하지 않을 때 적용하는 것이 타당하다.

[4-2] 보조부문원가 배부방법에 대한 설명으로 옳지 않은 것은? (9급 공무원)

① 상호배분법은 연립방정식을 이용하여 보조부문간의 용역제공비율을 정확하게 고려해서 배부하는 방법이다.
② 단계배분법은 보조부문원가의 배부순서를 적절하게 결정할 경우 직접배분법보다 정확하게 원가를 배부할 수 있다.
③ 단계배분법은 우선순위가 높은 보조부문의 원가를 우선순위가 낮은 보조부문에 먼저 배부하고, 배부를 끝낸 보조부문에는 다른 보조부문원가를 재배부하지 않는 방법이다.
④ 직접배분법은 보조부문간의 용역수수관계를 정확하게 고려하면서 적용이 간편하다는 장점이 있어 실무에서 가장 많이 이용되는 방법이다.

[4-3] (주)스마트는 보조부문인 동력부와 제조부문인 절단부, 조립부가 있다. 동력부는 절단부와 조립부에 전력을 공급하고 있으며, 각 제조부문의 월간 전력 최대사용가능량과 3월의 전력 실제 사용량은 다음과 같다.

	절단부	조립부	합 계
최대사용가능량	500kWh	500kWh	1,000kWh
실제사용량	300kWh	200kWh	500kWh

한편, 3월 중 각 부문에서 발생한 제조간접원가는 다음과 같다.

	동력부	절단부	조립부	합 계
변동원가	₩50,000	₩80,000	₩70,000	₩200,000
고정원가	100,000	150,000	50,000	300,000
합 계	₩150,000	₩230,000	₩120,000	₩500,000

이중배부율법을 적용할 경우 절단부와 조립부에 배부될 동력부의 원가는?

(9급 공무원)

	절단부	조립부		절단부	조립부
①	₩75,000	₩75,000	②	₩80,000	₩70,000
③	₩90,000	₩60,000	④	₩100,000	₩50,000

[4-4] (주)스마트는 사무용가구를 생산하고 있다. 각 부문에서 발생한 원가와 배부기준은 다음과 같다.

−각 부문 발생원가

	제조부문		보조부문		합 계
	절단부문	조립부문	수선부문	전력부문	
부문개별원가	₩200,000	₩100,000	₩40,000	₩60,000	₩400,000
부문공통원가					
감가상각비					40,000
복리후생비					10,000

−부문공통원가 배부기준

	제조부문		보조부문		합 계
	절단부문	조립부문	수선부문	전력부문	
점유면적(㎡)	300	200	200	100	800
종업원수(명)	50	20	20	10	100

조립부문에 배부될 부문공통원가는 각각 얼마인가?

	감가상각비	복리후생비		감가상각비	복리후생비
①	₩10,000	₩2,000	②	₩10,000	₩5,000
③	₩15,000	₩2,000	④	₩15,000	₩5,000

[4-5] 보조부문인 수선부와 전력부에서 발생한 원가는 각각 ₩20,000과 ₩12,000이며, 수선부 원가에 이어 전력부 원가를 배부하는 단계배분법으로 제조부문인 A공정과 B공정에 배부한다. 보조부문이 제공한 용역이 다음과 같을 때, 보조부문의 원가 ₩32,000 중에서 A공정에 배부되는 금액은? (9급 공무원)

제공부문 \ 사용부문	수선부	전력부	A공정	B공정	합계
수선부	–	4,000	4,000	2,000	10,000
전력부	8,000	–	4,000	4,000	16,000

① ₩13,000 ② ₩14,000
③ ₩16,000 ④ ₩18,000

[4-6] (주)스마트는 직접배분법을 이용하여 보조부문 제조간접원가를 제조부문에 배분하고자 한다. 각 부문별 원가발생액과 보조부문의 용역공급이 다음과 같은 경우 전력부문에서 절단부문으로 배분될 제조간접원가는 얼마인가? (전산회계 2급)

구 분	제조부문		보조부문	
	조립부문	절단부문	전력부문	수선부문
제조간접원가 발생액	₩200,000	₩320,000	₩90,000	₩45,000
전력부문 동력공급(kWh)	300	150	–	150
수선부문 수선공급(시간)	24	24	24	–

① ₩22,500 ② ₩30,000
③ ₩45,000 ④ ₩90,000

[4-7] (주)스마트는 아래와 같은 부문을 통해 제품을 제조하고 있다. 20×1년에 보조부문 A에서 발생한 변동원가는 ₩4,000,000이고, B에서 발생한 변동원가는 ₩6,000,000이다. 아래의 용역제공비율 중 보조부문 B가 A에 제공하는 용역비율이 제조부문에 제공하는 것보다 상당히 크다. 이런 상황에서 X부문에 집계될 보조부문원가를 직접배분법과 단계배분법(B부문을 먼저 배분)으로 계산하게 되면 그 차이금액은 얼마인가? (기업회계 1급)

보조부문 \ 부문	보조부문		제조부문	
	A	B	X	Y
A	–	10%	45%	45%
B	80%	–	10%	10%

① ₩0 ② ₩100,000
③ ₩200,000 ④ ₩400,000
⑤ ₩500,000

[4-8] 다음 자료에 의하여 단계배분법으로 보조부문원가를 제조부문에 배부할 경우 제1제조부문에 집계되는 원가의 총액으로 옳은 것은? (단, 동력부문부터 배분한다.)

(기업회계 1급)

	제1제조	제2제조	수선부	동력부
제조간접원가	₩24,000	₩18,000	₩8,000	₩12,000
사용 kWh	16,000	6,000	2,000	1,000
수선횟수	54회	36회	12회	8회

① ₩24,600 ② ₩37,400
③ ₩37,600 ④ ₩38,400
⑤ ₩39,400

[4-9] (주)스마트는 제조부문과 보조부문을 각각 두 개씩 운영하고 있다. 동력부와 관리부에 집계된 제조간접원가는 각각 ₩200,000과 ₩370,000이다. 각 부문간의 용역수수비율은 다음의 표와 같다. 보조부문의 제조간접원가를 상호배분법으로 배부할 때, 제과부에 배부되는 제조간접원가는 얼마인가? (감정평가사)

사용처 / 제공처	제조부문		보조부문	
	제과부	제빵부	동력부	관리부
동력부	0.2	0.4	–	0.4
관리부	0.4	0.35	0.25	–

① ₩265,000 ② ₩285,000
③ ₩305,000 ④ ₩325,000
⑤ ₩345,000

[4-10] 스마트공업의 보조부문(품질관리부문, 수선유지부문)원가를 제조부문(기계부문, 조립부문)에 배분하기 위한 자료는 다음과 같다.

	품질관리	수선유지	기 계	조 립	계
예산제조간접원가	₩350,000	₩200,000	₩400,000	₩300,000	₩1,250,000
예산기계시간			50,000		
예산직접노무시간				25,000	
서비스제공시간					
품질관리		7,000	21,000	7,000	35,000
수선유지	10,000		18,000	12,000	40,000

직접배분법을 사용하는 경우 조립부문에 배분되는 수선유지부문원가는 얼마인가?

① ₩70,000 ② ₩80,000 ③ ₩162,000
④ ₩200,000 ⑤ ₩210,000

[4-11] 스마트공업은 보조부문 A, B와 제조부문 X, Y가 있다. 다음은 각 부문간의 용역수수관계를 나타낸 것이다.

용역제공부문	용역사용부문 A	B	X	Y	계
A	20	40	20	40	120
B	45	30	60	45	180

각 부문의 배분 전 용역 단위당 원가는 A: ₩16, B: ₩20, X: ₩30, Y: ₩50이다. 보조부문원가를 단계배분법으로 배분할 경우 X부문에 배분되는 보조부문원가는 얼마인가? (단, 보조부문의 배분순서는 다른 보조부문에의 용역제공비율이 큰 것부터이다.)

① ₩2,880 ② ₩3,080 ③ ₩2,640
④ ₩3,800 ⑤ ₩2,540

[4-12] (주)스마트는 두 개의 보조부문과 두 개의 제조부문을 가지고 있다. 보조부문은 동력부문(X)과 수선부문(Y)이다. 보조부문의 용역제공비율과 각 부문에서 발생한 제조간접원가는 다음과 같다. 상호배분법을 적용하는 경우에 제조부문 A에 배분될 보조부문원가는 얼마인가?

	동력부문 X	수선부문 Y	제조부문 A	제조부문 B
동력부문	–	20%	50%	30%
수선부문	25%	–	30%	45%

각 부문의 제조간접원가 발생액은 다음과 같다.

동력부문 X	₩14,000
수선부문 Y	20,000
제조부문 A	35,000
제조부문 B	50,000

① ₩52,200 ② ₩61,800 ③ ₩17,200
④ ₩17,000 ⑤ ₩16,800

[4-13] (주)스마트에는 두 개의 보조부문 수선부(S_1), 동력부(S_2)와 두 개의 제조부문 P_1과 P_2가 있다. 보조부문에서 당기 중 생산하여 다른 부문에 제공한 용역은 다음과 같다.

제공부문 \ 사용부문	보조부문		제조부문		계
	수선부(S_1)	동력부(S_2)	P_1	P_2	
수선부(S_1)	–	2,000시간	3,000시간	5,000시간	10,000시간
동력부(S_2)	2,000kWh	4,000kWh	6,000kWh	8,000kWh	20,000kWh

수선부(S_1)는 시간당 ₩5, 동력부(S_2)는 kWh당 ₩19의 변동원가가 발생한다. 상호배분법을 적용하는 경우에 제조부문 P_1과 P_2에 배분되는 보조부문원가는 각각 얼마인가?

	P_1	P_2		P_1	P_2
①	₩180,000	₩220,000	②	₩180,000	₩250,000
③	190,000	230,000	④	200,000	230,000
⑤	200,000	250,000			

[4-14] (주)스마트는 두 개의 보조부문 A와 B, 그리고 두 개의 생산부문 C와 D를 가지고 있다. 20×1년 3월의 각 부문에 대한 자료는 다음과 같다.

	보조부문		생산부문	
	A	B	C	D
기계시간	–	500시간	400시간	100시간
직접노무시간	400시간	–	200시간	400시간
각 부문의 제조간접원가	₩30,000	₩50,000	₩10,000	₩20,000
생산단위			50단위	100단위

C부문에서 생산하는 갑제품에 대한 단위당 기본원가(prime cost)는 ₩500이다. (주)스마트는 갑제품의 원가에 20%를 가산해서 판매가격을 결정한다. 보조부문의 원가

는 상호배분법을 사용하여 생산부문에 배분하며 A부문의 원가는 기계시간에 의하여, B 부문의 원가는 직접노무시간에 의하여 배분한다. 갑제품에 대한 월초 및 월말재공품 잔액은 모두 ₩0이다. 갑제품의 단위당 판매가격은 얼마인가? (CPA)

① ₩1,830　② ₩1,525　③ ₩1,025
④ ₩825　⑤ ₩1,325

[4-15] (주)스마트의 공장에는 하나의 보조부문인 동력부문과 두 개의 제조부문인 가공부문과 조립부문이 있다. 동력부문은 제조부문인 가공부문과 조립부문에 전력을 공급하고 있다. 각 제조부문의 월간 최대사용가능량과 10월의 실제사용량은 다음과 같다.

	가공부문	조립부문	합　계
최대사용가능량	1,000kWh	1,000kWh	2,000kWh
실제사용량	600kWh	400kWh	1,000kWh

한편, 10월 중 각 부문에서 발생한 제조간접원가는 다음과 같다.

	동력부문	가공부문	조립부문	합 계
변동원가	₩100,000	₩160,000	₩140,000	₩400,000
고정원가	200,000	300,000	100,000	600,000
합　계	₩300,000	₩460,000	₩240,000	₩1,000,000

다음 설명 중에서 올바르지 <u>않은</u> 것은?

① 단일배분율법을 적용하는 경우 가공부문에 배분될 보조부문원가는 ₩180,000 이다.
② 단일배분율법을 적용하는 경우 조립부문에 배분될 보조부문원가는 ₩120,000 이다.
③ 이중배분율법을 적용하는 경우 가공부문에 배분될 보조부문원가는 ₩160,000 이다.
④ 이중배분율법을 적용하는 경우 조립부문에 배분될 보조부문원가는 ₩150,000 이다.
⑤ 단일배분율법에 비하여 이중배분율법이 보다 정확한 원가계산을 가능하게 한다.

주관식 문제

[4-1] 스마트(주)의 각 부문에서 발생한 원가와 배부기준은 다음과 같다.

1. 각 부문 발생원가

	보조부문		제조부문		
	수 선 부	동 력 부	절 단 부	조 립 부	합 계
간접노무원가	₩2,000	₩4,000	₩6,000	₩3,000	₩15,000
간접재료원가	1,000	2,000	5,000	2,000	10,000
화재보험료					6,000
감가상각비(건물)					4,000
전력요금					2,000

2. 부문공통원가 배부기준

	보조부문		제조부문		
	수 선 부	동 력 부	절 단 부	조 립 부	합 계
점유면적(m^2)	200	200	600	600	1,600
전력사용(kWh)	20	40	60	40	160

(요구사항)

1. 부문개별원가와 부문공통원가를 각각 구분하시오.
2. 부문공통원가를 각 부문에 배부하시오.

[4-2] (주)스마트는 두 개의 제조부문과 두 개의 보조부문을 가지고 있다. 각 부문간의 용역수수관계는 다음과 같다.

사용처 / 제공처	보조부문		제조부문		합 계
	수선부문	동력부문	절단부문	조립부문	
부문발생원가	₩4,500	₩7,750	₩15,500	₩9,250	₩37,000
수선부문원가	–	10%	40%	50%	100%
동력부문원가	20%	–	50%	30%	100%

(요구사항)

1. 보조부문원가를 직접배분법으로 배부하시오.
2. 보조부문원가를 단계배분법으로 배부하시오(단, 동력부문부터 배부한다).
3. 보조부문원가를 상호배분법으로 배부하시오.

[4-3] 부문별 개별원가계산을 채택하고 있는 (주)스마트의 원가계산과 관련한 자료는 다음과 같다. (세무사 수정)

(1) 제조간접원가에 대한 부문별 내역:

구 분	제조부문		보조부문		
	제 1 공장	제 2 공장	수 선 부	동 력 부	생산관리부
금 액	₩3,800,000	₩3,200,000	₩1,100,000	₩900,000	₩2,000,000

(2) 보조부문원가의 배부는 단계(계단식)배부법을 사용하며, 보조부문 상호간의 배부순서는 생산관리부, 동력부, 수선부문의 순으로 하여 다음의 배부기준에 의한다.

구 분	제 1 공장	제 2 공장	수 선 부	동 력 부
생산관리부	40%	40%	15%	5%
동 력 부	50%	40%	10%	–
수 선 부	60%	40%	–	

(3) 제품별 제조간접원가 배부를 위한 공장별 작업시간 집계표

구 분	화 물 선	유 조 선	군 함	합 계
제 1 공장	800시간	500시간	700시간	2,000시간
제 2 공장	400시간	300시간	300시간	1,000시간

요구사항)

1. 화물선에 배부될 제조간접원가를 계산하시오.
2. 유조선에 배부될 제조간접원가를 계산하시오.
3. 군함에 배부될 제조간접원가를 계산하시오.

[4-4] 다음은 스마트(주)의 보조부문원가 배부에 필요한 자료이다. 각 보조부문은 자기용역을 자가소비하고 있다.

사용처 / 제공처	보조부문		제조부문		합 계
	수선부문	동력부문	절단부문	조립부문	
부문원가	₩20,000	₩10,000	₩150,000	₩200,000	₩380,000
수선부문(시간)	10	4	30	50	94
동력부문(kWh)	4,000	1,000	50,000	80,000	135,000

(요구사항)

1. 단계배분법으로 보조부문원가를 배부하시오(단, 수선부문부터 배부한다).
2. 상호배분법으로 보조부문원가를 배부하시오.

[4-5] 제조부문 A, B와 보조부문 X, Y의 서비스 제공관계는 다음과 같다.

(감정평가사 수정)

	보조부문		제조부문		합 계
	X	Y	A	B	
X	–	40단위	20단위	40단위	100단위
Y	80단위	–	60단위	60단위	200단위

X, Y부문의 원가는 각각 ₩160,000, ₩200,000이다.

(요구사항)

단계배분법을 적용하면서 X부문을 먼저 배부하는 경우와 Y부문을 먼저 배부하는 경우 배부순서에 따라 제조부문 A에 배부되는 보조부문원가의 차이는 얼마인가?

[4-6] (주)스마트는 현재 보조부문의 원가를 생산부문의 부문직접원가를 기준으로 배부하고 있다. 생산부문 및 보조부문과 관련한 자료는 다음과 같다. (공인회계사 수정)

	생산부문		보조부문	
	A	B	C	D
부문직접원가	₩500,000	₩400,000	₩300,000	₩600,000
서비스 제공비율				
보조부문 C	40%	50%	–	10%
보조부문 D	30%	60%	10%	–

(주)스마트는 보조부문 C의 원가를 우선 배부하는 단계배분법으로 보조부문의 원가배부방법을 변경하고자 한다.

(요구사항)

보조부문원가 배부방법의 변경이 생산부문 A에 배부되는 보조부문원가에 미치는 영향은?

[4-7] (주)스마트는 제조부문인 조립부문과 도장부문을 거쳐서 제품이 생산되고 있다. 그리고 생산과정에서 발생하는 기계설비의 고장을 수선할 수 있는 수선부문을 보조부문으로 운영하고 있다. 수선부문에서는 고정원가인 설비의 감가상각비로 ₩300,000이 발생하고, 변동원가로 ₩200,000이 발생하였으며, 제조부문이 소비한 수선시간과 관련한 자료는 다음과 같다.

	수선부문	조립부문	도장부문
제조간접원가	변동원가 ₩200,000 고정원가 ₩300,000		
실제사용량	–	400시간	400시간
최대사용가능량	–	400시간	600시간

(요구사항)

단일배분율을 적용하는 경우에 이중배분율을 적용하는 경우와 비교하여 조립부문에 배부되는 수선부문원가의 차이는 얼마인가?

[4-8] 다음은 20×1년 5월 스마트(주)의 생산활동과 관련하여 발생한 자료이다.

1) 각 부분에서 발생한 부문원가는 다음과 같다.

보조부문		제조부문	
동력부문	수선부문	절단부문	조립부문
₩20,000	₩30,000	₩50,000	₩70,000

2) 보조부문원가의 배부기준은 다음과 같다. 보조부문원가는 동력부문부터 배부한다.

	배부기준	동력부문	수선부문	절단부문	조립부문
동력부문	운전시간	–	100시간	300시간	600시간
수선부문	수 선 액	₩3,000	–	₩10,000	₩5,000

3) 절단부문원가는 직접노무시간, 조립부문원가는 기계작업시간을 기준으로 각 제품에 배부한다. 각 제조부문의 실제 작업시간은 다음과 같다.

	절단부문	조립부문
직접노무시간	800	500
기계작업시간	500	800

4) A제품은 모두 당월에 착수하여 당월에 완성되었다. A제품이 각 제조부문에서

작업한 시간은 다음과 같다.

	절단부문	조립부문
직접노무시간	100	50
기계작업시간	50	100

(요구사항)

1. 단계배분법으로 부문원가를 배부하는 부문원가 배부표를 작성하시오.
2. 절단부문과 조립부문의 제조간접원가 배부율은 각각 얼마인가?
3. A제품에 배부될 절단부문과 조립부문의 제조간접원가는 얼마인가?

[4-9] 20×1년 스마트(주)의 전력부문의 발생원가는 고정원가가 ₩600,000이고, 변동원가가 ₩500,000이다. 전력부문은 두 개의 제조부문 P_1과 P_2에 서비스를 제공하고 있으며, 제조부문이 최대조업도일 때를 대비하여 충분한 설비를 보유하고 있다. 최대로 가능한 연간 전력소비량과 실제 전력소비량은 다음과 같다.

사용량(kWh)	P_1	P_2	합　계
최　　대	20,000	40,000	60,000
실　　제	20,000	20,000	40,000

(요구사항)

1. 단일배분율법을 적용하여 전력부문원가를 배부하시오.
2. 이중배분율법을 적용하여 전력부문원가를 배부하시오.

[4-10] 스마트(주)는 두 개의 제조부문 P_1, P_2와 두 개의 보조부문 S_1, S_2를 두고 있다. 7월 중 각 보조부문에서 생산된 용역의 각 부문별 사용비율은 다음과 같다. 7월 중 보조부문 S_1과 S_2의 변동원가는 각각 ₩500,000과 ₩202,000이었다.

제공부문 \ 사용부문	P_1	P_2	S_1	S_2	총용역 사용량
S_1	0.4	0.3	–	0.3	2,000kW
S_2	0.3	0.3	0.4	–	1,000시간

(요구사항)

1. 상호배분법에 의하여 보조부문의 변동원가를 배분할 경우 7월 중 제조부문 P_1에 배부될 보조부문의 변동원가는 얼마인가?
2. 스마트(주)는 8월에는 S_2부문에서 제공하던 용역을 외부에서 구입하고자 한다.

8월의 제조부문 생산량이 7월과 동일한 경우에 외부에서 구입하여야 하는 S_2부문의 용역시간은 얼마인가?

[4-11] 스마트(주)는 제조부문 A, B와 보조부문 X, Y가 있다. 각 보조부문의 서비스 용역수수관계는 다음과 같다. X, Y 부문의 변동원가는 각각 ₩160,000, ₩200,000이며, 고정원가는 고려하지 않는다.

용역제공부문	용역사용부문				합 계
	X	Y	A	B	
X	–	40단위	20단위	40단위	100단위
Y	45단위	–	60단위	45단위	150단위

(요구사항)

상호배분법에 의해 보조부문원가를 배부하는 경우, A 제조부문에 배부되는 총보조부문원가는 얼마인가?

[4-12] (주)스마트는 두 개의 보조부문과 두 개의 제조부문을 가지고 있다. 보조부문은 동력부문과 수선부문이다. 보조부문의 서비스 제공비율은 다음과 같다.

	동력부문	수선부문	제조 A	제조 B
동력부문	–	20%	50%	30%
수선부문	25%	–	30%	45%

각 부문의 제조간접원가 발생액은 다음과 같다.

동력부문	₩14,000
수선부문	20,000
제조부문 A	35,000
제조부문 B	50,000

(요구사항)

1. 직접배분법에 의하여 보조부문의 원가를 배부하시오.
2. 단계배분법에 의하여 보조부문의 원가를 배부하시오(단, 동력부문부터 배부).
3. 상호배분법에 의하여 보조부문의 원가를 배부하시오.

[4-13] 스마트(주)의 20×1년 5월의 동력부문의 발생원가는 고정원가가 ₩5,000,000이고, 변동원가가 ₩3,000,000이다. 유일한 보조부문인 동력부문은 두 개의 제조부문 A, B에 용역을 제공하고 있으며, 제조부문의 잠재적인 수요에 대비하여 충분한 설비를

보유하고 있다. 최대로 이용가능한 동력소비량과 5월 중의 실제 동력소비량이 다음과 같을 때 요구사항에 답하시오.

사 용 량	부문 A	부문 B	합 계
최 대	250,000	750,000	1,000,000
실 제	200,000	300,000	500,000

(요구사항)

1. 단일배분율법을 사용하여 동력부문의 원가를 제조부문 A, B에 배부하시오.
2. 단일배분율법을 사용할 때 어느 제조부문이 불만이겠는가? 불만의 근거를 구체적으로 설명하시오.
3. 이중배분율법을 사용하여 동력부문의 원가를 제조부문에 배부하시오.
4. 이중배분율법의 이론적 장점은 무엇인가? 또한 이론적 장점으로 인한 궁극적인 효과는 무엇인가?

[4-14] 스마트(주)는 선풍기와 에어콘을 생산·판매하는 회사이다. 동사는 제조부문을 지원하는 보조부문으로 동력부문과 정보시스템부문을 가지고 있다. 20×1년 보조부문의 서비스 사용에 대한 부서별 예산은 다음과 같다.

	동력부문	정보시스템부문	선 풍 기	에 어 컨
동력부문	–	20%	30%	50%
정보시스템부문	10%	–	60%	30%

20×1년 한 해 동안 부서별 보조부문의 서비스 사용량은 다음과 같다.

	동력부문	정보시스템부문	선 풍 기	에 어 컨
동력부문	–	30%	35%	35%
정보시스템부문	20%	–	30%	50%

동사의 20×1년 보조부문의 원가는 다음과 같다.

	동력부문	정보시스템부문
변동원가	₩150,000	₩190,000
고정원가	200,000	254,000

보조부문의 원가는 이중배분율법에 의해 배부하고 있으며, 고정원가는 예산상 사용량, 변동원가는 실제사용량을 기준으로 배부한다.

(요구사항)

이중배분율법을 사용하고, 보조부문의 원가를 다음과 같은 방법을 사용하여 배부할 경우 보조부문의 원가를 제조부문에 배부하시오.

1. 직접배분법
2. 단계배분법(단, 동력부문부터 배부한다)
3. 상호배분법

[4-15] (주)스마트는 제조부문(성형, 조립)과 보조부문(수선, 동력)을 이용하여 제품을 생산하고 있으며, 제조부문과 보조부문에 관련된 자료는 다음과 같다. (세무사 수정)

제공부문	제조부문		보조부문		합 계
	성 형	조 립	수 선	동 력	
수 선	400시간	200시간	100시간	400시간	1,100시간
동 력	4,000kW	4,000kW	8,000kW	2,000kW	18,000kW

수선부문와 동력부문에 집계된 부문원가는 각각 ₩160,000, ₩80,000이다. (주)스마트는 상호배분법을 사용하여 보조부문원가를 제조부문에 배부한다.

(요구사항)

1. 성형부문에 배부될 보조부문원가는 얼마인가?
2. 조립부문에 배부될 보조부문원가는 얼마인가?

제 5 장 개별원가계산

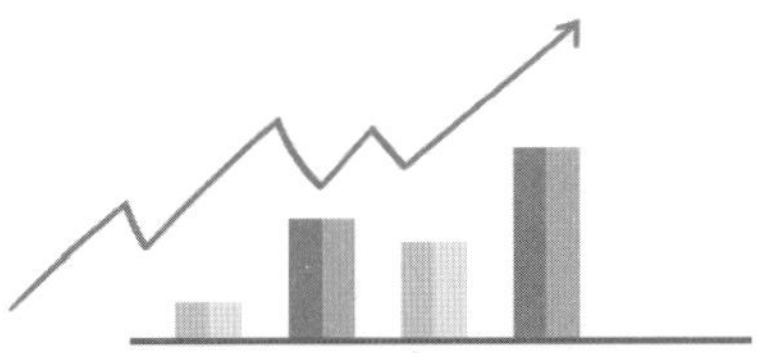

01 원가계산의 종류

제조기업
- 다품종 소량생산 — 개별원가계산
  ex) 건설, 조선, 항공기
- 소품종 대량생산 — 종합원가계산
  ex) 석유화학, 섬유업

기업에서 사용하고 있는 원가계산방법은 업종 또는 생산형태에 따라 서로 다르다. 예를 들어 선박과 볼펜이라는 두 개의 제품을 생각해 보자. 선박은 주문생산에 의해 만들어진다. 선박의 크기가 다르고 그 사양이 다르다는 말이다. 이는 각 제품마다 제품원가가 다르다는 것을 말하며, 따라서 개별 제품별로 원가계산이 이루어져야 한다는 것을 말한다. 이를 개별원가계산(job order costing)이라고 한다.

볼펜은 주문생산이 아닌 예측생산으로 만들어진다. 시장의 수요를 예측하여 제품을 미리 만들고, 소비자에게 판매되기를 기다린다. 볼펜은 그 사양이 동질적이며 표준화되어 있다. 각 제품마다 원가가 동일하다는 말이다. 선박과 같이 1개 제품별로 원가를 산출할 필요가 없다. 따라서 볼펜의 경우 일정한 기간 동안 발생한 총제조원가를 총생산량으로 나누어 제품원가를 계산하게 된다. 이를 종합원가계산(process costing)이라고 한다. 개별원가계산과 종합원가계산을 비교하면 다음 [도표 5-1]과 같다.

한편, 제조간접원가에 포함되어 있는 고정제조간접원가를 제품원가에 포함하느냐의 여부에 따라 전부원가계산과 변동원가계산으로 구분된다. 전부원가계산(absorption costing)은 말 그대로 변동제조간접원가와 고정제조간접원가 모두를 제품원가에 포함시키는 원가계산 방법이다. 변동원가계산(variable costing)은 제조간접원가 중에서 변동제조간접원가만을 제품원가에 포함시키는 원가계산방법이다. 고정제조간접원가는 기간비용으로 처리한다. 이를 직접원가계산(direct costing)이라고도 한다. 변동원가계산은 의사결정 목적으로 많이 이용되는데, 여기에 대해서는 제10장 변동원가계산에서 살펴볼 것이다.

그리고 제품원가를 실제발생액을 기준으로 산출하느냐 표준치 또는 예정치를 이용하느냐, 즉 원가측정방법에 따라 실제원가계산, 표준원가계산 그리고 정상원가계산으로 구분한다. 실제원가계산(actual costing)은 직접재료원가와 직접노무원가 그리고 제조간접원가의 실제발생액을 이용하여 제품원가를 산출하는 방법이다. 표준원가계산(standard costing)은 직접재료원가와 직접노무원가 그리고 제조간접원가의 표준가격과 표준수량을 설정하고, 그에 따라 표준원가를 이용하여 제품원가를 산출하는 방법이다. 이에 대해서는 표준원가계산에서 다시 논의하

[도표 5-1] 개별원가계산과 종합원가계산의 비교

	개별원가계산	종합원가계산
제품원가의 누적	• 특정작업(또는 고객)에 누적	• 공정별로 누적
재공품계정	• 각 작업(주문)마다 하나씩 보조 재공품계정을 설치	• 공정별로 설치
제품원가 측정시점	• 생산이 불연속적 • 작업이 완성될 때마다 측정	• 생산이 연속적 • 회계기간마다 측정
생산품목	• 이질적인 제품 • 불연속적 생산형태 : 건설업, 가구제조업, 조선, 수선업 등	• 대량생산의 동질적 제품 • 연속적 생산형태 : 화학, 유류, 시멘트 등등
운영비용	• 종합원가계산에 비해 많은 운영비용이 소요됨 • 원가정보의 정확성이 높음	• 개별원가계산에 비해 적은 운영비용이 소요됨 • 원가정보의 정확성이 낮음
원가계산방법	• 작업지시서 원가계산 작업지시서→제품원가	• 기간별 · 공정별 평균화과정 공정 → 평균화 → 제품원가
원가의 분류	• 원가대상에 대한 추적 가능성 중시 • 직접재료원가, 직접노무원가, 제조간접원가	• 원가의 변형과정 중시 • 직접재료원가, 가공원가

[도표 5-2] 원가계산의 종류

제품생산형태	원가계산범위	원가측정방법
개별원가계산	전부원가계산	실제원가계산
종합원가계산	변동원가계산	표준원가계산
		정상원가계산

기로 한다. 마지막으로 정상원가계산(normal costing)은 직접재료원가와 직접노무원가는 실제발생액으로 집계하고, 제조간접원가는 예정배부액을 사용하여 산출하는 방법이다.

02 개별원가계산 절차

2.1 작업지시서와 작업원가표

개별원가계산에서 원가대상은 작업지시가 떨어진 특정 작업이다. 제조원가와 그 밖의 관련 자료들이 각 작업지시서(job order sheet)별로 축적되어진다. 작업지시서는 [도표 5-3]과 같다. 이런 자료들은 작업원가표(job cost sheet)에 수록되는데 작업원가표는 해당 작업에 대한 제품원가와 관련자료를 축적시키는 데 사용되는 서류이다.

[도표 5-3] 작업지시서

작업지시서 No. ________

담당부서 ________ 발행일 년 월 일
주 문 처 ________ 수주일 년 월 일
주문 No. ________ 납기일 년 월 일

품명(종류 · 규격)	수 량	작업명세

작업개시 년 월 일
작업완료 년 월 일 발 행 자 (인)

작업지시서는 고객으로부터 주문을 받게 되면 그 제품을 생산하기 위하여 생산관리부서에서 발행한다. 이는 생산현장 작업자들에게 작업하도록 지시하는 명령서이기도 하다. 작업지시서에는 반드시 작업지시서 번호가 있어야 하며, 그 작업의 담당부서와 작업지시 내용이 기재되어 있어야 한다. 원가담당자는 작업지시서 사본을 수취하여 작업원가표를 작성한다. 작업원가표는 각 작업지시서에 대해서 작성되며, 그 작업지시서들의 작업원가표를 집계하면 제품원가가 산출된다. 따라서 작업원가표가 개별원가계산의 핵심이다. 특정 제품을 생산하기 위하여 발생한 원가는 그 제품의 작업지시서 번호를 추적하여 그 번호가 기재된 작업원가표를 집계한다. [도표 5-4]는 작업원가표를 예시한 것이다.

[도표 5-4] 작업원가표

작업원가표

작업지시서번호 ______________ 착수일 ______________
부　　　　서 ______________ 완료일 ______________
품　　　　명 ______________ 수　량 ______________

직접재료원가		직접노무원가			제조간접원가		
재료출고청구서번호	금액	작업전표번호	소요시간	금액	소요시간	배부율	금액

원가집계

	총 원 가	단　가
직접재료원가		
직접노무원가		
제조간접원가		
총　　액		

작업원가표에는 작업번호, 즉 작업지시서 번호가 반드시 포함되어야 한다. 이 번호를 통해 서로 추적이 가능하기 때문이다. 또한 작업원가표에는 직접재료원가와 직접노무원가 그리고 제조간접원가를 각각 집계하도록 되어 있다. 직접재료원가는 재료출고청구서를 통해 산출되며, 직접노무원가는 작업전표를 통해, 그리고 제조간접원가는 배부율에 따라 결정된다.

2.2 직접재료원가와 재료출고청구서

제품을 생산하기 위하여 필요한 재료는 재료출고청구서(material requisition form)를 통해 원재료 창고에서 출고된다. 재료출고청구서에는 반드시 작업지시서 번호가 기재되어 있어야 한다. 이 번호를 통해 어떤 제품을 생산하기 위하여 재료가 출고되었는지를 파악할 수 있게 된다. 재료출고청구서의 양식은 [도표 5-5]와 같다.

재료출고청구서에는 작업에 필요한 재료의 품목, 출고수량, 단가 그리고 금액 등이 기재된다. 그리고 반드시 재료출고청구서 번호가 기재되어야 하는데, 이 번호를 통해 출고된 재료금액이 작업원가표의 직접재료원가에 집계된다.

[도표 5-5] 재료출고청구서

재료출고청구서

No. ____________

작업지시서번호 ____________ 작성일 ____________

인 도 부 문 ____________ 발행자 ____________

재료품목	적 요	출고수량	단가

수령일 ____________

수령자 ____________

2.3 직접노무원가와 작업전표

직접노무원가는 작업전표(time ticket) 또는 작업시간표에 의해 파악된다. 작업전표에도 어떤 제품을 생산하기 위하여 작업을 하였는지를 파악하기 위하여 반드시 작업지시서 번호가 기재되어 있어야 한다. 작업전표의 양식은 [도표 5-6]과 같다.

작업전표에는 작업자의 작업개시시간과 완료시간이 기재되며, 작업자의 임률에 따라 노무원가가 집계된다. 그리고 반드시 작업전표 번호가 기재되어야 하는데, 이 번호를 통해 작업원가표에 직접노무원가가 집계된다.

[도표 5-6] 작업전표

작업전표

No. ____________

작 업 자 ____________ 일 자 ____________

작 업 장 ____________

작업지시서번호	작업개시시간	작업완료시간	소요시간	임 률	노무원가

감독자 ____________

2.4 제조간접원가의 배부

앞서 논의한 바 있지만 직접재료원가와 직접노무원가는 각 작업지시서별로 어느 정도 발생하였는지 직접 파악이 가능하기 때문에 작업원가표에 직접 할당하게 된다. 그러나 제조간접원가는 작업지시서별로 발생금액을 파악할 수 없다. 따라서 제조간접원가는 배부기준에 따라 각 작업지시서에 배부하게 되는데, 이때 실제배부율 혹은 예정배부율을 사용할 수 있다. 배부율을 구하기 위해서는 배부기준을 결정하여야 하는데, 조업도라는 개념이 여기에 해당한다.

실제배부율은 실제 발생한 제조간접원가 금액과 배부기준에 따라 배부율을 결정하는 방법이다. 그러나 실제배부율을 사용할 경우 몇 가지 문제점이 발생하게 되는데 첫째, 제품을 생산하는 데 발생한 제조간접원가를 집계하기 위해서는 제품이 완성되거나 혹은 회계기간말이 되어야 한다. 따라서 원가계산을 위해서 제조간접원가 실제발생액을 집계하기 위해 오랜 기간을 기다려야 한다. 둘째, 실제배부율을 사용할 경우 조업도의 변동에 따라 매기의 배부율이 서로 달라진다. 이는 제품의 원가가 달라질 수 있음을 의미하다. 따라서 이러한 문제점들을 배제하기 위하여 예정배부율을 사용하는 것이 일반적이다. 실제배부율과 예정배부율을 구하는 방법은 (식 5-1)~(식 5-4)와 같다.

이를 **실제원가계산의 문제점**이라고 한다. 이러한 문제점을 극복하고 경영자에게 더 유용한 정보를 제공하고자 정상원가계산을 사용한다.

$$\text{제조간접원가 실제배부율} = \frac{\text{제조간접원가 실제발생액}}{\text{실제조업도}} \qquad \text{(식 5-1)}$$

$$\text{작업별 배부액} = \text{작업별 실제조업도} \times \text{제조간접원가 실제배부율} \qquad \text{(식 5-2)}$$

$$\text{제조간접원가 예정배부율} = \frac{\text{제조간접원가 예산총액}}{\text{예정조업도(혹은 기준조업도)}} \qquad \text{(식 5-3)}$$

$$\text{작업별 배부액} = \text{작업별 실제조업도} \times \text{제조간접원가 예정배부율} \qquad \text{(식 5-4)}$$

03 실제개별원가계산

3.1 원가계산절차

실제원가계산에서 제조간접원가 배부는 다음과 같은 단계를 거쳐서 이루어진다.
① 실제 발생한 제조간접원가를 집계한다.
② 제조간접원가 배부기준을 설정한다. 다양한 배부기준 중 가장 합리적인 배부기준을 설정한다.
③ 제조간접원가 실제배부율을 산정한다.
④ 제조간접원가를 제품에 배부한다.
• 제조간접원가 배부액 = 배부기준 실제발생량(실제 조업도) × 제조간접원가 실제배부율

실제개별원가계산은 원가요소의 실제발생액을 집계하여 원가계산을 한다. 특히 실제제조간접원가를 실제배부율에 의하여 각 작업지시서에 배부한다. 따라서 실제로 발생한 제조간접원가와 각 작업지시서에 배부된 제조간접원가의 총액은 일치한다. 실제개별원가계산을 위한 절차는 직접재료원가와 직접노무원가의 실제발생액을 각 작업지시서별로 집계하고, 원가계산기말에 제조간접원가 발생액을 집계하여, 실제배부기준을 이용하여 실제배부율을 구한 후 각 작업지시서의 실제배부기준 발생정도에 따라 배부한다. [예제 5-1]을 통해 실제개별원가계산의 절차를 알아보자.

예제 5-1

스마트(주)는 개별원가계산을 적용하고 있으며, 제조간접원가는 직접노무원가를 기준으로 제품에 실제배부하고 있다. 20×1년 4월에 작업 #101과 작업 #102를 시작하였으며, 5월에는 작업 #103을 새로 착수하였다. 작업 #101과 작업 #102는 5월 중에 완료되었으며, 작업 #103은 5월말 현재 미완성 상태이다. 4월과 5월에 발생한 원가자료는 다음과 같다. 단, 5월 중에 제조간접원가 실제발생액은 ₩750,000이다.

작 업	4월			5월		
	직접 재료원가	직접 노무원가	제조 간접원가	직접 재료원가	직접 노무원가	제조 간접원가
#101	₩100,000	₩150,000	₩225,000	₩61,000	₩70,000	
#102	30,000	50,000	75,000	145,000	150,000	
#103	–	–	–	164,000	280,000	
합 계	₩130,000	₩200,000	₩300,000	₩370,000	₩500,000	₩750,000

(요구사항)

1. 5월의 제조간접원가의 실제배부율은 얼마인가?
2. 각 작업지시서의 작업원가표에 기재된 원가는 각각 얼마인가?

(해　　답)

1. 제조간접원가의 실제배부율

$$= \frac{\text{제조간접원가 실제발생액}}{\text{직접노무원가 실제발생액}} = \frac{₩750,000}{₩500,000} = ₩1.5/\text{직접노무원가}$$

2. 작업별 원가

	#101	#102	#103	합　계
월초재고	₩475,000	₩155,000	−	₩630,000
직접재료원가	61,000	145,000	₩164,000	370,000
직접노무원가	70,000	150,000	280,000	500,000
제조간접원가	105,000	225,000	420,000	750,000
합　계	₩711,000	₩675,000	₩864,000	₩2,250,000

3.2 회계처리

여기서는 [예제 5-1]의 실제개별원가계산의 내용을 회계처리해 보고자 한다. 재료의 기초재고와 재료구입에 대한 거래가 없기 때문에 여기서는 생략한다. 5월의 거래내용을 분개해 보면 다음과 같다.

원재료투입 : (차) 재 공 품　370,000　(대) 원 재 료　370,000

직접재료원가는 재공품 계정에 차기되며 간접재료원가는 제조간접원가 계정에 차기된다. 재공품 계정에 차기된 금액은 해당 작업별 작업원가표 직접재료원가란에 분할되어 기입된다. 가령 사용된 직접재료원가 ₩370,000 가운데 작업 #101에 ₩61,000, #102에 ₩145,000, 그리고 #103에 ₩164,000이 투입되었다면, 작업 #101의 작업원가표에 ₩61,000, #102의 작업원가표에 ₩145,000, 그리고 #103의 작업원가표에 ₩164,000이 기입된다. 여기서는 편의상 생략한다.

직접노무원가 발생 : (차) 재 공 품 500,000　(대) 노무원가　500,000

직접노무원가의 경우에도 재공품 계정은 통제계정이기 때문에 보다 구체적인 내용은 그 보조장부인 작업원가표에 기록된다. 가령 재공품 계정에 차기된 직접노무원가 ₩500,000 가운데 작업 #101, #102, 그리고 #103에 관련해서 각각 ₩70,000, ₩150,000, 그리고 ₩280,000이 발생했다면, 작업 #101, #102, 그리고 #102의 작업원가표에 각각 ₩70,000, ₩150,000, 그리고 ₩280,000이 기입된다.

제조간접원가 배부 : (차) 재 공 품 750,000 (대) 제조간접원가 750,000

제조간접원가도 총발생금액 ₩750,000을 해당작업별 작업원가표에 분할하여 기입하여야 한다. 가령 작업 #101, #102, 그리고 #103의 생산에 제조간접원가가 배부절차에 따라 각각 ₩105,000, ₩225,000, 그리고 ₩420,000이 배부되었다면 이는 각 작업 #101, #102, 그리고 #103의 작업원가표에 각각의 금액을 기입한다.

생산완료 : (차) 제 품 1,386,000 (대) 재 공 품 1,386,000

작업 #101, #102, 그리고 #103 가운데 완성된 것은 작업 #101과 #102이기 때문에 작업 #101과 #102의 작업원가표에 집계된 원가 ₩1,386,000이 완제품의 원가로 기입된다. 이상의 일련의 회계처리 과정을 재공품 계정을 이용하여 살펴보면 다음과 같다.

재 공 품

기초재공품	₩630,000	완 성 품	₩1,386,000
직접재료원가	370,000	기말재공품	864,000
직접노무원가	500,000		
제조간접원가	750,000		
	₩2,250,000		₩2,250,000

04 정상개별원가계산

4.1 원가계산절차

정상개별원가계산은 직접재료원가와 직접노무원가는 실제발생액으로 집계하고, 제조간접원가는 예정배부율을 사용하여 원가를 계산하는 방법이다. 제조간접원가 예정배부율은 연간예산 등을 기준으로 산출할 수 있기 때문에 그 기간 동안은 실제개별원가계산과 같이 배부율이 변동하지 않는다. 그러나 제조간접원가를 예정배부율에 의하여 원가계산을 한 경우 예정배부된 총제조간접원가 금액과 실제발생액은 일치하지 않는다. 만약 예정배부액이 실제발생액보다 큰 경우 과대(초과)배부된 것이며, 반대로 실제발생액이 더 큰 경우에는 과소(부족)배부된 것이다. 이에 대한 회계처리절차는 다음과 같다.

정상원가계산에서 제조간접원가 배부는 다음과 같은 단계를 거쳐서 이루어진다.
① 연간 제조간접원가 예상액을 추정한다.
② 제조간접원가 배부기준을 설정한다.
③ 제조간접원가 예정배부율을 산정한다.
④ 제조간접원가를 제품에 배부한다.
• 제조간접원가 배부액 = 배부기준 실제발생량(실제조업도) × 제조간접원가 예정배부율

제조간접원가가 실제로 발생할 때는 다음과 같이 회계처리한다.

(차)제조간접원가(발생액) ×××	(대) 제 좌 ×××

그리고 제조간접원가를 예정배부율에 따라 각 작업지시서에 배부할 때에는 다음과 같이 회계처리한다.

(차) 재 공 품 ×××	(대) 제조간접원가(배부액) ×××

예제 5-2

[예제 5-1]의 자료를 그대로 이용한다. 다만, 제조간접원가의 예산총액은 ₩840,000이며, 연간 직접노무원가의 예상발생액은 ₩600,000이다.

(요구사항)

1. 5월의 제조간접원가의 예정배부율은 얼마인가?
2. 작업이 완료된 작업#101과 #102 그리고 #103의 원가는 얼마인가?

3. 제조간접원가 총배부차이는 얼마인가?

(해 답)

1. 5월의 제조간접원가의 예정배부율

$$\frac{\text{제조간접원가 예상총액}}{\text{직접노무원가 예상총액}} = \frac{₩840,000}{₩600,000} = ₩1.4/\text{직접노무원가}$$

2. 작업원가표상의 원가

	#101	#102	#103	합 계
월초재고	₩475,000	₩155,000	–	₩630,000
직접재료원가	61,000	145,000	₩164,000	370,000
직접노무원가	70,000	150,000	280,000	500,000
제조간접원가	98,000	210,000	392,000	700,000
합 계	₩704,000	₩660,000	₩836,000	₩2,200,000

3. 제조간접원가 배부차이

=제조간접원가 실제발생액－제조간접원가 예정배부액

=₩750,000－₩700,000=₩50,000(과소배부)

제조간접원가

실제발생액	750,000	예정배부액	700,000
		과소배부액	50,000

4.2 배부차이의 조정

실제개별원가계산과 정상원가계산 모두 직접재료원가와 직접노무원가는 실제발생액을 집계하였다. 반면에 제조간접원가의 경우 실제개별원가계산에서는 실제배부율을 산출하여 각 작업지시서에 배부하였지만, 정상원가계산에서는 예정배부율을 산출하여 배부하였다. 정상원가계산에서 제조간접원가 계정의 차변에는 제조간접원가 실제발생액이 기록되고, 대변에는 예정배부율에 따라 각 작업지시서별로 배부된 금액이 기록된다. 따라서 실제개별원가계산에서는 제조간접원가의 배부차이가 발생하지 않지만 정상원가계산에서는 제조간접원가의 실제발생액과 배부총액에 차이가 발생하게 된다. 외부보고목적의 재무제표를 작성하기 위하여 이를 조정해 주어야 한다. [도표 5-7]에서 보는 바와 같이 제조간접원가

[도표 5-7] 제조간접원가의 흐름

제조간접원가	
발 생	배 부

⟶

재공품	
제조간접원가	완 성 품
	기말재공품

⟶

제 품	
재 공 품	매출원가
	기말제품

는 기말재공품이나 기말제품 그리고 매출원가에 포함되어 있다. 배부차이를 어떻게 조정하느냐에 따라 매출원가조정법, 비례배분법(총원가기준법, 원가요소기준법), 영업외손익법이 있다.

4.2.1 매출원가조정법

매출원가조정법은 배부차이를 매출원가에서 모두 조정하는 방법이다. 즉, 기말재공품이나 기말제품이 부담하여야 할 배부차이를 무시하는 방법이다. 이 방법은 제조간접원가의 배부차이가 기말재공품이나 기말제품에 미치는 영향이 크지 않은 경우 적합하다. 이때 제조간접원가를 과대배부한 경우 매출원가에서 차감하며, 과소배부한 경우 매출원가에 가산한다. 이 방법은 매출원가 하나의 계정만 조정하면 되기 때문에 적용하기가 쉽다는 장점이 있지만 정확한 차이 조정이 이루어지지 않는다는 문제가 있다.

예제 5-3

(주)스마트는 정상원가계산제도를 사용하고 있으며, 당기의 실제 제조간접원가 발생액은 제조간접원가 예정배부액보다 ₩15,000 작게 나타났으며, 아래의 제조간접원가는 예정배부액을 기준으로 배분된 자료이다.

	기말재공품	기말제품	매출원가
직접재료원가	₩72,000	₩150,000	₩783,000
직접노무원가	30,000	75,000	390,000
제조간접원가	45,000	90,000	465,000
합 계	₩147,000	₩315,000	₩1,638,000

(요구사항)

매출원가조정법에 따라 배부차이에 필요한 분개를 하시오.

(해　　답)

매출원가조정법에 따른 배부차이 조정분개

(차) 제조간접원가	15,000	(대) 매출원가	15,000

4.2.2 총원가기준법

총원가기준법은 제조간접원가가 영향을 미치는 모든 계정, 즉 기말재공품, 기말제품 그리고 매출원가의 금액을 기준으로 배부차이 금액을 각 계정에 배부하는 방법이다. 이 방법은 매출원가조정법에 비해 보다 정확한 차이 조정이 이루어질 수 있다.

예제 5-4

앞의 [예제 5-3]의 자료를 그대로 이용하여 총원가기준법으로 배부차이를 조정하고 필요한 분개를 하시오.

(해　　답)

1. 총원가기준법에 따른 배부차이 조정

기말재공품 : $₩15,000 \times \dfrac{₩147,000}{₩147,000 + ₩315,000 + ₩1,638,000} = ₩1,050$

기말제품 : $₩15,000 \times \dfrac{₩315,000}{₩147,000 + ₩315,000 + ₩1,638,000} = ₩2,250$

매출원가 : $₩15,000 \times \dfrac{₩1,638,000}{₩147,000 + ₩315,000 + ₩1,638,000} = ₩11,700$

2. 배부차이 조정분개

(차) 제조간접원가	15,000	(대) 매출원가	1,050
		제　　품	2,250
		재 공 품	11,700

4.2.3 원가요소기준법

원가요소기준법이란 제조간접원가가 영향을 미친 모든 계정, 즉 기말재공품과 기말제품 그리고 매출원가에 포함된 제조간접원가 금액을 기준으로 배부차이 금액을 각 계정에 배부하는 방법이다. 이 방법은 제조간접원가만을 기준으로 한다는 점에서 앞서 살펴본 두 가지 방법에 비하여 가장 정확하게 차이를 조정할 수 있다. 대신 각 계정에서 포함된 제조간접원가 금액을 집계하여야 하기 때문에 좀 더 복잡한 배부과정을 거쳐야 한다.

예제 5-5

앞의 [예제 5-3]의 자료를 그대로 이용하여 원가요소기준법으로 배부차이를 조정하고 필요한 분개를 하시오.

(해　　답)

1. 원가요소기준법에 따른 배부차이 조정

기말재공품 : $₩15{,}000 \times \dfrac{₩45{,}000}{₩45{,}000 + ₩90{,}000 + ₩465{,}000} = ₩1{,}125$

기말제품　 : $₩15{,}000 \times \dfrac{₩90{,}000}{₩45{,}000 + ₩90{,}000 + ₩465{,}000} = ₩2{,}250$

매출원가　 : $₩15{,}000 \times \dfrac{₩465{,}000}{₩45{,}000 + ₩90{,}000 + ₩465{,}000} = ₩11{,}625$

2. 배부차이 조정분개

(차) 제조간접원가	15,000	(대) 매출원가	11,625
		제　　품	2,250
		재 공 품	1,125

05 공장전체배부율과 부문별 배부율

지금까지 제조간접원가를 제품에 할당시킬 때 하나의 배부기준과 하나의 제조간접원가 배부율을 사용하였다. 이는 제조부문이 하나이거나 동질적인 여러 개의 제조부문을 가지고 있는 경우에 적합한 배부방법이다. 그러나 이질적인 제조부문이 여러 개 있으며 각 부서간 제조간접원가의 특성에 차이를 보이는 경우에는 제조간접원가의 배부를 보다 정확하게 하기 위해서는 제조부문별로 별도의 배부기준과 배부율을 적용하는 것이 바람직할 것이다. 공장전체에서 하나의 배부기준과 배부율을 적용시키면 제조간접원가는 단일 배부기준에 의해 배부되는데 이때의 제조간접원가 배부율은 공장전체 제조간접원가 배부율(plant-wide overhead rate)이라 한다. 그리고 각 부서별로 각기 다른 배부기준과 배부율을 적용하면 제조간접원가는 복수배부기준에 의해 배부되는데 이때의 제조간접원가 배부율은 부문별 제조간접원가 배부율(departmental overhead rate)이라 한다.

부문별 제조간접원가 배부율은 일정 기간 동안 부문의 제조간접원가 예상액을 부문의 예상활동수준으로 나누어서 산정된다. 부문의 예상활동수준은 배부기준으로 표시되는데, 배부기준은 부문의 특성을 고려해서 결정된다. 예를 들면 직접노무원가를 많이 사용하는 노동집약적 부문은 작업시간이나 직접노무원가를, 기계를 많이 사용하는 부문은 기계시간을 각각 배부기준으로 설정할 수 있다. 공장전체 제조간접원가 예정배부율과 제품별 제조간접원가 배부액, 부문별 제조간접원가 예정배부율과 제품별 제조간접원가 배부액을 구하는 방법은 (식 5-5)~(식 5-8)과 같다.

$$\text{공장전체 제조간접원가 예정배부율} = \frac{\text{공장전체 제조간접원가 예정액}}{\text{공장전체 배부기준 예정사용량}} \quad \text{(식 5-5)}$$

제품별 제조간접원가 배부액

= 공장전체 제조간접원가 예정배부율 × 제품별 배부기준 사용량 (식 5-6)

$$\text{부문별 제조간접원가 예정배부율} = \frac{\text{부문별 제조간접원가 예정액}}{\text{부문별 배부기준 예정사용량}} \quad \text{(식 5-7)}$$

제품별 제조간접원가 배부액

$$= \Sigma(\text{부문별 제조간접원가 예정배부율} \times \text{제품별 배부기준 사용량}) \quad \text{(식 5-8)}$$

예제 5-6

스마트(주)는 두 개의 제조부문 P_1과 P_2를 운영하고 있는데 P_1은 자동화 시스템이며, P_2는 수작업에 의존하고 있다. 20×1년 9월 한 달간 각 부서별 제조간접원가 예상액과 예상활동수준은 아래와 같다.

	P_1	P_2	전 체
제조간접원가 예상액	₩1,200,000	₩800,000	₩2,000,000
직접노무시간	200시간	800시간	1,000시간
기계시간	400시간	100시간	500시간

또한 스마트(주)는 9월 중 두 개의 작업 #101과 #102를 착수하여 완료시켰는데 각 작업별로 각 제조부문의 활동량은 다음과 같다.

	P_1활동량		P_2활동량	
작업	직접노무시간	기계시간	직접노무시간	기계시간
#101	100	300	300	60
#102	100	100	500	40

(요구사항)

이상의 자료를 활용하여 제조간접원가를 공장전체 배부율(직접노무시간)로 배부하는 경우와 부문별 배부율로 배부하는 경우 각 작업별 제조간접원가 배부액의 차이를 산출하시오.

(해 답)

1. 단일배부기준 : 공장전체 제조간접원가배부율

$$\text{공장전체 제조간접원가 예정배부율} = \frac{\text{공장전체 제조간접원가 예상액}}{\text{공장전체 배부기준 예정사용량}}$$

$$= \frac{₩2{,}000{,}000}{1{,}000\text{시간}} = ₩2{,}000$$

작업 #101 제조간접원가 예정배부액 = 400시간 × ₩2,000 = ₩800,000

작업 #102 제조간접원가 예정배부액 = 600시간 × ₩2,000 = ₩1,200,000

2. 복수배부기준 : 부문별 제조간접원가배부율

제조부문 P_1의 제조간접원가 예정배부율

$$= \frac{P_1\text{의 제조간접원가 예상액}}{\text{기계사용시간}} = \frac{₩1,200,000}{400\text{시간}} = ₩3,000$$

제조부문 P_2의 제조간접원가 예정배부율

$$= \frac{P_2\text{의 제조간접원가 예상액}}{\text{직접노무시간}} = \frac{₩800,000}{800\text{시간}} = ₩1,000$$

	제조부문 P_1의 배부액		제조부문 P_2의 배부액		합 계
작업 #101 :	(300기계사용시간 × 3,000)	+	(300직접노무시간 × ₩1,000)	=	₩1,200,000
작업 #102 :	(100기계사용시간 × 3,000)	+	(500직접노무시간 × ₩1,000)	=	₩800,000

3. 단일배부기준과 복수배부기준에 따른 제조간접원가 예정배부액 차이

	공장전체배부율기준 제조간접원가 예정배부액(A)	부문별배부율기준 제조간접원가 예정배부액(B)	차액(A−B)
작업 #101	₩800,000	₩1,200,000	(₩400,000)
작업 #102	1,200,000	800,000	400,000

여기서 우리는 단일 배부기준을 사용하느냐 아니면 복수 배부기준을 사용하느냐에 따라서 원가대상에의 제조간접원가 배부액은 큰 차이가 있음을 알 수 있다. 작업 #101은 복수 배부기준에 의한 제조간접원가 배부액이 단일 배부기준에 의한 제조간접원가보다 ₩400,000이 더 큰 반면, 작업 #102는 단일 배부기준에 의한 제조간접원가 배부액이 복수 배부기준에 의한 제조간접원가보다 ₩400,000 더 크게 나타났다. 어떤 방법으로 제조간접원가를 배부하느냐에 따라 원가정보가 다르게 나타나 경영자들의 의사결정에 큰 영향을 미칠 수 있다. 특히 가격결정에 있어서는 그 영향이 심각할 수 있다. 그러므로 경영자들은 의사결정에 앞서 제조간접원가 배부방법에 보다 깊은 관심을 가져야 할 것이다.

06 종합예제

스마트(주)의 20×1년 12월말 원장에 나타난 관련 정보는 아래와 같다. 각 계정에 물음표(?)로 표시한 것은 해독하기 불가능한 자료이다. 제조간접원가는 직접노무원가의 80%의 비율로 제품에 배부된다.

원 재 료

차변	금액	대변	금액
1/1 잔액	23,000		55,000
	48,000		
12/31 잔액	?		

완 제 품

차변	금액	대변	금액
1/1 잔액	?		105,000
	?		
12/31 잔액	19,000		

재 공 품

차변	금액	대변	금액
1/1 잔액	15,000		86,000
직접재료원가	51,000		
직접노무원가	?		
제조간접원가	?		
12/31 잔액	43,000		

매출원가

차변	금액	대변	금액
	?		

제조간접원가

차변	금액	대변	금액
	32,000		28,000

노무원가

차변	금액	대변	금액
	38,000		

매 출

차변	금액	대변	금액
			165,000

(요구사항)

1. 다음을 산정하시오.
   (1) 20×1년도 제조간접원가 배부액
   (2) 20×1년도 직접노무원가
   (3) 20×1년도 간접재료원가
   (4) 20×1년도 간접노무원가
   (5) 20×1년도 매출원가
   (6) 20×1년도 12월말 원재료 기말재고액
   (7) 20×1년도 1월초 완제품 기초재고액
   (8) 20×1년도 부족배부 (또는 초과배부) 제조간접원가
2. 제조원가 및 매출원가명세서를 작성하시오. 단, 초과배부 및 부족배부 제조간접원가는 매출원가에서 조정된다.

(해 답)

1. (1) 제조간접원가 배부액

제조간접원가계정의 대변 금액인 ₩28,000

(2) 직접노무원가

제조간접원가 배부액 = 직접노무원가 × 0.8

₩28,000 = 직접노무원가 × 0.8

직접노무원가 = ₩28,000/0.8 = ₩35,000

(3) 간접재료원가

간접재료원가 = 원재료계정 대변 금액 − 직접재료원가

= ₩55,000 − ₩51,000 = ₩4,000

(4) 간접노무원가

간접노무원가 = 노무원가 − 직접노무원가

= ₩38,000 − ₩35,000 = ₩3,000

(5) 매출원가

완제품계정의 대변 금액인 ₩105,000

(6) 원재료 기말재고액

기말재고액 = ₩23,000 + ₩48,000 − ₩55,000 = ₩16,000

(7) 완제품 기초재고액 + 당기제품제조원가 = 매출원가 + 완제품 기말재고액

완제품 기초재고액 = 매출원가 + 완제품 기말재고액 − 당기제품제조원가

= ₩105,000 + ₩19,000 − ₩86,000 = ₩38,000

(8) 부족배부 제조간접원가 = 실제발생액 − 배부액

= ₩32,000 − ₩28,000 = ₩4,000

2. 제조원가 및 매출원가명세서

제조원가 및 매출원가명세서

스마트(주)		20×1년 1월 1일~12월 31일
직접재료원가 :		
원재료 기초재고	₩23,000	
당기매입액	48,000	
차감 : 원재료 기말재고	(16,000)	
원재료 사용액	₩55,000	
차감 : 간접재료원가	(4,000)	₩51,000
직접노무원가		35,000
제조간접원가 배부액		28,000

당기총제조원가	₩114,000
재공품 기초재고	15,000
차감 : 재공품 기말재고	(43,000)
당기제품제조원가	₩86,000
완제품 기초재고	38,000
차감 : 완제품 기말재고	(19,000)
조정 전 매출원가	₩105,000
가산 : 부족배부 제조간접원가	4,000
조정 후 매출원가	₩109,000

연 · 습 · 문 · 제

EXERCISES

객관식 문제

[5-1] (주)스마트는 직접노무시간에 비례하여 제조간접원가를 예정배부하고 있다. 당기의 제조간접원가 예산액은 ₩780,000, 예상조업도는 39,000시간이다. 제조간접원가 발생액은 ₩800,000이고 실제조업도는 39,500시간이다. 제조간접원가 배부차이는 얼마인가? (기업회계 1급)

① ₩10,000 과소배부 ② ₩10,000 과대배부
③ ₩11,500 과소배부 ④ ₩13,500 과소배부

[5-2] (주)스마트는 개별원가계산을 실시하고 있다. 제조간접원가는 직접노무원가의 120%이다. 작업 #201에서 발생한 직접재료원가는 ₩1,764,000이며, 제조간접원가는 ₩1,200,000이다. 또한 작업 #301에서 발생한 직접재료원가는 ₩294,000이며, 직접노무원가는 ₩735,000이다. 작업 #201에서 발생한 직접노무원가 및 작업 #301의 총원가는 얼마인가? (기업회계 1급)

	#201 직접노무원가	#301 총원가
①	₩1,200,000	₩2,263,800
②	₩1,200,000	₩1,234,800
③	₩1,000,000	₩1,911,000
④	₩1,000,000	₩2,123,400
⑤	₩2,200,000	₩1,911,000

[5-3] 다음 자료를 이용하여 기말 제조간접원가 부족배부액 ₩50,000을 원가요소기준법으로 배부할 때 재공품에 배부할 금액을 구하면 얼마인가?

구 분	재 공 품	완 성 품	매출원가
직접재료원가	₩30,000	₩20,000	₩180,000
직접노무원가	60,000	40,000	300,000
제조간접원가	90,000	60,000	450,000
합 계	₩180,000	₩120,000	₩930,000

① ₩6,250 ② ₩37,500 ③ ₩6,500
④ ₩7,500 ⑤ ₩5,000

[5-4] 실제개별원가계산제도를 사용하는 (주)감평의 20×1년도 연간 실제원가는 다음과 같다.

직접재료원가: ₩4,000,000 직접노무원가: ₩5,000,000 제조간접원가: ₩1,000,000

(주)감평은 20×1년 중 작업지시서 #901을 수행하였는데 이 작업에 320시간의 직접노무시간이 투입되었다. (주)감평은 제조간접원가를 직접노무시간을 기준으로 실제배부율을 사용하여 각 작업에 배부한다. 20×1년도 실제 총직접노무시간은 2,500시간이다. (주)감평이 작업지시서 #901에 배부하여야 할 제조간접원가는? (감정평가사)

① ₩98,000 ② ₩109,000 ③ ₩128,000
④ ₩160,000 ⑤ ₩175,000

[5-5] (주)대한은 실제원가계산을 적용하고 있으며, 20×1년의 기초 및 기말 재고자산은 다음과 같다.

기초원재료	₩50,000	기말원재료	₩20,000
기초재공품	80,000	기말재공품	50,000
기 초 제 품	40,000	기 말 제 품	130,000

당기 매입한 원재료는 ₩500,000이고 당기 발생한 직접노무원가와 제조간접원가는 각각 ₩200,000과 ₩380,000이다. 20×1년의 매출원가는? (단, 원재료는 모두 직접재료이다.) (주택관리사)

① ₩1,050,000 ② ₩1,110,000 ③ ₩1,140,000
④ ₩1,180,000 ⑤ ₩1,190,000

[5-6] 정상원가계산제도를 채택하고 있는 (주)관세는 직접노무원가의 150%를 제조간접원가로 예정 배부하고 있으며 , 제조간접원가 배부차이는 기말에 매출원가에서 전액 조정한다. 다음 자료를 이용하여 당기에 실제 발생한 제조간접원가를 구하면 얼마인가? (관세사)

기초재공품	₩30,000	기말재공품	₩45,000
기 초 제 품	20,000	기 말 제 품	40,000
직접재료원가	20,000	직접노무원가	36,000
배부차이 조정 후 매출원가	70,000		

① ₩45,000 ② ₩49,000 ③ ₩52,000
④ ₩56,000 ⑤ ₩59,000

[5-7] (주)관세는 정상개별원가계산을 적용하고 있으며, 제조간접원가 배부차이를 매출원가조정법에 의해 회계처리하고 있다. 다음은 20×1년 기말시점의 각 계정잔액과 제조간접원가 배부차이를 조정하기 직전의 제조간접원가계정이다.

원재료	재공품	제 품	매출원가
₩20,000	₩10,000	₩30,000	₩60,000

제조간접원가

92,000	80,000

만약 (주)관세가 제조간접원가 배부차이를 총원가기준법에 의해 회계처리한다면, 기존 회계처리방법과 비교하여 당기순이익은 얼마나 증가 또는 감소하는가?

(관세사)

① ₩6,000 감소 ② ₩4,800 감소 ③ ₩4,800 증가
④ ₩6,000 증가 ⑤ ₩7,200 증가

[5-8] 정상개별원가계산제도를 채택하고 있는 (주)한국의 20×1 년도 원가자료는 다음과 같다. (주택관리사)

	직접재료원가	직접노무원가	제조간접원가
기초재공품	₩10,000	₩15,000	₩19,500
당기실제발생액	72,000	84,000	118,000
기말재공품	5,000	9,000	11,700

(주)한국이 직접노무원가 기준으로 제조간접원가를 예정배부하고 배부차이는 매출원가에서 전액 조정할 경우 20×1년도 제조간접원가 배부차이는? (단 , 매년 제조간접원가 예정배부율은 동일하다.)

① ₩7,800 과대 ② ₩8,800 과소 ③ ₩9,200 과대
④ ₩9,500 과소 ⑤ ₩9,800 과대

[5-9] 제조간접원가 배부차이 계정의 차변잔액이 ₩1,800이다. 배부차이를 매출원가조정법으로 회계처리하는 경우에 비하여 총원가기준법으로 회계처리하면 당기순이익은 얼마가 증감하겠는가? 단, 계정 잔액은 다음과 같다. (CPA 수정)

원 재 료	기말재공품	기말제품	매출원가
1,000	1,400	2,600	5,000

① ₩1,000 증가　② ₩800 증가　③ ₩1,000 감소
④ ₩800 감소　⑤ ₩720 증가

[5-10] (주)스마트는 제조간접원가를 기계작업시간 기준으로 예정배부하고 있다. 20×1년 실제 기계작업시간은? (감정평가사)

제조간접원가(예산)	₩928,000
제조간접원가(실제)	960,000
제조간접원가(배부액)	840,710
기계작업시간(예산)	80,000시간

① 70,059시간　② 71,125시간　③ 72,475시간
④ 73,039시간　⑤ 74,257시간

[5-11] 정상개별원가계산제도를 채택하고 있는 스마트조선은 제조간접원가 배부기준으로 직접노무시간을 채택하고 있다. 20×3년의 제조간접원가 예산액은 ₩12,000,000이며 예정직접노무시간은 24,000시간이다. 20×3년 1월의 기초재공품은 ₩320,000이었으며, 월말 현재 미완성품은 다음과 같다.

제조지시서	직접재료원가	직접노무원가	실제직접노무시간
# 201	₩120,000	₩75,000	240시간
# 205	105,000	48,000	190시간

월 중 직접재료원가는 ₩1,600,000, 직접노무원가는 ₩2,500,000이며 당기제품제조원가는 ₩5,850,000이었다. 제조간접원가 배부차이가 ₩10,000 불리하였다면 월 중 실제 제조간접원가 발생액은 얼마인가?

① ₩1,993,000　② ₩2,556,000　③ ₩2,860,000
④ ₩2,940,000　⑤ ₩2,003,000

[5-12] 스마트공업은 정상원가계산제도를 채택하고 있다. 제조간접원가 배부기준은 직접노무시간이며 20×1년 5월의 실제제조간접원가는 ₩44,000이었으며 이 중 고정제조간접원가는 ₩20,000이었다. 제조간접원가 월간 예산은 ₩40,000, 정상조업도는 5,000시간이다. 생산량 1단위당 실제직접노무시간은 5시간이다. 제조간접원가 배부차이

가 5월중 ₩3,000 초과배부라면 5월의 실제생산량은 얼마인가?

① 1,025개 ② 1,100개 ③ 1,200개
④ 1,245개 ⑤ 1,175개

[5-13] 선박을 제조하여 판매하는 (주)감평은 20×5년 초에 영업을 개시하였으며, 제조와 관련된 원가 및 활동에 관한 자료는 다음과 같다.

	화물선	유람선	여객선
직접재료원가	₩60,000	₩140,000	₩200,000
직접노무원가	₩240,000	₩460,000	₩500,000
실제직접작업시간	1,500시간	1,500시간	2,000시간
완성도	60%	100%	100%

(주)감평은 직접작업시간을 제조간접원가 배부기준으로 사용하는 정상원가계산제도를 채택하고 있다. 20×5년 제조간접원가 예산은 ₩480,000이고 예정 직접작업시간은 6,000시간이다. 20×5년에 발생한 실제 제조간접원가는 ₩500,000이고, 완성된 제품 중 여객선은 고객에게 인도되었다. 제조간접원가 배부차이를 총원가기준법으로 조정할 경우 제품원가는? (감정평가사)

① ₩450,000 ② ₩750,000 ③ ₩756,000
④ ₩903,000 ⑤ ₩1,659,000

[5-14] (주)세무는 단일 제품을 생산하며 개별정상원가계산을 사용한다. 제조간접원가는 직접노무시간당 ₩6을 예정 배부한다. 재료계정의 기초금액은 ₩10,000이며, 기말금액은 ₩15,000이다. 재료는 모두 직접재료로 사용되고 간접재료로 사용되지 않는다. 당기총제조원가는 ₩650,000이며 당기제품제조원가는 ₩640,000이다. 직접노무원가는 ₩250,000이며, 실제 발생한 직접노무시간은 20,000시간이다. (주)세무가 당기에 매입한 재료금액은? (세무사)

① ₩270,000 ② ₩275,000 ③ ₩280,000
④ ₩285,000 ⑤ ₩290,000

[5-15] (주)관세는 제조간접원가를 직접노동시간에 따라 예정배부한다. 20×1년 예산 및 동년 3월의 자료가 다음과 같을 때 3월의 제조간접원가 실제발생액은? (관세사)

연간 직접노동시간(예산)	3,700시간
연간 제조간접원가(예산)	₩192,400
3월 직접노동시간(실제)	450시간
3월 제조간접원가 배부차이	₩1,300(과대배부)

① ₩21,200 ② ₩22,100 ③ ₩23,200
④ ₩23,400 ⑤ ₩ 24,700

주관식 문제

[5-1] 스마트회사는 개별원가계산을 사용하고 있으며, 직접노무원가의 150%를 제조간접원가로 예정배부하고 있다. 제조간접원가 배부차이는 전액 매월말 매출원가에서 조정한다.

월초재공품:	직접재료원가	₩6,000	당월투입원가:	직접재료원가	₩45,000
	직접노무원가	4,000		직접노무원가	36,000
	제조간접원가	6,000		실제제조간접원가	59,000
	계	₩16,000		계	₩140,000

(요구사항)

당월 중 제조간접원가 배부차이는 얼마인가? (CPA)

[5-2] 스마트회사는 정상원가시스템하에서 개별원가계산을 사용한다. 20×1년 4월 동안 이 회사의 재공품 계정의 내역은 다음과 같다.

기초잔액:	₩4,000	직접재료원가:	₩24,000
직접노무원가:	₩16,000	제조간접원가:	₩12,800
제품계정으로의 대체액:	₩48,000		

회사는 제조간접원가를 제품에 배부할 때 예정 제조간접원가율을 사용하며 당기의 제조간접원가 예정배부율은 직접노무원가의 80%이다. 당기에 새로 시작한 작업 #5가 4월말 현재 유일하게 완성되지 않은 작업이며 작업 #5를 완성하는 데 예정된 직접노무원가는 ₩3,000이지만 당기에 투입된 실제 직접노무원가는 ₩2,000이다.

(요구사항)

작업 #5에 지금까지 투입된 직접재료원가는 얼마인가? (세무사)

[5-3] (주)스마트는 정상원가계산을 채택하고 있다. 20×9년의 관련 자료는 다음과 같다.

제조간접원가 예산	₩10,000,000
직접노무원가 예산	5,000,000
실제제조간접원가	10,120,000
실제직접노무원가	5,800,000
제조간접원가 배부기준	직접노무원가

한편, 배부차이 조정 전 관련 금액은 다음과 같다.

	직접노무원가	총 원 가
기말재공품	₩1,450,000	₩6,344,000
기말제품	2,030,000	8,784,000
매출원가	2,320,000	9,272,000

(요구사항)

1. 제조간접원가 배부차이를 전액 매출원가에서 조정할 경우 조정 후의 매출원가는 얼마인가?
2. 제조간접원가 배부차이를 총원가기준법으로 조정할 경우 조정 후의 매출원가는 얼마인가?
3. 제조간접원가 배부차이를 원가요소기준법으로 조정할 경우 조정 후의 매출원가는 얼마인가?

[5-4] 스마트공업은 제조원가 항목을 직접원가 항목인 직접재료원가, 직접노무원가, 직접제조경비(외주가공비 및 설계비)와 간접원가 항목인 제조간접원가로 분류한 후 예정배부기준에 의해 원가계산을 한다.

(요구사항)

다음 자료를 이용하여 제조간접원가 예정배부액과 실제발생액 간의 배부차이를 구하면? (세무사)

(1) 기초와 기말의 제조원가 관련 계정잔액 :

구 분	원 재 료	선급 외주가공비	미지급 설 계 비	재 공 품	제 품
기초잔액	₩500,000	₩100,000	₩150,000	₩700,000	₩750,000
기말잔액	600,000	80,000	80,000	400,000	550,000

(2) 당기중 원재료 구입액은 ₩1,890,000이다.
(3) 당기중 직접제조경비로서 외주가공비 관련 현금 지출은 ₩180,000이며, 설계비 관련 현금 지출은 ₩460,000이다.
(4) 제조간접원가는 직접노무원가의 50%를 예정배부한다.
(5) 제조간접원가 실제발생액은 ₩300,000이다.
(6) 당기의 매출원가는 ₩3,660,000이다.
(7) 제조간접원가 배부차이는 비정상적인 것으로 간주하여 영업외비용으로 처리한다.

[5-5] (주)스마트는 정상원가시스템을 사용하고 있으며 20×3년 1월 1일 기초재고자산은 다음과 같다.

직접재료 ₩43,000	재공품 ₩35,000	제품 ₩42,000

20×3년 중 직접재료 매입액은 ₩100,000이며 직접노무원가 소비액은 실제 가공원가의 50%이다. 제조간접원가 실제발생액은 ₩80,000이다. 기중 매출액은 ₩450,000이며 실제 매출총이익률은 30%이다. 제조간접원가 예정배부율은 직접노무원가의 100%이며 배부차이는 전액 매출원가에서 조정한다.

(요구사항)

20×3년 기말 재고자산(직접재료+재공품+제품)의 원가합계는?

[5-6] 스마트(주)는 개별원가계산시스템을 채택하고 있다. 제조간접원가의 예정배부율은 직접노무원가의 150%이다. 제조간접원가의 배부차이는 매월말 매출원가계정에서 조정한다. 추가정보는 다음과 같다.

(1) 작업 #701이 20×1년 3월말 현재 작업이 진행중이며 원가는 다음과 같다.

직접재료원가	₩8,000
직접노무원가	4,000
제조간접원가배부액	6,000
	₩18,000

(2) 작업 #702, #703, #704, #705는 20×1년 4월 중에 작업이 시작된 것이다.
(3) 20×1년 4월 중 작업에 투입된 직접재료원가는 ₩52,000이다.
(4) 20×1년 4월 중 발생한 직접노무원가는 ₩40,000이다.
(5) 20×1년 4월 중 제조간접원가의 실제발생액은 ₩64,000이다.
(6) 20×1년 4월말 현재 진행 중인 작업은 #705뿐이며 이 작업과 관련된 직접재

료원가는 ₩5,600, 직접노무원가는 ₩3,600이다.

(요구사항)

스마트(주)가 20×1년 4월 중에 생산한 제품의 당기제품제조원가는 얼마인가?

(세무사)

[5-7] 스마트(주)는 개별원가계산제도를 사용하고 있다. 20×1년 1월말 작업지시서 #101이 작업중에 있었으며, #101에 대해 1월말까지 발생된 원가는 직접재료원가가 ₩20,000, 직접노무원가가 ₩10,000, 그리고 제조간접원가 배부액이 ₩15,000이었다.

20×1년 2월중에 직업지시서 #102, #103, #104가 작업 시작되었다. 2월중 발생한 원가는 직접재료원가가 ₩200,000, 직접노무원가가 ₩110,000 그리고 제조간접원가 실제발생액이 ₩120,000이다. 2월말 현재 #104만이 작업중에 있으며, 직접재료원가가 ₩20,000, 직접노무원가는 ₩15,000이다. 제조간접원가의 예정배부율이 직접노무원가의 120%이다.

(요구사항)

1. 20×1년 2월중 생산된 제품원가는 얼마인가?
2. 20×1년 2월말 제조간접원가 배부차액은 얼마인가?

[5-8] 스마트(주)는 제조간접원가를 직접노무원가기준으로 배부하고 있다. 추정제조간접원가 총액은 ₩1,020,000이고, 추정직접노무시간은 400,000시간이다. 전기말의 제조간접원가계정 차변잔액은 ₩1,080,000이고, 실제사용 직접노무시간은 420,000시간이다.

(요구사항)

전기의 제조간접원가의 과소(대) 배부액은 얼마인가?

[5-9] 스마트(주)는 개별원가계산제도를 사용하고 있으며, 다음과 같은 정보들이 수집되었다. 단, 제조간접원가는 예정배부한다.

예 상			실 제	
예상제조간접원가	₩75,000		직접재료원가	₩30,000
예상조업도	25,000 직접노무시간		직접노무원가	60,000
제조간접원가 배부기준	직접노무시간		간접노무원가	12,000
			공장동력비	21,000
			공장 감가상각비	3,750
			기타 제조간접원가	24,000
			조정 전 매출원가	123,000
			직접노무시간	22,500시간

(요구사항)

1. 제조간접원가배부액은 얼마인가?
2. 제조간접원가 실제발생액은 얼마인가?
3. 제조간접원가 과대(소)배부액을 모두 매출원가에서 조정할 경우 조정 후 매출원가는 얼마인가?

[5-10] (주)스마트는 정상개별원가계산을 채택하고 있으며, 제조간접원가 배부차이를 총원가기준법에 의해 기말재고자산과 매출원가에 배분한다. 다음은 당기 말 제조간접원가 배부차이를 조정하기 전 각 계정의 잔액이다.

• 재고자산	
원재료	₩250,000
재공품	90,000
제 품	230,000
• 매출원가	680,000

당기에 발생한 제조간접원가 배부차이가 ₩150,000(불리)일 경우 배부차이 조정 후 기말재고자산은? (관세사)

[5-11] 스마트(주)는 제조간접원가를 작업지시서별로 배부한다. 이 회사의 조립부문에서는 직접노무원가, 기계부문에서는 기계시간에 의해 제조간접원가 예정배부율을 사용하고 있다. 정상조업도를 기준으로 한 20×1년 예산은 다음과 같다.

	조립부문	기계부문
직접재료원가	₩450,000	₩250,000
직접노무원가	630,000	350,000
제조간접원가	945,000	144,000
직접노무시간	31,500시간	45,000시간
기 계 시 간	4,000시간	12,000시간
종 업 원 수	60명	100명

(요구사항)

1. 조립부문과 기계부문의 제조간접원가 예정배부율을 구하시오.
2. 20×1년도 2월중 #101의 원가계산표에는 다음과 같은 내용이 있었다. 작업지시서 #101에 배부할 제조간접원가는 얼마인가?

	조립부문	기계부문
직접재료투입액	₩54,500	₩30,000
직접노무원가	75,000	60,000
직접노무시간	3,000시간	4,500시간
기계시간	600시간	1,500시간

[5-12] 스마트(주)는 기말 제조간접원가 과소배부액이 ₩50,000이었다. 총원가기준법으로 배부차이를 조정할 경우 다음 자료를 이용하여 요구사항에 답하시오.

	기말재공품	기말제품	매출원가
직접재료원가	₩20,000	₩15,000	₩140,000
직접노무원가	40,000	20,000	300,000
제조간접원가	60,000	30,000	375,000
합 계	₩120,000	₩65,000	₩815,000

(요구사항)

1. 기말재공품에 배부될 제조간접원가 배부차이는 얼마인가?
2. 배부차이 조정분개를 하시오.

[5-13] 스마트(주)에는 A, B, C 세 개의 제조부문이 있다. 20×1년 예산제조원가는 다음과 같다. 제조간접원가는 직접노무원가에 기초를 두고 배부한다.

	A부문	B부문	C부문	합　계
직접재료원가				₩305,000
직접노무원가	₩60,000	₩30,000	₩90,000	180,000
제조간접원가	15,000	60,000	45,000	120,000

20×1년 중 직업지시서 #101을 제조하는 데 발생한 실제재료원가와 노무원가는 다음과 같다.

직접재료원가		₩2,250
직접노무원가 :		
A부문	₩300	
B부문	285	
C부문	360	₩945

20×1년 실제 제조원가는 다음과 같다.

	A부문	B부문	C부문	합　계
직접재료원가				₩270,000
직접노무원가	₩66,000	₩28,500	₩108,000	202,500
제조간접원가	18,000	54,000	58,500	130,500

(요구사항)

1. 공장전체 제조간접원가배부율을 사용할 경우 #101의 총제조원가는 얼마인가?
2. 부문별 제조간접원가배부율을 사용할 경우 #101의 총제조원가는 얼마인가?
3. 공장전체 제조간접원가배부율을 사용할 때 제조간접원가 과대(과소)배부액은 얼마인가?
4. 부문별 제조간접원가배부율을 사용할 때 제조간접원가 과대(과소)배부액은 얼마인가?

[5-14] 스마트(주)는 개별원가계산제도를 채택하고 있다. 20×1년 6월의 재공품 통제계정에 기입된 내용은 다음과 같다.

6월 1일 잔액(작업 #106)	₩30,000
직접재료원가	?
직접노무원가	?
제조간접원가	80,000
당기제품 제조원가	350,000
6월 30일 잔액	20,000

이 회사는 제조간접원가를 직접노무원가 ₩1당 ₩0.8의 비율로 각 작업지시에 배부하고 있다. 6월 30일 현재 진행중인 유일한 작업은 #125뿐이며, 여기에는 직접재료원가 ₩7,400이 부과되어 있다.

〈요구사항〉

1. 6월중 직접재료원가 소비액은 얼마인가?
2. 작업 #125에 배부된 제조간접원가는 얼마인가?

[5-15] 스마트(주)는 작업별 원가계산시스템에 정상원가계산을 사용하고 있다. 20×1년에 관한 부분적으로 완성된 계정과 추가정보는 다음과 같다.

원 재 료		
1/1	0	
	437,000	

재 공 품		
1/1	0	
직접노무원가	360,000	

제조간접원가		
	541,000	

제 품		
1/1	15,000	
	976,000	

〈추가자료〉

① 당기 완성된 제품수량은 80,000단위이다.
② 제품 한 단위를 제조하기 위해서는 직접재료 2kg이 필요하다.
③ 직접노무원가의 임률은 시간당 ₩15이다.
④ 제조간접원가는 직접노무시간당 ₩20씩 배부한다.
⑤ 당기총제조원가는 ₩1,220,000이다.
⑥ 기말제품재고수량은 6,000단위이다.

〈요구사항〉

1. 당기말의 재공품재고액은 얼마인가?
2. 직접재료원가의 kg당 단가를 구하고, 당기말의 직접재료재고수량을 구하시오. 단, 당기총제조원가의 제조원가 구성비율과 동일한 비율로 기말재공품도 구성되었다고 가정한다.
3. 당기말의 제품재고액은 얼마인가? 단, 선입선출법을 가정한다.
4. 매출원가조정법을 이용하여 과소 및 과대배부 제조간접원가를 조정할 경우 조정 후의 매출원가는 얼마인가? 단, 선입선출법을 가정한다.

제 6 장

활동기준원가계산

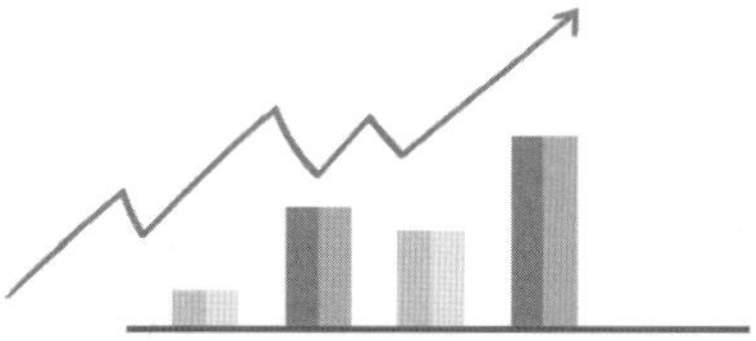

01 전통적인 제품원가계산

앞서 부문별 원가계산에서 우리는 전통적인 원가회계제도에서의 제조간접원가 배부방법을 크게 세 단계로 나누어 살펴보았다. 첫 번째 단계는 부문공통원가를 각 부문(제조 및 보조부문)에 배부하고, 두 번째 단계는 보조부문원가를 제조부문에 배부하며, 세 번째 단계에서는 제조부문에 집계된 제조간접원가를 각 제품에 배부하였다. 일반적으로 부문공통원가와 부문개별원가의 배부를 하나의 단계로 파악하기도 한다. 즉 첫 번째 단계와 두 번째 단계를 하나로 묶어, 제조간접원가의 배부단계를 2단계 절차(two-stage procedure)로 보기도 한다. 2단계 절차를 간략히 요약해 보면 [도표 6-1]과 같다.

[도표 6-1] 2단계 원가배부제도

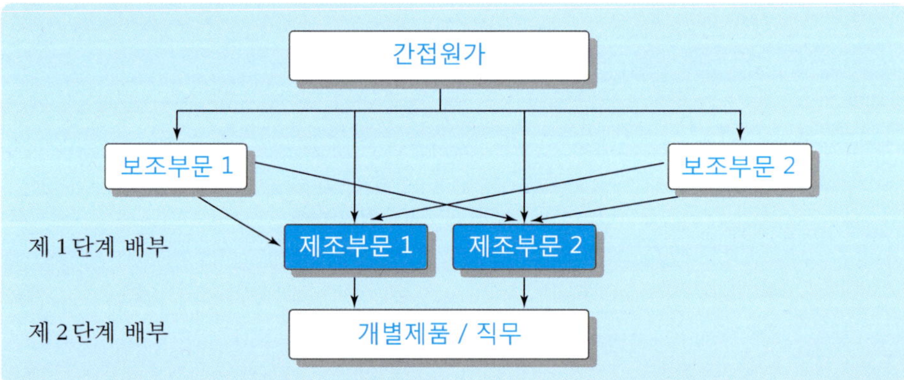

이미 부문별 원가계산에서 설명한 것처럼 제 1 단계 배부에서 보조부문의 원가를 제조부문에 배부하는 방법은 직접배분법, 단계배분법, 그리고 상호배분법 등이 있다. 보조부문별로 합리적인 배부기준을 설정해 제조부문별 배부기준의 상대적 사용량에 비례해 각 보조부문의 원가를 제조부문에 배부한다. 제 2 단계 배부에서는 각 제조부문별로 적절한 배부기준을 설정하여 부문별 원가동인배부율에 기초해서 제조간접원가를 개별 제품이나 직무에 할당한다. 그런데 전통적인 원가계산(개별원가계산)에서 사용되는 배부기준은 제품생산량, 직접노무시간, 직접노무원가 또는 기계작업시간 등과 같은 생산량과 직접적으로 관련이 있는 것들이다. 예를 들면 기계를 많이 사용하는 제조부문의 간접원가를 제품에 할당하는 원가동인은 기계작업시간을 사용하고 노동집약적인 제조부문은 직접노무시간을 사용하여 배부하면 된다.

02 제품원가의 왜곡

이상에서 설명한 2단계 배부방법은 실제로 제품원가를 왜곡시킬 수 있다. 다음 예를 사용해서 전통적인 원가계산제도가 어떻게 제품원가를 왜곡시킬 수 있는지 살펴보자.

예제 6-1

스마트(주)는 제품 A, B를 절단부문과 조립부문을 통해 생산·판매하고 있다. 20×8년 4월의 제품 A, B의 생산과 관련된 자료는 다음과 같다.

	절단부문	조립부문	전 체
제조간접원가 발생액	₩300,000	₩400,000	₩700,000
직접노무시간	400시간	1,000시간	1,400시간
기계사용시간	600시간	400시간	1,000시간

스마트(주)는 20×8년 4월의 제품 A, B를 각각 5,000단위와 10,000단위를 생산하였으며, 각 제조부문의 활동량은 다음과 같다.

	절단부문		조립부문	
	직접노무시간	기계사용시간	직접노무시간	기계사용시간
제품 A	150시간	200시간	350시간	150시간
제품 B	250시간	400시간	650시간	250시간

스마트(주)의 단위당 직접재료원가 및 직접노무원가는 다음과 같다.

	제품 A	제품 B
직접재료원가	₩100	₩150
직접노무원가	260	150

(요구사항)

1. 공장전체 제조간접원가 배부율을 사용할 경우 제품단위당 원가를 산출하시오.

단, 제조간접원가를 공장전체 배부율에 따라 배부할 경우 배부기준은 직접노무시간으로 한다.

2. 부문별 제조간접원가 배부율을 사용할 경우 제품단위당 원가를 산출하시오. 단, 제조간접원가 배부기준으로 절단부문은 기계사용시간을, 조립부문은 직접노무시간을 사용하는 것으로 가정한다.
3. 활동기준원가계산에 의한 제품단위당 원가를 산출하시오. 제조간접원가는 다음과 같은 항목으로 구성되어 있다.

활 동	원 가	원가동인	제품 A 활동량	제품 B 활동량
작업준비활동	₩250,000	준비횟수	30회	20회
부품검사활동	300,000	부 품 수	6개	4개
재료처리활동	150,000	처리횟수	10회	5회

(해 답)

1. 공장전체 제조간접원가 배부율

$$\text{공장전체 제조간접원가 배부율} = \frac{\text{공장전체 제조간접원가}}{\text{공장전체 직접노무시간}} = \frac{₩700{,}000}{1{,}400\text{시간}} = ₩500/\text{시간}$$

제품 A 제조간접원가 배부액 = ₩500 × 500시간 = ₩250,000

제품 B 제조간접원가 배부액 = ₩500 × 900시간 = ₩450,000

	제품 A	제품 B
직접재료원가	₩100	₩150
직접노무원가	260	150
제조간접원가	50*	45**
	₩410	₩345

* : ₩250,000/5,000단위 = ₩50

** : ₩450,000/10,000단위 = ₩45

2. 부문별 제조간접원가 배부율

$$\text{절단부문 제조간접원가 배부율} = \frac{₩300{,}000}{600\text{시간}} = ₩500/\text{기계사용시간}$$

$$\text{조립부문 제조간접원가 배부율} = \frac{₩400{,}000}{1{,}000\text{시간}} = ₩400/\text{직접노무시간}$$

제품 A 제조간접원가 배부액 = ₩500 × 200시간 + ₩400 × 350시간 = ₩240,000

제품 B 제조간접원가 배부액 = ₩500 × 400시간 + ₩400 × 650시간 = ₩460,000

	제품 A	제품 B
직접재료원가	₩100	₩150
직접노무원가	260	150
제조간접원가	48*	46**
	₩408	₩346

* : ₩240,000/5,000단위 = ₩48

** : ₩460,000/10,000단위 = ₩46

3. 활동기준원가계산

－활동별 제조간접원가 배부율

활 동	원 가	원가동인	활 동 량	배 부 율
작업준비활동	₩250,000	준비횟수	50회	₩5,000/회
부품검사활동	300,000	부 품 수	10개	30,000/개
재료처리활동	150,000	처리횟수	15회	10,000/회

－제품별 제조간접원가 배부액

활 동	배 부 율	제품 A	제품 B
작업준비활동	₩5,000/회	₩150,000	₩100,000
부품검사활동	30,000/개	180,000	120,000
재료처리활동	10,000/회	100,000	50,000
제조간접원가 배부액		₩430,000	₩270,000

	제품 A	제품 B
직접재료원가	₩100	₩150
직접노무원가	260	150
제조간접원가	86*	27**
	₩446	₩327

* : ₩430,000/5,000단위 = ₩86

** : ₩270,000/10,000단위 = ₩27

[예제 6-1]에서와 같이 제품의 원가를 계산함에 있어 전통적인 원가계산 방법 중 공장전체 제조간접원가 배부율을 적용한 경우에 제품 A의 원가는 ₩410으로 활동기준원가계산의 ₩446보다 과소계상되고 있다. 반대로 제품 B의 원가는 ₩345으로 ₩327보다 과대계상되어 있음을 알 수 있다.

이와 같이 전통적인 원가계산에서 왜곡이 발생되는 이유는 제조부문의 활동을 일으키는 원인이 절단부문은 기계사용시간, 조립부문은 직접노무시간인데, 개별제품에 제조간접원가를 배부하는 기준은 직접노무시간으로 서로 일치하지 않기 때문이다. 전통적인 2단계 배부방법은 두 번째 단계에서 제조간접원가를 배부하는 데 단위관련 원가동인을 사용한다. 그러나 이런 활동에 대한 수요는 기계준비 및 제품설계서 변경 등과 같은 배치관련 원가동인이나 제품유지 원가동인에 의해 발생된다. 단위관련 원가동인은 생산량이 증가함에 따라 늘어나는 비용을 잘 설명해 준다. 배치관련 원가동인은 작업준비원가에서 본 것처럼 생산량과 관계없이 배치의 횟수가 늘어남에 따라 증가하는 원가를 잘 설명해 준다. 원가동인의 유형에 관해서는 절을 바꿔 설명할 것이다. 이와 같이 개별 제품들 간에 자원의 소모량이 서로 상이함에 불구하고 원가할당을 균일하게 하는 전통적인 원가계산방법을 땅콩버터원가계산(peanut-butter costing)이라고 한다.

03 활동기준원가계산

3.1 ABC의 의의

제조간접원가의 배부에 의해 산출된 제품원가는 제품의 종류가 다양할수록 그 왜곡정도가 더욱 심각하게 나타난다. 제품에 따라서 그 특성과 생산량, 그리고 수명주기 등이 각각 다르기 때문에 각 제품을 지원하는 각종 간접자원의 사용량도 차이가 나기 마련이다. 즉, 제품의 다양성이 증가할수록 그에 대한 지원활동의 양도 증가하게 되므로 전통적인 원가회계시스템에서 원가정보의 왜곡은 더욱 심해진다고 할 수 있다.

활동기준원가계산(activity-based costing: ABC)은 기업의 자원을 소비하는 활동을 기본적인 원가대상으로 하여, 활동의 원가를 제품, 서비스, 고객 등의 다양한 원가대상에 배부하는 원가계산방법으로서, 원가의 발생과 자원의 소비에 있어서 기존의 전통적인 원가계산과 본질적인 인식의 차이를 가지고 있다. 즉, 원가의 발생과정에서 전통적인 원가계산에서는 원가대상이 자원을 직접 소비한다는 견해를 갖고 있으나, ABC에는 원가대상이 활동을 소비하고 활동(activity)이 자원을 소비한다는 견해를 갖고 있다. 따라서 ABC는 원가를 원가대상에 직접 추적하는 것이 아니라 원가를 소비하는 활동과 활동을 소비하는 원가대상 간의 인과관계를 추적하여 계산한다.

기업에서 활동이란 기업의 원가를 발생시키는 원천이며 동시에 기업이 제공하는 제품이나 서비스의 최종사용자인 고객의 가치를 창조하는 기능을 수행한다. 따라서 ABC를 통한 활동의 관리는 생산성의 측면에서 볼 때 투입(활동의 관리를 통한 원가발생의 통제, 관리)과 산출(활동의 관리를 통한 고객에게의 가치창출)의 양면을 모두 목표로 하는 이상적인 관리라 할 수 있다. 이러한 기업의 재화조달 측면, 재화사용의 측면(원가발생), 재화의 사용을 통한 가치창조의 측면이 모두 연계되어 관리될 수 있을 때에만 기업 활동의 생산성과 이윤이 증대되고, 기업자체가 발전된 형태로 진화될 수 있다. 특히 시장의 개방화, 범세계화에 따른 경쟁의 심화에 직면한 기업들로서는 원가의 절감뿐만 아니라, 보다 더 정확한 원가정보의 산출을 통한 미래지향적이고 전략적인 의사결정, 그리고 기업이 생산해 내는 가치의 분석과 개선이 더욱 절실한 상황에 직면했다고 볼 수 있다.

3.2 ABC의 계층적 모형

3.2.1 단위수준활동

단위수준활동(unit-related activities)은 그 활동량이 생산량 또는 생산량에 비례하는 직접노무시간과 기계작업시간에 비례하는 활동을 말한다. 직접재료원가나 직접노무원가와 같은 직접원가를 발생시키는 활동은 모두 단위수준활동에 속한다. 한편 생산된 모든 제품의 품질검사에 소요되는 간접노무원가는 생산량과 관련되어 발생하므로 단위수준활동에 속하는 간접원가로 볼 수 있다. 또한 직접작업자들에 의해 수행된 모든 활동에 대한 균일한 감독은 직접노무시간의 숫자와 비례되는 감독노력을 필요로 하므로 단위수준활동에 속한다. 기계의 윤활유 소비량, 기계를 작동하는 데 소요되는 에너지, 기계작업 매 10,000시간마다 수행하는 정기점검 등도 기계작업시간에 비례하는 간접원가를 발생시키는 단위수준활동으로 분류된다.

3.2.2 묶음수준활동

묶음수준활동(또는 배치수준활동)(batch-related activities)은 생산된 제품의 숫자가 아니라 생산된 배치의 숫자에 의해 발생되는 활동이다. 예를 들면 제품의 새로운 배치를 생산하기 전에 작업준비(setup)가 필요하다. 한번 생산준비가 된 기계는 한 배치에서 100단위를 생산하든 1,000단위를 생산하든 추가준비 노력이 요구되지 않는다. 또한 한 배치에 투여되는 가공중인 원재료는 한 작업공정에서 다른 작업공정으로 한데 모여서 이동되기 때문에 원재료 취급원가도 생산량 자체 보다 묶음의 개수와 관련이 있다.

구매주문서를 발급하는 데 소요되는 사무적 노력이나 공급자로부터 원재료를 수납하는 데 소요되는 사무적 노력도 원재료 주문량보다는 주문횟수나 수납횟수와 관련 있는 보조활동이기 때문에 묶음수준활동으로 분류된다. 또한 생산스케줄링도 묶음수준활동으로 간주된다. 왜냐하면 생산스케줄링은 생산량 단위별 보다는 각 생산배치별로 수행되기 때문이다.

3.2.3 제품유지활동

제품유지활동(product-sustaining activities)은 개별제품의 생산과 판매를 보조한다. 그러므로 제품이나 제품라인의 숫자가 늘어나면 늘어날수록 제품유지활동원가는 그만큼 늘어나게 된다. 이의 예로는 각 부품별 설계도를 유지하는 데 소요되는 관리노력, 개별제품 및 그 구성부품에 대한 자재소요서와 같은 명세서를 유지하는 데 소요되는 제품엔지니어링 노력, 그리고 설계변경을 수행하는 데 요구되는 프로세스 엔지니어링 등이 있다. 제품을 위한 프로세스 루틴을 설계하고 점검하는 엔지니어링 노력과 제품의 향상을 도모하는 엔지니어링 노력도 제품유지활동의 예이다. 또한 제품 및 고객의 숫자가 증가하게 되면 생산지시를 신속히 처리해야 하는 필요성이 늘어나게 된다. 의료제품이나 식품의 경우에는 규제기관의 승인을 획득하는 비용도 제품의 숫자가 늘어남에 따라 증가한다고 볼 수 있다.

3.2.4 설비유지활동

설비유지활동(facility-sustaining activities)은 생산을 가능케 만드는 공장 및 관련관리 인프라스트럭처의 유지를 보조하는 데 소요되는 활동이다. 이러한 활동은 개별제품의 숫자나 생산착수의 숫자 또는 생산량 그 어느 것과도 관련이 없다. 이의 예로는 공장임대 및 감가상각, 공장유지, 보험 및 세금, 청소, 조경, 그리고 보안 등이 있다. 이에 추가로 공장장, 공장 회계담당자, 그리고 인력담당관리자 등에 의해 수행된 기능도 설비유지활동에 속한다.

설비유지활동은 활동 중 제일 높은 위치에 있다. 그 다음은 제품유지활동과 묶음수준활동이 뒤따르고 맨 아래 위치에 단위수준활동이 있다. 이렇게 서열을 매기고 있는 이유는 높은 서열 활동의 원가는 낮은 서열의 활동과 독립적임을 나타내기 위해서이다. 즉 묶음수준활동의 원가는 단위수준활동과는 상관없이 발생된다. 마찬가지로 제품유지활동의 원가는 묶음수준활동이나 단위수준활동의 측정치에 대해서는 고정원가이다. 마지막으로 설비유지활동의 원가는 제품의 수, 배치의 수 또는 생산량과 전혀 관계없이 발생된다. 활동의 이러한 서열적 분류는 개별제품에 다양한 유형의 활동원가를 할당하기 위해서 활동원가동인으로 알려진 측정치들을 어떻게 선정해야 하는지에 대하여 생각토록 만든다. 이상에서 설명한 내용을 유형별 활동원가동인과 함께 요약하면 [도표 6-2]와 같다.

[도표 6-2] 활동유형과 유형별 활동원가동인

활동 유형	대표적 활동	활동원가동인
설비유지활동	• 공장경영 • 회계 및 인사 • 보험 및 세금 • 임대, 감가상각	• 점유면적 • 작업자수
제품유지활동	• 제품설계 • 부품관리 • 엔지니어링	• 제품수 • 부품수 • 설계변경횟수
묶음수준활동	• 기계준비 • 첫 단위 품질검사 • 원재료 취급 • 생산스케줄링	• 준비시간 • 검사시간 • 원재료이동수 • 생산착수횟수
단위수준활동	• 모든 제품 품질검사 • 직접작업자의 감독 • 동력 및 윤활유 소모	• 생산량 • 직접노무시간 • 기계사용시간

3.3 계층적 모형의 시사점

[도표 6-3] ABC의 계층적 모형

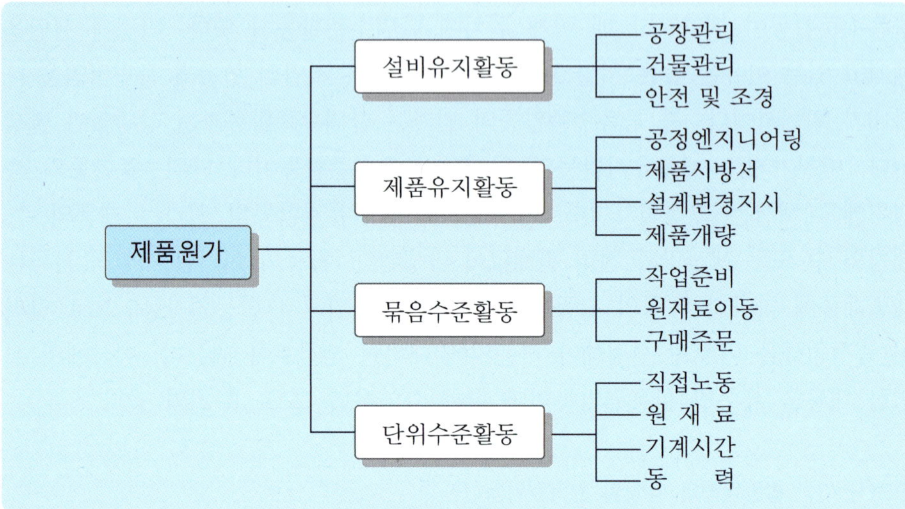

이러한 계층적 모형이 시사하는 바는 다음과 같다.

첫째, ABC의 계층모형에서는 전통적인 사고에 추가해서 묶음수준활동과 제품유지활동이라는 새로운 활동이 도입된다. 전통적인 방법에서는 배치 및 제품유지 활동비용을 단위수준활동에 준해 제품에 배부(부과)하였다. 따라서 이러한 비용은 생산량에 비례하여 발생한다고 가정하고 있었다. 그러나 ABC시스템 계층모형에서는 제품에 배부되는 비용 중 많은 부분이 생산량에 따라 달라지는 것이 아니라는 점을 지적하고 있다. 이러한 비용들은 생산량보다는 작업준비 · 원재료이동 · 검사 등의 다양한 배부량에 따라 변화한다. 따라서 일정한 기준에 의해 제품에 배부되는 비용 중 많은 부분은 다양한 활동을 기준으로 해서 직접 배부될 수 있다.

둘째, 계층모형은 특정의사결정에 따른 비용의 변화를 추정하는 데 유용하게 사용될 수 있다. 예를 들어, 어떤 의사결정으로 말미암아 배치수준의 활동량을 감소시킬 수 있다면 의사결정자는 감소된 활동량에 그러한 활동을 한번 수행하는 데 소모되는 자원량을 곱하여 비용이 어느 정도 감소하는지 추정할 수 있을 것이다. 반대로 공장에서 제품의 수를 증가시키는 의사결정을 한다면, 그 의사결정으로 인해 제품유지활동의 수가 얼마나 증가하는지, 그리고 그러한 활동수행에 자원이 얼마나 소모되는지를 추정하여 관련비용의 증가액을 추정할 수 있다.

셋째, 계층모형은 ABC를 개발하는 데 도움을 준다. ABC를 도입하려면 먼저 공장에서 이루어지고 있는 주요 활동들을 규명하여야 하고, 그 활동들을 단위·배치·제품유지·설비유지활동 범주로 구분하여야 한다. 이에 따라 이러한 활동의 소비를 기준으로 개별제품에 대하여 단위·배치·제품유지·설비유지활동 등의 비용을 부가하여야 한다는 점을 알 수 있다.

3.4 ABC의 설계

ABC의 일차적 목적은 보다 정확한 원가정보를 산출하는 데 있다. ABC 도입의 기초가 되는 것은 각 부문에서 행하고 있는 다양한 업무를 단위활동으로 규명하는 것이다. 이를 활동분석이라 하며, 각 부분에서 어떠한 활동을 수행하고 있느냐를 파악하게 된다. 이렇게 파악된 각 활동에 대해서 원가를 집계한 후, 해당 활동을 유발시키는 근본원인을 인과적으로 파악하여 원가유발요인(cost driver, 이하 "원가동인"이라 함)을 결정한다. 이를 바탕으로 원가동인 단위당 원가를 산출한 후 이에 의거하여 각 원가대상에 활동소비량만큼 원가를 부과함으로써 원가계산이 이루어진다.

3.4.1 1단계: 활동분석

활동분석이란 경영활동을 기술하고 그 활동의 원가 및 성과를 결정할 수 있는 기준을 확립하기 위하여 기업의 주요 활동을 규명하는 것이다. 이것은 이익, 품질, 그리고 적시성 등과 같은 성과를 개선시키기 위하여 기업이 어떠한 기능을 수행해야 하는지 파악할 수 있게 한다. 활동분석은 규모가 큰 전체시스템은 관리하기가 어렵지만 개별 구성요소들은 그렇지 않다는 점에 기초하고 있다. 활동분석시 각 조직의 직무차트를 이용할 수 있으며, 또한 부문관리자들과 함께 일련의 구조화된 인터뷰를 실시할 수도 있다. 인터뷰에서 수집된 자료는 설문과 같은 방법을 통하여 확인할 수도 있으며, 이러한 방법들은 이외에도 많은 보충자료들을 제공해 주기도 한다. 비록 활동분석이 한 시점에서의 스냅사진이기는 하지만 그 목적은 활동이 수행되는 과정을 이해하는 데 있다. 활동의 수행과정에 초점을 두게 되면 활동원가에 영향을 미치는 요소들을 보다 쉽게 이해할 수 있다.

3.4.2 2단계: 활동별 원가집계

이 단계는 앞서 실시한 활동분석자료를 이용하여 각 활동에 대한 원가를 집계하는 과정이다. 활동분석에서 규명된 각 활동들이 어느 정도 자원을 소비하였는지 활동당 총원가를 계산하는 것이다. 이때 어느 정도 정확한 원가를 원하느냐에 따라 비용-효익분석에 입각하여 유사한 활동들을 통합하여 사용할 수 있다. 예를 들어 아주 정확한 원가정보를 필요로 하고, 그 측정비용이 효익에 비하여 크지 않은 아주 이상적인 상황에서는 모든 분석된 활동에 대하여 원가를 추적하여 그에 대한 원가동인을 구할 수 있을 것이다.

3.4.3 3단계: 원가동인의 규명

ABC가 전통적인 조업도기준 원가시스템보다 정확한 원가정보를 제공할 수 있는 것은 다양한 원가동인을 사용하기 때문이다. 원가동인이란 활동을 유발시키는 요인으로, 이는 생산과정에서 특정 자원을 소비한 제품에 대하여 생산활동원가를 추적하는 데 사용된다. 그러나 기업 내에는 수많은 활동들이 수행되고 있기 때문에 각 활동에 대하여 각각의 원가동인을 사용하는 것은 경제적이지 못하다. 따라서 실무에서는 몇 가지의 활동들을 통합하여 하나의 원가동인으로 활동원가를 추적하는 방법이 사용된다.

ABC에서 활용하는 최소한의 원가동인의 수는 요구되는 제품원가 정보의 정확성과 제품믹스의 복잡성에 달려 있다. 먼저 원가의 정확성 측면에서 살펴보면 원가동인의 수가 증가함에 따라 원가의 정확성도 상승한다. 즉, 희망하는 정확성 수준이 높으면 높을수록 더 많은 원가동인이 필요하다. 그러나 원가동인의 수를 결정함에 있어 제품믹스의 복잡성은 두 가지 이상의 활동을 통합하여 하나의 원가동인으로 측정할 수 있는지를 결정하는 데 큰 어려움을 가져다준다. 이러한 어려움은 첫째, 두 가지 이상의 제품이 서로 다른 비율로 활동들을 소비할 때, 즉 제품의 다양성이 높을 때, 둘째, 생산공정의 총원가 중 특정 활동원가가 차지하는 비율이 높을 때, 즉 다양한 활동들 가운데 상대적 원가가 높을 때, 셋째, 생산량이 서로 다를 때, 즉 조업도가 다양할 때 이러한 문제는 더욱 심각하다. 따라서 적절한 원가동인을 선택하기 위해서는 다음과 같은 세 가지 요소를 고려하여야 한다.

첫째, 측정비용을 고려하여야 한다. 이는 원가동인에서 요구되는 자료획득의 용이성과 관련이 있다. ABC는 많은 원가동인을 사용함으로써 더욱 정확한 원가정보를 얻을 수 있다. 이러한 원가동인과 관련된 측정비용을 감소시키기 위하여 ABC에서는 쉽게 자료를 획득할 수 있는 원가동인을 사용하여야 한다. 이때 기업활동으로 인하여 발생하는 거래의 수를 포착할 수 있는 원가동인을 사용하는 것이 측정비용을 감소시키는 데 중요한 역할을 한다.

둘째, 실제활동소비와의 상관관계를 고려하여야 한다. 상관관계의 정도란 원가동인에 의해 측정된 활동의 소비와 실제활동의 소비와의 상관관계를 나타낸다. 활동소비를 간접적으로 포착하는 원가동인을 사용한다는 것은 실제활동소비를 정확하게 포착하지 못하기 때문에 왜곡된 원가정보를 제공할 수 있는 위험이 수반된다. 예를 들어, 제품에 따라 검사에 필요한 시간이 다양함에도 불구하고 원가동인으로 검사횟수를 사용하게 되면 실제소비시간과의 상관관계가 낮아지게 된다. 즉, 회수기준의 원가동인은 생산량에 관계없이 매 검사가 동일한 양의 활동을 소비하였다고 가정하기 때문에 활동의 실제소비량과 상관관계가 낮게 된다.

마지막으로 행위에 미치는 영향을 고려하여야 한다. 특정 원가동인을 선택할 때 고려해야 할 것은 조직구성원들에게 어떤 영향을 미치는가 하는 점이다. 만약 원가동인의 단위당 원가 혹은 그 양에 따라서 조직구성원들의 성과가 측정된다면 원가동인은 그들의 행동에 영향을 미칠 수 있기 때문이다. 원가동인의 선정이 조직구성원의 행동에 미치는 영향을 과소평가해서는 안 된다. 왜냐하면 어떤 기업에서 ABC의 도입목적으로 이러한 행위적 영향만을 고려하기도 하기 때문이다.

3.4.4 4단계: 원가동인 단위당 원가산출과 활동원가계산

이 단계는 앞의 2단계와 3단계를 합한 단계로서 2단계에서 산출된 활동별 총원가를 3단계에서 규명된 원가동인으로 나누어 활동별 한 단위당 원가를 산출한다. 엄밀하게 이야기하면 각 활동의 대용치로 사용하고 있는 원가동인 단위당 원가가 얼마인지를 산출하는 것이다. 이렇게 산출된 단위당 원가는 각 활동을 사용한 수만큼 곱하여 그 제품에 배부함으로써 원가계산은 완료된다. 이때 전통적으로 직접원가로 인식되어 오던 원가에 대해서는 전통적인 방법 그대로 각 제품에 직접 부과할 수 있을 것이다.

3.5 활동기준원가계산의 한계

활동기준원가계산은 제조간접원가 배부와 관련해서 경영자에게 보다 정확한 정보를 제공해 주지만 한계를 지닌다. 우선 활동기준원가계산은 전통적 원가계산에 비해서 복잡하고 정교한 시스템이기 때문에 운영비용이 많이 소요된다. 정보기술이 발전함에 따라 정교한 정보시스템의 운영비용은 점점 감소되는 추세에 있지만, 경영자는 활동기준원가계산의 도입에 앞서 운영효익과 운영비용을 면밀히 검토할 필요가 있다.

둘째, 활동기준원가계산은 제조간접원가의 배부와 관련해서 정보의 정확성을 제고시켜 주고 있기 때문에 제조간접원가의 비중이 크지 않은 기업에서는 큰 효익이 없을 수 있다. 또한 제조간접원가 중에 시설점유비용, 보험료, 재산세, 그리고 경영자 급여 등과 같은 소위 설비유지비용의 배부는 활동기준원가계산으로 개선되지 않는다. 즉 이들 비용은 전통적인 원가계산과 마찬가지로 자의적인 배부방법에 의존할 수밖에 없다.

04 활동기준관리

활동기준관리(activity-based management: ABM)는 지금까지 ABC에 기초한 원가를 산출하는 과정에서 산출된 다양한 정보들을 이용하여 프로세스 개선을 도모하고자 하는 것이다. 이때에는 원가정보뿐만 아니라 그 과정에서 얻어진 활동분석, 원가동인 등 많은 정보들이 이용될 수 있다. 즉, 각 부문에서 이루어지는 활동이 왜 이루어지는지, 그리고 얼마나 효율적으로 이루어졌는지를 파악함으로써 가장 수익성이 있는 활동으로 자원을 이동시키며, 작업이 수행되는 방법을 개선시키고자 하는 것이다. 이때 프로세스 분석을 실시하게 되는데, 이것은 활동간의 상호의존성을 결정하는 것이다. 간단한 예를 들어 보면 [도표 6-4]와 같다.

[도표 6-4]에서 보는 바와 같이 현재의 제조활동 과정을 분석한 결과 생산에 소요되는 총 시간은 20시간인 것으로 분석되었다. 그러나 이 가운데 부가가치를 제공하는 활동은 단지 3시간에 불과하며, 나머지 17시간은 부가가치를 제공하지 않는 활동이다. 따라서 비부가가치활동을 7시간으로 줄이겠다는 목표를 설정하여 총제조관련시간을 10시간으로 단축시키고자 한다.

이러한 분석은 경영 프로세스에서 발생하는 작업과정들을 가시화시킨다는 데 그 중요성이 있다. 작업과정을 통제함으로써 기업은 연속적으로 발생하는 여러 가지 활동의 원가를 절감 혹은 제거할 수 있다. 많은 활동들은 그 비용만큼 효익을 가져다 주지 못한다. 그러나 오늘날의 원가회계시스템은 이러한 활동간의 상호관련성을 제시해 주지 못하고 있다. 어떤 활동을 수행하는 데 필요한 정보가 정확하게, 또한 적시에 제공되지 않는 한 활동은 효율적으로 이루어질 수 없다.

[도표 6-4] 활동기준관리를 위한 프로세스 분석

＊현재 : 20시간

입고	보관	이동·대기	공정 1	이동·대기	공정 2	완제품보관	선적
NVA	NVA	NVA	VA	NVA	VA	NVA	VA
2	5	1	1	3	1	6	1

＊목표 : 10시간

입고	보관	공정 1	이동·대기	공정 2	완제품보관	선적
NVA	NVA	VA	NVA	VA	NVA	VA
1	2	1	1	1	3	1

총요구시간		현재	목표
	VA(부가가치 활동)	3	3
	NVA(비부가가치 활동)	17	7
	합 계	20	10

활동의 상호관계를 이해한다는 것은 중복 혹은 불필요한 활동을 규명함으로써 경영프로세스의 흐름을 순조롭게 할 수 있다.

각 정보들이 활동기준관리에 어떻게 사용될 수 있는지 살펴보면 다음과 같다.

첫째, 각 부문의 활동분석을 통하여 기업에서 어떤 활동이 이루어지고 있는지 파악할 수 있다. 이러한 활동분석정보를 이용하여 각 활동들이 어떻게 관련되어 있으며, 동일한 활동들이 어느 부서에서 중복되고 있는지 등에 대한 프로세스 분석을 실시하게 된다. 기업이 설정한 목표를 효율적으로 달성하는 데 필요한 활동들을 제대로 파악하고, 이러한 활동들을 올바른 방법으로 실행하는 것은 기업의 모든 이해관계자들을 만족시킬 수 있다. 따라서 활동분석과 프로세스 분석을 통하여 기업 내에서 이루어지고 있는 활동들을 체계적으로 분석함으로써, 불필요한 활동을 제거하고 필요한 활동들은 가장 효율적인 방법으로 수행될 수 있도록 하여야 할 것이다.

이러한 관점에서 활동을 부가가치활동과 비부가가치활동으로 분류하는 것은 매우 중요하다. 기업은 많은 활동을 통하여 기업의 목표를 달성하려 하지만 반드시 가치 있는 활동들만이 수행되고 있는 것은 아니다. 예를 들어, 구매주문서의 확인작업과 같이 부가가치를 제공해 주지 못하는 활동, 비록 약간의 부가가치를 제공해 준다고는 하지만 더 많은 비용이 소요되는 활동, 여러 부문에서 동일한 내용을 중복 수행하고 있는 활동, 반면에 특정부문에서 집중적으로 이루어져야 할 활동이 여러 부문에서 나누어져 이루어지고 있는 활동, 그리고 필요한 활동이지만 비효율적으로 이루어지고 있는 활동 등이 있다. 활동분석은 이러한 활동들을 체계적으로 분석함으로써 적절히 통제할 수 있다.

둘째, 원가동인을 결정한다는 것은 활동의 원가와 성과에 영향을 미치는 요소를 규명하는 것이다. 예를 들어, 최초로 발생하는 어떤 사건을 감소 혹은 제거함으로써 연속적으로 발생하는 활동들을 불필요하게 만들 수 있다. 결함이 있는 부품을 발견한 사건은 재작업·폐기 등과 같은 이후의 활동이 발생하지 않도록 한다. 따라서 이러한 원인을 제거함으로써 그에 따라 발생하는 활동들을 제거할 수 있다. 원가동인의 분석은 이러한 사건발생을 방지할 수 있는 요소들을 규명하는 것이라 할 수 있다. 따라서 원가동인을 선택한다는 것은 특정 활동의 원가를 최소화시킬 수 있고, 그리고 성과를 최대화할 수 있는 요소를 선택하는 것이라 하겠다.

셋째, 지속적인 개선을 위해서는 다른 개선 프로그램과 연결되어 사용되어야 한다. 원가동인을 이용한 성과측정이 조직구성원들의 행위에 긍정적인 영향을 미친다면, 개선프로그램은 방법적인 문제를 해결해 준다고 볼 수 있다.

ABC를 단지 더욱 정확한 원가를 계산하기 위한 새로운 회계시스템으로만 볼 것이 아니다. 제각기 단편적으로 실행되고 있는 ABC를 포함한 JIT, TQM, 연속적인 흐름생산, 초점공장(focused factory), 권한위양 등과 같은 방법들은 ABM 개념으로 통합 또는 확대되어야 한다. 따라서 ABM을 통하여 기업전략을 지원할 수 있도록 재무적 성과측정치뿐만 아니라 비재무적인 성과측정치에 대한 정의를 명확하게 하고, 이를 보상시스템과 연결시킴으로써 지속적인 기업활동의 개선을 도모하도록 하여야 한다.

ABC는 두 가지의 기본적인 가정을 바탕으로 하고 있다. 첫째, 기업이 소유하고 있는 자원은 기업의 활동에 의해 소비된다는 것이며, 둘째, 제품은 활동에 대한 수요를 창출한다는 것이다. 전통적인 원가시스템과 ABC를 비교하여 보면 [도표 6-5]와 같다.

[도표 6-5]의 (a)에서 보는 바와 같이 전통적인 원가시스템에서는 1단계에서 간접원가를 각 원가중심점에 배부한다. 이때는 비교적 원가가 정확하게 배부되지만 각 원가중심점에 모아진 간접원가는 2단계에서 직접노무원가, 직접노무시간 등과 같은 배부기준에 의하여 각 제품에 다시 배부된다. [도표 6-5]의 (b)의 ABC에서는 1단계에서 간접원가가 각 자원을 사용한 활동들에 배부되고, 2단계에서 활동별로 배부된 원가가 제품에서 소요되는 활동량에 비례하여 각 제품에 부과된다.

[도표 6-5] 전통적인 원가계산방법과 ABC시스템의 차이

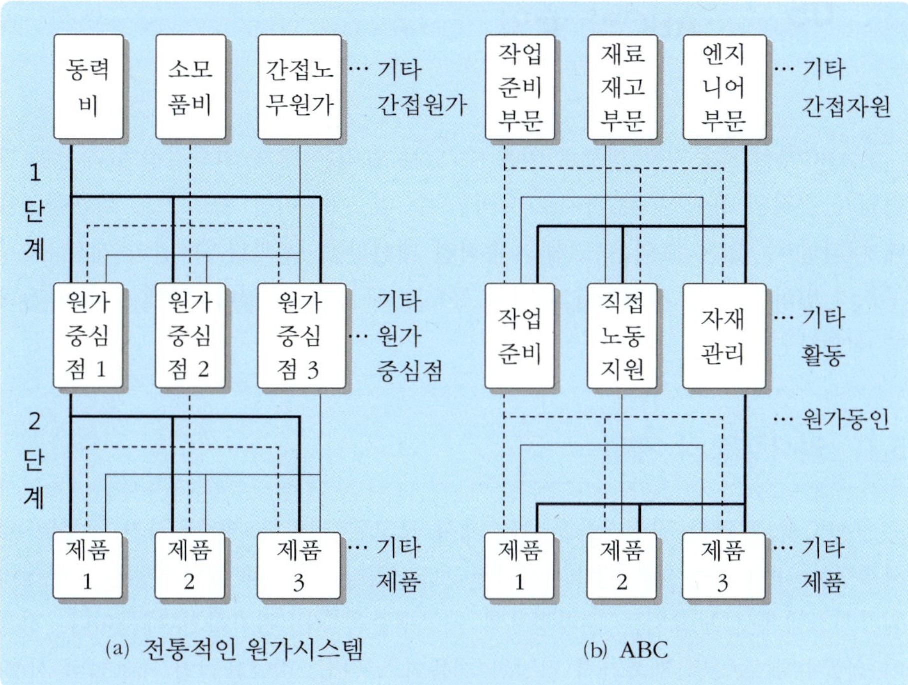

이러한 일련의 과정 속에서 전통적인 원가계산시스템과 ABC간의 차이점을 발견할 수 있는데, 원가계산측면에 대해서 그 차이를 살펴보면 크게 세 가지로 요약할 수 있다. 첫째, 전통적인 시스템에서는 사용되는 원가집합(cost pool)의 숫자가 적은 데 비해, ABC에서는 원가집합의 숫자가 많다. 따라서 각각의 원가집합의 성격은 전통적 시스템에서는 이질적인 데 비해 ABC에서는 동질적이다. 둘째, 전통적인 시스템하에서 간접원가는 직접노무시간, 기계시간 등과 같은 한두 가지의 기준에 의하여 배부되지만, ABC에서는 작업준비 · 직접노동지원 · 자재관리 등과 같은 기업 내 다양한 활동들을 유발시킨 근본원인들을 대상으로 한다. 이를 원가동인이라고 하였다. 셋째, 전통적인 원가계산시스템이나 ABC에 있어서 각 부문의 총원가는 동일하다. 그러나 전통적인 시스템에서 원가는 각 조직단위의 원가항목별로 전체금액이 집계되고 통제되지만, ABC에서 원가는 조직활동에 따라 통제된다.

05 ABC의 효익

ABC에서 제공되는 정보로 얻을 수 있는 효익은 크게 의사결정의 개선과 관련원가 결정의 용이성 두 가지로 요약할 수 있으며, 이를 ABM으로 확대하였을 때 나타날 수 있는 효익은 크게 지속적인 개선활동, 성과평가방법의 개선, 조직구조의 변화 그리고 경영전략의 지원 등으로 구분할 수 있다. 이에 대하여 간략히 살펴보면 다음과 같다.

5.1 의사결정의 개선

ABC를 채택한 경영자들은 ABC에서 보고된 정확한 제품원가가 잘못된 의사결정을 내릴 가능성을 감소시킨다고 보고 있다. 잘못된 의사결정은 전통적인 원가시스템에서 보고되는 원가정보의 왜곡수준을 과소평가하기 때문이다. 경쟁이 심할수록 잘못된 제품가격 결정과 제품믹스 결정, 비효율적인 제조설비 사용, 제품디자인의 오류 등이 발생할 가능성이 크다. 따라서 정확한 제품원가의 정보는 심한 경쟁압력에 직면한 기업에서는 특히 중요하다.

5.2 관련원가 결정의 용이성

기업의 원가시스템에서 제공된 제품원가 자료는 종종 원가조정을 거쳐서 특별 의사결정에 적합한 정보로 전환된다. 그런데 원가조정에는 많은 비용이 소비된다. 주어진 의사결정을 위해 요구되는 원가조정의 정도는 부정확한 원가정보가 제공됨으로써 발생하는 위험의 크기에 따라, 그리고 보고된 제품원가의 정확성과 수정의 용이성에 따라 달라진다. ABC는 전통적인 원가시스템과는 달리 보고된 제품원가의 정확성을 증가시키고, 그 외에 다양한 원가정보를 제공하기 때문에 관련원가계산에 있어서 특별한 노력의 필요성은 감소하게 된다. ABC를 실행함으로써 기업관리자는 제품의 수익성 변화라는 최종 결과보다는 작업준비 혹은 정전 등의 작업중지에서 발생하는 기계시간, 노무시간의 소비에 그들의 관심을 돌리게 된다. 이것은 제조활동의 효율성을 개선하는 주요 프로젝트를 시작하는 데 도움을 준다. 그러나 이러한 비용은 지금까지 간접원가 배부에 의해 묻혀 있었기 때문에 관리자가 관심을 가지지 않고 있었던 것이다.

5.3 지속적인 개선활동

전통적인 원가시스템에서 원가절감은 원재료의 구입가격을 낮추고, 직접노동을 더욱 효율적으로 운용하며, 그리고 기계를 더 빨리 가동시킴으로써 달성할 수 있다고 본다. 따라서 엔지니어는 원재료·노동·기계시간 등과 같은 간접원가의 배부기준이 되는 자원의 소비를 감소시킴으로써 제품원가를 더 낮게 보고하려는 경향을 나타낸다. 그러나 ABC에서의 비용절감은 작업준비시간의 감소, 생산계획과 자재취급의 효율적 운용, 그리고 소비자의 제품수요에 일치시키면서도 그 부품의 수를 줄이는 활동 등을 수행함으로써 달성하게 된다. 특히 관리자들이 개선의 기회를 제시하고, 조직구성원들이 이에 동의하는 과정을 거치게 됨으로써, 조직구성원들로 하여금 지속적인 개선에 관심을 가지게 할 뿐만 아니라 이를 적극적으로 수행할 수 있도록 유도할 수 있다.

또한 ABC 정보는 다음과 같은 방법으로 성과개선 활동을 지원한다. 첫째, 본질적인 성과개선을 기대할 수 있는 활동에 대해 현재까지 소비된 비용을 밝혀낼 수 있다. 따라서 FMS(flexible manufacturing system), CIM(computer integrated manufacturing) 도입으로 인한 수많은 효익을 명확하게 규명할 수 있다. 둘째, 이미 품질개선과 JIT활동을 도입하고 있는 조직에서도 개선의 여지가 가장 많은 활동에 중점을 두게 하는 데 도움을 준다. 셋째, 활동의 개선이 수익의 향상과 비용의 절감을 통해 수익성 개선으로 나타났는지를 판단할 수 있다.

5.4 성과평가 방법의 개선

ABC를 도입한다는 것은 단순히 정확한 원가를 계산한다는 측면만을 나타내는 것은 아니다. 기업목표 달성에 필수적으로 요구되는 활동들을 규명하고 활동분석을 통하여 성과측정치의 개선을 이룰 수 있다. 특히 기업활동 가운데 원가발생 요인인 원가동인을 파악함으로써 조직구성원들로 하여금 이러한 원가동인의 발생빈도를 감소시키게 하는 유인을 제공한다. 따라서 ABC의 도입은 지금까지 사용되어 왔던 재무적 측정치 외에도 비재무적 측정치를 사용할 수 있게 함으로써 지속적인 성과개선을 기대할 수 있게 한다.

또한 ABC는 전통적으로 문제가 되어 왔던 단기적 성과위주의 의사결정이 장기적 관점에서 효율성 향상으로 나타날 수 있게 한다. 활동분석과 경영프로세스 분석이 이루어짐에 따라 각 활동들의 흐름을 쉽게 파악할 수 있으며, 원가동인을 규명함으로써 작업자는 원가발생 요인을 감소시키는 방향으로 관심을 돌릴 수 있다. 예를 들어 작업준비의 경우 작업준비시간을 원가동인으로 사용하고 있다면 작업준비시간을 줄이려는 유인이 조직구성원들에게 주어지며, 이것은 곧 기업의 성과향상으로 나타날 것이라고 본다.

5.5 조직구조의 변화

부적절한 조직구조에서도 불필요한 원가가 발생한다. 따라서 지속적인 개선노력을 통하여 비효율적인 통제의 폭(span of control)과 관리사슬(management chain)을 수정하는 등의 조직변화를 이끌어 낼 수 있다. 예를 들어 어떤 유사한 활동들이 두 개 이상의 부문에서 이루어지고 있거나 혹은 특정부문의 업무특성상 관련성이 없는 활동들이 이루어지고 있다면 이것은 업무의 중복, 조직의 비효율성을 나타내는 것이다. 따라서 이러한 활동들을 통합 혹은 분리시킴으로써 조직의 효율성을 증대시킬 수 있을 것이다.

5.6 경영전략의 지원

경영전략이란 기업의 목표를 달성하기 위한 장기적인 계획이라고 할 수 있다. 장기적인 계획을 수행하기 위하여 단기적인 수행정책 및 절차가 개발되어야 한다. 이러한 기업의 정책 및 절차는 일반적으로 원가를 발생시키는 공통된 원천이다. 왜냐하면 기업의 활동은 기업정책 및 절차에 의해 통제되기 때문이다. 만약 생산활동에서 기업정책 및 절차가 비부가가치 활동을 수행하게 된다면 활동분석을 통하여 재배치 또는 제거시킬 수 있다. 장기적으로 볼 때 최선의 실무를 찾아내어 이를 실행할 수 있게 되는 것이다. 또한 활동은 기업의 전략적인 선택에 의해 결정된다고 볼 때, 가장 높은 전략적 효익을 산출하는 활동에 자원을 이동시킬 수 있을 것이다.

06 종합예제

스마트(주)는 A, B 두 가지 제품을 생산하고 있다. A제품은 매년 5,000개씩 생산하여 판매하고 있으며, B제품은 매년 20,000개씩 생산·판매하고 있다. 각 제품의 생산과 관련된 자료는 다음과 같다.

활 동	원가동인	활동원가	활동사용량		
			A제품	B제품	총사용량
노동관련활동	직접노무시간	₩80,000	10,000	40,000	50,000
기계관련활동	기계시간	210,000	30,000	70,000	100,000
작업준비활동	작업준비횟수	160,000	1,500	500	2,000
생산발주활동	주문횟수	45,000	200	400	600
자재수불활동	수불횟수	100,000	504	896	1,400
부품관리활동	부 품 수	35,000	100	75	175
품질검사활동	검사시간	170,000	4,000	1,000	5,000
공장관리활동	기계시간	200,000	30,000	70,000	100,000
		₩1,000,000			

(요구사항)

1. 원가정보는 다음과 같다.

	직접재료원가	직접노무원가(시간당 ₩7.5)
제품 A :	₩35	₩15
제품 B :	25	15

스마트(주)의 제조간접원가는 매년 총 ₩1,000,000이 발생한다. 제조간접원가 배부기준으로 직접노무시간을 사용한다. 위 자료에서 각 제품별 직접노무시간은 A제품 10,000시간, B제품 40,000시간이며, A·B제품 모두 단위당 2시간이 소요된다. 각 제품의 단위당 원가를 산출하시오.

2. 활동기준원가계산을 적용할 때 각 제품원가를 산출하시오.

(해 답)

1. 전통적인 원가계산

제조간접원가 배부율＝₩1,000,000/50,000시간＝₩20/직접노무시간

	제품 A	제품 B
직접재료원가	₩35	₩25
직접노무원가	15	15
제조간접원가(2시간×₩20)	40	40
	₩90	₩80

2. 활동기준원가계산

(1) 원가동인 단위당 원가

활 동	활동원가	총활동사용량	단위당 원가
노동관련활동	₩80,000	50,000	₩1.60
기계관련활동	210,000	100,000	2.10
작업준비활동	160,000	2,000	80.00
생산발주활동	45,000	600	75.00
자재수불활동	100,000	1,400	71.43
부품관리활동	35,000	175	200.00
품질검사활동	170,000	5,000	34.00
공장관리활동	200,000	100,000	2.00

(2) 각 제품원가

	A제품		B제품	
활 동	활동사용량	금 액	활동사용량	금 액
노동관련활동	10,000	₩16,000	40,000	₩64,000
기계관련활동	30,000	63,000	70,000	147,000
작업준비활동	1,500	120,000	500	40,000
생산발주활동	200	15,000	400	30,000
자재수불활동	504	36,000	896	64,000
부품관리활동	100	20,000	75	15,000
품질검사활동	4,000	136,000	1,000	34,000
공장관리활동	30,000	60,000	70,000	140,000
제조간접원가 할당액		₩466,000		₩534,000
생산량		÷5,000		÷20,000
단위당 제조간접원가		₩93.20		₩26.70
직접재료원가		35.00		25.00
직접노무원가		15.00		15.00
단위당 제품원가		₩143.20		₩66.70

연·습·문·제

EXERCISES

객관식 문제

[6-1] 활동기준원가계산에 관한 설명으로 옳지 않은 것은? (주택관리사보)

① 전통적인 원가계산에 비해 배부기준의 수가 많다.

② 활동이 자원을 소비하고 제품이 활동을 소비한다는 개념을 이용한다.

③ 제조원가뿐만 아니라 비제조원가도 원가동인에 의해 배부할 수 있다.

④ 활동을 분석하고 원가동인을 파악하는 데 시간과 비용이 많이 발생한다.

⑤ 직접재료원가 이외의 원가를 고정원가로 처리한다.

[6-2] 활동기준원가계산에 관한 설명으로 옳지 않은 것은? (세무사)

① 활동기준원가계산은 생산환경의 변화에 따라 증가되는 제조간접원가를 좀 더 정확하게 제품에 배부하고 효과적으로 관리하기 위한 새로운 원가계산방법이라 할 수 있다.

② 활동기준원가계산에서는 일반적으로 활동의 유형을 단위수준활동, 배치수준활동, 제품유지활동, 설비유지활동의 4가지로 구분한다.

③ 제품유지활동은 주로 제조공정이나 생산설비 등을 유지하고 관리하기 위하여 수행되는 활동으로서 공장시설관리, 환경관리, 안전유지관리, 제품별 생산설비 관리 등의 활동이 여기에 속한다.

④ 묶음수준활동은 원재료구매, 작업준비 등과 같이 묶음단위로 수행되는 활동을 의미하는데 품질검사의 경우 표본검사는 묶음수준활동으로 분류될 수 있지만, 전수조사에 의한 품질검사는 단위수준활동으로 분류된다.

⑤ 단위수준활동은 한 단위의 제품을 생산하는 데 수반되어 이루어지는 활동으로서 주로 생산량에 비례적으로 발생하며, 주로 직접노무시간, 기계작업시간 등을 원가동인으로 한다.

[6-3] 활동기준원가계산(Activity Based Costing)시스템은 조업도기준 원가계산(Volume Based Costing)시스템에 비하여 보다 정확한 제품원가를 제공할 수 있다. 다음 중에서 활동기준원가계산 시스템을 도입함에 따라서 그 효과를 크게 볼 수 있는 기업의 일반적 특성에 해당되지 <u>않는</u> 것은? (CPA)

① 생산과정에 거액의 간접원가가 발생하는 경우
② 제품, 고객 및 생산공정이 매우 복잡하고 다양한 경우
③ 회사가 치열한 가격경쟁에 직면한 경우
④ 제품의 제조와 마케팅 원가에 대해서 생산작업자와 회계담당자 사이에 심각한 견해차이가 있는 경우
⑤ 생산과 판매에 자신 있는 제품의 이익은 높고 생산과 판매에 자신 없는 제품의 이익이 낮은 경우

[6-4] 아래에서 올바른 활동기준원가계산(ABC)의 절차를 나타낸 것은? (세무사)

ⓐ 활동중심점의 설정 ⓑ 원가동인의 선택 ⓒ 활동분석
ⓓ 제조간접원가의 배부 ⓔ 활동별 제조간접원가 배부율의 계산

① ⓒ → ⓐ → ⓔ → ⓑ → ⓓ
② ⓒ → ⓐ → ⓓ → ⓑ → ⓔ
③ ⓒ → ⓐ → ⓑ → ⓔ → ⓓ
④ ⓒ → ⓑ → ⓐ → ⓓ → ⓔ
⑤ ⓒ → ⓑ → ⓐ → ⓔ → ⓓ

[6-5] (주)국세는 가구판매업체로, 두 종류의 상품인 원목옷장과 자개옷장을 구입하여 판매하고 있다. 현재 (주)국세는 간접원가인 입고처리원가(receiving cost) ₩400,000을 옷장의 직접구입원가 기준으로 상품에 배부하는 원가계산방법을 사용하고 있다. (주)국세의 원가관리담당자는 자개옷장이 원목옷장보다 더 무겁고 조심스럽게 취급되며, 원목옷장은 자개옷장보다 1회 입고시 더 많은 수량이 입고된다는 사실을 파악하였다. 현재의 원가계산방법을 변경하기 위해 (주)국세의 원가관리담당자는 활동분석을 통해 파악한 원가동인인 입고처리시간을 기준으로 입고처리원가를 상품에 추적하는 방안을 고려하고 있다. (주)국세의 원가관리담당자가 입고처리활동을 분석한 결과, 다음과 같은 자료를 수집하였다.

구 분	원목옷장	자개옷장
구입량	20,000개	1,000개
단위당 구입원가	₩500	₩2,500
입고횟수	12회	12회
입고횟수당 처리시간	5시간	3시간

위 자료에 근거한 설명으로 옳지 않은 것은? (세무사)

① 현재 사용하고 있는 원가계산방법에서는 입고처리원가가 상품의 직접구입원가

에 비례하여 발생한다고 전제하고 있다.

② 현재 사용하고 있는 원가계산방법은 상대적으로 자개옷장의 원가를 과소평가하고 있다.

③ 입고 1회당 입고수량 차이는 두 원가계산방법에 따른 원가차이를 설명하는 요인이 될 수 있다.

④ 새로운 원가계산방법을 적용하면 현재의 원가계산방법을 사용한 경우보다 원목옷장의 원가가 높아진다.

⑤ 상품입고 과정의 복잡성이나 난이도가 두 원가계산방법에 따른 원가차이를 설명하는 요인이 될 수 있다.

[6-6] 다음 중 (가) 활동원가계층구조(activity cost hierarchy) 분류, (나) 해당원가의 예, (다) 원가동인(cost driver)의 조합이 적절하지 <u>않은</u> 것은? (CPA)

	(가)	(나)	(다)
①	단위수준 활동원가	기계동력원가	기계작동시간
②	배치수준 활동원가	전수(제품전량) 검사원가	검사횟수
③	제품유지 활동원가	제품설계원가	제품의 종류 수
④	배치수준 활동원가	기계작업준비원가	준비횟수
⑤	단위수준 활동원가	소모품원가	제품의 생산량

[6-7] (주)국세는 활동기준원가계산 방법에 의하여 제품의 가공원가를 계산하고 있다. (주)국세의 각 활동과 활동별 원가배부율은 다음과 같다.

활 동	원가동인	단위당배부율
재료처리	부 품 수	₩10
기계작업	기계시간	120
조립작업	조립시간	75
검 사	검사시간	100

제품A 1단위를 제조하기 위해서는 부품 200개, 기계작업 10시간, 조립작업 20시간, 검사 5시간이 요구된다. (주)국세는 50단위의 제품A를 단위당 ₩50,000원에 판매하여 ₩1,500,000의 매출총이익을 달성하였다. 이 경우, 제품A의 단위당 직접재료원가는 얼마인가?(단, 기초재고자산과 기말재고자산은 없다고 가정한다.) (세무사)

① ₩5,200 ② ₩14,800 ③ ₩15,250

④ ₩20,000 ⑤ ₩30,000

[6-8] 상품매매기업인 (주)한국유통이 활동기준원가계산을 적용하여 간접원가(overheads)를 고객별로 배부하기 위해, 20×1년 초에 수집한 연간 예산자료는 다음과 같다.

(1) 연간 간접원가

간접원가항목	금　　액
급　　여	₩1,200,000
판 매 비	800,000
계	₩2,000,000

(2) 활동별 간접원가 배부비율

간접원가항목	활　　동		계
	고객주문처리	고객관계관리	
급　　여	20%	80%	100%
판 매 비	40%	60%	100%

(3) 활동별 원가동인과 연간 활동량

활　　동	원가동인	활 동 량
고객주문처리	고객주문횟수	500회
고객관계관리	고 객 수	50명

(주)한국유통은 20×1년 중 주요 고객인 (주)대한이 20회의 주문을 할 것으로 예상하고 있다. (주)대한의 주문 1회당 예상되는 평균매출액은 ₩20,000이며, 매출원가는 매출액의 75%이다. 활동기준원가계산을 적용하여 간접원가를 고객별로 배부하는 경우, (주)한국유통이 20×1년 중 (주)대한으로부터 얻을 것으로 예상할 수 있는 이익은 얼마인가? 단 매출원가를 제외한 어떠한 직접원가도 발생하지 않는다. (CPA)

① ₩46,300　　② ₩48,800　　③ ₩50,400
④ ₩52,600　　⑤ ₩54,500

[6-9] (주)호남은 두 종류의 제품(X와 Z)을 생산하고 있다. 이 회사의 원가담당자는 간접원가 중 엔지니어링 변경원가에 관심을 가지고 있다. 1회 엔지니어링 변경에 소요되는 원가는 ₩600이다. 제품별 생산량, 엔지니어링 변경횟수, 기계시간은 다음과 같다.

항　　목	X제품	Z제품
생 산 량	1,000단위	1,000단위
엔지니어링 변경횟수	14회	6회
생산량 단위당 기계시간	1시간	2시간

엔지니어링 변경원가를 엔지니어링 변경횟수가 아닌 기계시간을 기준으로 배부한다면, X제품에 과대배부 혹은 과소배부되는 금액은 얼마인가? (CPA)

① ₩15,000 과소배부 ② ₩14,400 과대배부
③ ₩12,200 과소배부 ④ ₩ 7,200 과대배부
⑤ ₩ 4,400 과소배부

[6-10] 스마트기계는 종전까지 직접노무시간을 기준으로 제조간접원가를 배부해 왔으나, 최근 활동기준원가계산으로 전환하고자 한다. 이를 위해 기존의 원가자료와 최근에 생산된 일부 제품(A, B)의 활동량을 분석한 결과는 다음과 같다.

활 동 명	원가동인	동인당 배부율	제 품 명	
			A	B
재료처리활동	부 품 수	₩100	200	50
작업준비활동	작업준비횟수	10,000	10	50
조립활동	직접노무시간	150	150	15
검사활동	검사횟수	1,000	5	10
포장활동	생 산 량	50	100	10
공장관리활동	생 산 량	30	100	10

이와 관련하여 다음 기술 중 틀린 것은?

① 공장관리활동과 관련된 원가는 원가동인을 파악하기 어려워 자의적인 배분이 되기 쉽다.
② 제품 B는 활동기준원가계산에 의하면 종래의 방법에 비해 단위당 원가가 높게 나온다.
③ 제품 A는 제품 B에 비해 활동기준원가계산을 적용할 경우 종래의 방법보다 원가경쟁력이 약해진다.
④ 작업준비활동원가와 검사활동의 원가 등을 배치수준원가(batch-level costs)라고 한다.
⑤ 회사의 제조과정이 자동화될수록 활동기준원가계산의 필요성은 증대된다.

[6-11] (주)하나는 당기에 제품 A를 1,500단위, 제품 B를 1,000단위, 제품 C를 500단위 생산하였으며, 이와 관련하여 기계절삭작업에 ₩100,000, 조립작업에 ₩80,000 품질검사에 ₩40,000의 제조간접원가가 소요되었다. 당사는 활동기준원가계산을 시행하고 있으며, 관련 자료는 아래와 같다. 다음 중 옳지 않은 것은? (CPA)

구 분	원가동인	제품 A	제품 B	제품 C
기계절삭작업	기계시간	2,240	3,380	4,380
조립작업	조립시간	330	660	1,010
품질검사	횟수	12	13	15

① 제품 B 전체에 배부되는 기계절삭작업 활동원가는 제품 A 전체에 배부되는 기계절삭작업 활동원가의 약 1.5배이다.
② 제품 B 전체에 배부되는 조립작업 활동원가보다 제품 C 전체에 배부되는 조립작업 활동원가가 더 크다.
③ 제품 A 전체에 배부되는 품질검사 활동원가보다 제품 C 전체에 배부되는 품질검사 활동원가가 25% 더 크다.
④ 제품 단위당 총활동원가가 가장 큰 것은 제품 C이다.
⑤ 각 제품의 단위당 활동원가를 계산하면 제품 A는 ₩31.73, 제품 B는 ₩73.20 제품 C는 ₩138.40이다.

[6-12] (주)관세는 직접재료원가를 기준으로 가공원가를 각 제품에 배부하여 왔으나, 최근 활동기준원가계산제도 도입을 고려하고 있다. 이를 위해 다음과 같은 자료를 수집하였다.

구분	제품 A	제품 B
생산수량	3,000단위	5,000단위
단위당 직접재료원가	₩5,000	₩3,000

활동	원가동인	가공원가
재료처리	제품생산량 : 8,000단위	₩6,000,000
선반작업	기계회전수 : 2,000회	3,000,000
연마작업	부 품 수 : 500단위	1,500,000
조립작업	조 립 시 간 : 2,000시간	1,000,000
계		₩11,500,000

제품	기계회전수	부품수	조립시간
A	1,200회	150단위	1,000시간
B	800회	350단위	1,000시간

각 제품 1단위 생산에 관한 활동자료가 아래와 같을 때, 활동기준원가계산에 의한 제품 B의 단위당 제조원가는? (관세사)

① ₩3,550 ② ₩3,750 ③ ₩3,990
④ ₩4,200 ⑤ ₩4,300

[6-13] (주)한호기계는 활동기준원가계산을 적용하고 있다. 회사는 제품생산을 위해 세 가지 활동을 수행하고 있다. 당기에 발생된 활동별 실제원가는 기계가동활동 ₩84,000, 엔지니어링활동 ₩60,000 품질검사활동 ₩41,000이었다. 당기에 두 종류의 제품 A와 B를 생산하였으며, 생산관련 실제자료는 다음과 같았다.

항목	제품 A	제품 B
생산량	500단위	1,200단위
기계가동(기계시간)	2,000시간	3,000시간
엔지니어링(작업시간)	500시간	700시간
품질검사(품질검사 횟수)	10회	15회

활동기준원가계산 및 위의 자료와 관련된 (주)한호기계의 원가계산결과에 대한 설명이다. 다음 중 타당하지 않은 것은? (CPA)

① 생산과정에서 직접원가보다는 간접원가의 비중이 높을수록 활동기준원가계산의 도입효과가 큰 것으로 알려져 있다.
② 품질검사를 전수조사에 의할 경우 품질검사활동은 단위수준활동으로 분류된다.
③ 제품A에 배부되는 총활동원가는 ₩72,000이다.
④ 기계가동활동의 원가배부율은 기계시간당 ₩16.8이다
⑤ 제품B에 배부되는 엔지니어링 활동원가는 ₩35,000이다.

[6-14] (주)감평의 20×5년 생산활동 및 제조간접원가에 관한 정보는 다음과 같다.

활동	원가	원가동인	원가동인 총량
조립	₩450,000	기계시간	37,500시간
구매주문	32,000	주문횟수	1,000회
품질검사	120,000	검사시간	1,600시간

제품 #23의 생산 및 판매와 관련된 활동 및 원가정보는 다음과 같다.

단위당 판매가격	₩90.7
단위당 직접재료원가	₩15.5
단위당 직접노무원가	₩12.2
연간 생산 및 판매량	300단위
연간 기계시간	850시간
연간 주문횟수	90회
연간 검사시간	30시간

활동기준원가계산을 사용할 경우 제품 #23의 매출총이익은? (감정평가사)

① ₩3,570 ② ₩7,725 ③ ₩11,880
④ ₩15,330 ⑤ ₩18,900

[6-15] (주)감평은 활동기준원가계산에 의하여 간접원가를 배부하고 있다. 20×6년 중 고객 갑은 10회를 주문하였다. 20×6년도 간접원가 관련 자료가 다음과 같을 때, 고객 갑에게 배부될 간접원가 총액은? (감정평가사)

(1) 연간 간접원가

구 분	금 액
급 여	₩500,000
임 대 료	200,000
통 신 비	120,000
계	₩820,000

(2) 활동별 간접원가 배부비율

구 분	주문처리	고객대응
급 여	60%	40%
임 대 료	50%	50%
통 신 비	70%	30%

(3) 활동별 원가동인과 연간 활동량

활 동	원가동인	활동량
주 문 처 리	주문횟수	1,600회
고 객 대 응	고객수	120명

① ₩3,025 ② ₩3,235 ③ ₩5,125
④ ₩5,265 ⑤ ₩5,825

주관식 문제

[6-1] 스마트(주)는 활동기준원가계산방법을 사용하고 있다. 회사는 갑과 을의 두 가지 제품을 생산하고 있다. 갑 제품의 연간 생산 및 판매량은 8,000단위이고 을 제품은 6,000단위이다. 회사는 세 가지의 활동을 수행하고 있으며 이에 관한 정보는 다음과 같다.

활동집합	제조간접원가	원가동인의 수	
		갑 제품	을 제품
활동 1	₩20,000	100	400
활동 2	37,000	800	200
활동 3	91,200	800	3,000

(요구사항)

위의 자료에 의해 활동기준원가계산 방법을 적용하여 갑 제품의 단위당 제조간접원가를 구한다면 얼마인가? (세무사)

[6-2] 스마트기업은 활동기준원가계산을 사용하며, 제조과정은 다음의 3가지 활동으로 구분된다.

활 동	원가동인	연간 원가동인 수	연간 가공원가총액
세 척	재료의 부피	100,000리터	₩200,000
압 착	압착기계시간	45,000시간	900,000
분 쇄	분쇄기계시간	21,000시간	1,050,000

분쇄공정의 원가 중 ₩504,000은 고정원가이다.

X제품 한 단위당 재료부피는 20리터, 압착기계시간은 30시간, 분쇄기계시간은 10시간이다.

(요구사항)

X제품의 판매가격과 단위당 재료원가는 각각 ₩2,000, ₩300이면 제품의 단위당 제조공헌이익은?

[6-3] (주)스마트는 각 작업에 대한 원가계산을 위하여 다음의 자료를 수집하였다.

활　　동	원　　가	원가범주	원가동인	최대활동량
생산준비	₩20,000	생산묶음	생산준비시간	1,000시간
재료처리	30,000	생산묶음	재료처리횟수	2,000회
기계사용	500,000	제품단위	기계작업시간	20,000시간
품질관리	100,000	생산묶음	품질관리횟수	12,500회
수선유지	40,000	제품단위	기계작업시간	20,000시간

(요구사항)

활동기준원가계산을 이용할 때 다음의 작업 A의 총원가는 얼마인가? (세무사)

작　　업	기초원가	생산수량	생산준비	재료처리	기계작업	품질관리
A	₩300,000	12,000단위	30시간	56회	4,000시간	70회

[6-4] 스마트전자는 한 생산라인에서 여러 종류의 제품을 생산·판매하고 있다. 회사는 지금까지 직접노무원가를 기준으로 제조간접원가를 제품에 배부해 왔으나, 최근 활동기준원가계산의 도입을 검토하고 있다. 다음은 여러 제품 중 하나인 A제품에 대한 자료이다.

- 생산 및 판매량: 5,000개
- 직접노무원가총액: ₩700,000(제조간접원가 배부율 180%)
- 제조활동은 다음 3가지 활동으로 구성된다고 가정한다.

활　　동	원가동인	원가동인당 원가
기계 set-up	set-up시간	₩500
제품시험	시험시간	40
제품포장	포장시간	100

- 제품은 배치(batch) 단위로 생산하며 A제품의 배치규모(batch size)는 500개, 배치당 setup시간은 10시간이다.
- 제품은 전수시험하며, 제품 단위당 시험 소요시간은 3시간이다. 제품 단위당 포장소요시간은 0.5시간이다.

(요구사항)

활동기준원가계산에 의할 경우 지금까지의 방법에 비해 A제품의 단위당 제조간접원가는 얼마나 감소하는가?

[6-5] (주)대한은 휴대전화기를 생산한다. 현재 회사는 제조간접원가를 단일배분율을 사용하여 공장 전체에 배부하고 있다. 회사의 경영진은 제조간접원가를 좀더 정교하게 배부할 필요가 있다고 판단하고, 회계담당부서로 하여금 주요 생산활동과 그 활동에 대한 원가동인을 파악하라고 지시하였다. 다음은 활동, 원가동인 그리고 배부율에 대한 자료이다.

활 동	원가동인	배 부 율
재료취급	부품의 수	부품당 ₩1,000
조 립	직접노무시간	시간당 ₩40,000
검 사	검사부문에서의 검사시간	분 당 ₩10,000

(요구사항)

현재의 전통적인 원가계산방법은 직접노무시간에 기초하여 1시간당 150,000의 배부율을 사용한다. 휴대전화 제작을 위하여 한 번의 작업(batch)으로 50대의 휴대전화가 제조되었다. 전통적인 원가계산방법과 활동기준원가계산방법을 사용할 경우 휴대전화 한 대당 배부될 제조간접원가는 각각 얼마인가? 한 번의 작업(batch)에는 1,000개의 부품, 직접노무시간 8시간, 그리고 검사시간 15분이 필요하다.

(CPA)

[6-6] 제품 A와 제품 B를 생산·판매하는 (주)스마트의 자료는 다음과 같다.

	제품 A	제품 B
생산량(판매량)	6,000개	2,000개
직접재료원가	₩1,100,000	₩1,000,000
직접노무원가	1,200,000	605,000

전통적인 원가계산방식에 의하면 제조간접원가는 직접노무원가를 기준으로 각 제품에 80%씩 배부한다. 한편, 활동기준원가계산에 의하면 제조지원활동은 다음과 같이 3가지로 구분할 수 있으며 활동별 배부율은 다음과 같다.

작업준비활동	작업준비시간당	₩1,800
품질검사활동	검사시간당	400
제품포장활동	제품단위당	?

(1) 제품 A는 1배치(묶음)가 500개이고, 제품 B는 1배치가 100개이다. 제품 A는 배치당 15시간의 작업준비시간이 소요되며, 제품 B는 배치당 10시간의 작업준비시간이 소요된다.

(2) 품질검사시간은 제품 A는 단위당 4분이고, 제품 B는 단위당 15분이다.

(요구사항)

제품포장활동에 집계된 원가는 얼마인가?

[6-7] (주)스마트는 일반형과 고급형의 제품을 생산하고 있다. 20×9년 제조간접원가는 ₩2,000,000이 발생할 것으로 추정되며, 고급형은 5,000개, 일반형은 40,000개가 생산·판매될 것으로 예상된다. ABC를 적용하기 위하여 활동분석 등을 통하여 다음과 같은 자료를 수집하였다.

활 동	활동원가	원가동인	활동사용량		
			고 급 형	일 반 형	계
구 매 주 문	₩84,000	주 문 횟 수	?	?	?
설 계 변 경	216,000	설계변경횟수	300	600	900
제 품 검 사	450,000	검 사 시 간	?	?	?
공 장 관 리	1,250,000	기 계 시 간	20,000	30,000	50,000
총제조간접원가	₩2,000,000				

고급형은 25단위를 1묶음으로 배치(batch)생산하며, 일반형은 100단위를 1묶음으로 배치생산한다. 각 제품은 1묶음당 1회 검사를 실시하며 1회 검사시간은 고급형 2시간이고 일반형은 2.75시간이다. 한편, 생산에 필요한 원재료는 2묶음 생산에 소요될 양을 한꺼번에 구매주문한다.

(요구사항)

ABC를 적용할 경우 20×9년 고급형에 배분될 제조간접원가는 얼마인가?

[6-8] (주)스마트는 자동차 부품을 생산하는 중소제조업체이다. 회사의 제조원가 구성내역을 살펴보면 직접재료원가, 직접노무원가, 제조간접원가로 구성되어 있다. 제조간접원가의 배부기준은 직접노무시간을 사용해왔으며, 20×1년도 제조간접원가 예산은 ₩30,000이다. 연간 직접노무시간은 총 400시간으로 예상한다. 회사는 원가시스템 정교화를 통하여 활동기준원가계산을 적용하려고 계획하였다. 제조원가 집합은 다음과 같은 다섯가지 활동으로 구분하였다. (세무사)

활동구분	원가동인	원가동인당 배부율
기 계 관 련	기계시간	₩5
가 동 준 비	생산준비횟수	3
검 사	검사시간	8
조 립	조립시간	6
재 료 처 리	부품수	12

연간 생산되는 자동차부품은 두 종류 A, B로서 생산 및 판매 자료는 다음과 같다.

	자동차 부품A	자동차 부품B
판 매 단 가	₩500	₩400
연간 자동차생산수량	200대	400대
직 접 재 료 원 가	₩40,250	₩60,000
직 접 노 무 원 가	10,290	11,460
직 접 노 무 시 간	220시간	180시간
기 계 시 간	760시간	600시간
생 산 준 비 횟 수	1,980회	2,500회
검 사 시 간	150시간	350시간
조 립 시 간	400시간	500시간
부 속 품 갯 수	10개	20개

(요구사항)

1. 기존의 제조간접원가 배부방법을 사용하여 자동차 부품A와 자동차 부품B의 단위당 원가를 구하여라.
2. 활동기준원가계산시스템을 채택할 경우 자동차 부품A와 자동차 부품B의 단위당 원가를 계산하여라.

[6-9] (주)스마트는 제품 A와 제품 B를 생산하는 기업으로, 생산량을 기준으로 제품별 제조간접원가를 배부하고 있다. ㈜스마트는 제품별 원가계산을 지금보다 합리적으로 하기 위해 활동기준원가계산제도를 도입하고자 한다. 다음은 활동기준원가계산에 필요한 ㈜스마트의 활동 및 제조에 관한 자료이다. (CPA)

활 동	활동원가(₩)	원가동인
재료이동	1,512,000	운반횟수
조립작업	7,000,000	기계작업시간
도색작업	7,200,000	노동시간
품질검사	8,000,000	생산량
총합계(제조간접원가)	23,712,000	

원가동인	제품별 사용량	
	제품 A	제품 B
운반횟수	400회	230회
기계작업시간	600시간	800시간
노동시간	3,000시간	6,000시간
생산량	X개	Y개

(주)스마트가 위 자료를 바탕으로 활동기준원가계산에 따라 제조간접원가를 배부하면, 생산량을 기준으로 제조간접원가를 배부하였을 때보다 제품 A의 제조간접원가가 ₩3,460,000 더 작게 나온다.

(요구사항)

활동기준원가계산으로 제조간접원가를 배부하였을 때 제품 B의 제조간접원가는 얼마인가?

[6-10] 스마트(주)는 하나의 점포에서 3가지 제품(A, B, C)을 취급하고 있다. 최근에 점포운영비의 제품별 배분에 활동기준원가계산을 도입하기로 하고 점포운영과 관련된 다음 4가지 활동에 대해 활동률을 설정하였다.

(구매)주문처리 : 구매주문건당	₩ 100
입 고 : 입고건당	80
진 열 : 시간당	20
고객서비스 : 판매수량당	0.2

다음은 각 제품의 판매 및 원가자료이다.

	A	B	C
재무자료			
매 출	₩57,000	₩63,000	₩52,000
매 출 원 가	38,000	47,000	35,000
점포운영비	11,400	14,100	10,500
활동기준원가 계산자료			
주문처리(구매주문건수)	30	25	13
입고(입고건수)	98	36	28
진열(시간)	83	166	24
고객서비스(판매수량)	15,500	20,500	7,900

(요구사항)

종전의 원가회계시스템에서는 점포운영비를 매출원가의 30%로 각 제품에 배부해 왔다. 활동기준원가계산에 의할 경우 제품 B의 영업이익은? 단, 영업이익은 매출액에서 매출원가와 점포운영비를 차감한 금액으로 한다.

[6-11] 한라산필름(주) 콘트롤러가 수립한 활동별 원가집계와 원가동인들은 다음과 같다.

활　　동	제조간접원가예산	원가동인	예정원가동인수	활동별 배부율
기계준비작업활동	₩200,000	준비횟수	100회	₩2,000/준비
재료처리활동	100,000	원재료무게	20,000파운드	₩5/파운드
위험폐기물통제활동	50,000	위험폐기물무게	10,000파운드	₩5/파운드
품질관리활동	75,000	검사횟수	1,000회	₩75/검사
기타제조활동	200,000	기계시간	20,000시간	₩10/기계시간
	₩625,000			

필름 1,000상자 주문에 대하여 다음과 같은 활동으로 생산하였다.

기계준비횟수	4회
원 재 료	10,000파운드
위험폐기물	2,000파운드
검사횟수	10회
기계시간	500시간
직접재료원가	₩120,000
직접노무원가	₩40,000

(요구사항)

1. 활동별 제조간접원가의 배부율을 적용하여 필름 1상자당 제조간접원가 배부액을 구하시오.
2. 기계시간에 근거한 단일의 제조간접원가 예정배부율을 사용하여 주문될 필름생산에 배부되어야 할 제조간접원가는 얼마인가?

[6-12] 스마트(주)는 A, B, C 세 가지 제품을 생산·판매하고 있다. 다음은 스마트(주)의 제조활동과 관련된 자료이다.

	A제품	B제품	C제품
생 산 량	40,000단위	48,000단위	2,000단위

활　　동	제조간접원가	원가동인	A	B	C
구매 및 검수	₩4,000,000	구매횟수	70회	90회	40회
재 료 처 리	5,400,000	부 품 수	7개/단위	5개/단위	10개/단위

(요구사항)

1. ① 구매 및 검수, ② 재료처리의 원가동인별 배부율을 계산하시오.

2. 일반적으로 ABC에 의해 원가계산을 하면 전통적 원가계산에 비해 소량생산제품의 단위당 원가가 상대적으로 많이 나온다. 그 이유는 무엇이라고 생각되는가?

[6-13] 스마트(주)는 고객기업에 대한 리서치대행과 경영자문 서비스를 제공하고 있다. 각 서비스에 대하여는 건당 ₩2,000을 받고 있으며, 수익 및 원가관련자료는 다음과 같다.

	리서치대행	경영자문	합 계
1. 수 익	₩120,000	₩280,000	₩400,000
2. 원 가			
전산입력요원급여	–	–	80,000
차량유지비	–	–	48,000
인터넷사용비	–	–	72,000
전산시스템감가상각비	–	–	40,000
3. 이 익	–	–	₩160,000

스마트(주)는 경쟁력 제고를 위해 활동기준원가시스템을 적용할 것을 검토하고 있다. 자체 조사한 바에 의한 활동자료들은 다음과 같다.

		활동수준	
간 접 비	원가동인	리서치대행	경영자문
전산입력요원급여	근무시간	84시간	36시간
차량유지비	운행거리(km)	400km	200km
인터넷사용비	사용시간	180시간	120시간
전산시스템감가상각비	사용한 시간	600시간	200시간

(요구사항)

1. 당기에는 리서치대행업무와 경영자문업무가 각각 60건과 140건씩 처리되었다. 기존의 방식인 건당 기준으로 손익계산서를 작성하시오.
2. 활동기준원가회계시스템에 의하여 손익계산서를 완성하시오.
3. 활동기준원가회계시스템으로 할 때 경쟁력 강화를 위한 스마트(주)의 의사결정은 어떻게 변할 것으로 예상되는가?

[6-14] 스마트(주)는 컴퓨터부품을 제조하는 회사로 활동기준원가계산을 적용하고 있다. 회사는 4가지 활동에 따라 제조간접원가를 예정배부하며 20×1년의 실제발생원가는 다음과 같다.

활　　동	실제발생원가
생산준비	₩150,000
재료처리	212,000
조　　립	310,000
검　　사	155,000
	₩827,000

(요구사항)

1. 20×1년 초에 회사는 제조간접원가 예정배부율을 계산하기 위해 다음과 같은 추정치를 구하였다. 이 자료를 이용하여 각 활동에 대한 제조간접원가 예정배부율을 구하시오.

	예정제조간접원가		
활　　동	원가동인	원　　가	활 동 수
생산준비	생산준비횟수	₩148,000	40,000회
재료처리	부 품 수	202,000	100,000개
조　　립	직접노무시간	300,000	30,000시간
검　　사	검사횟수	150,000	20,000회

2. 20×1년 중 각 활동별로 발생한 실제활동은 다음과 같다. 실제 발생한 제조간접원가와 배부된 제조간접원가와의 차이를 분석하시오.

활　　동	실제활동
생산준비	40,500회
재료처리	110,000개
조　　립	31,500시간
검　　사	21,000회

[6-15] 스마트(주)는 전문가용과 일반용 컴퓨터를 제조하는 업체이다. 현재 회사는 직접노무원가를 기준으로 제조간접원가를 각 제품에 배부하고 있다. 회사는 20×1년에 ₩20,000,000의 제조간접원가가 발생할 것으로 예상하고 있으며 전문가용 컴퓨터 8,000대와 일반용 컴퓨터 50,000대를 생산할 것으로 예상된다. 제품별 단위당 직접재료원가와 직접노무원가는 다음과 같다.

	전문가용	일 반 형
직접재료원가	₩8,000	₩6,000
직접노무원가	800	500

(요구사항)

1. 직접노무원가를 기준으로 제조간접원가를 배부할 때, 20×1년 제조간접원가 예정배부율과 제품단위당 제조원가를 계산하시오.
2. 회사는 제조간접원가의 배부기준에 문제가 있다고 판단하고 활동기준원가계산을 도입할 것을 고려하고 있다. 활동기준에 의할 경우 20×1년의 각 활동중심점에 대한 예정원가와 활동자료는 다음과 같다. 이 자료에 따라 활동별 제조간접원가 예정배부율을 계산하고, 단위당 제조원가를 구하시오.

활 동	원가동인	원 가	전문가용	일 반 형
매 입	주문횟수	₩4,000,000	300회	500회
부품관리	부 품 수	10,000,000	50,000개	150,000개
제품검사	검사횟수	6,000,000	500회	1,000회
		₩20,000,000		

3. 활동기준에 의할 경우 각 제품의 단위당 제조간접원가와 단위당 제조원가를 구하시오.

SMART COST ACCOUNTING

제 7 장

종합원가계산

01 종합원가계산의 의의

종합원가계산(process costing)은 동일한 제품을 연속적으로 반복하여 대량생산하는 제조환경에 적합한 제품원가계산 방법이다. 생산되는 제품이 표준화되어 있으며, 생산공정도 표준화되어 있다. 따라서 표준화된 생산라인에 원재료를 투입하게 되면 표준화된 제품이 생산된다. 소품종 대량생산이 가능한 산업에 적합하며, 주로 식음료나 섬유, 화학, 자동차 제조업 등에 적합한 방법이다. 개별원가계산에서는 작업이 완성될 때 단위당 원가를 산정하지만 종합원가계산에서는 제품이 연속적인 생산흐름을 통해 생산되므로 모든 단위당 원가가 완성되는 시점을 별도로 파악하기가 어렵다. 따라서 월간 또는 주간 등 인위적인 기간을 정해 원가를 산정한다.

개별원가계산과는 달리 종합원가계산은 제품원가를 산출할 때 직접원가와 간접원가의 구분이 중요하지 않다. 제품이 표준화되어 있으며, 생산되는 제품들도 동질적인 단일 혹은 소품종이기 때문이다. 아주 간단한 단일 품종인 볼펜을 생산한다고 가정해 보자. 단일 품종이기 때문에 투입된 모든 원가요소들은 볼펜을 생산하는 데만 소비된 것이다. 따라서 단위당 제품원가는 다음 (식 7-1)과 같이 쉽게 구할 수 있을 것이다.

$$\text{단위당 제품원가} = \frac{\text{일정기간 동안의 총제조원가}}{\text{일정기간 동안의 제품생산수량}} \qquad \text{(식 7-1)}$$

볼펜의 단위당 원가는 일정기간, 즉 원가계산기간 동안 발생한 총제조원가를 동일한 기간 동안의 제품생산수량으로 나누어 구할 수 있다. 원가계산기간은 주별, 월별 혹은 분기별 등이 있을 수 있다. 그러나 (식 7-1)의 분자인 총제조원가와 분모인 제품생산수량에 포함된 재공품을 어떻게 처리할 것인가의 문제가 있다. 100% 완성된 완성품과 가공중인 재공품을 동일하게 평가할 수는 없기 때문이다. 예를 들어 볼펜 기말재공품이 100단위 남아 있고, 완성품이 1,000단위라고 하자. 기말재공품 100단위와 완성품 1,000단위를 단순히 합산하여 당기 완성품 수량이 1,100단위라고 할 수 있을까? 아니면 당기에 완성된 제품 1,000단위만을 제품원가계산에 사용하여야 할까? 완성품은 모든 원가요소들이 100% 발생한 것이지만, 재공품은 아직 100%에 미달되는 미완성제품이다. 이처럼 완성품과 기말재공품의 완성도가 다르므로 완성품과 기말재공품을 단순히 합산할 수가 없다. 이 문제를 해결하기 위하여 완성품 환산량(equivalent unit)이라는 개념을 사용하여 원가계산을 한다.

02 완성품 환산량과 원가계산

2.1 완성품 환산량

앞서 지적한 바와 같이 종합원가계산에서는 완성품 환산량이라는 개념을 사용하여 재공품의 문제를 해결한다. 완성품 환산량을 이해하기 위해서는 완성도 또는 진척도의 개념을 이해해야 한다. 완성도란 말 그대로 제품의 완성 정도를 말한다. 즉 재공품 1단위를 완성품 1단위와 비교할 때 원가부담률을 말한다. 예를 들어 가공중인 재공품이 100단위 남아 있으며 이들의 평균적인 완성도가 70%이고, 완성품이 1,000단위라고 하자. 완성품의 완성도는 당연히 100%이다. 이때 기말재공품의 완성품 환산량은 70단위[=100단위×70%]이다. 즉, 평균적으로 70%가 완성된 기말재공품 100단위는 완성품 70단위와 같다는 의미로 보면 된다. 따라서 재공품의 완성품 환산량은 (식 7-2)와 같이 구할 수 있다.

어떤 공정에서 수행해야 하는 전체적인 노력(원가의 투입)을 100%로 볼 때 당해 공정에서 현재까지 투입한 노력의 비율을 **완성도**라 한다.

완성품 환산량=물량(수량)×완성도(진척도) (식 7-2)

완성품 환산량을 구할 때 주의해야 할 점을 살펴보면 첫째, 일반적으로 직접재료원가와 가공원가의 발생시점에 차이가 있다는 것이다. 즉, 직접재료원가는 재료를 생산공정에 투입할 때 발생하지만, 가공원가는 전공정을 통하여 균등하게 발생한다. 직접재료가 모두 공정시작시점에 투입되어 그 시점에서 재료원가가 모두 발생한 것이라면, 가공원가는 그 재료를 완제품으로 완성해 가는 정도에 따라 발생하게 된다. 따라서 직접재료원가와 가공원가의 완성도가 다르기 때문에 완성품 환산량도 직접재료원가와 가공원가에 대해 각각 구해야 한다.

둘째, 기초재공품과 기말재공품이 존재한다는 것이다. 따라서 기초재공품을 먼저 완성할 것인지 아니면 당기에 투입된 재료부터 완성할 것인지를 결정하여야 한다. 여기에서 원가흐름의 가정, 즉 가중평균법과 선입선출법의 가정이 필요하다. 가중평균법은 기초재공품의 제조를 당기 이전에 착수하였음에도 불구하고 당기에 착수한 것으로 가정한다. 선입선출법은 기초재공품이 먼저 완성되고 그 후에 당기에 착수한 것이 완성된다고 가정한다. 기초재공품이 없는 경우에는 원가흐름의 가정이 필요없으며, 가중평균법과 선입선출법의 결과는 같다. 왜냐하면 모든 원가가 당기발생원가로 이루어져 있기 때문이다. 다음 [예제 7-1]을 이용하여 완성품 환산량의 개념을 살펴보자.

예제 7-1

스마트(주)는 단일제품을 생산·판매하고 있다. 20×1년 5월의 생산자료는 다음과 같다.

기초재공품	1,000단위(완성도 60%)
당기착수량	12,000단위
당기완성수량	11,000단위
기말재공품	2,000단위(완성도 40%)

스마트(주)는 원재료를 공정 초에 전량투입하고 있으며, 가공원가는 전공정에 걸쳐 균등하게 발생한다.

(요구사항)

1. 가중평균법에 의해 완성품 환산량을 산출하시오.
2. 선입선출법에 의해 완성품 환산량을 산출하시오.

(해　　답)

물량흐름

기초재공품	1,000 (60%)	완성품	11,000	
당기착수	12,000	기말재공품	2,000	(40%)
	13,000		13,000	

1. 가중평균법에 의한 완성품 환산량

	물　량	재료원가	가공원가
완 성 품	11,000	11,000	11,000
기말재공품	2,000	2,000(2000×1.0)	800(2,000×0.4)
총완성품 환산량		13,000	11,800

2. 선입선출법에 의한 완성품 환산량

	물　　량	재료원가	가공원가
완 성 품			
기초재공품	1,000	0(1,000×0)	400(1,000×0.4)
당기투입	10,000	10,000	10,000
기말재공품	2,000	2,000(2,000×1.0)	800(2,000×0.4)
당기완성품 환산량		12,000	11,200

2.2 원가계산절차

종합원가계산은 원칙적으로 개별원가계산의 원가흐름과 동일하다. 다만, 개별원가계산과 달리 종합원가계산에서는 각 공정별로 재공품 계정이 존재한다. 생산공정의 수만큼 재공품 계정이 존재한다는 것이다. 또한 종합원가계산은 단일제품 혹은 소품종의 제품을 연속적으로 생산하기 때문에 원가요소에 대하여 직접원가 혹은 간접원가의 구분이 중요하지 않다. 대신 직접재료원가와 가공원가의 구분이 중요하다. 앞서 언급한 바와 같이 일반적으로 재료원가와 가공원가의 완성도가 다르기 때문이다.

종합원가계산은 일반적으로 5단계의 절차를 거치게 되는데, 이를 요약해 보면 다음과 같다.

1단계 : 물량흐름의 파악
2단계 : 완성품 환산량 산출
3단계 : 총제조원가 집계
4단계 : 완성품 환산량 단위당원가 계산
5단계 : 원가의 배부

종합원가계산은 제품의 종류, 작업 성질 혹은 생산형태 등에 따라 여러 가지의 원가계산방법으로 구분된다. 첫째, 제품의 종류에 따라 제품이 한 종류일 경우 단일제품 종합원가계산, 복수제품일 경우 조별 종합원가계산으로 구분된다. 둘째, 생산공정의 수에 따라 공정이 하나일 경우 단일공정 종합원가계산, 복수공정일 경우 공정별 종합원가계산으로 구분된다. 먼저 단일제품 단일공정 종합원가계산을 살펴본 후 공정별 종합원가계산을 살펴보기로 한다.

03 단일공정하의 종합원가계산

3.1 선입선출법

> 기초재공품이 없는 경우에는 가중평균법과 선입선출법의 결과가 같으므로 원가흐름의 가정이 불필요하다. 왜냐하면 모든 원가가 당기발생원가로 이루어져 있기 때문이다.

선입선출법은 실제의 물량흐름을 가장 잘 반영해 주는 방법이다. 즉, 전기에 투입된 기초재공품을 먼저 완성하고, 그 후에 당기 투입분을 완성한다. 선입선출법은 당기에 투입된 물량과 원가만을 집계하여 완성품 환산량과 총제조원가 그리고 완성품 환산량 단위당 원가를 산출한다. 이 원칙은 선입선출법을 이용한 모든 종합원가계산에 적용되는 핵심적인 개념이기 때문에 반드시 기억하고 있어야 한다. 선입선출법에 의하여 원가배분하는 것을 재공품 계정에 간단히 나타내면 다음과 같다.

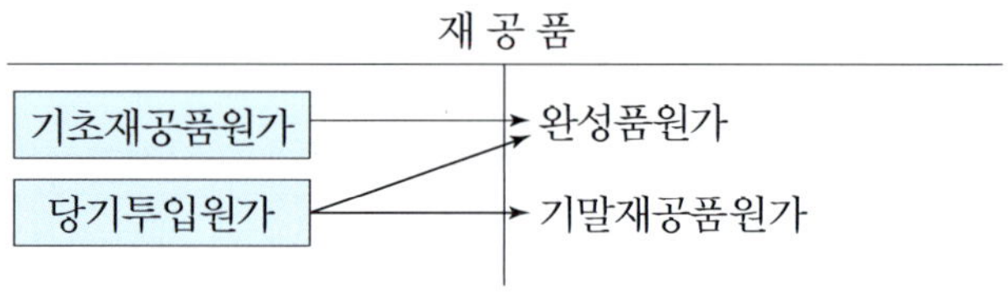

다음 [예제 7-2]를 이용하여 선입선출법에 의한 종합원가계산을 살펴보자.

예제 7-2

스마트(주)는 선입선출법에 의한 종합원가계산제도를 채택하고 있다. 제품은 절단공정을 통해 완성되며, 재료원가는 공정의 착수시점에 전량 투입된다. 가공원가는 공정 전반에 걸쳐 균등하게 발생한다. 20×1년 1월의 생산자료는 다음과 같다.

1. 재공품의 기초재고는 10,000개(완성도 40%)이며, 직접재료원가 ₩40,700, 가공원가 ₩10,700이다.
2. 1월 중 당기착수량은 40,000개이며, 완성품 수량은 48,000개이며, 기말재공품 수량은 2,000개(완성도 50%)이다.
3. 1월 중 발생한 직접재료원가는 ₩220,000이며, 가공원가는 ₩175,500(직접노무원가 ₩80,000, 제조간접원가 ₩95,500)이다.

3.1.1 물량흐름의 파악

종합원가계산을 위해 가장 먼저 파악되어야 하는 것이 물량흐름이다. 1단계의 물량흐름 파악은 완성품 환산량을 고려한 것이 아니라 실제 물량을 그대로 반영하여 산출한다. 즉, 투입수량과 산출수량이 일치하는지를 파악하는 것이다. 이때 투입수량은 재공품 계정의 차변에 기록하며, 산출수량은 대변에 기록한다. 선입선출법에 의한 물량흐름을 파악해 보면 [도표 7-1]과 같다.

[도표 7-1] 선입선출법하의 물량흐름

재공품(절단공정)

기초재공품	10,000 (40%)	기초재공품완성품	10,000
당기착수	40,000	당기착수완성품	38,000
		기말재공품	2,000 (50%)
총투입량	50,000	총산출량	50,000

[도표 7-1]에서 투입량은 기초재공품 10,000개와 당기착수량 40,000개로 총 50,000개가 투입되었다. 산출량은 선입선출법이기 때문에 기초재공품 10,000개가 먼저 완성된다. 그리고 당기완성량이 48,000개이기 때문에 당기착수량 가운데 38,000개가 완성되고, 나머지 2,000개가 기말재공품으로 남게 된다. 선입선출법에서는 기초재공품완성량과 당기착수완성량을 구분하는데, 이는 서로 완성도가 다르기 때문에 계산의 편의를 위하여 구분하는 것이다. 그리고 여기서 물량흐름을 파악할 때 재공품의 완성도는 전혀 고려되지 않는다.

3.1.2 완성품 환산량 산출

재공품에 포함된 재료원가와 가공원가는 원가의 투입시기가 달라 완성도가 서로 다르기 때문에 구분하여 완성품 환산량을 구해야 한다. 예를 들어 기말재공품의 경우 재료원가는 공정 초에 모두 투입되기 때문에 100%가 발생하였으며, 가공원가는 50%가 발생하였다. 또한 선입선출법은 실제 물량흐름을 반영하고 있기 때문에 반드시 당기에 수행된 작업에 대한 완성품 환산량만을 산출해야만 한다. 예를 들어 기초재공품의 재료원가는 이미 전기에 모두 투입되었기 때문에 기초재공품의 재료원가 완성품 환산량은 0개이다. 선입선출법에서의 완성품 환산량을 산출해 보면 [도표 7-2]와 같다.

[도표 7-2] 선입선출법하의 완성품 환산량

	재료원가	가공원가
기초재공품수량	0	10,000×(1−0.4)= 6,000
당기착수완성량	38,000	38,000
기말재공품수량	2,000×1.0=2,000	2,000×0.5= 1,000
합 계	40,000	45,000

[도표 7-2]에서 먼저 재료원가는 공정 초에 모두 투입되기 때문에 기초재공품의 재료원가는 이미 전기에 모두 투입되었으며, 당기착수완성량과 기말재공품의 모든 재료원가는 당기에 투입되었다. 따라서 선입선출법은 당기에 발생한 원가만으로 완성품 환산량을 산출하기 때문에 재료원가의 완성품 환산량은 40,000개이다. 그리고 가공원가를 보면 기초재공품은 40%의 완성도를 보이고 있는데, 이는 전기에 완성된 것이다. 따라서 당기에 투입된 가공원가는 나머지 60%이기 때문에 가공원가의 완성품 환산량은 6,000개이다. 당기착수완성량은 당연히 당기에 착수하여 당기에 완성하였기 때문에 가공원가 100%가 모두 당기에 투입되었다. 기말재공품은 당기에 착수한 수량이 남아 있는 것이기 때문에 당기의 가공정도 50%가 당기에 투입된 가공원가이다. 따라서 가공원가의 완성품 환산량을 구해 보면 45,000개이다.

3.1.3 총제조원가 집계

총제조원가의 집계도 앞서 구한 완성품 환산량의 논리가 적용된다. 즉, 재료원가와 가공원가의 완성도가 다르기 때문에 총제조원가를 집계할 때 재료원가와 가공원가를 구분하여야 하며, 또한 당기에 발생된 원가만을 집계하여야 한다. 이는 완성품 환산량을 구할 때도 당기에 작업한 것만을 대상으로 하였다는 점과 같다. 선입선출법에서의 총제조원가를 집계해 보면 [도표 7-3]과 같다.

[도표 7-3] 선입선출법하의 총제조원가

	재료원가	가공원가
당기발생원가	₩220,000	₩175,500

[도표 7-3]은 이미 [예제 7-2]의 정보를 통해 주어져 있다. 즉, 당기에 발생

된 원가는 재료원가가 ₩220,000, 가공원가가 ₩175,500이었다. 그 자료가 그대로 반영되어 있다.

3.1.4 완성품 환산량 단위당원가 계산

앞서 2단계에서 완성품 환산량을 구하였고, 3단계에서 총제조원가를 구하였다. 완성품 환산량 단위당원가는 3단계에서 구한 총제조원가를 2단계에서 구한 완성품 환산량으로 나눈 값이다. 이 개념은 선입선출법뿐만 아니라 가중평균법에서도 동일하다. 완성품 환산량 단위당원가를 구해 보면 [도표 7-4]와 같다.

[도표 7-4] 완성품 환산량 단위당원가

	재료원가	가공원가
총제조원가	₩220,000	₩175,500
완성품 환산량	÷ 40,000	÷ 45,000
단위당원가	₩5.5	₩3.9

3.1.5 원가의 배부

마지막 단계인 원가의 배부는 앞서 2단계에서 구한 완성품 환산량과 4단계에서 구한 환산량 단위당 원가를 이용하여 제품원가를 계산한다. 여기에는 완성품뿐만 아니라 기말재공품도 있기 때문에 각각을 분리하여 산출한다. 선입선출법하의 완성품과 기말재공품 원가를 구해 보면 [도표 7-5]와 같다.

[도표 7-5] 선입선출법하의 완성품과 기말재공품 원가

완성품원가	재료원가	가공원가	합 계
기초재공품원가	₩40,700	₩10,700	₩51,400
기초재공품완성	0	6,000×₩3.9= 23,400	23,400
당기착수완성	38,000×₩5.5=209,000	38,000×₩3.9=148,200	357,200
합 계			₩432,000
기말재공품원가	2,000×₩5.5=₩11,000	1,000×₩3.9=₩3,900	₩14,900
총 원 가			₩446,900

먼저 완성품원가는 세 가지로 구성되어 있다. 기초재공품원가와 기초재공품을 추가가공하여 완성하는 데 소요된 원가, 그리고 당기에 착수해서 완성한 제품원가이다. 먼저 기초재공품원가는 전기발생원가이며, 기초재공품도 당기에 완성된 것이기 때문에 당연히 완성품원가에 포함되어야 한다. 만약 기초재공품원가가 완성품원가에 포함되지 않는다면 제품원가는 실제보다 저평가될 것이다. 그리고 기초재공품은 당기 초까지는 미완성이었으며, 당기에 완성한 부분만큼의 추가발생원가도 당기완성품원가에 포함되어야 한다. 그리고 당기착수 완성품도 당연히 완성품이므로 완성품원가에 포함되어야 한다. 기말재공품원가를 보면, 기초재공품은 물량흐름에 따라 모두 완성품에 포함되었기 때문에 기말재공품에는 포함되지 않는다. 2단계에서 산출된 기말재공품에 대한 환산량에 대해서만 적용한다.

3.2 가중평균법

가중평균법은 기초재공품을 당기에 착수한 것으로 가정한다. 실제로 기초재공품은 전기에 투입된 것이지만 이를 무시하겠다는 것이다. 따라서 기초재공품과 당기착수분을 정확하게 구분하기가 어렵게 된다. 즉, 가중평균법은 당기총제조원가에 기초재공품원가를 가산한 총제조원가를 완성품과 기말재공품에 균등하게 배분하고자 하는 방법이다. 가중평균법에 의하여 원가배분하는 것을 재공품 계정에서 간단히 나타내면 다음과 같다.

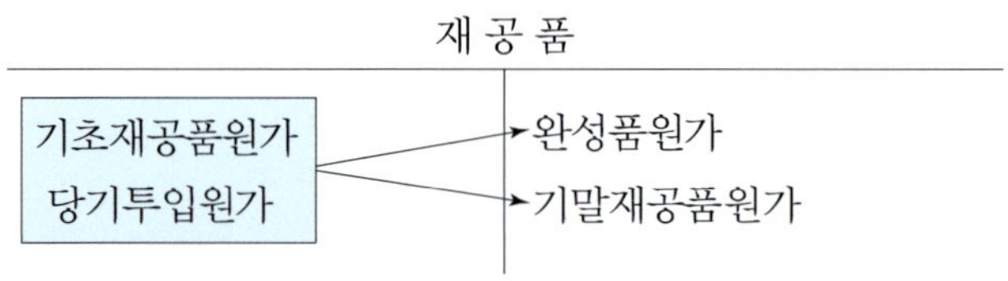

[예제 7-2]를 그대로 사용하여 가중평균법에 의한 종합원가계산을 살펴 보기로 하자.

3.2.1 물량흐름의 파악

가중평균법은 기초재공품을 당기에 착수한 것으로 가정한다고 하였다. 이 가정에 의하여 물량흐름을 파악해 보면 [도표 7-6]과 같다.

[도표 7-6]에서 기초재공품 10,000개와 당기착수량 40,000개, 총 50,000개가 투입되었다. 산출량을 보면 선입선출법과는 달리 기초재공품의 완성량과 당기

[도표 7-6] 가중평균법하의 물량흐름

재공품(절단공정)			
기초재공품	10,000 (40%)	당기완성품	48,000
당기착수	40,000	기말재공품	2,000 (50%)
총투입량	50,000	총산출량	50,000

착수 완성량을 구분하지 않고 있다. 이는 기초재공품이 당기에 착수된 것으로 가정하고 있기 때문이다. 산출물량은 50,000개로 선입선출법과 동일하다. 물량흐름을 파악할 때는 선입선출법 역시 기초재공품을 따로 분리하지 않고 가중평균법의 물량흐름과 같이 파악해도 무방하다. 다만, 선입선출법에서는 기초재공품의 완성도를 고려하여 완성품 환산량을 구한다는 것을 기억해야 한다.

3.2.2 완성품 환산량 산출

가중평균법에서도 선입선출법과 마찬가지로 재공품의 완성도가 다르기 때문에 재료원가와 가공원가를 구분하여 완성품 환산량을 구해야 한다. 그리고 기초재공품은 당기에 착수한 것으로 가정한다는 점을 상기한다면, 가중평균법에서의 완성품 환산량은 [도표 7-7]과 같이 구할 수 있다.

[도표 7-7] 가중평균법하의 완성품 환산량

	재료원가	가공원가
당기완성량	48,000	48,000
기말재공품수량	2,000×1.0=2,000	2,000×0.5=1,000
합　계	50,000	49,000

[도표 7-7]에서 선입선출법에서는 기초재공품을 분리하여 환산량을 구했지만, 가중평균법은 구분할 필요가 없다. 기초재공품은 당기에 착수한 것으로 가정하기 때문이다. 따라서 기초재공품의 재료원가가 비록 전기에 100% 투입되었고, 가공원가 40%가 전기에 투입되었다 하더라도 모두 당기에 투입된 것으로 가정한다. 따라서 당기완성량은 48,000개가 된다. 기말재공품은 재료원가가 100% 투입되었고, 가공원가는 50% 투입되었기 때문에 그에 따라 환산량을 구해 보면 각각 2,000개와 1,000개이다.

3.2.3 총제조원가 집계

총제조원가의 집계에서도 앞서 구한 완성품 환산량에서의 논리가 적용된다. 즉, 재료원가와 가공원가의 완성도가 다르기 때문에 총제조원가를 집계할 때 구분하여야 하며, 또한 기초재공품의 전기발생원가가 당기에 발생한 것으로 가정한다. 따라서 전기에 발생한 기초재공품의 원가도 총제조원가에 포함되어야 한다. 가중평균법에서의 총제조원가를 집계해 보면 [도표 7-8]과 같다.

[도표 7-8]에서 기초재공품 전기발생원가도 당기에 발생한 것으로 가정하기 때문에 재료원가와 가공원가의 전기 발생액이 총제조원가에 포함된다. 앞서 살펴보았던 선입선출법에서는 당기발생원가만을 집계하였기 때문에 기초재공품의 전기발생원가는 제외되었다.

[도표 7-8] 가중평균법하의 총제조원가

	재료원가	가공원가	합 계
기초재공품원가	₩40,700	₩10,700	₩51,400
당기발생원가	220,000	175,500	395,500
총제조원가	₩260,700	₩186,200	₩446,900

3.2.4 완성품 환산량 단위당원가 계산

완성품 환산량 단위당원가를 구하는 방법은 선입선출법과 동일하다. 즉, 앞서 2단계와 3단계에서 구한 완성품 환산량과 총제조원가를 이용하여 구한다. 완성품 환산량 단위당원가를 구해 보면 [도표 7-9]와 같다.

[도표 7-9] 완성품 환산량 단위당원가

	재료원가	가공원가
총제조원가	₩260,700	₩186,200
완성품 환산량	÷ 50,000	÷ 49,000
단위당원가	₩5.214	₩3.8

3.2.5 원가의 배부

마지막 단계인 제품원가의 배부는 선입선출법에서와 마찬가지로 앞서 2단계에서 구한 완성품 환산량과 4단계에서 구한 환산량 단위당원가를 이용하여 제품원가를 계산한다. 여기에는 완성품뿐만 아니라 기말재공품도 있기 때문에 각각을 분리하여 산출한다. 그러나 가중평균법이 선입선출법과 다른 것은 가중평균법에서는 기초재공품의 전기발생원가를 당기에 발생한 것으로 가정하여 이미 완성품 환산량과 총제조원가를 구할 때 포함시켰기 때문에 제품원가 산출시 포함시켜서는 안 된다는 점이다. 가중평균법하의 제품원가를 구해 보면 [도표 7-10]과 같다.

[도표 7-10] 가중평균법하의 완성품과 기말재공품 원가

	재료원가	가공원가	합 계
완성품원가	48,000×₩5.214=₩250,272	48,000×₩3.8=₩182,400	₩432,672
기말재공품원가	2,000×₩5.214=₩10,428	1,000×₩3.8=₩3,800	₩14,228
총 원 가			₩446,900

지금까지 선입선출법과 가중평균법을 사용하여 제품원가계산을 하였다. 모두 5단계의 절차를 거쳐 제품원가가 산출되었으며, 두 방법 간에는 다소 차이가 있었다. 그러나 그 차이는 두 방법이 가지고 있는 가정의 차이 때문에 발생하는 것임을 알 수 있었다. 즉, 선입선출법은 당기에 작업하고 당기에 발생한 원가만을 집계하여 완성품 환산량과 총제조원가를 구하였다. 따라서 선입선출법에서는 기초재공품의 전기작업이나 전기발생원가는 제외되었다. 그러나 가중평균법은 기초재공품을 당기에 착수한 것으로 가정하여 완성품 환산량과 총제조원가 산출시 포함시켰다.

3.3 회계처리

여기서는 20×1년 1월 중 절단공정에서 발생한 거래에 대해 분개와 T계정을 이용한 재공품 계정에서의 원가흐름을 파악해 보기로 하자. 우선 1월 중 절단공정에서 발생된 거래를 분개하면 다음과 같다.

직접재료원가의 투입 : (차) 재공품－절단공정 220,000 (대) 원 재 료 220,000

직접노무원가의 발생 : (차) 재공품－절단공정 80,000 (대) 현 금 80,000

제조간접원가의 배부 : (차) 재공품－절단공정 95,500 (대) 제조간접원가 95,500

여기서는 편의상 제조간접원가의 배부액과 발생액이 같다고 가정하였다. 만약 배부액과 발생액이 같지 않다면 개별원가계산에서 설명한 것과 마찬가지로 먼저 배부액이 재공품 계정에 차기되며, 부족배부(또는 초과배부) 제조간접원가가 중요하지 않다면 매출원가 계정에서, 중요하다면 매출원가, 재공품 그리고 완제품계정에서 각 계정의 조정 전 잔액을 기준으로 배부한다.

앞에서의 단일공정하의 종합원가계산 결과를 보면, 절단공정에서 제품이 완성되었을 완성품의 원가가 선입선출법에서는 ₩432,000, 가중평균법에서는 ₩432,672이었다. 따라서 이 금액이 재공품 계정에서 완성품 계정으로 차기된다. 선입선출법과 가중평균법하에서 제품완성에 대한 분개는 다음과 같이 할 수 있으며, 각 방법의 재공품계정을 보면 [도표 7-11]과 같다.

선입선출법 : (차) 제 품 432,000 (대) 재 공 품 432,000
가중평균법 : (차) 제 품 432,672 (대) 재 공 품 432,672

[도표 7-11] 선입선출법과 가중평균법하의 재공품계정

재공품(선입선출법)

차변	금액	대변	금액
기초재공품	51,400	재공품(절단)	432,000
직접재료원가	220,000	기말재공품	14,900
직접노무원가	80,000		
제조간접원가	95,500		
	446,900		446,900

재공품(가중평균법)

차변	금액	대변	금액
기초재공품	51,400	재공품(절단)	432,672
직접재료원가	220,000	기말재공품	14,228
직접노무원가	80,000		
제조간접원가	95,500		
	446,900		446,900

위와 같은 분개는 단일공정일 경우에 해당된다. 만약 복수공정을 통해 제품생산이 이루어진다면 분개는 달라진다. 예를 들어 생산공정이 절단공정과 조립공

정으로 구성되어 있다면 절단공정의 완성품은 조립공정으로 투입되어 완성되기 때문에 이때 투입되는 절단공정의 완성품원가를 차공정대체원가라 한다. 이를 분개해 보면 다음과 같다.

선입선출법 : (차) 재공품－조립공정 432,000 (대) 재공품－절단공정 432,000
가중평균법 : (차) 재공품－조립공정 432,672 (대) 재공품－절단공정 432,672

04 공정별 종합원가계산

4.1 복수공정의 원가흐름

제품생산은 복수의 공정에 의해 이루어지고 있는 것이 현실이다. 표준화된 여러 연속공정을 거쳐 제품을 생산할 때 적합한 원가계산을 공정별 종합원가계산이라고 한다. 따라서 종합원가계산에서는 각 공정별로 원가요소가 집계되고 제품원가가 산출되어야 한다. 이때도 앞서 살펴본 단일공정 종합원가계산의 논리가 그대로 적용된다.

그러나 복수공정이기 때문에 선행공정의 완성품은 후행공정의 원재료로 간주된다. 예를 들어 절단공정(1공정)과 조립공정(2공정)이 있다고 하자. 1공정인 절단공정의 완성품이 2공정인 조립공정에서는 재료로 투입된다. 즉, 1공정에서 완성되어야 2공정의 작업을 할 수 있다는 의미이다. 이때 1공정에서 2공정으로 투입되는 완성품을 2공정의 입장에서 전공정대체라 하고, 그 원가를 전공정원가(혹은 전공정대체원가)라 한다. 전공정원가는 후행공정에서는 원재료의 일종으로 간주한다. 전공정원가는 공정의 성격상 후행공정 초에 투입되는 것이 보통이다. 왜냐하면 앞선 공정에서 물량이 대체되어 오면 이를 후행공정에서 추가가공을 하기 때문이다. 이를 원가흐름으로 나타내면 [도표 7-12]와 같다.

제1공정에서는 차공정대체원가로, 제2공정에서는 전공정원가로 표현한다.

완성품 환산량을 구할 때 특별한 가정이 없는 한 전공정대체는 공정 초에 전량 투입되는 원재료와 같은 방식으로 산정하면 된다.

[도표 7-12] 복수공정의 원가흐름

재공품 : 절단공정	
기초재고액	당기완성액
직접재료원가	차기이월액
가공원가	

재공품 : 조립공정	
기초재고액	당기완성액
전공정원가	차기이월액
직접재료원가	
가공원가	

전공정에서 완성된 물량은 별도의 언급이 없는 한 차공정의 당기착수량이 된다.

예제 7-3

[예제 7-2]의 자료를 1공정(절단공정)이라고 가정하고, 그 자료를 그대로 이용한다. 2공정(조립공정)에서는 재료가 제품완료시에 투입된다. 가공원가는 공정 전반에 걸쳐 균등하게 발생한다. 절단공정의 완성품은 모두 조립공정에 투입된다. 20×1년 1월의 조립공정의 생산자료는 다음과 같다.

1. 조립공정은 기초재공품이 12,000개(완성도 60%)이며, 전공정원가가 ₩108,600, 가공원가가 ₩100,080이다.
2. 조립공정은 1월중 완성품 수량이 44,000개이며, 기말재공품 수량이 16,000개(완성도 40%)이다.
3. 조립공정에서는 직접재료원가가 ₩132,000, 가공원가가 ₩630,720(직접노무원가 ₩300,000, 제조간접원가 ₩330,720) 발생하였다.
4. 1공정과 2공정의 물량흐름은 동일한 방법을 사용한다.

4.2 선입선출법(2공정)

4.2.1 물량흐름의 파악

절단공정(1공정)은 앞서 [예제 7-2]에서 이미 제품원가를 산출했다. 선입선출법에서는 완성품의 원가가 ₩432,000이었으며, 기말재공품의 원가가 ₩14,900이었다. 여기서는 조립공정(2공정)에 대한 종합원가계산 절차를 살펴보도록 한다. 복수공정에서도 단일공정과 마찬가지로 물량흐름을 파악하는 것으로부터 원가계산이 이루어진다. 기본적인 논리는 선입선출법의 가정이 그대로 적용된다. 즉 당기에 작업한 것과 당기에 발생한 원가만을 집계하여 완성품 환산량과 총제조원가를 산출한다. 조립공정의 물량흐름을 선입선출법에 따라 파악해 보면 [도표 7-13]과 같다.

[도표 7-13]의 차변을 보면 당기착수량 48,000개가 기록되어 있는데, 이는

[도표 7-13] 물량흐름

재공품(조립공정)			
기초재공품	12,000 (60%)	기초재공품 완성품	12,000
당기착수	48,000	당기착수 완성품	32,000
		기말재공품	16,000 (40%)
총투입량	60,000	총산출량	60,000

선행공정인 절단공정의 완성수량이다. 대변에는 산출수량이 기재되어 있는데, 단일공정일 경우 선입선출법하의 종합원가계산과 같다. 선입선출법에서는 기초재공품 완성량과 당기착수 완성량의 완성도가 서로 다르기 때문에 완성량을 따로 구분하여 기재하였다.

4.2.2 완성품 환산량 산출

완성품 환산량을 구할 때 중요한 점은 선입선출법의 가정, 즉 당기에 수행된 작업에 대한 완성품 환산량만을 사용한다는 것이다. 조립공정의 완성품 환산량을 선입선출법에 따라 파악해 보면 [도표 7-14]와 같다.

[도표 7-14]에서 먼저 전공정원가를 보면, 기초재공품 완성량은 이미 전기에 투입된 것이기 때문에 전공정원가는 0개[=12,000개×0%]가 된다. 당기착수 완성량과 기말재공품 수량은 당기에 투입된 것이기 때문에 모두 100%가 된다. 선입선출법에서는 당기에 투입된 물량만을 집계한다는 점을 기억해야 한다. 재료원가를 보면, 기초재공품 완성량은 추가재료가 조립공정 완료시에 투입되기 때문에 완성도 100%로 환산한 것이다. 기말재공품 수량은 완성도가 40%이기 때문에 아직 추가재료가 투입되지 않았으므로 재료의 완성도는 0%이다. 따라서 완성품 환산량은 0이다. 그리고 가공원가를 보면, 기초재공품 완성량은 전기에 60%가 완성되었고, 당기에 나머지 40%가 완성되었으며, 기말재공품 수량은 당기에

[도표 7-14] 완성품 환산량

	전공정원가	재료원가	가공원가
기초재공품 완성량	0	12,000×1.0=12,000	12,000×(1−0.6)= 4,800
당기착수 완성량	32,000	32,000	32,000
기말재공품 수량	16,000	0	16,000×0.4= 6,400
합　계	48,000	44,000	43,200

40%가 완성되었음을 알 수 있다.

4.2.3 총제조원가 집계

총제조원가도 당기에 발생된 원가만을 집계하여야 한다. 이는 완성품 환산량을 구할 때도 당기에 작업한 것만을 대상으로 하였다는 점과 같다. 조립공정에 대하여 선입선출법에서의 총제조원가를 집계해 보면 [도표 7-15]와 같다.

[도표 7-15] 총제조원가

	전공정원가	재료원가	가공원가
당기발생원가	₩432,000	₩132,000	₩630,720

[도표 7-15]의 재료원가 그리고 가공원가의 당기발생원가는 [예제 7-3]에서 이미 주어진 자료이다. 전공정원가는 선행공정인 절단공정에서 당기에 완성한 완성품원가 ₩432,000이 그대로 반영되어 있다. 이는 선행공정의 완성품이 당해 공정인 조립공정의 원재료가 되기 때문이다.

4.2.4 완성품 환산량 단위당원가 계산

완성품 환산량 단위당원가는 2단계와 3단계에서 구한 완성품 환산량과 총제조원가를 기초로 산출하게 된다. 산출결과는 [도표 7-16]과 같다.

[도표 7-16] 완성품 환산량 단위당원가

	전공정원가	재료원가	가공원가
총제조원가	₩432,000	₩132,000	₩630,720
완성품 환산량	÷ 48,000	÷ 44,000	÷ 43,200
단위당원가	₩9.0	₩3.0	₩14.6

4.2.5 원가의 배부

제품원가는 앞서 단일공정의 논리와 동일하다. 즉 2단계에서 구한 완성품 환산량과 4단계에서 구한 환산량 단위당 원가를 이용하여 산출된다. 다만, 전공정원가가 존재한다는 것이 차이일 뿐이다. 제품원가를 산출한 결과는 [도표 7-17]

[도표 7-17] 제품원가

	전공정원가	재료원가	가공원가	합 계
기초재공품	₩108,600	₩0	₩100,080	₩208,680
기초재공완성	0	12,000×₩3.0 =36,000	4,800×₩14.6 =70,080	106,080
당기착수완성	32,000×₩9.0 =288,000	32,000×₩3.0 =96,000	32,000×₩14.6 =467,200	851,200
기말재공품원가	16,000×₩9.0 =144,000	0	6,400×₩14.6 = 93,440	₩237,440
총 원 가				₩1,403,400

과 같다.

4.3 가중평균법(2공정)

가중평균법을 이용한 원가계산방법은 단일공정 종합원가계산과 동일하다. 또한 여기서도 전공정원가라는 개념이 포함되기 때문에 앞서 살펴본 복수공정의 선입선출법하의 종합원가계산과 동일하다. 다만, 서로 가정이 다르다는 점만 상기하면 될 것이다. 가중평균법하에서 절단공정(1공정)에 대해서는 이미 원가를 산출하였다. 완성품원가는 ₩432,672, 기말재공품의 원가는 ₩14,228이었다. 여기서는 조립공정(2공정)에 대한 종합원가계산 절차를 살펴보기로 한다.

물량흐름의 파악 :

재공품(조립공정)

기초재공품	12,000 (60%)	당기완성품	44,000
당기착수	48,000	기말재공품	16,000 (40%)
총투입량	60,000	총산출량	60,000

완성품 환산량 산출 :

	전공정원가	재료원가	가공원가
당기완성량	44,000	44,000	44,000
기말재공품 수량	16,000	0	16,000×0.4=6,400
합 계	60,000	44,000	50,400

총제조원가 집계 :

	전공정원가	재료원가	가공원가
기초재공품	₩108,600	재료 미투입	₩100,080
당기발생원가	432,672	₩132,000	630,720
합 계	₩541,272	₩132,000	₩730,800

완성품 환산량 단위당원가 계산 :

	전공정원가	재료원가	가공원가	합 계
총제조원가	₩541,272	₩132,000	₩730,800	₩1,404,072
완성품 환산량	÷ 60,000	÷ 44,000	÷ 50,400	
단위당 원가	₩9.0212	₩3.0	₩14.5	

원가의 배부 :

	전공정원가	재료원가	가공원가	합 계
당기완성품	44,000×₩9.0212	44,000×₩3.0	44,000×₩14.5	
	=₩396,933	=₩132,000	=₩638,000	₩1,166,933
기말재공품원가	16,000×₩9.0212	0	6,400×₩14.5	
	=144,339		=92,800	₩237,139
총 원 가				₩1,404,072

4.4 회계처리 및 원가흐름

여기서는 20×1년 1월중 조립공정(2공정)에서 발생한 거래에 대해 분개와 T계정을 이용한 재공품계정에서의 원가흐름을 파악해 보기로 하자. 우선 1월중 조립공정에서 발생된 거래를 분개하면 다음과 같다.

직접재료원가의 투입 : (차) 재공품－조립공정 132,000 (대) 원 재 료 132,000

직접노무원가의 발생 : (차) 재공품－조립공정 300,000 (대) 현 금 300,000

제조간접원가의 배부 : (차) 재공품－조립공정 330,720 (대) 제조간접원가 330,720

여기서는 편의상 제조간접원가의 배부액과 발생액이 같다고 가정하였다. 앞서 복수공정하의 종합원가계산 결과를 보면 조립공정에서 제품이 완성되었을 완성품의 원가가 선입선출법에서는 ₩1,165,960, 가중평균법에서는 ₩1,166,933이었다. 따라서 이 금액이 재공품 계정에서 완성품 계정으로 차기된다. 선입선출법과 가중평균법하 제품완성에 대한 분개는 다음과 같이 할 수 있으며, 각 방법의 재공품 계정을 보면 [도표 7-18]과 같다.

조립공정 제품완성시

선입선출법 : (차) 완 제 품 1,165,960 (대) 재공품－조립공정 1,165,960

가중평균법 : (차) 완 제 품 1,166,933 (대) 재공품－조립공정 1,166,933

[도표 7-18] 선입선출법과 가중평균법의 재공품 계정 원가흐름

〈선입선출법〉

재공품 : 절단공정

기초재고액	51,400	차공정대체	432,000
직접재료원가	220,000	기말재공품	14,900
직접노무원가	80,000		
제조간접원가	95,500		

재공품 : 조립공정

기초재고액	208,680	완 제 품	1,165,960
전공정원가	432,000	기말재공품	237,440
직접재료원가	132,000		
직접노무원가	300,000		
제조간접원가	330,720		

〈가중평균법〉

재공품 : 절단공정

기초재고액	51,400	차공정대체	432,672
직접재료원가	220,000	기말재공품	14,228
직접노무원가	80,000		
제조간접원가	95,500		

재공품 : 조립공정

기초재고액	208,680	완 제 품	1,166,933
전공정원가	432,672	기말재공품	237,139
직접재료원가	132,000		
직접노무원가	300,000		
제조간접원가	330,720		

05 종합예제

소백산(주)는 종합원가계산을 적용하고 있는데, 재료원가는 공정의 착수시점에 전량 투입되고, 가공원가는 공정 전반에 걸쳐 균등하게 발생한다.

1. 기초재공품은 300개(완성도 60%)이다.
2. 기초재공품 원가는 재료원가가 ₩40,200이며, 가공원가는 ₩51,440이다.
3. 당기에 생산착수된 수량은 1,500개이며, 당기에 완성된 제품은 1,600개이다. 기말재공품은 200개(완성도 80%)이다.
4. 당기에 발생된 원가는 재료원가가 ₩120,000, 가공원가가 ₩158,000이다.

(요구사항)

1. 선입선출법에 따라 제품원가를 산출하시오.
2. 가중평균법에 따라 제품원가를 산출하시오.

(해　　답)

1. 선입선출법

(1) 물량흐름

물량흐름(조립공정)

기초재공품	300 (60%)	기초재공품 완성품	300
당기착수	1,500	당기착수 완성품	1,300
		기말재공품	200 (80%)
총투입량	1,800	총산출량	1,800

(2) 완성품 환산량 산출

	재료원가	가공원가
기초재공품 수량	0	300×(1.0−0.6)= 120
당기착수 완성량	1,300	1,300
기말재공품 수량	200×1.0= 200	200×0.8= 160
합　　계	1,500	1,580

(3) 총제조원가 집계

	재료원가	가공원가
당기발생원가	₩120,000	₩158,000

(4) 완성품 환산량 단위당원가 계산

	재료원가	가공원가
총제조원가	₩120,000	₩158,000
완성품 환산량	÷ 1,500	÷ 1,580
단위당 원가	₩80	₩100

(5) 원가의 배부

완성품원가	재료원가	가공원가	합 계
기초재공품원가	₩40,200	₩51,440	₩91,640
당기투입원가	(0+1,300)×₩80 =104,000	(120+1,300)×₩100 =142,000	246,000
기말재공품원가	200×₩80=16,000	160×₩100=16,000	32,000
총 원 가			₩369,640

2. 가중평균법

(1) 물량흐름의 파악

물량흐름(조립공정)

기초재공품	300 (60%)	당기완성품	1,600
당기착수	1,500	기말재공품	200 (80%)
총투입량	1,800	총산출량	1,800

(2) 완성품 환산량 산출

	재료원가	가공원가
당기완성량	1,600	1,600
기말재공품 수량	200×1.0= 200	200×0.8= 160
합 계	1,800	1,760

(3) 총제조원가 집계

	재료원가	가공원가
기초재공품원가	₩40,200	₩51,440
당기발생원가	120,000	158,000
합 계	₩160,200	₩209,440

(4) 완성품 환산량 단위당원가 계산

	재료원가	가공원가
총제조원가	₩160,200	₩209,440
완성품 환산량	÷ 1,800	÷ 1,760
단위당 원가	₩89	₩119

(5) 원가의 배부

	재료원가	가공원가	합 계
완성품원가	1,600×₩89=₩142,400	1,600×₩119=₩190,400	₩332,800
기말재공품원가	200×₩89=17,800	160×₩119=19,040	36,840
총 원 가			₩369,640

연·습·문·제

EXERCISES

객관식 문제

[7-1] 종합원가계산에서 나타나는 특징이 아닌 것은? (전산세무 2급)

① 개별작업별로 원가를 집계한다.
② 원가요소의 분류가 재료원가와 가공원가로 단순화된다.
③ 연속적으로 대량·반복 생산되는 형태이므로 기간개념이 중시된다.
④ 동일 공정에서 생산된 제품은 동질적이라는 가정에 따라 평균화 과정에 기초하여 제품원가가 계산된다.
⑤ 소품종 대량생산이 가능한 산업에 적합한 원가계산방법이다.

[7-2] 다음 중 종합원가계산에서 재료원가와 가공원가를 구분하는 의미가 없는 경우는? (전산세무 2급)

① 재료원가와 가공원가의 제조과정에 투입시점이 같을 때
② 제조과정에 투입되는 재료원가와 가공원가의 금액이 같을 때
③ 제조과정에 투입되는 재료원가가 가공원가에 비해 현저히 작을 때
④ 제조과정에 투입되는 재료원가와 가공원가의 물량이 같을 때
⑤ 재료원가와 가공원가의 기말잔액이 같을 때

[7-3] 종합원가계산 중 선입선출법에 대한 설명으로 부적절한 것은? (전산세무 2급)

① 선입선출법은 실제의 물량흐름을 반영한다.
② 선입선출법은 전기 작업분을 포함한 평균개념이다.
③ 선입선출법은 당기 작업분만 포함한 당기 단가개념이다.
④ 기초재공품 원가는 먼저 완성품원가를 구성하는 것으로 가정한다.
⑤ 물가상승 시 가중평균법의 가정보다 기말재고자산이 크게 나타난다.

[7-4] 가중평균법(weighted average method)을 적용한 종합원가계산에 대한 설명으로 가장 부적절한 것은? (CPA)

① 가중평균법은 마치 기초재공품 모두를 당기에 착수, 완성한 듯이 가정한다.
② 기초재고가 없다면 선입선출법과 거의 차이가 없다.

③ 가중평균법은 착수 및 원가발생 시점에 관계없이, 당기 완성량의 평균적 원가를 계산한다.

④ 선입선출법에 비해 가중평균법은 당기의 성과를 이전의 기간과 독립적으로 평가할 수 있는 보다 적절한 기회를 제공한다.

⑤ 선입선출법이 가중평균법에 비해 실제 물량흐름(physical flow)에 보다 충실한 원가흐름가정이라 볼 수 있다.

[7-5] 다음 중 종합원가계산제도를 적용함에 있어 선입선출법과 가중평균법에 관한 설명으로 가장 부적절한 것은? (재경관리사)

① 가중평균법 적용하의 완성품 환산량은 선입선출법 적용하의 완성품 환산량보다 크거나 같다.

② 가중평균법은 완성품 환산량 계산시 기초재공품을 당기에 착수한 것으로 간주한다.

③ 원재료 단가 산정시 선입선출법을 사용하는 기업이라 할지라도 종합원가계산제도 적용시 가중평균법을 사용할 수 있다.

④ 기초재공품이 없다면 가중평균법과 선입선출법의 완성품 환산량 단위당 원가를 구하는 방법이 상이하더라도 두 방법의 계산결과는 같게 된다.

⑤ 선입선출법과 가중평균법은 완성품 환산량 단위당원가를 구하기 위한 원가흐름의 가정일 뿐 당기제품제조원가와 기말재공품의 수량에는 영향을 미치지 않는다.

[7-6] 종합원가계산 과정에서 완성품 환산량 단위당원가를 다음과 같이 계산하는 경우, 원가흐름의 가정별로 '㉠'에 해당하는 것으로 옳은 것은? (전산세무 2급)

완성품 환산량 단위당원가 = ㉠ ÷ 완성품 환산량

	가중평균법	선입선출법
①	기초재공품원가	당기투입원가
②	당기투입원가	기초재공품원가 + 당기투입원가
③	당기투입원가 − 기초재공품원가	기초재공품원가
④	기초재공품원가 + 당기투입원가	당기투입원가
⑤	기초재공품원가 + 당기투입원가	당기투입원가 − 기초재공품원가

[7-7] 다음 자료에 의하여 종합원가계산을 선입선출법으로 실행할 경우, 각 원가요소별 완성품 환산량 단위당원가는? (기업회계 1급)

기초재공품	• 수량 : 300단위(가공원가 완성도 70%) • 직접재료원가 : ₩17,500 • 가공원가 : ₩17,400
당기투입비용	• 직접재료원가 : ₩52,500 • 가공원가 : ₩69,600
당기완성수량	• 1,800단위
기말재공품 수량	• 250단위(가공원가 완성도 60%)
기 타	• 직접재료는 공정의 초기에 모두 투입

	직접재료원가	가공원가		직접재료원가	가공원가
①	₩40	₩30	②	₩30	₩40
③	₩40	₩50	④	₩50	₩40
⑤	₩50	₩40			

[7-8] (주)스마트는 제조간접원가에 대하여 예정배부를 실시하면서 선입선출법으로 종합원가계산을 실행한다. 가공원가는 공정 전반에 걸쳐 균등하게 발생한다. 다음 자료에 근거할 때 동사의 기계시간당 제조간접원가 예정배부율은? (기업회계 1급)

- 기초재공품 수량 : 2,500단위(가공원가 완성도 40%)
- 당기 완성수량 : 18,000단위
- 기말재공품 수량 : 3,800단위(가공원가 완성도 60%)
- 가공원가의 단위당원가 : ₩60
- 당기 투입원가 : 직접재료원가 ₩256,800, 직접노무원가 ₩406,800
- 당기 기계시간 : 2,500시간

① ₩200 ② ₩250 ③ ₩300
④ ₩350 ⑤ ₩400

[7-9] 회사는 가중평균법에 의하여 종합원가계산을 하며, 재료는 공정 초기에 전량 투입되고, 가공원가는 공정 중 균등하게 투입된다. 다음 자료를 이용하여 재료원가와 가공원가의 완성품 환산량을 구하면 얼마인가? (전산회계 1급)

- 기초재공품 수량 : 0개
- 당기착수량 : 4,000개
- 기말재공품 수량 : 1,000개(완성도 50%)
- 완성품수량 : 3,000개

	직접재료원가	가공원가
①	3,500개	4,000개
②	3,500개	3,500개

③	4,000개	4,000개
④	4,000개	3,500개
⑤	4,500개	4,000개

[7-10] 스마트화학(주)는 공정별 원가계산방법을 사용하고 있으며 완성품 환산량의 계산에 가중평균법을 사용하고 있다. 회사는 4월 중 125,000단위의 제품을 판매하였다. 회사는 오직 하나의 가공부서를 보유하고 있다. 생산활동과 관련된 추가정보가 다음과 같다.

4월 1일 재고	
재 공 품	없음
완 제 품	37,500단위
4월 30일 재고	
재공품(가공원가에 대한 진척도 75%)	8,000단위
완 제 품	30,000단위

회사의 4월 중 가공원가에 대한 완성품 환산량은 얼마인가? (세무사)

① 126,500 ② 125,500 ③ 123,500
④ 117,500 ⑤ 117,000

[7-11] 종합원가계산에서 재료원가는 공정초기에 전량 투입되며, 가공원가는 공정기간 동안 균등하게 투입될 경우 가중평균법에 의한 재료원가와 가공원가의 완성품 환산량으로 맞는 것은? (전산세무 2급)

구분	물량	완성도	구분	물량	완성도
기초재공품	300개	70%	당기완성	1,200개	–
당기투입	1,500개	–	기말재공품	600개	40%
계	1,800개	–	계	1,800개	–

	재료원가	가공원가
①	1,700개	1,440개
②	1,700개	1,800개
③	1,800개	1,440개
④	1,800개	1,800개
⑤	1,900개	1,440개

[7-12] 회사는 한 가지 종류의 장난감을 제조한다. 이번 기의 자료는 다음과 같다.

	단 위	재료원가	가공원가
기초재공품	1,000	₩9,000	₩12,000
당기착수	30,000	240,000	305,000
기말재공품	500	–	–

재료는 공정의 초기에 100% 투입된다. 기초재공품은 가공원가가 40% 투입된 상태에서 제조가 시작되었으며, 기말재공품에는 80%가 투입되었다. 회사는 종합원가계산방법을 사용하고 있으며, 원가흐름에 대한 가정으로 선입선출법을 사용하고 있다. 이번 기에 발생한 완성품원가는 얼마인가? (CPA)

① ₩531,000 ② ₩552,000 ③ ₩558,000
④ ₩549,000 ⑤ ₩560,000

[문 7-13]과 [문 7-14] 관련자료

(주)스마트는 단일제품을 생산하고 있으며, 선입선출법에 의한 종합원가계산을 채택하고 있다. 제품의 제조과정에서 두 가지 재료가 투입되는데 재료 A는 공정의 25%시점에서, 재료 B는 75%시점에서 각각 투입되며 가공원가는 전공정을 통해 평균적으로 균일하게 발생한다. 20×1년 4월의 생산활동과 관련된 자료는 다음과 같다.

- 월초재공품 수량은 2,500단위, 완성도 40%, 원가는 ₩700,000이다.
- 월말재공품 수량은 2,000단위이며, 이 중 1,000단위는 완성도가 10%, 나머지 1,000단위는 80%이다.
- 당월 착수량은 3,500단위이고, 완성량은 4,000단위이다.
- 20×1년 4월 중에 발생한 원가는 다음과 같다.

  재료 A의 원가: ₩500,000 재료 B의 원가: ₩600,000
  가공원가: ₩1,170,000

[7-13] 위 자료를 이용할 때 재료원가와 가공원가의 완성품환산량은 얼마인가?

	A재료원가	B재료원가	가공원가
①	2,500단위	5,000단위	3,900단위
②	5,000단위	2,500단위	4,000단위
③	3,900단위	4,000단위	5,000단위
④	2,500단위	3,900단위	5,000단위

⑤ 5,000단위 2,500단위 3,900단위

[7-14] 위 자료를 이용할 때 당월 완성품원가는 얼마인가?

① ₩2,270,000 ② ₩2,380,000 ③ ₩2,970,000
④ ₩1,870,000 ⑤ ₩1,680,000

[7-15] 월초재공품은 1,000단위이고 당월투입수량은 4,500단위이며, 월말재공품은 300단위이며 완성도는 30%이다. 가공원가는 공정 전반에 걸쳐 균등하게 발생한다. 선입선출법에 의한 가공원가의 완성품 환산량이 4,600단위일 경우 월초재공품의 가공원가 완성도는 몇 %인가?

① 31% ② 42% ③ 58%
④ 69% ⑤ 72%

주관식 문제

[7-1] 당월에 월초재공품에 투입된 가공원가의 완성품 환산량은 4,200단위이며, 당월착수 당월완성품의 가공원가 완성품 환산량은 6,000단위이다. 월말재공품의 가공원가 완성품 환산량은 1,000단위이며 당월발생 가공원가는 ₩97,440,000이다.

(요구사항)
선입선출법을 적용하는 경우 월말재고의 가공원가는 얼마인가?

[7-2] 가공원가는 공정 전반에 걸쳐 균등하게 발생한다. 월초재공품의 가공원가는 ₩1,900,000이고 당월 발생 가공원가는 ₩18,100,000이다. 당월 완성품의 가공원가는 ₩19,200,000이며 월초재공품 수량은 400단위이고 당월 완성수량은 4,800단위이다.

(요구사항)
가중평균법을 적용하는 경우 월말재공품의 가공원가 완성품 환산량은 얼마인가?

[7-3] 재료원가의 월초재공품 수량은 2,000단위이고 월초재공품 재료원가는 ₩4,200,000이다. 가중평균법에 의한 재료원가의 총완성품 환산량은 9,000단위이다. 재료원가에 대한 월말재공품 완성품 환산량은 3,000단위이고 월말재공품 재료원가는 ₩4,500,000이다. 재료원가는 공정 초에 전량 투입된다.

(요구사항)
당월 발생 재료원가는 얼마인가?

[7-4] 스마트(주)는 선입선출법을 이용하여 종합원가계산을 실시한다. 원재료는 공정의 착수시점에 전량 투입된다. 20×1년 1월의 생산자료는 다음과 같다.

기초재공품수량	600개(30%)
당기착수량	5,000개
2공정대체량	4,600개
기말재공품수량	1,000개(40%)

(요구사항)

재료원가와 가공원가의 완성품 환산량은 얼마인가?

[7-5] 스마트(주)는 A, B 두 제조공정을 거쳐 제품을 생산한다. 두 공정 모두 원재료는 공정시초에 투입되며, 가공원가는 공정의 진척도에 따라 발생한다. A, B공정의 생산관련 자료는 다음과 같다.

	A공정	B공정
기초재공품 수량	500개(60%)	1,000개(50%)
당 기 착 수 수량	1,500개	–
전공정대체 수량	–	?
기말재공품 수량	200개(80%)	500개(60%)

(요구사항)

가중평균법을 사용할 경우 A공정과 B공정의 완성품 환산량은 얼마인가?

[7-6] (주)스마트는 단일제품을 대량으로 생산하고 있다. 20×1년 10월의 생산 및 원가자료는 다음과 같다. 원재료는 공정초기에 모두 투입되고, 가공원가는 공정전반에 걸쳐 균등하게 발생한다.

기초재공품	• 수　　량 : 600개 • 재료원가 : ₩300,000 • 가공원가 : ₩240,000 • 완 성 도 : 50%	당기완성량	• 수　　량 : 1,500개
당기발생원가	• 착 수 량 : 1,200개 • 재료원가 : ₩240,000 • 가공원가 : ₩330,000	기말재공품	• 수　　량 : 300개 • 완 성 도 : 40%

(요구사항)

선입선출법에 따라 완성품 원가와 기말재공품 원가를 구하시오.

[7-7] 스마트(주)는 세 가지 형태의 제품 A·B·C를 생산하고 있다. 이들 제품은 두 가지의 가공작업 甲·乙을 거쳐 최종제품으로 완성되는데, C제품은 반제품형태로 판매되기 때문에 乙작업이 불필요하다. 가공작업 甲·乙의 원가는 각 제품의 수량에 비례하여 균등하게 발생한다. 20×1년 1월의 관련 자료는 다음과 같다. 단, 기초 및 기말의 재공품은 없다.

1. 당월 중의 생산량 및 재료원가 :

구 분	생 산 량	직접재료원가
제품 A	9,000개	₩2,070,000
제품 B	4,000	1,320,000
제품 C	6,000	1,740,000

2. 당월 중의 가공원가 발생액 :

구 분	가공 甲	가공 乙
직접노무원가	₩500,000	₩1,000,000
제조간접원가	70,000	300,000

(요구사항)

20×1년 1월 중 B제품의 단위당 제조원가는 얼마인가?

[7-8] 스마트(주)는 제품생산을 위해 두 종류의 직접재료 A와 B를 투입하는데, 직접재료 A는 공정초기에 전부 투입되며 직접재료 B는 공정의 70%시점에서 투입된다. 가공원가는 전공정을 통해 균등하게 발생한다. 기초재공품은 1,000개, 당기착수량은 14,000개이고, 기말재공품은 4,000개이다. 기초재공품의 완성도는 60%이고, 직접재료원가가 ₩30,000, 가공원가 ₩13,000이다. 기말재공품의 완성도는 50%이고, 당기에 발생한 원가는 직접재료 A의 원가 ₩280,000, 직접재료 B의 원가 ₩165,000, 가공원가 ₩372,000이다.

(요구사항)

선입선출법을 적용하여 계산한 기말재공품의 원가는 얼마인가?

[7-9] 스마트(주)는 연속된 제조공정 A, B를 거쳐 제품을 생산하고 있다. B공정의 재료는 B공정의 40%시점에서 모두 투입되며, 가공원가는 B공정의 전반에 걸쳐 균등하게 발생한다. 20×1년 1월초 기초재공품은 800개(완성도 20%)이며, 전공정원가가 ₩8,400, 가공원가가 ₩1,820이 포함되어 있다. 기말재공품은 400개(완성도 70%)이다. 당기착수량은 2,000개이며, 당기완성량은 2,400개이다. 당기 발생원가를 보면 전공정대

체원가가 ₩19,600, 재료원가가 ₩23,800, 가공원가가 ₩7,560이다.

(요구사항)

가중평균법을 이용하여 완성품원가와 기말재공품원가를 산출하시오.

[7-10] [문제 7-9]의 자료를 가지고 선입선출법에 따른 완성품원가와 기말재공품원가를 산출하시오.

[7-11] 스마트(주)는 광고홍보물을 제작하는 회사로 외주를 준 원재료 A가 공정시점에서 투입된 후 80%의 가공공정을 거쳐 완성된 다음, 특수코팅재료 B가 투입되어 완성된다. 다음과 같은 자료가 주어질 경우 물음에 답하시오.

	수 량	완 성 도		수 량	완 성 도
월초재공품	150	40%	완 성 품	1,100	100%
당월투입	1,200	–	기말재공품	250	60%

(요구사항)

1. 가중평균법에 따를 경우 완성품 환산량을 산출하시오.
2. 선입선출법에 따를 경우 완성품 환산량을 산출하시오.

[7-12] 스마트맥주(주)는 음료를 생산하고 있으며, 4개의 원재료가 공정진척도에 따라 각각 다른 시점에서 투입되고 있다. 당월에 150,000병의 음료수를 생산하였으며, 30,000병이 현재 재공품(진척도 60%) 상태로 남아 있다. 기초재공품은 20,000병이며 진척도는 40%이다. 원재료 투입단계는 다음과 같다.

- 원재료 A : 공정 초에 투입
- 원재료 B : 진척도 50%시점에서 투입
- 원재료 C : 공정종점에서 투입
- 원재료 D : 진척도에 비례하여 투입

(요구사항)

1. 선입선출법에 따를 경우 완성품 환산량을 산출하시오.
2. 가중평균법에 따를 경우 완성품 환산량을 산출하시오.

[문 7-13]과 [문 7-14] 관련자료

소백산(주)는 A, B 두 공정을 통해 단일제품을 생산한다. 원재료는 A공정의 초기와 B공정의 70%시점에서 투입되며, 가공원가는 공정전체를 통해 균등하게 발생한다. A공정이 완료되면 그 완성품은 즉시 B공정으로 대체되며, B공정이 완료되면 완성된 제품은 제품계정에 대체된다. 당해 연도 1월의 자료는 다음과 같으며, 월말재공품의 평가는 가중평균법이다.

	A공정	B공정
월초재공품	1,500단위	2,400단위
완 성 도	60%	30%
전공정원가	–	₩125,800
원재료원가	₩38,000	–
가공원가	26,000	37,440
	₩64,000	₩163,240
1월중 착수량	14,500단위	12,500단위
1월중 완성량	12,500	9,500
월말재공품	3,500	5,400
완 성 도	40%	40%
1월중 투입원가		
원재료원가	₩346,000	₩456,000
가공원가	196,400	592,200
	₩542,400	₩1,048,200

[7-13] A공정의 제조원가보고서를 작성하시오.

[7-14] B공정의 제조원가보고서를 작성하시오.

[7-15] 스마트(주)는 야구배트를 제조하는 기업이며, 절단부문과 마무리부문 등 두 개의 생산공정이 있다. 절단부문에서 완성된 제품은 마무리부문으로 투입되며, 마무리부문의 완료시점에서는 추가적인 재료를 투입하여 완성품을 생산하게 된다. 절단부문의 원재료는 공정 착수시점에 전량 투입되며, 가공원가는 두 부문 모두 공정 전반에 걸쳐 균등하게 발생한다. 물량과 원가자료가 다음과 같이 주어질 때 물음에 답하시오.

	절단부문	마무리부문
기초재공품	20,000단위	24,000단위
완 성 도	50%	80%
전공정비	–	₩24,000
원재료원가	₩18,800	–
가공원가	20,000	28,000
	₩38,800	₩52,000
당월 착수량	60,000단위	64,000단위
당월중 완성량	64,000	68,000
월말재공품	16,000	20,000
완 성 도	40%	30%
원가자료		
원재료원가	₩48,000	₩34,000
가공원가	60,400	68,500

(요구사항)

절단부문과 마무리부문의 제조원가보고서를 작성하시오. 동사는 원가계산을 선입선출법에 따라 실시하고 있다.

SMART COST ACCOUNTING

제 8 장

공손품 회계

01 합격품과 불합격품

우리는 앞서 종합원가계산을 학습하면서 생산한 모든 제품은 품질에 문제가 없는 비교적 단순한 제조상황을 가정하였다. 그러나 현실은 좀 더 복잡해서 품질검사를 통과하지 못하는 불합격품이 있게 마련이다. 이를 반영하여 보다 현실적인 상황의 원가계산과 회계처리에 대하여 논의해 보고자 한다.

제품을 생산하기 위해서는 필요한 원재료가 공정에 투입되어야 하고, 이를 가공하는 데 필요한 노동력과 각종 제조간접원가의 발생이 필연적이다. 제품을 생산하는 단계별 작업과정을 공정이라고 한다. 생산공정에는 직접 제품생산에 기여하는 작업단계뿐만 아니라 제품이 일정한 규격 혹은 품질수준을 유지하고 있는지를 판단하는 검사단계가 있다. 일반적으로 검사를 하기 전에는 소비자에게 판매할 수 있는 합격품인지 불합격품인지 여부를 판단하기 어렵다. 검사단계는 제품의 특성 혹은 공정에 따라 그 시점이 다르다.

검사단계에서 합격품은 정상품으로, 그리고 불합격품은 불량품과 공손품으로 분류된다. 정상품(good units)은 검사단계를 하자 없이 통과한 정상적인 판매가치를 지닌 제품을 말한다. 즉, 정상적으로 소비자에게 판매 가능한 제품이다. 공손품(spoiled units)은 정상품에 비하여 규격이나 품질수준이 미달하는 불합격품을 말한다. 공손품은 폐기처분하거나 매각하는 것이 유리하다. 반면에 불량품(defected units)은 공손품과 같이 정상품에 비하여 규격이나 품질수준이 미달하는 불합격품이지만 재작업을 통하여 정상품으로 만들 수 있는 경우를 말한다. 일반적으로 검사단계를 거치기 전에는 제품(혹은 재공품)이 일정한 규격이나 품질수준을 유지하고 있는지 판단하기 어렵기 때문에 검사단계에서 일시적으로 공손품이 발생하는 것으로 간주한다.

02 공손의 회계처리

2.1 정상공손과 비정상공손의 수량 파악

공손은 크게 정상공손과 비정상공손 두 가지로 구분한다. 정상공손(normal spoilage)은 능률적인 생산환경에서도 발생하는 공손을 말한다. 비정상공손(abnormal spoilage)은 능률적인 생산환경에서는 발생하지 않았을 공손을 말한다. 그러나 정상공손과 비정상공손을 구분하는 것은 쉽지가 않다. 따라서 기업들은 일반적으로 정상공손 허용한도(정상공손 허용률)를 정해 두고, 그 한도 내에서 공손이 발생한 경우 정상공손으로 처리하며, 그 한도를 초과하면 비정상공손으로 처리한다.

정상공손수량 = 검사시점 통과수량(또는 도달수량) × 정상공손 허용한도 (식 8-1)

비정상공손수량 = 공손수량 − 정상공손수량 (식 8-2)

이처럼 공손의 회계처리에서 가장 먼저 해야 하는 것은 정상공손과 비정상공손의 수량을 파악하는 것이다. 수량을 파악하는 방법은 제품의 검사시점이 가장 중요하다. 첫 번째 방법은 검사시점 통과기준인데, 당기에 검사시점을 통과한 정상품에 대해 정상공손 허용한도만큼 정상공손을 인정한다. 두 번째 방법은 검사시점 도달기준인데, 정상품 여부에 관계없이 당기에 검사를 실시한 모든 수량에 대하여 정상공손 허용한도만큼 정상공손을 인정한다. 여기서 한 가지 중요한 점은 가중평균법이나 선입선출법이나 모두 공손수량이 동일하다는 것이다. 즉, 공손수량을 파악할 때 실제 물량흐름을 가정하고 있기 때문에 선입선출법의 논리가 그대로 적용된다.

[도표 8-1]을 보면 생산공정의 종점에서 검사가 이루어지며, 기초재공품과 기말재공품의 완성도는 각각 20%, 70%로 가정하였다. 제품이 정상품인가 아니면 공손품인가의 여부는 검사단계에서 결정된다. 이때 기초재공품과 기말재공품이 당기에 검사를 받았는지 여부는 정상공손수량을 결정하는 데 큰 영향을 미치게 된다. 정상공손수량을 결정하는 방법에는 다음과 같은 두 가지가 있다.

[도표 8-1] 재공품의 완성도와 공손수량의 예

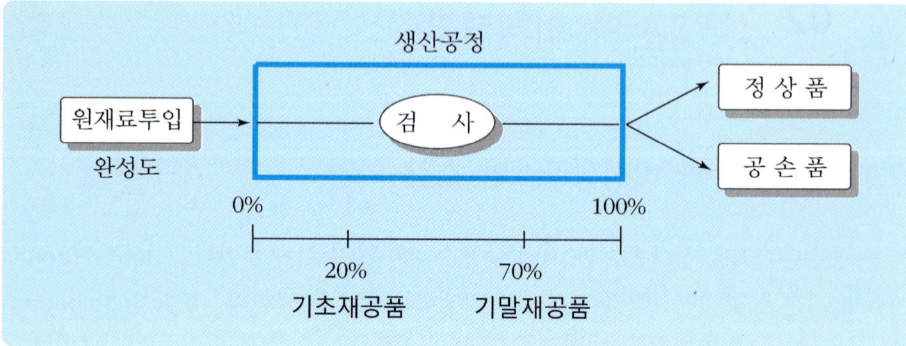

첫째, 검사시점 통과기준을 적용할 때는 검사를 통과하여 합격한 정상품만을 대상으로 정상공손의 수량을 산출한다. 따라서 검사단계에서 공손품으로 인정된 것은 정상공손수량산출에 포함되지 않는다. 이때 문제는 기초재공품과 기말재공품을 포함할 것인가 여부를 판단해야 하는 것이다. 먼저 기초재공품은 완성도가 20%이기 때문에 전기가 아닌 당기에 검사시점을 통과하여 완제품이 되었다. 따라서 기초재공품에 대한 정상품과 공손품의 판단은 당기에 이루어졌다. 즉, 기초재공품 가운데 상당부분은 정상품에 포함되어 있다는 말이다. 따라서 기초재공품 가운데 정상품은 정상공손수량을 산출하는 데 포함되어야 한다. 그러면 기말재공품을 보자. 기말재공품은 완성도가 70%이기 때문에 당기에 검사시점을 통과하지 못했다. 즉, 기말재공품은 아직 정상품과 공손품의 판단이 당기에 이루어지지 않았다는 말이다. 따라서 기말재공품은 모두 정상공손수량을 산출하는 데 포함해서는 안 된다.

둘째, 검사시점 도달기준을 적용할 때는 정상품이냐 공손품이냐의 여부에 관계없이 검사가 이루어진 모든 재공품(혹은 제품)이 정상공손의 수량을 산출하는 데 포함되어야 한다. 검사시점 통과기준은 공손품을 제외한 정상품만을 대상으로 한다는 점에서 차이가 있다. 여기서도 검사시점 통과기준과 마찬가지로 기초재공품과 기말재공품을 포함할 것인가 여부를 판단해야 한다. 검사시점 도달기준에서는 항상 정상품뿐만 아니라 공손품 수량을 포함해야 한다는 점을 명심해야 한다. 검사시점 도달기준은 정상품 혹은 공손품의 여부에 관계없이 검사를 받은 모든 수량을 포함하여 정상공손수량을 결정하기 때문이다.

예제 8-1

스마트(주)의 생산자료는 다음과 같다. 검사가 10%, 50% 혹은 100%에서 이루어질 경우 정상공손과 비정상공손의 수량을 각각 답하시오.

기초재공품	10,000단위(완성도 30%)
당기착수	80,000단위
당기완성품	60,000단위
기말재공품	20,000단위(완성도 70%)

(요구사항)

1. 공손수량은 얼마인가?
2. 당기 중 검사를 통과한 정상품의 10%를 정상공손으로 허용하는 경우
3. 당기 중 검사를 받은 수량의 10%를 정상공손으로 허용하는 경우

(해　　답)

1. 공손수량

재 공 품

기초재공품	10,000 (30%)	기초재공품 완성품	10,000
당기착수	80,000	당기착수 완성품	50,000
		공손	10,000
		기말재공품	20,000 (70%)
총투입량	90,000	총산출량	90,000

2. 공정진척도와 검사단계

검사시점 통과기준 정상품의 10%를 정상공손으로 허용

구 분 \ 검사시점	10%	50%	100%
기초재공품 완성품	–	10,000	10,000
당기착수 완성품	50,000	50,000	50,000
기말재공품	20,000	20,000	–
검사통과 정상품	70,000	80,000	60,000
정상공손 허용률	10%	10%	10%
정상공손	7,000	8,000	6,000
비정상공손	3,000	2,000	4,000

3. 검사시점 도달기준 수량의 10%를 정상공손으로 허용

구 분 \ 검사시점	10%	50%	100%
기초재공품 완성품 당기착수 완성품 기말재공품	– 50,000 20,000	10,000 50,000 20,000	10,000 50,000 –
검사통과 정상품 검사통과 공손	70,000 10,000	80,000 10,000	60,000 10,000
당기중검사 정상공손 허용률	80,000 10%	90,000 10%	70,000 10%
정상공손	8,000	9,000	7,000
비정상공손	2,000	1,000	3,000

2.2 회계처리방법

공손을 회계처리하는 방법은 크게 공손을 인식하지 않는 방법과 공손을 인식하는 방법 두 가지가 있다. 첫 번째 방법인 공손을 인식하지 않는 방법은 말 그대로 공손을 별도로 산출하지 않고 회계처리하는 방법이다. 따라서 공손원가가 모두 제품원가와 기말재공품원가에 포함된다. 이 경우 당기에 검사를 받지 않은 기말재공품에도 공손원가가 포함된다는 문제점이 있다. 또한 공손을 인식하지 않는 방법은 정상공손과 비정상공손이 모두 제품원가에 포함되기 때문에 발생한 공손이 모두 정상공손인 것처럼 회계처리된다. 이는 발생한 공손 중에서 비정상공손이 존재할 경우 기간비용으로 처리되어야 공손원가가 제품원가에 포함되기 때문에 부정확한 원가를 산출하게 된다는 문제점도 있다.

따라서 일반적으로 공손을 인식하는 두 번째 방법을 많이 사용한다. 이 방법은 정상공손을 정상품(완성품과 기말재공품)의 원가에 포함시키고, 비정상공손은 기간비용으로 처리하는 방법이다. 즉, 정상공손은 정상품을 생산하는 과정에서 필연적으로 발생하는 것으로서, 단기적으로는 통제할 수 없는 것이기 때문에 공손원가는 제품원가에 포함되어야 한다는 논리이다. 비정상공손은 기계고장이나 작업자의 부주의 혹은 생산계획의 미비 등과 같이 비효율적인 생산활동이 없었다면 발생하지 않았을 것이기 때문에 비정상공손의 원가는 기간비용으로 처리한다는 논리이다. 이에 대한 회계처리를 간략하게 요약하면 다음과 같다.

정 상 품	: (차) 제　　품	×××	(대) 재 공 품	×××
비정상공손	: (차) 공손손실	×××	(대) 재 공 품	×××
정상공손	: (차) 제　　품	×××	(대) 재 공 품	×××

위의 분개에서 비정상공손과 정상공손의 대변에 공손품 혹은 재공품의 계정을 기재하도록 되어 있는데, 이는 공손발생(집계)시 공손품으로 회계처리했을 경우 대변의 계정과목이 공손품이 될 것이며, 회계처리를 하지 않았을 경우 재공품 계정으로 처리해야 한다. 또한 정상공손에 대한 분개는 선입선출법 혹은 가중평균법 등에 따라 산출되는 금액이 달라지고, 재공품이 검사시점을 통과하였는지 여부에 따라 그 금액이 달라지게 된다.

03 가중평균법에 따른 공손원가 산출

공손품 원가를 산출하는 데 있어서 가공원가에 대한 완성품환산량은 검사시점까지만 가공원가가 투입되고, 검사시점 이후에는 가공원가가 투입되지 않은 것으로 본다. 즉, 공손품에 대한 가공원가 완성품환산량에 대한 완성도는 항상 검사시점이 된다. 다음 [예제 8-2]를 이용하여 가중평균법하의 공손원가 산출방법에 대해 살펴보기로 하자. 여기서는 종합원가계산 절차를 이해하고 있으면 쉽게 접근할 수 있다.

예제 8-2

스마트(주)는 가중평균법으로 종합원가계산을 적용하고 있는데, 공정시점에서 원재료가 투입되고, 가공원가는 공정의 완성도에 따라 발생한다. 검사는 완성도 70%에서 이루어지며, 정상공손의 허용한도는 검사시점 통과기준 정상품의 10%이다.

1. 기초재공품은 300개(완성도 60%)이다.
2. 기초재공품원가는 재료원가가 ₩19,500이며, 가공원가는 ₩29,200이다.
3. 당기에 생산착수된 수량은 1,500개이며, 당기에 완성된 제품은 1,400개이다. 기말재공품은 200개(완성도 80%)이다.
4. 당기에 발생된 원가는 재료원가가 ₩142,500, 가공원가가 ₩174,800이다.

(요구사항)

가중평균법을 이용하여 완성품 및 기말재공품 그리고 공손품의 원가를 산출하시오.

(해 답)

1. 물량흐름의 파악 :

물량흐름

기초재공품	300 (60%)	당기완성	1,400
당기착수	1,500	정상공손	160
		비정상공손	40
		기말재공품	200 (80%)
총투입량	1,800	총산출량	1,800

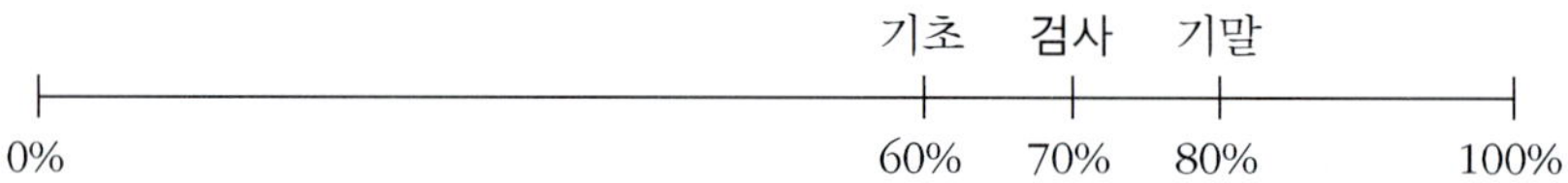

– 정상공손과 비정상공손

기초재공품완성품	300
당기착수완성품	1,100
기말재공품	200
검사통과정상품	1,600
정상공손허용률(%)	×10%
정상공손	160
비정상공손	40

2. 완성품환산량 산출 :

	재료원가	가공원가
당기완성품	1,400×1.0=1,400	1,400×1.0=1,400
정상공손	160×1.0= 160	160×0.7= 112
비정상공손	40×1.0= 40	40×0.7= 28
기말재공품	200×1.0= 200	200×0.8= 160
합 계	1,800	1,700

3. 총제조원가 집계 :

	재료원가	가공원가
기초재공품원가	₩19,500	₩29,200

당기발생원가	142,500	174,800
합　　계	₩162,000	₩204,000

4. 완성품환산량 단위당 원가계산 :

	재료원가	가공원가
총제조원가	₩162,000	₩204,000
완성품환산량	÷ 1,800	÷ 1,700
합　　계	₩90	₩120

5. 원가의 배부 :

	재료원가		가공원가		합　　계
완성품원가	1,400×₩90＝	₩126,000	1,400×₩120＝	₩168,000	₩294,000
정상공손원가	160×₩90＝	14,400	112×₩120＝	13,440	27,840
비정상공손원가	40×₩90＝	3,600	28×₩120＝	3,360	6,960
기말재공품원가	200×₩90＝	18,000	160×₩120＝	19,200	37,200
		₩162,000		₩204,000	₩366,000

[예제 8-2]에서 정상공손원가인 ₩27,840은 제품생산과정에서 정상적으로 발생한 것이므로 정상품의 원가에 배분되어야 한다. 그러나 비정상공손원가인 ₩6,960은 제품생산을 효율적으로 하였다면 발생하지 않았을 원가이기 때문에 이는 기간비용으로 처리한다. 이때 정상공손원가에 대해서는 정상품에 어떻게 배부할 것인가라는 배부문제가 발생한다.

04 선입선출법에 따른 공손의 회계처리

예제 8-3

[예제 8-2]의 스마트(주)에 대한 자료를 사용하여 완성품 및 기말재공품 그리고 공손품

의 원가를 산출하시오. 다만, 종합원가계산은 선입선출법을 적용한다.

(해 답)

1. 물량흐름의 파악 :

물량흐름

기초재공품수량	300 (60%)	기초재공품완성량	300
당기착수량	1,500	당기착수완성량	1,100
		당기공손수량	160
		비정상공손수량	40
		기말재공품수량	200 (80%)
총투입량	1,800	총산출량	1,800

2. 완성품환산량 산출 :

	재료원가	가공원가
기초재공품완성품	0	300×(1−0.6)= 120
당기착수완성품	1,100×1.0=1,100	1,100×1.0=1,100
정상공손	160×1.0= 160	160×0.7= 112
비정상공손	40×1.0= 40	40×0.7= 28
기말재공품	200×1.0= 200	200×0.8= 160
합 계	1,500	1,520

3. 총제조원가 집계 :

	재료원가	가공원가
당기발생원가	₩142,500	₩174,800

4. 완성품환산량 단위당 원가계산 :

	재료원가	가공원가
총제조원가	₩142,500	₩174,800
완성품환산량	÷ 1,500	÷ 1,520
합 계	₩95	₩115

5. 원가의 배부 :

완성품원가	재료원가	가공원가	합 계
기초재공품	₩19,500	₩29,200	₩48,700
기초재공품추가가공	0	120×₩115= 13,800	13,800

당기투입원가	1,100×₩95=104,500	1,100×₩115=126,500	231,000
			₩293,500
정상공손원가	160×₩95= 15,200	112×₩115= 12,880	28,080
비정상공손원가	40×₩95= 3,800	28×₩115= 3,220	7,020
기말재공품원가	200×₩95= 19,000	160×₩115= 18,400	37,400
	₩162,000	₩204,000	₩366,000

정상공손원가 ₩28,080은 제품생산과정에서 정상적으로 발생한 것이므로 정상품의 원가에 배분되어야 한다. 비정상공손원가인 ₩7,020은 제품생산을 효율적으로 하였다면 발생하지 않았을 원가이기 때문에 이는 기간비용으로 처리한다. 따라서 선입선출법에 의한 공손원가에서도 가중평균법과 마찬가지로 정상공손원가에 대해서는 정상품에 어떻게 배부할 것인가라는 배부문제가 발생한다.

05 정상공손원가의 배부

정상공손원가는 제품원가의 일부로 간주하기 때문에 정상품의 원가에 배부하여야 한다. 정상공손원가는 정상적인 제품생산과정에서 필수불가결하게 발생한 비용이기 때문이다. 이때 배부기준은 검사시점을 통과한 정상품의 수량인데, 정상품에는 완성품과 기말재공품이 있다. 따라서 당기에 검사를 통과한 완성품과 기말재공품의 상대적인 수량을 기준으로 정상공손원가를 배부하면 된다. 그러나 가중평균법이냐 선입선출법이냐에 따라 정상공손원가의 배부금액이 달라진다. 이는 가중평균법과 선입선출법의 물량흐름에 대한 가정이 다르기 때문이다. 다만, 재공품 수량을 파악할 때 완성품환산량이 아니라 실제 물량을 기준으로 하여야 한다. 이에 대해 좀 더 자세하게 설명해 보자.

5.1 가중평균법에 따른 정상공손원가 배부

가중평균법의 물량흐름에 대한 가정은 기초재공품이 당기에 착수된 것으로 본다는 점이다. 즉 기초재공품이 비록 전기에 일부 가공된 것이긴 하지만 당기에 착수한 것과 동일하게 취급하는 방법이다. 따라서 기초재공품의 완성도를 고려하여 완성품환산량을 별도로 산출할 필요가 없으며, 기초재공품이 당기에 검사시점을 통과하였는지 여부를 파악할 필요도 없다. 결국 가중평균법에서는 기말재공품이 문제가 된다.

기말재공품이 검사시점을 통과하지 않은 경우
기말재공품에서는 공손이 발생하지 않았으므로 정상공손원가를 전액 완성품에 배분한다(선입선출법과 가중평균법 모두 동일함).

기말재공품은 당기에 검사시점을 통과하였는지를 반드시 파악하여야 한다. 만약 기말재공품이 검사시점을 통과하지 않았다면 완성품에만 배부된다. 왜냐하면 기말재공품은 아직 정상품인지 여부가 확정 혹은 검사되지 않았기 때문이다. 그러나 기말재공품이 검사시점을 통과하였다면 기말재공품의 정상품 수량을 파악하여 완성품 수량과의 비율에 따라 정상공손원가를 배부하여야 한다. 즉, 정상공손원가를 완성품과 기말재공품이 부담하게 되는 셈이다. 이때 정상공손원가를 배부할 때 기초재공품이나 기말재공품의 수량은 환산량을 기준으로 하지 않고, 완성품과 같이 실제 물량을 기준으로 한다. 검사시점을 통과하여 정상품임이 확인되었기 때문에 검사시점에서 보면 완성품과 기말재공품이 동등한 입장이기 때문이다. 기말재공품이 검사시점을 통과하였을 때 완제품과 기말재공품에 배부되는 정상공손원가는 (식 8-3)에 의해 구해진다.

기말재공품이 검사시점을 통과하였을 경우
기말재공품에서도 공손이 발생하였으므로 물량기준(완성품환산량기준이 아님)으로 완성품과 기말재공품에 정상공손원가를 배분한다. 즉 기초재공품에 포함된 정상공손원가와 당기중 발생한 정상공손원가를 합한 금액을 완성품과 기말재공품에 배분한다.

$$\text{완성품 : 정상공손원가}\times\frac{\text{당기완성품수량}}{\text{당기완성품수량}+\text{기말재공품수량}}$$

$$\text{기말재공품 : 정상공손원가}\times\frac{\text{기말재공품수량}}{\text{당기완성품수량}+\text{기말재공품수량}} \qquad \text{(식 8-3)}$$

예제 8-4

[예제 8-2]의 스마트(주)의 자료를 그대로 이용한다. 자료를 요약해 보면 검사는 완성도 70%에서 이루어지며, 기초재공품은 300개(완성도 60%), 당기에 생산착수된 수량은 1,500개, 당기에 완성된 제품은 1,400개 그리고 기말재공품은 200개(완성도 80%)이다. 그리고 가중평균법에 의한 완성품원가는 ₩294,000, 기말재공품원가는 ₩37,200이며, 정상공손원가는 ₩27,840, 비정상공손원가는 ₩6,960이다.

(요구사항)

1. 정상공손원가를 완성품과 기말재공품에 각각 배부하시오.
2. 배부된 금액을 분개하시오.

(해 답)

1. 정상공손원가배부

구 분	근 거	배부금액
완 성 품	₩27,840×{1,400/(1,400+200)}	₩24,360
기말재공품	27,840×{ 200/(1,400+200)}	3,480

2. 분 개

정 상 품	: (차) 제 품	294,000	(대) 재 공 품	294,000
비정상공손	: (차) 공손손실	6,960	(대) 재 공 품	6,960
정상공손	: (차) 제 품	24,360	(대) 재 공 품	24,360

5.2 선입선출법에 따른 정상공손원가 배부

선입선출법의 물량흐름에 대한 가정은 기초재공품이 먼저 완성되고, 당기 착수분이 그 후에 완성된다는 것이다. 따라서 완성품은 기초재공품을 추가가공한 것과 당기에 착수한 것이 포함되어 있는데, 선입선출법에서는 이를 구분해야 한다. 가중평균법에서는 기초재공품을 당기에 착수한 것으로 가정하였기 때문에 이러한 구분이 필요하지 않았다. 따라서 선입선출법에서는 기초재공품도 당기에 검사단계를 통과하였는지를 별도로 파악하여야 한다.

기초재공품이 당기에 검사단계를 통과하지 않았다면, 즉, 전기에 검사단계를 통과하여 당기에 완성되었다면, 기초재공품을 추가가공한 완성품에 당기의 정상공손원가를 배부할 필요가 없다. 왜냐하면 이미 전기에 정상공손원가를 배부받았기 때문이다. 이 말은 결국 기말재공품의 당기 검사통과 여부에 따라 정상공손원가가 당기 착수완성품과 기말재공품에 배부된다는 것이다. 따라서 기초재공품이 당기에 검사단계를 통과하지 않았고, 기말재공품이 당기에 검사를 통과하였다면 (식 8-4)와 같이 정상공손원가를 배부한다. 만약 기초재공품이 당기에 검사단계를 통과하지 않았고, 기말재공품도 당기에 검사단계를 통과하지 않았다면 정상공손원가는 당연히 당기착수완성품에만 배부되어야 한다.

그러나 기초재공품이 당기에 검사를 받았다면 정상공손원가를 배부하여야 한다. 따라서 기초재공품도 정상공손원가를 당기에 배부받아야 한다. 기초재공품이 당기에 검사단계를 통과한 경우 (식 8-5)와 같이 정상공손원가를 배부한다.

기말재공품이 검사시점을 통과한 경우 당기중 발생한 정상공손원가를 당기중에 검사받은 완성품과 기말재공품에 배분한다. 기초재공품이 전기에 검사시점을 통과하지 않은 경우에는 당기중 검사시점을 통과한 완성품과 완성품 총수량이 같다. 그러나 기초재공품이 전기에 검사시점을 통과한 경우라면 당기중에 검사를 받지 않았을 것이므로 당기중 검사시점을 통과한 완성품과 완성품 총수량과는 차이가 있다.

만약 기초재공품이 당기에 검사단계를 통과하고, 기말재공품이 검사단계를 통과하지 않았다면 당연히 기초재공품의 당기완성품과 당기착수완성품에 정상공손원가가 배부되어야 한다.

〈기초재공품이 당기에 검사를 받지 않은 경우〉

$$\text{완성품 : 정상공손원가}\times\frac{\text{당기착수완성량}}{\text{당기착수완성량}+\text{기말재공품수량}}$$

$$\text{기말재공품 : 정상공손원가}\times\frac{\text{기말재공품수량}}{\text{당기착수완성량}+\text{기말재공품수량}}$$

(식 8-4)

〈기초재공품이 당기에 검사를 받은 경우〉

$$\text{완성품 : 정상공손원가}\times\frac{\text{기초재공품완성량}+\text{당기착수완성량}}{\text{기초재공품완성량}+\text{당기착수완성량}+\text{기말재공품수량}}$$

$$\text{기말재공품 : 정상공손원가}\times\frac{\text{기말재공품수량}}{\text{기초재공품완성량}+\text{당기착수완성량}+\text{기말재공품수량}}$$

(식 8-5)

예제 8-5

[예제 8-2]의 스마트(주)의 자료를 그대로 이용한다. 자료를 요약해 보면 검사는 완성도 70%에서 이루어지며, 기초재공품은 300개(완성도 60%), 당기에 생산착수된 수량은 1,500개, 당기에 완성된 제품은 1,400개 그리고 기말재공품은 200개(완성도 80%)이다. 그리고 선입선출법에 의한 완성품원가는 ₩293,500, 기말재공품은 ₩37,400이며, 정상공손원가는 ₩28,080, 비정상공손원가는 ₩7,020이다.

(요구사항)

1. 정상공손원가를 완성품과 기말재공품에 각각 배부하시오.
2. 배부된 금액을 분개하시오.

(해 답)

이 예제는 기초재공품이 당기에 검사단계를 통과하였고, 기말재공품도 당기에 검사단계를 통과한 경우임.

1. 정상공손원가배부

구 분	근 거	배부금액
완 성 품	₩28,080×{(300+1,100)/(300+1,100+200)}	₩24,570
기말재공품	28,080×{200/(300+1,100+200)}	3,510

2. 분 개

정 상 품	:(차) 제 품	293,500	(대) 재 공 품	293,500
비정상공손	:(차) 공손손실	7,020	(대) 재 공 품	7,020
정상공손	:(차) 제 품	24,570	(대) 재 공 품	24,570

5.3 공손품의 처분가치

앞서 공손원가를 정상품에 배부하는 방법을 설명하였다. 이는 공손품이 아무런 가치가 없는 경우이다. 그러나 공손품이 외부에 판매될 수 있는 경우 그 가치만큼은 배부되는 공손원가에서 차감해야 한다. 즉, 공손품의 순실현가치를 공손원가에서 차감한 금액을 앞서 설명한 방법대로 배부하면 된다. 공손품의 순실현가치는 (식 8-6)에 의해 산출되며, 공손의 순원가는 (식 8-7)에 의해 산출된다.

정상공손 순원가는 검사시점을 통과한 완성품과 기말재공품에 배분하고 비정상공손의 순원가는 영업외비용으로 처리된다.

공손품의 순실현가치 = 예상판매가치 − 예상판매비 (식 8-6)

정상공손의 순원가 = 정상공손원가 − 정상공손품의 순실현가치
비정상공손의 순원가 = 비정상공손원가 − 비정상공손품의 순실현가치 (식 8-7)

예제 8-6 의사결정을 위한 원가개념

스마트(주)의 자료를 그대로 이용한다. 자료를 요약해 보면 정상공손수량이 160개이며, 비정상공손수량이 40개이다. 공손품 한 단위당 ₩120에 판매할 수 있으며, 이때 단위당 판매비가 ₩10씩 발생한다. 공손품의 순원가를 산출하시오.

(요구사항)

1. 정상공손원가는 ₩27,840이며, 비정상공손원가가 ₩6,960일 때(가중평균법)
2. 정상공손원가는 ₩28,080이며, 비정상공손원가가 ₩7,020일 때(선입선출법)

(해 답)

1. 공손품의 순원가

정상공손원가 = ₩27,840 − (160 × {(₩120 − ₩10)} = ₩10,240
비정상공손원가 = ₩6,960 − (40 × {(₩120 − ₩10)} = ₩2,560

2. 공손품의 순원가

정상공손원가 = ₩28,080 − (160 × {(₩120 − ₩10)} = ₩10,480
비정상공손원가 = ₩7,020 − (40 × {(₩120 − ₩10)} = ₩2,620

06 종합예제

스마트(주)는 여러 제품을 생산하고 있는데, 그 중 한 제품은 단일공정에서 생산된다. 그 제품에 관한 4월 한 달간 관련 자료는 다음과 같다. 단, 이 회사는 직접배분법에 의해 정상공손품원가를 해당 재고자산에 할당한다.

① 원재료는 공정 초에 투입되며 가공원가는 전공정에 걸쳐서 균등하게 발생된다.
② 공손품검사는 가공원가가 75% 투입되었을 때 이루어진다.
③ 이 회사는 검사시점에서 양품의 10%까지를 정상공손으로 간주한다.
④ 기초재공품재고는 1,500단위가 있었는데 가공원가가 60% 진척된 상태에 있었다.
⑤ 기초재공품재고의 제품원가요소별 원가는 다음과 같다.
직접재료원가 : ₩12,000　　　가공원가 : ₩6,520
⑥ 당기에 새로 투입된 물량은 8,500단위이며, 양품의 완성품은 7,000단위였고, 기말재공품은 2,000단위였다.
⑦ 기말재공품의 가공원가는 80% 진척된 상태에 있다.
⑧ 당기에 투입된 원가는 다음과 같다.
직접재료원가 : ₩74,800　　　가공원가 : ₩96,330

(요구사항)

1. a) 공손은 모두 몇 단위가 발생하였는가?
   b) 그중 정상공손과 비정상공손은 각각 몇 단위인가?
2. 가중평균법을 사용하여
   a) 총완성품환산량을 구하시오,
   b) 총완성품환산량 단위원가를 구하시오,
   c) 완제품원가, 기말재공품원가 그리고 공손손실은 각각 얼마인가?
   d) 4월말에 필요한 분개를 하시오.
3. 선입선출법을 사용하여
   a) 당기완성품환산량을 구하시오,
   b) 당기완성품환산량 단위원가를 구하시오,
   c) 완제품원가, 기말재공품원가 그리고 공손손실은 각각 얼마인가?

(해　　답)

1. 공 손 품
   a) 총투입량＝총산출량

   기초재공품＋당기투입＝완제품(양품)＋공손품＋기말재공품

   1,500＋8,500＝7,000＋공손품＋2,000

   그러므로 공손품＝1,000단위

   b) 당기에 검사시점을 통과한 정상품

기초재공품완성품	1,500
당기착수완성품	5,500
기말재공품	2,000
	9,000

   정상공손 : 9,000단위×10%＝900단위

   비정상공손 : 1,000단위－900단위＝100단위

2. a) 총완성품환산량과 3. a) 당기완성품환산량 :

	물　량	당기완성품환산량 직접재료원가	당기완성품환산량 가공원가
기초재공품(60%)	1,500		
당기투입	8,500		
총투입량	10,000		
완제품	7,000	7,000	7,000

공손품(75%) : 정상	900		900	675
비정상	100		100	75
기말재공품(80%)	2,000		2,000	1,600
총산출량	10,000	총완성품환산량	10,000	9,350
		차감 : 기초재공품	(1,500)	(900)
		당기완성품환산량	8,500	8,450

2. b) 총완성품환산량 단위당 원가 :

	직접재료원가	가공원가	총　　계
기초재공품	₩12,000	₩6,520	₩18,520
당기투입	74,800	96,330	171,130
총투입원가	₩86,800	₩102,850	₩189,650
총완성품환산량	÷10,000	÷9,350	
환산량 단위당 원가	₩8.68	₩11	

2. c) 완제품원가, 기말재공품원가 그리고 공손손실 :

정상공손원가 : 900×₩8.68+675×₩11=₩15,237

정상공손원가 중 완제품에로의 배부액

₩15,237×7,000/(7,000+2,000)=₩11,851

정상공손원가 중 기말재공품에로의 배부액

₩15,237×2,000/(7,000+2,000)=₩3,386

재공품계정으로부터 이전 :		
완제품원가 :		
양품　7,000단위　₩19.68	₩137,760	
가산 : 정상공손원가배부액	11,851	₩149,611
공손손실　100단위×₩8.68+75단위×₩11		1,693
기말재공품원가 :		
기말재공품 2,000단위×₩8.68+1,600단위×₩11	₩34,960	
가산 : 정상공손원가배부액	3,386	38,346
총배부원가		₩189,650

2. d)

(차) 제　　품	149,611	(대) 재 공 품	151,304
공손손실	1,693		

3. b) 당기완성품환산량 단위당 원가

	직접재료원가	가공원가	총　　계
당기발생원가	₩74,800	₩96,330	₩171,130
당기완성품환산량	÷8,500	÷8,450	
당기완성품환산량 단위당 원가	₩8.8	₩11.4	

3. c) 완제품원가, 기말재공품원가 그리고 공손손실

정상공손원가 : 900×₩8.8+675×₩11.4=₩15,615

정상공손원가 중 완제품에로의 배부액

₩15,615×7,000/(7,000+2,000)=₩12,145

정상공손원가 중 기말재공품에로의 배부액

₩15,615×2,000/(7,000+2,000)=₩3,470

재공품계정으로부터 이전 :		
완제품원가 :		
양품 :		
전기투입당기완성(1,500) ₩18,520+600×₩11.4	₩25,360	
당기투입당기완성(5,500) 5,500×₩20.2	111,100	
	₩136,460	
가산 : 정상공손원가배부액	12,145	₩148,605
공손손실　100단위×₩8.8+75단위×₩11.4		1,735
기말재공품원가 :		
기말재공품 2,000단위×₩8.8+1,600단위×₩11.4	₩35,840	
가산 : 정상공손원가배부액	3,470	39,310
총배부원가		₩189,650

연·습·문·제

EXERCISES

객관식 문제

[8-1] 다음 중 종합원가계산에서 공손품 회계에 대한 설명으로 틀린 것은? (전산세무 2급)

① 공손품의 의미는 재작업이 불가능한 불합격품을 의미한다.
② 공손품의 검사시점이 기말재공품의 완성도 이전인 경우에 공손품원가를 모두 완성품에만 부담시킨다.
③ 비정상공손원가는 영업외비용으로 처리한다.
④ 정상공손은 생산과정에서 불가피하게 발생하는 공손이다.
⑤ 공손수량 파악은 검사시점에서 이루어진다고 가정한다.

[8-2] (주)스마트는 완성도 70% 수준에서 검사하는 생산공정을 가지고 있다. 20×1년 2월의 월초재고는 완성도가 40%이었으며, 월말재고는 완성도가 80%이었다. (주)스마트가 선입선출법을 사용하고 있을 때 생산품에 대한 정상적인 공손원가를 할당하는 것으로 옳은 것은? (기업회계 1급)

	당월 착수·완성	월말재고	월초재고		당월 착수·완성	월말재고	월초재고
①	아니오	아니오	아니오	②	아니오	예	예
③	예	예	아니오	④	예	예	예
⑤	예	아니오	예				

[8-3] 다음 자료에 의하여 정상공손수량을 완성품의 10%라고 가정할 때 비정상공손수량을 계산하면? (전산세무 2급)

• 기초재공품 : 950단위	• 당기착수 : 6,200단위
• 당기완성품 : 4,750단위	• 기말재공품 : 1,500단위

① 425단위 ② 435단위 ③ 455단위
④ 465단위 ⑤ 475단위

[8-4] 다음은 (주)스마트의 제조활동과 관련하여 발생한 자료이다. 당기 중에 발생한 정상공손수량은 얼마인가? (단, 공손품을 제외한 파손품이나 작업폐물은 없는 것으로 한다.) (전산세무 2급)

- 기초재공품 : 500개
- 기말재공품 : 200개
- 당기착수 : 4,000개
- 당기완성품 : 3,500개
- 비정상공손 : 300개

① 200개 ② 300개 ③ 400개
④ 500개 ⑤ 600개

[8-5] (주)스마트의 제조활동과 관련된 물량흐름이 다음과 같을 때 비정상공손수량은 얼마인가? (전산세무 2급)

- 기초재공품 : 300개
- 당기완성품 : 900개
- 당기착수 : 1,000개
- 기말재공품 : 200개(완성도 50%)
- 정상공손 : 완성품의 10%

① 90개 ② 100개 ③ 110개
④ 120개 ⑤ 130개

[8-6] 다음 자료에 의한 비정상공손수량은 몇 단위인가?

- 기초재공품 : 400단위(완성도 40%)
- 당기착수 : 2,700단위
- 당기완성품 : 2,500단위
- 기말재공품 : 500단위(완성도 70%)
- 공정의 20%시점에서 공손을 검사한 후 합격품은 끝까지 제조 진행
- 직접재료는 공정의 시작과 동시에 모두 투입
- 당기에 검사시점에 도달한 수량의 3%는 정상공손

① 19단위 ② 20단위 ③ 22단위
④ 24단위 ⑤ 26단위

[문 8-7]과 [문 8-8]의 관련자료
(주)스마트의 생산자료는 다음과 같다.

기초재공품	1,000단위(진척도 50%)
당기착수	8,000단위
당기완성품	6,000단위
기말재공품	2,000단위(진척도 60%)

[8-7] (주)스마트가 선입선출법을 따르고 검사가 공정의 70%시점에서 이루어질 경우, 정상공손의 수량과 비정상공손의 수량을 구하시오. 단, 당기중 검사를 통과한 정상품의 10%를 정상공손으로 허용한다.

	정상공손	비정상공손		정상공손	비정상공손
①	500단위	500단위	②	600단위	400단위
③	700단위	300단위	④	800단위	200단위
⑤	900단위	100단위			

[8-8] (주)스마트가 가중평균법을 따르고 검사가 공정의 80%시점에서 이루어질 경우, 정상공손의 수량과 비정상공손의 수량을 구하시오. 단, 당기중 검사시점 도달 수량의 10%를 정상공손으로 허용한다.

	정상공손	비정상공손		정상공손	비정상공손
①	500단위	500단위	②	600단위	400단위
③	700단위	300단위	④	800단위	200단위
⑤	900단위	100단위			

[8-9] 스마트산업은 단일제품을 생산하며 선입선출법에 의한 종합원가계산시스템을 사용하고 있다. 다음은 20×1년 3월의 원가자료이다.

	수 량	가공원가 완성도(%)
기초재공품	1,000개	50%
당기착수	11,000개	
당기완성	9,000개	
기말재공품	1,000개	60%

검사는 공정의 40%시점에 실시하며 검사를 통과한 양품수량의 10%를 정상공손으로 간주하고 있다. 재료는 공정의 초기부터 50%시점에 이르기까지 균등하게 투입하며, 가공원가는 공정진행에 따라 일정하게 투입한다. 20×1년 3월의 정상공손수량은 얼마인가?

① 720개　② 900개　③ 1,000개
④ 800개　⑤ 880개

[8-10] (주)스마트는 단일제품을 대량생산하고 있다. 직접재료는 생산공정의 초기에 투입되며, 가공원가는 공정의 전반에 걸쳐 균등하게 발생한다. 생산공정에서 공손품이 발생하는데 이러한 공손품은 제품을 검사하는 시점에서 파악된다. 정상적인 공손품은 검사시점을 통과한 합격품의 10%의 비율로 발생한다. 5월의 생산자료를 보면, 월초재공품 10,000개(완성도 30%), 당월 생산착수량 75,000개, 당월 생산착수완성품 52,000개, 월말재공품 15,000개(완성도 80%), 공손품 8,000개이다. 품질검사가 공정의 20% 시점에서 실시되는 경우와 공정의 50%시점에서 실시되는 경우에 정상공손품 수량은 각각 얼마인가? (세무사)

	20% 검사통과시점	50% 검사통과시점
①	7,500개	8,500개
②	7,500개	7,700개
③	5,200개	7,700개
④	6,200개	7,700개
⑤	6,700개	7,700개

[8-11] 스마트공업은 20×1년 5월에 50,000개의 제품을 완성하였으며 그중 25,000개를 판매하였다. 기말재공품은 10,000개이고 완성도는 50%이다. 공손 검사시점은 제품이 완성되는 시점에 이루어진다. 5월 중의 정상공손원가는 ₩20,000, 비정상공손원가는 ₩50,000이었다. 기초재고는 없다. 5월에 비용화되는 공손원가는 얼마인가?

① ₩50,000　② ₩20,000　③ ₩70,000
④ ₩60,000　⑤ ₩30,000

[8-12] 다음은 20×1년 중의 물량흐름 및 원가자료이다.

	수량(가공원가 완성도)	재료원가	가공원가	계
기초재공품	2,000개(60%)	₩20,000	₩14,000	₩34,000
당기투입	12,000개	85,000	120,000	205,000

완 성 품	12,000개
기말재공품	1,000개(80%)

재고자산은 선입선출법으로 평가된다. 모든 재료는 공정이 50% 진행되었을 때 투입된다. 공손은 공정이 40% 진행되었을 때 발견되고 정상공손은 검사를 통과한 양품의 5%라면 비정상공손의 가공원가환산량은?

① 140개　② 180개　③ 200개
④ 450개　⑤ 350개

[8-13] (주)스마트는 종합원가계산에 의하여 제품원가계산을 하고 있는데, 월말재공품의 평가는 선입선출법에 의하여 행하고 있다. 20×1년 5월의 생산 및 원가자료는 다음과 같다.

	물량단위	가공원가 완성도	직접재료원가	가공원가
월초재공품	12,000	50%	₩132,000	₩73,200
당월투입량	76,000		456,000	612,800
완성품수량	65,000			
월말재공품	15,000	80%		

원재료는 공정초기에 모두 투입되며 가공원가는 전공정을 통해 균등하게 발생된다. 공정의 70%시점에서 검사를 실시하며, 그 후의 공정에서는 공손이 발생하지 않는다. 당월에는 검사를 받은 합격품의 10%가 공손으로 판명되었으나 모두 정상공손으로 간주된다. 정상공손원가에 포함된 직접재료원가는 얼마인가? (세무사)

① ₩44,800　② ₩48,000　③ ₩72,000
④ ₩90,000　⑤ ₩96,000

[8-14] (주)스마트는 종합원가계산에 의하여 제품을 생산한다. 원재료는 공정의 초기단계에 투입이 되며, 가공원가는 전체 공정에 고르게 투입된다. 20×1년 6월 1일의 기초재공품 10,000단위에 대해서는 공정이 50% 진행되었고, 동년 6월 30일의 기말재공품 20,000단위에 대해서는 공정이 90% 진행되었다. 품질검사는 공정이 80% 진행되었을 때에 실시한다. 정상공손은 당월의 품질검사에서 합격한 제품의 5%로 설정하고 있다. 6월 중 55,000단위가 착수되었으며, 총 40,000단위가 완성되었다. 6월에 발생한 비정상공손품의 가공원가 완성품환산량은 얼마인가? (CPA)

① 2,000단위　② 1,600단위　③ 5,000단위
④ 3,000단위　⑤ 2,400단위

[8-15] 스마트회사는 당기 중 검사를 통과한 정상품의 10%를 정상공손으로 간주하며, 모든 공손은 완성시점에서 발견된다. 재료는 공정 초에 모두 투입되고, 가공원가는 전 공정에 걸쳐 균등하게 발생하며, 기말재공품의 평가는 가중평균법에 의한다. 20×1년 5월 스마트회사의 생산활동과 관련된 자료는 다음과 같다.

	물 량	가공원가 완성도	재료원가	가공원가
기초재공품	1,000	80%	₩540,000	₩880,000
당기투입	9,000		5,000,000	9,460,000
당기완성품(정상품)	7,000			
기말재공품	1,500	60%		

20×1년 5월의 완성품원가는 얼마인가?

① ₩11,200,000 ② ₩12,273,200 ③ ₩12,735,800
④ ₩12,825,000 ⑤ ₩13,134,400

주관식 문제

[8-1] 스마트(주)의 원가계산 기간 동안 기초재공품수량은 500개(진척도 60%)이고, 당기착수수량은 1,500개이다. 당기완성수량은 1,600개이며, 기말재공품이 200개(진척도 40%)이다. 공손검사는 진척도 30%일 때 이루어진다. 요구사항이 독립적이라고 할 때 정상공손수량과 비정상공손수량을 각각 구하시오.

(요구사항)

1. 정상공손은 당월에 검사시점을 통과한 정상품의 2%로 할 때
2. 정상공손을 당월에 검사시점에 도달한 물량의 2%로 할 때
3. 선입선출법을 적용하여 종합원가계산을 할 경우, 정상공손원가가 ₩50,000일 때 완제품에 배분될 정상공손원가는 얼마인가?

[8-2] 스마트(주)의 20×1년 5월 생산자료는 다음과 같다. 원재료는 공정 초에 투입되며, 가공원가는 전공정에 걸쳐 균등하게 발생한다. 기초재공품은 70% 완성되었고, 기말재공품은 40% 완성되었다. 검사는 생산완료시점에서 이루어진다.

기초재공품	30,000개
당월 착수량	120,000개
완성 후 제품계정에 대체	99,000개

비정상적 공손	6,000개
기말재공품	45,000개

(요구사항)

가중평균법을 사용하여 원가계산을 할 경우 가공원가의 완성품환산량을 구하시오.

[8-3] 스마트(주)에서는 제조공정 초기에 원재료가 투입되며 가공원가는 전공정을 통해 균등하게 발생한다. 20×1년 3월의 제조공정과 관련한 원가발생 자료는 다음과 같다. 단, 원재료 투입 후 60%의 가공이 이루어진 상태에서 품질검사를 수행하고 있다.

기초자료:	기초재공품	60,000단위(완성도 50%)
	원재료원가	₩6,000,000
	가공원가	₩5,000,000
당기투입:	당기착수량	100,000단위
자료	원재료 투입액	₩10,000,000
	가공원가 발생액	₩16,060,000
완성품 자료:	완성품 수량	90,000단위
공손자료:	정상공손품	20,000단위(완성도 60%)
기말자료:	기말재공품	50,000단위(완성도 30%)

(요구사항)

1. 가중평균법에 의한 3월 중의 제조공정의 완성품원가, 공손원가, 기말재공품원가는 각각 얼마인가?
2. 정상공손원가를 완성품에 부담시킬 경우 단위당 완성품원가는 얼마인가?

[8-4] (주)스마트는 단일 공정인 조립공정을 통해 제품을 생산한다. 공손품은 조립공정의 완료시점에서 확인되며 정상공손원가는 공손품이 확인된 기간의 완성품 원가에 가산되고 비정상적 공손은 발생한 기간에 비용화한다. 정상공손품의 비율은 조립공정의 최종완성 단계를 통과한 합격품의 5%로 추정된다. 다음은 20×1년도 1월의 조립공정에서 발생한 가공원가와 관련된 정보이다.

	단 위	가공원가
기초재공품(50% 완성)	2,000	₩10,000
당월 착수량	8,000	₩75,500
공 손 품	500	
당월 완성	7,000	

기말재공품의 기말 현재 가공원가 완성도는 80%이다. 가공원가는 공정 전반에 걸쳐 균등하게 발생한다.

(요구사항)

회사가 가중평균법을 적용한다고 가정한다면 완성품의 가공원가는 얼마인가?

(세무사)

[8-5] 스마트공업에서는 공정의 초기에 원재료를 투입하며, 가공원가는 전공정을 통하여 균등하게 발생한다. 8월의 공정과 관련된 원가자료는 다음과 같다.

		완 성 도	원재료원가	가공원가
월초재공품	6,000단위	50%	₩900,000	₩600,000
당월착수량	100,000단위		15,100,000	20,460,000
정상공손	2,000단위			
월말재공품	5,000단위	30%		

8월 중 완성품 수량은 99,000단위이며, 품질검사는 가공이 60% 진행된 시점에 수행한다.

(요구사항)

가중평균법에 의한 8월 중의 정상공손원가 배분 후의 완성품의 단위당 원가는 얼마인가? (원 미만 절사)

(CPA)

[8-6] 스마트(주)는 가중평균법을 사용하여 종합원가계산을 하고 있다. 직접재료는 생산공정 초에 전량투입되고 가공원가는 공정전반에 걸쳐 균등하게 발생한다. 품질검사는 생산공정이 50% 진행되었을 때 이루어지며, 당기 중 품질검사에 합격한 수량의 10%에 해당하는 공손수량을 정상공손으로 간주한다. 20×1년 3월 중의 생산활동에 대하여 다음과 같은 자료가 얻어졌다.

1. 수량자료

구 분	물량단위	완 성 도
기초재공품	50	40%
당기착수	190	
당기완성	150	
기말재공품	50	60%

2. 원가자료

구 분	직접재료원가	가공원가
기초재공품	₩100	₩6,000
당기투입	9,500	18,000

(요구사항)

1. 종합원가계산을 위한 완성품환산량을 구하시오.
2. 완성품환산량 단위당 원가를 계산하시오.
3. 완성품 제조원가는 얼마인가?

[8-7] 스마트(주)는 모든 원재료를 공정초기에 투입하며, 9월 중 재공품과 관련된 직접재료원가는 다음과 같다.

기초재공품(50%)	200개(직접재료원가 총액 ₩100)
완 성 품	500개
기말재공품(80%)	400개

검사는 공정 50%시점에서 이루어지며, 정상공손이 100개 발생하였고, 비정상공손은 발생하지 않았다. 기말재공품의 직접재료원가를 가중평균법에 의하여 평가하는 경우 선입선출법에 의한 경우보다 ₩460만큼 적었다.

(요구사항)

9월 중 투입한 직접재료원가는 얼마인가?

[8-8] 스마트(주)는 선입선출법에 의한 종합원가계산제도를 채택하고 있다. 당기의 생산활동에 관한 자료는 다음과 같다.

기초재공품	20,000단위(완성도 60%)
당기투입	100,000단위
당기 중 완성되어 타부문대체	90,000단위
기말재공품	15,000단위(완성도 50%)
당기 재료원가 발생액	₩300,000
당기 가공원가 발생액	₩366,000

원재료는 생산 시점에서 투입하며, 가공원가는 전공정을 통해 균일하게 발생한다. 스마트(주)는 과거의 경험으로 검사시점을 통과한 합격품의 10%를 정상공손으로 처리한다. 단, 회사는 완성도가 40%일 때 검사를 실시한다.

(요구사항)

스마트(주)의 당기 비정상공손원가는 얼마인가?

[문 8–9]와 [문 8–10]의 관련자료

스마트(주)는 종합원가계산을 채택하고 있으며 단일 공정에서 단일 제품을 생산하고 있다. 원재료는 공정의 착수 시점에서 투입되고 가공원가는 공정의 진행에 따라 균등하게 발생한다. 검사는 공정의 50%가 진행된 시점에서 실시되며 합격한 수량의 10%를 정상공손으로 간주한다. 이 회사의 1월과 2월의 원가자료는 다음과 같다.

	1월	2월
기초재공품	1,000(60%)	800(80%)
당기착수	4,700	3,600
당기완성	4,200	3,800
공 손 품	?	?
기말재공품	?(80%)	200(30%)
기초재공품원가		
재료원가	₩17,250	?
가공원가	5,000	?
당기 투입원가		
재료원가	103,400	₩86,400
가공원가	59,670	47,880

[8-9] 선입선출법을 이용하여 1월의 완성품과 기말재공품원가를 계산하시오.

[8-10] 선입선출법을 이용하여 2월의 완성품과 기말재공품원가를 계산하시오.

[8-11] 스마트(주)는 두 개의 제조부문 X, Y를 통하여 한 가지 제품을 생산하고 있다. Y부문에서 원재료는 공정의 최종시점에서 투입되고 가공원가는 전공정을 통해 일정하게 발생한다. 모든 공손품 검사는 Y부문의 중간시점(50%)에서 실시된다. 정상공손의 허용수준은 완성품수량의 5%이며, 정상공손원가는 합격품에 가산하고, 비정상공손은 기간비용으로 처리한다. 다음의 자료는 Y부문의 생산활동을 요약한 것이다.

생산자료 :

기초재공품(완성도 : 25%)	4,000개
전공정대체량	18,000개
당기완성품	19,000개

기말재공품(완성도 : 80%)	2,000개
공 손(완성도 : 50%)	1,000개

원가자료 :

	기초재공품	당기투입원가	합 계
전공정원가	₩38,200	₩162,000	₩200,200
직접재료원가	0	47,500	47,500
가공원가	8,220	80,400	88,620

(요구사항)

선입선출법을 사용하여 다음을 계산하시오.

1. 완성품환산량 단위당 전공정원가
2. 완성품환산량 단위당 직접재료원가
3. 완성품환산량 단위당 가공원가
4. 정상공손원가
5. 비정상공손원가
6. 기말재공품원가
7. 완성품원가

[8-12] (주)스마트는 가중평균법으로 종합원가계산을 적용하고 있는데, 공정시점에서 원재료가 투입되고 가공비는 공정의 완성도에 따라 발생한다. 검사는 완성도 80%에서 이루어지며, 정상공손의 허용한도는 검사시점 통과기준 정상품의 10%이다. 이와 관련된 물량과 원가자료는 다음과 같다.

1. 기초재공품은 900개(완성도 60%)이다.
2. 기초재공품원가는 재료원가 ₩58,500이고 가공원가 ₩87,600이다.
3. 당기에 생산착수된 수량은 4,500개이며, 당기에 완성된 제품은 4,200개이다. 기말재공품은 600개(완성도 70%)이다.
4. 당기에 발생된 원가는 재료원가 ₩427,500이고 가공원가 ₩524,400이다.

(요구사항)

다음을 계산하시오.

1. 정상공손과 비정상공손의 수량
2. 재료원가와 가공원가의 완성품환산량
3. 완성품, 기말재공품 및 공손품의 원가
4. 정상공손원가를 배부한 후의 완성품원가와 기말재공품원가

[8-13] 스마트(주)는 단일공정을 통해 제품을 생산하고 있다. 원재료 A는 공정의 시점에 투입되고 있으며, 공정의 60%시점에서 검사를 통해 공손품을 골라내고 있다. 원재료 B는 검사 후 양품에 대해 추가되어 완성된다. 20×1년 10월의 생산 및 원가자료는 다음과 같다.

생산 및 원가자료

	단 위	원 가
기초재고품	12,000(80%)	₩984,000
당기완성품	90,000	
기말재고품	18,000(70%)	
당기투입원가		
원재료 A		7,140,000
원재료 B		960,000
가공원가		1,738,800

20×1년 10월 중 6,000개의 공손이 발생하였으며, 이 중 4,800개는 정상공손, 1,200개는 비정상공손으로 간주한다. 공손품은 전량 폐기된다.

(요구사항)

선입선출법으로 20×1년 10월의 제조원가보고서를 작성하시오.

[8-14] 스마트(주)의 제조공정은 조립부문과 도색부문으로 구성되어 있다. 도색부문에서의 재료원가는 완성시점에서 투입되며, 가공원가는 평균적으로 발생한다. 또한 도색부문은 공정의 70%시점에서 검사를 실시하며, 검사를 통과한 수량의 5%까지를 정상공손으로 허용하고 있다. 도색부문의 기초재공품은 12,000단위(완성도 90%), 전공정 대체수량은 36,000단위, 완성품수량은 34,000단위, 기말재공품 수량은 10,000단위(완성도 75%)이다. 정상공손원가는 완성품에만 배부한다.

도색부문의 원가관련 자료는 다음과 같다.

	전공정원가	재료원가	가공원가
기초재공품	₩915,000	₩0	₩834,560
당기발생원가	2,273,400	864,960	2,293,410

(요구사항)

도색부문이 원가계산방법으로 선입선출법을 사용할 경우 다음을 계산하시오.

1. 정상공손수량과 비정상공손수량
2. 원가요소별 완성품환산량

3. 원가요소별 완성품환산량 단위당원가
4. 비정상공손원가
5. 완성품원가
6. 기말재공품원가

[8-15] 가중평균법에 의한 종합원가계산을 적용하여 제품원가를 계산하는 (주)스마트는 단일공정을 통해 제품 A를 대량생산하고 있다. 직접재료는 X재료와 Y재료로 구성되며, X재료는 공정초기에 모두 투입되고 Y재료는 공정의 60%시점에서 모두 투입된다. 가공원가는 공정전반에 걸쳐 균등하게 발생한다. 공정의 80%시점에서 품질검사가 이루어지며, 정상공손 허용수준은 합격품 수량의 10%이다. 비정상공손원가는 기간비용으로 처리하고 정상공손원가는 물량단위를 기준으로 합격품에 배부한다. 공손품은 폐기할 예정이다. 당기의 생산 및 원가자료는 다음과 같다. 단, 괄호 안의 수치는 가공원가 완성도를 의미한다. (세무사)

항 목	물량단위	X재료원가	Y재료원가	가공원가
기초재공품	1,000(30%)	₩82,000	–	₩50,000
당기투입	8,000	746,000	₩846,000	1,310,000
당기완성품	5,000			
기말재공품	3,000(90%)			

(요구사항)

정상공손원가를 합격품에 배부한 후의 완성품원가와 기말재공품원가를 구하시오.

제 9 장

결합제품 원가계산

01 결합제품과 원가계산

우유가공업을 생각해 보자. 목장에서 원유(우유)를 수집하여 정제하면 정제우유를 만들 수 있고, 이 정제우유를 추가가공하면 무균질 우유나 저지방 우유와 같은 제품을 생산할 수 있다. 이 정제우유를 추가가공하면 가루성분의 탈지유를 만들 수도 있다. 또한 정제우유를 또 다르게 추가가공하면 치즈를 생산할 수도 있다. 이와 같이 동일한 원재료를 사용하여 1차가공 공정을 거쳐 각기 다른 가치를 지닌 두 종류 이상의 제품이 만들어지고, 다시 필요에 따라 2차가공을 하면서 각기 다른 가치를 지닌 여러 제품들이 생산되는데, 이를 결합제품(joint products)이라고 한다. 석유정제업이나 육가공업 등도 결합제품을 생산하는 대표적인 업종이라 할 수 있다. 결합제품 원가계산을 위해서는 몇 가지 용어를 이해해야 하는데, [도표 9-1]을 보자.

[도표 9-1] 결합제품과 결합원가

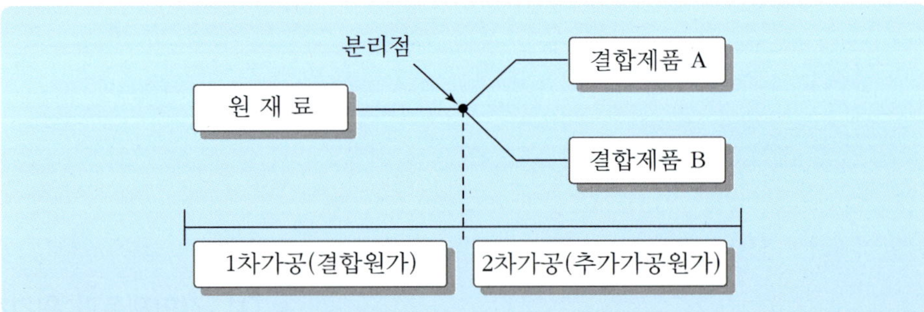

[도표 9-1]에서 먼저 분리점(split-off point)이란 1차가공을 거치고, 각기 다른 제품으로 분리될 때 그 지점을 말한다. 결합원가(joint costs)란 분리점 이전에 동일한 1차공정을 거치면서 발생된 원가를 말한다. 이 원가는 저지방 우유를 가공하기 직전, 탈지유를 가공하기 직전, 그리고 치즈를 가공하기 직전까지 공동으로 발생된 원가이다. 따라서 이 결합원가를 어떻게 저지방 우유와 탈지유 그리고 치즈에 배부할 것인가가 결합제품 원가계산의 핵심이다. 분리점 이후에도 제조원가가 발생할 수 있는데, 이런 원가를 추가가공원가(further processing costs) 또는 분리가능원가(separable costs)라 한다. 추가가공원가는 해당 제품에 직접적으로

연계지어 추적할 수 있기 때문에 결합원가와는 달리 복잡한 원가배부 문제가 발생되지 않는다. 따라서 본 장의 주 내용은 분리점 이전에 발생된 결합원가를 분리점 이후에 개별적으로 식별되는 결합제품 또는 부산물에 어떻게 배부하는가에 관심이 있다.

02 결합원가의 배부방법

2.1 물량기준법

물량기준법(physical quantities method)은 분리점에서 개별 제품의 수량이나 중량, 부피 혹은 면적 등과 같은 물리적 단위를 기준으로 결합원가를 배부하는 방법이다. 이 방법은 배부되어야 하는 결합원가와 배부기준이 되는 물량단위간의 밀접한 상관관계가 존재할 때 잘 활용될 수 있다. 만약 부피를 기준으로 결합원가를 배부한다면 결합제품의 결합원가가 부피에 비례하여 발생했다고 볼 수 있어야 한다.

예제 9-1

스마트(주)는 결합제품 A를 500개, B를 1,500개 생산하였다. 결합원가는 ₩3,000,000이며, 분리점에서 A제품의 단위당 판매가치는 ₩3,000이며, B제품의 단위당 판매가치는 ₩2,000이다. 물량기준법에 따라 결합원가를 배부하시오. 단, 배부기준은 생산량이다.

(해 답)

$$\text{A제품에 배부되는 결합원가} = ₩3{,}000{,}000 \times \frac{500\text{개}}{500\text{개} + 1{,}500\text{개}} = ₩750{,}000$$

$$\text{B제품에 배부되는 결합원가} = ₩3{,}000{,}000 \times \frac{1{,}500\text{개}}{500\text{개} + 1{,}500\text{개}} = ₩2{,}250{,}000$$

2.2 상대적 판매가치법

상대적 판매가치법(relative sales value method)은 분리점에서 개별 제품의 상대적인 판매가치를 기준으로 결합원가를 배부하는 방법으로, 분리점에서의 판매가치법(sales value at split-off method)이라고도 한다. 이 방법을 적용하기 위해서는 분리점에서 개별 제품의 판매가치를 측정할 수 있어야 한다. 분리점에서의 개별 제품을 판매할 수 있는 시장이 존재한다면 쉽게 판매가치를 파악할 수 있을 것이다. 만약, 분리점에서 개별제품의 판매가치를 측정할 수 없는 경우에는 사용할 수 없다. 이 경우에는 다음에 설명하는 순실현가치법을 사용하여야 한다.

예제 9-2

[예제 9-1]을 그대로 이용하여 상대적 판매가치법에 따라 결합원가를 각 제품에 배부하시오.

(해 답)

	생 산 량	판매가격	판매가치	결합원가배부액
A 제 품	500개	₩3,000	₩1,500,000	₩1,000,000
B 제 품	1,500	2,000	3,000,000	2,000,000
합 계	2,000개		₩4,500,000	₩3,000,000

이상에서 설명한 두 방법, 즉 물량기준법과 상대적 판매가치법을 비교해 보자. 각 방법에 따라 모든 제품이 예상대로 판매되었다고 가정하고, 각 제품별 손익계산서를 작성해 보면 [도표 9-2]와 같다.

[도표 9-2]의 (a)에 나타난 바와 같이 물량기준법에 의하면 제품 A의 수익성이 제품 B의 수익성에 비해 높게 나타나고 있다. 따라서 제품 B보다 제품 A의 판매를 강조하면 전체 수익성은 보다 좋게 나타날 것이다. 하지만 이러한 수익성의 차이를 분석해보면 단순히 물량기준에 따라 물량이 많은 결합제품 B가 더 많은 원가부담을 지고 있기 때문이다. 따라서 물량기준법은 원가계산을 왜곡시켜 그릇된 의사결정을 내리게 하는 위험을 지니게 된다. 반면에 상대적 판매가치법에 의하면 (b)에 나타난 바와 같이 각 제품의 매출총이익률은 똑같이 보고되고 있다. 이런 점에서는 각 제품의 판매가치를 고려한 상대적 판매가치법이 물량기준법보다 우월하다고 할 수 있다.

[도표 9-2] 제품별 손익계산서(물량기준법 및 상대적 판매가치법)

(a) 제품별 손익계산서(물량기준법)

	제품 A	제품 B	합 계
판 매 량	500	1,500	2,000
매 출	₩1,500,000	₩3,000,000	₩4,500,000
매 출 원 가	750,000	2,250,000	3,000,000
매 출 총 이 익	₩750,000	₩750,000	₩1,500,000
매출총이익률	50.0%	25.0%	33.3%

(b) 제품별 손익계산서(상대적 판매가치법)

	A제품	B제품	합 계
판 매 량	500	1,500	2,000
매 출	₩1,500,000	₩3,000,000	₩4,500,000
매 출 원 가	1,000,000	2,000,000	3,000,000
매 출 총 이 익	₩500,000	₩1,000,000	₩1,500,000
매출총이익률	33.3%	33.3%	33.3%

2.3 순실현가치법

순실현가치법(net realizable value method)은 정상적인 경영활동에서 예측된 최종 판매가치에서 분리점 이후의 추가가공원가를 차감한 순실현가치를 기준으로 결합원가를 배부하는 방법이다. 결국 순실현가치법은 결합원가만이 이익을 창출하는 데 기여한다는 가정을 암묵적으로 하고 있다. 분리점 이후에 발생하는 추가가공으로 인한 부가가치는 없다는 모순에 빠지게 된다.

순실현가치법은 원가부담능력에 따라 결합원가를 배분한다. 따라서 순실현가치가 부(−)인 경우에는 원가부담능력이 없으므로 결합원가를 배분하지 않는다. 즉, 순실현가치가 부(−)인 제품은 없는 것으로 보고 나머지 제품의 순실현가치를 기준으로 결합원가를 배분한다.

예제 9-3

스마트(주)는 결합제품 A를 3,200개, B를 5,000개 생산하였다. 결합원가는 ₩3,000,000이며, 추가가공 후 A제품의 최종 판매가치는 단위당 ₩1,250이며, B제품은 단위당 ₩1,000이다. A제품을 완성하기 위해서는 ₩1,720,000의 추가가공원가가 발생한다. 그리고 B제품을 완성하기 위해서는 총 ₩1,580,000의 추가가공원가가 발생한다. 순실현가치법에 따라 결합원가를 각 제품에 배부하시오.

(해 답)

1. 물량흐름도

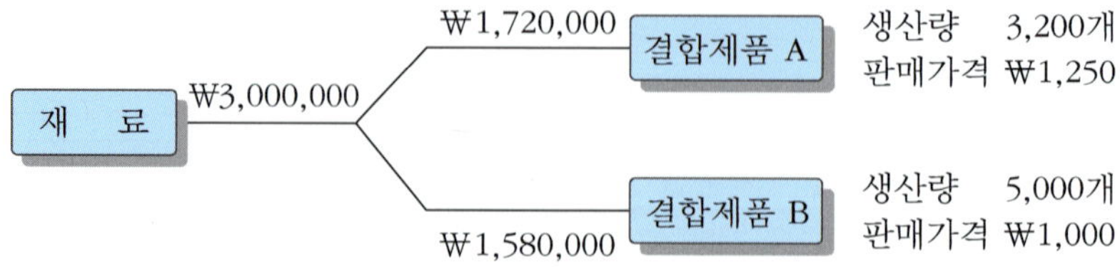

2. 결합원가 배부

제품	생산량	판매가격	최종판매가치	추가가공원가	순실현가치	배 부 액
A	3,200	₩1,250	₩4,000,000	₩1,720,000	₩2,280,000	₩1,200,000
B	5,000	1,000	5,000,000	1,580,000	3,420,000	1,800,000
	8,200		₩9,000,000	₩3,300,000	₩5,700,000	₩3,000,000

2.4 균등이익률법

균등이익률법(uniform percentage contribution method)은 개별 제품의 최종 판매가치를 기준으로 동일한 매출총이익률을 갖도록 결합원가를 배부하는 방법이다. 앞서 순실현가치법의 문제점은 분리점 이전의 결합원가만이 이익을 창출하는 데 기여한다는 가정이라고 지적한 바 있다. 그러나 균등이익률법은 추가가공원가를 통해서도 부가가치를 창출할 수 있다고 가정한다. 또한 상대적 판매가치법이 분리점에서 매출총이익률을 동일하게 하는 반면, 균등이익률법은 최종 판매가치를 기준으로 매출총이익률이 동일하다는 점에서 차이가 있다.

예제 9-4

[예제 9-3]의 자료를 그대로 이용하였을 때 균등이익률법에 따라 결합원가를 각 제품에 배부하시오.

(해 답)

1. 결합제품의 매출총이익률과 매출원가율

	A제품	B제품	합 계
매 출 액	3,200개×1,250=₩4,000,000	5,000개×1,000=₩5,000,000	₩9,000,000
결 합 원 가			3,000,000
추가가공원가	1,720,000	1,580,000	3,300,000
매 출 총 이 익			₩2,700,000

∴ 매출총이익률: ₩2,700,000 ÷ ₩9,000,000 = 0.3
매출원가률 : 1 − 0.3 = 0.7 혹은
(₩3,000,000 + ₩3,300,000) ÷ ₩9,000,000 = 0.7

2. 균등이익률법에 의한 결합원가 배부

제품	판매가치	매출원가율	매출원가	추가가공원가	배부액
A	₩4,000,000	70%	₩2,800,000	₩1,720,000	₩1,080,000
B	5,000,000		3,500,000	1,580,000	1,920,000
합계	₩9,000,000		₩6,300,000	₩3,300,000	₩3,000,000

이상에서 설명한 두 방법, 즉 순실현가치법과 균등이익률법을 비교해 보자. 각 방법에 따라 모든 제품이 예상대로 판매되었다고 가정하고, 각 제품별 손익계산서를 작성해 보면 [도표 9-3]과 같다.

[도표 9-3] 제품별 손익계산서(순실현가치법 및 균등이익률법)

(a) 제품별 손익계산서(순실현가치법)

	A제품	B제품	합 계
판 매 량	3,200	5,000	8,200
매 출	₩4,000,000	₩5,000,000	₩9,000,000
매 출 원 가	2,920,000	3,380,000	6,300,000
매 출 총 이 익	₩1,080,000	₩1,620,000	₩2,700,000
매출총이익률	27.0%	32.4%	30.0%

(b) 제품별 손익계산서(균등이익률법)

	A제품	B제품	합 계
판 매 량	3,200	5,000	8,200
매 출	₩4,000,000	₩5,000,000	₩9,000,000
매 출 원 가	2,800,000	3,500,000	6,300,000
매 출 총 이 익	₩1,200,000	₩1,500,000	₩2,700,000
매출총이익률	30.0%	30.0%	30.0%

[도표 9-3]에 나타난 바와 같이 균등이익률법에 의해 결합원가를 배부하여 제품별 손익계산서를 작성해 보면 각 제품별 매출총이익률은 전체 매출총이익률과 같은 30%로 나타난다. 이와 같이 매출총이익률이 같게 나타난다는 점에서 이 방법은 순실현가치법에 비해 우월한 방법이라 할 수 있다.

03 복수분리점의 결합원가 배부

복수분리점이란 결합제품을 생산하는 과정에서 분리점이 두 개 이상인 경우를 말한다. 여러 개의 분리점이 있는 경우 원가계산이 보다 복잡하게 이루어지는데, 원리는 분리점이 하나일 때와 동일하다. 복수분리점인 경우 원가계산을 위하여 정확한 물량흐름을 파악해야 하는데, 물량흐름도를 이용하면 편리하다.

결합원가를 배부하는 과정은 첫째, 결합원가의 배부비율을 정해야 하는데, 이는 마지막 분리점에서 시작하여 1차 분리점의 순서로 결정한다. 둘째, 배부비율에 따라 결합원가를 배부하는 것은 1차 분리점에서 시작하여 마지막 분리점의 순서로 한다. 즉, 두 번째 분리점에서 배분될 결합원가는 두 번째 분리점에서의 결합원가와 첫 번째 분리점에서 배분받은 금액을 합한 것이 된다.

예제 9-5

스마트(주)는 결합제품 A를 500개, B를 1,500개 생산하였다. 결합원가는 ₩3,000,000이며, 제품A를 완성하기 위해서는 ₩500,000의 추가가공원가가 발생한다. 그리고 제품B를 추가가공하여 결합제품 C와 D를 각각 500단위와 1,000단위를 생산하며, 추가가공원가 ₩800,000이 소요된다. 결합제품 C와 D를 완성하는데는 추가가공원가가 각각 ₩410,000과 ₩790,000이 발생한다. 결합제품 A와 C, D의 단위당 최종판매가격은 각각 ₩4,000과 ₩4,000, ₩4,500이다. 순실현가치법으로 결합원가를 각 제품에 배부하시오.

(해 답)

1. 결합제품의 흐름도

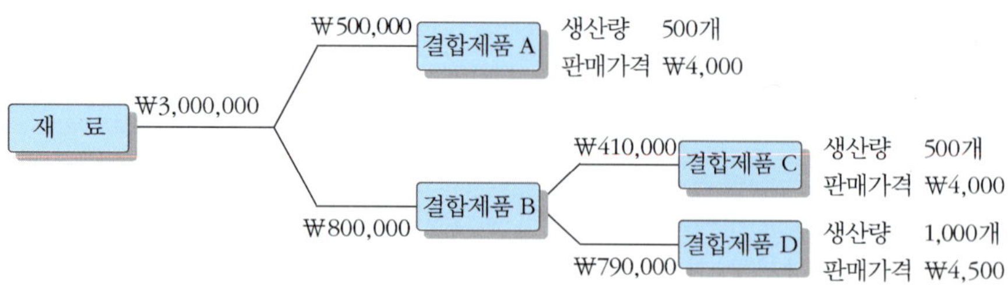

2. 두 번째 분리점 배부율

제 품	최종판매가치	추가가공원가	순실현가치	배 부 율
C	₩2,000,000	₩410,000	₩1,590,000	30.0%
D	4,500,000	790,000	3,710,000	70.0%
합 계	₩6,500,000	₩1,200,000	₩5,300,000	100.0%

3. 첫 번째 분리점 배부율

제 품	최종판매가치	추가가공원가	순실현가치	배 부 율
A	₩2,000,000	₩500,000	₩1,500,000	25.0%
B	5,300,000	800,000	4,500,000	75.0%
합 계	₩7,300,000	₩1,300,000	₩6,000,000	100.0%

4. 첫 번째 분리점의 결합원가 배부

제 품	결합원가	배 부 율	배 부 액
A	₩3,000,000	25.0%	₩750,000
B		75.0%	2,250,000
합 계		100.0%	₩3,000,000

5. 두 번째 분리점에서 배부되어야 할 결합원가

= ₩2,250,000 + ₩800,000 = ₩3,050,000

6. 두 번째 분리점의 결합원가 배부

제 품	결합원가	배 부 율	배 부 액
C	₩3,050,000	30.0%	₩915,000
D		70.0%	2,135,000
합 계		100.0%	₩3,050,000

7. 제품별 최종원가

제 품	결합원가배부액	추가가공원가	제품원가
A	₩750,000	₩500,000	₩1,250,000
C	915,000	410,000	1,325,000
D	2,135,000	790,000	2,925,000
	₩3,800,000	₩1,700,000	₩5,500,000

04 부산물의 회계처리

주산물(main product)은 두 가지 이상의 제품을 생산할 때 상대적으로 판매가치가 높은 제품이며, 부산물(by-product)은 주산물에 비하여 상대적으로 판매가치가 낮은 제품을 말한다. 일반적으로 부산물 생산을 주목적으로 해서 공정을 가동하지는 않는다. 주산물을 생산하다 보니 부수적으로 부산물이 얻어지는 것이다. 예를 들어 콩으로 주산물인 두부를 만들다 보니 부산물인 콩비지가 생기는 격이다. 부산물과 유사하게 느껴져 혼돈을 주는 용어로 공손, 스크랩(scrap), 그리고 폐기물(waste products)이 있다. 공손은 이미 설명한 바와 같이 완전하지 않은 주제품 단위를 의미한다. 반면에 스크랩이나 폐기물은 생산공정에서 사용되는 원재료에서 나온 짜투리 조각이나 폐기되는 산출물을 의미한다. 부산물은 적지만 판매가치를 지니는 데 반해 스크랩이나 폐기물은 판매가치가 없을 수도 있으며 오히려 처분하는 데 비용이 소요되기도 한다. 여기서는 부산물에 초점을 맞춰 그 회계처리방법을 설명하려 한다. 부산물의 회계처리는 부산물의 가치를 생산시점에서 인식할 것인가 아니면 판매시점에서 인식할 것인가의 문제와 관련된다.

4.1 생산시점의 순실현가치법

순실현가치법은 결합원가 중에서 부산물의 순실현가치에 해당하는 부분은 부산물에 배분하고 나머지 부분을 주산물에 배분한다.

순실현가치법은 부산물의 가치를 생산시점에 인식하는 방법이다. 부산물의 가치를 생산시점에서 인식하는 것은 결합원가 가운데 일부를 부산물의 제조원가로 인식하겠다는 의미이다. 즉, 분리점에서 부산물의 순실현가치만큼 결합원가에서 차감하고, 차감된 금액만큼 부산물의 재고자산으로 인식하며, 차감 후 잔액은 앞서 살펴본 절차에 따라 주산물에 배부된다. 이와 같이 순실현가치법을 적용할 경우에는 부산물 처분에 따른 손익이 발생하지 않는다.

부산물 생산시	(차) 부 산 물	×××	(대) 재 공 품	×××
부산물 판매시	(차) 현금(매출채권)	×××	(대) 부 산 물	×××

4.2 판매시점의 잡수익법

잡수익법은 판매시점에서 부산물의 가치를 인식하는 방법이다. 생산시점에서는 부산물의 가치를 무시하고, 부산물이 외부로 판매될 때만 그에 따른 이익을 인식하는 방법이다. 따라서 재고자산으로 인식될 수 없다. 즉, 부산물이 생산되더라도 판매될 때까지는 아무런 회계처리를 하지 않는다. 만약 부산물의 판매가 이루어질 경우 매출원가에서 차감시키거나 혹은 잡수익으로 처리한다. 결합원가는 모두 주산물에 포함된다.

잡수익법은 부산물의 가치가 불확실하거나 가치가 아주 작아서 재고자산이나 이익에 미치는 영향이 미미한 경우에 사용한다. 만약 부산물의 처분비용이 있으면 판매가치에서 처분비용을 차감한 순수익을 잡수익으로 인식한다.

부산물 생산시		회계처리 없음			
부산물 판매시	(차) 현금(매출채권)	×××	(대) 잡 수 익	×××	

예제 9-6

스마트(주)는 주산물 생산의 과정에서 부산물이 발생하는데, 부산물의 수량은 20단위이며, 판매가격은 단위당 ₩110이고, 추가가공원가가 단위당 ₩10 발생한다. 결합원가가 ₩50,000 발생하였다.

(요구사항)

1. 생산시점의 순실현가치법하의 주산물 및 부산물의 결합원가 배부액
2. 판매시점의 잡수익법하의 주산물 및 부산물의 결합원가 배부액

(해　　답)

1. 순실현가치법

   결합원가의 부산물 배부액 : (₩110 − ₩10) × 20개 = ₩2,000
   결합원가의 주산물 배부액 : ₩50,000 − (₩100 × 20개) = ₩48,000

2. 잡수익법

   결합원가를 부산물에 배부하지 않음.

05 결합제품과 의사결정

5.1 결합제품의 추가가공 의사결정

결합원가는 추가가공 여부와 관련 없이 이미 발생한 매몰원가이기 때문에 추가가공에 관한 의사결정에 아무 영향을 미치지 못한다.

어떤 제품을 분리점에서 판매할 것인가 아니면 분리점 이후 추가가공해서 판매할 것인가에 대한 경영의사결정을 추가가공에 관한 의사결정이라 한다. 이러한 의사결정은 각 대안별로 상이한 미래의 원가와 수익에 기초하여 결정해야 한다. 추가가공 여부는 이미 결합제품을 분리점까지 가공한 후에 결정된다. 따라서 그 이전에 발생된 결합원가는 아무리 그 금액이 크더라도 추가가공에 관한 의사결정에 영향을 줄 수 없으며, 합목적적이지 않다. 의사결정에 유용한 합목적적 원가가 되려면 적어도 미래에 발생될 원가여야 하기 때문이다. 그런데 이미 발생된 결합원가는 미래 어떤 의사결정을 내리더라도 변경될 수 없으며, 똑같기 때문이다. 그러므로 결합원가를 어떤 방법으로 결합제품에 배부하더라도 이는 추가가공에 대한 의사결정에 영향을 미치지 않는다.

어떤 제품에 대한 분리점에서 추가가공 여부의 결정은 추가가공에 따른 증분수익과 증분원가에 초점을 맞추어야 한다. 이때 증분수익과 증분원가가 합목적적인 정보이다. 여기서 증분수익이란 추가가공을 하는 경우 그렇지 않는 경우에 비해 증가할 것으로 예상되는 수익의 증가분이며, 증분원가는 추가가공을 하는 경우 증가할 것으로 예상되는 원가의 증가분이다. 증분수익이 증분원가보다 크다면 추가가공하는 것이 더 좋을 것이며, 반대로 오히려 증분원가가 증분수익보다 크다면 추가가공하지 않고 분리점에서 판매하는 것이 더 유리할 것이다.

예제 9-7

스마트(주)는 결합원가 ₩100,000을 투입해서 세 가지 제품 A, B, C를 생산하고 있다. 지난 달 각 제품별 생산량, 단위당 판매가격 그리고 추가가공원가는 다음과 같다.

제 품	생 산 량	판매단가(리터당)	추가가공원가
A	6,000리터	₩15	₩30,000
B	3,000	20	9,000
C	1,000	50	11,000
	10,000리터		₩50,000

결합원가를 각각 a) 물량기준법, b) 균등이익률법을 사용하여 결합제품에 배부하면 각각 a), b)와 같다.

a) 물량기준법

제 품	생 산 량	상대적 생산량	결합원가	배 부 액
A	6,000리터	0.6		₩60,000
B	3,000	0.3	₩100,000	30,000
C	1,000	0.1		10,000
	10,000리터			₩100,000

b) 균등이익률법

전체 매출총이익률＝(₩200,000－₩150,000)/₩200,000＝25%

∴ 원가율＝1－0.25＝0.75% (또는 75%)

제 품	판매가치	원 가 율	매출원가	추가가공원가	배 부 액
A	₩90,000		₩67,500	₩30,000	₩37,500
B	60,000	75%	45,000	9,000	36,000
C	50,000		37,500	11,000	26,500
	₩200,000		₩150,000	₩50,000	₩100,000

(요구사항)

제품 A는 추가가공하지 않고도 판매될 수 있다. 이때 리터당 판매가격은 ₩11이며, 물론 추가가공원가는 발생하지 않는다. A를 추가가공해야 하는가?

(해 답)

추가가공시 증분수익 : (₩15－₩11)×6,000	₩24,000
추가가공시 증분원가 : 추가가공원가	30,000
추가가공시 증분손익 :	(₩6,000)

5.2 결합제품의 재고관리

결합제품은 생산공정의 특정상 그 상대적 생산비율이 고정되어 있는 경우가 흔히 있다. 그러므로 그렇지 않은 결합제품에 비해 재고평가 및 관리는 한층 복잡해진다. 결합제품의 재고관리에 있어서 주요 이슈는 어떻게 각 결합제품별로 바람직한 재고수준을 유지하느냐에 있다. 어떤 결합제품은 판매활동이 원활하게 이루어지는 데 반해 다른 결합제품은 그렇지 않다면 한 쪽은 재고수준이 너무 낮게 나타나는 데 비해 다른 한 쪽은 재고수준이 너무 높게 나타날 것이다. 결합제품간 상대적 생산비율이 고정되어 있으면 어느 한 쪽의 생산량을 늘리면서 다른 한 쪽의 생산량은 줄일 수가 없게 된다. 따라서 결합제품인 경우 최적 재고관리 방법을 일관성 있게 시행하기가 어렵다.

경영자들이 이와 같이 복잡한 결합제품의 재고관리 문제를 해결할 수 있는 방안으로는 다음 몇 가지를 생각할 수 있다. 첫째, 꾸준한 연구개발 활동을 통하여 결합제품 산출물 믹스를 바람직한 방향으로 변경시켜 나간다. 둘째, 판매가 부진하여 재고가 많이 쌓이는 결합제품에 대해선 추가적인 마케팅 활동으로 판매를 늘려 나가도록 노력한다. 셋째, 두 번째 방법과 결부시켜 판매가 부진한 결합제품에 대해선 가격을 조정하여 판매를 늘린다.

06 종합예제

스마트(주)는 단일공정을 통하여 3개의 결합제품을 생산하고 있다. 20×1년 4월 한 달 동안 각 제품의 생산과 관련된 자료는 다음과 같다.

	제품 A	제품 B	제품 C
생 산 량	1,200kg	600kg	200kg
분리점에서의 판매가격	₩1,400	₩1,000	₩600
추가가공원가	600,000	320,000	–
최종판매가격	3,000	2,000	600

20×1년 4월 한 달 동안 결합공정에서 발생한 결합원가는 ₩500,000이다.

(요구사항)

1. 모든 제품을 주산물로 간주할 경우 다음 각 방법에 따라 결합원가를 배부하시오.
   1) 물량기준법
   2) 상대적 판매가치법
   3) 순실현가치법

2. 결합원가를 배부하기 위하여 순실현가치법을 적용하고 있으며, 제품 C를 부산물로 간주하고 다음에서 요구하는 부산물의 회계처리방법에 따라 결합원가를 배부하시오.
   1) 생산시점의 순실현가치법
   2) 판매시점의 잡수익법

(해　　답)

1. 모든 제품을 주산물로 간주할 경우의 결합원가 배부

1) 물량기준법

제　품	생 산 량	상대적 생산량	결합원가	배 부 액
A	1,200kg	0.6		₩300,000
B	600	0.3	₩500,000	150,000
C	200	0.1		50,000
	2,000kg	1		₩500,000

2) 상대적 판매가치법

제　품	생 산 량	판매가격	판매가치	배 부 액
A	1,200kg	₩1,400	₩1,680,000	₩350,000
B	600	1,000	600,000	125,000
C	200	600	120,000	25,000
	2,000kg		₩2,400,000	₩500,000

3) 순실현가치법

제품	생산량	판매가격	판매가치	추가가공원가	순실현가치	배 부 액
A	1,200	₩3,000	₩3,600,000	₩600,000	₩3,000,000	₩375,000
B	600	2,000	1,200,000	320,000	880,000	110,000
C	200	600	120,000	–	120,000	15,000
합계	2,000kg		₩4,920,000	₩920,000	₩4,000,000	₩500,000

2. 제품 C를 부산물로 간주하는 경우

1) 생산시점의 순실현가치법

부산물의 순실현가치를 결합원가에서 차감하고 순결합원가를 주산물에 배분한다.

순결합원가 = ₩500,000 − ₩120,000 = ₩380,000

제 품	순실현가치	배부액
A	₩3,000,000	₩293,816
B	880,000	86,184
합 계	₩3,880,000	₩380,000

2) 판매시점의 잡수익법

− 잡수익법에서는 부산물의 가치를 인식하지 않고 판매시점에 잡수익으로 인식하는 방법이다. 그러므로 결합원가 전부를 주산물인 제품 A와 제품 B에 배분한다.

제 품	순실현가치	배부액
A	₩3,000,000	₩386,600
B	880,000	113,400
합 계	₩3,880,000	₩500,000

연·습·문·제

EXERCISES

객관식 문제

[9-1] 다음은 (주)스마트의 결합공정과 관련된 자료이다. (주)스마트가 결합제품 원가를 순실현가치기준으로 배부할 때, A제품의 매출총이익으로 바른 것은?

	A 제 품	B 제 품
생 산 량	200단위	100단위
제품단위당 판매가격	₩900	₩500
제품단위당 추가가공원가	300	200
결합원가	₩25,000	

① ₩95,000 ② ₩100,000
③ ₩105,000 ④ ₩120,000

[9-2] (주)스마트는 결합공정을 통하여 제품 A, B를 제조하고 있다. 분리시점에서의 판매가치는 제품 A 10,000개에 대하여 ₩1,400,000이고, 제품 B 15,000개에 대하여 ₩600,000이다. 분리시점에서의 판매가치에 의해서 결합원가를 배부한다면, 제품 A에 대한 배부액은 ₩280,000이 될 것이다. 총결합원가는 얼마인가? (기업회계 1급)

① ₩196,000 ② ₩400,000
③ ₩466,666 ④ ₩600,000

[9-3] 다음은 결합제품 원가계산에 대한 설명이다. 틀린 것을 모두 고르시오. (기업회계 1급)

1. 물량기준에 의한 결합원가의 배부는 제품별 이익률이 다르게 나타날 수 있다.
2. 결합제품 원가계산은 제조과정 도입시에 주산물과 부산물이 명확히 구분된다.
3. 결합제품은 동일재료 동일공정에서 생산되는 다른 종류의 제품에 적용된다.
4. 상대적 판매가치법에 의한 결합원가의 배부는 분리점에서의 제품별 매출총이익률을 동일하게 나타내는 장점이 있다.
5. 순실현가치에 의한 결합원가의 배부에서, 해당 제품의 추가가공원가가 클수록 결합원가의 배부는 커진다.

① 1, 3 ② 1, 4
③ 2, 5 ④ 3, 5

[9-4] (주)스마트는 당기에 결합원가를 ₩620,000 투입하여 결합제품 A, B와 부산물 X를 생산하였다. 기초제품은 없으며 결합원가를 결합제품에 배부할 때 순실현가치법을 이용하고 있다. 당기 중의 생산활동 및 판매활동에 관한 자료는 다음과 같다. 생산기준법에 의하여 부산물의 회계처리를 할 경우 결합제품에 배부하여야 할 결합원가는 얼마인가? (기업회계 1급)

제 품	생 산 량	판 매 량	추가가공원가	판매가격
A	4,000	3,000	₩400,000	₩200
B	6,000	4,000	300,000	150
X	2,000	1,400	20,000	20

① ₩20,000 ② ₩40,000
③ ₩600,000 ④ ₩620,000

[9-5] 다음 자료를 이용하여 물음에 답하시오.

	A	B	합 계
생 산 량	10,000개	8,000개	18,000개
결합원가	?	?	₩70,000
분리점에서의 판매가치	N/A	₩60,000	
추가가공원가	₩40,000	30,000	
추가가공 후의 판매가치	60,000	90,000	

결합원가는 순실현가치법에 따라 배부한다. A, B는 모두 추가가공 후 판매한다. B제품의 판매에 따른 이익은? (CPA)

① ₩0 ② ₩7,500 ③ ₩10,000
④ ₩11,000 ⑤ ₩28,889

[9-6] 스마트회사는 결합제품 A, B, C를 생산하며 순실현가치법에 의하여 결합원가를 배부한다. 기초 및 기말에서의 재고자산은 없으며, 당기의 제조 및 판매에 관한 자료가 다음과 같을 경우 제품 C의 매출총이익은 얼마인가? (세무사)

	A	B	C	합 계
생 산 량	7,000개	5,000개	3,000개	15,000개
결합원가	?	?	?	₩400,000
추가가공원가	₩50,000	₩20,000	₩40,000	110,000
판매가치	380,000	200,000	130,000	710,000

① ₩30,000 ② ₩70,000 ③ ₩90,000
④ ₩40,000 ⑤ ₩50,000

[9-7] (주)스마트는 당기중 연산품 A를 5,000개, 연산품 B를 4,000개 생산하였다. 제품 A와 제품 B의 단위당 판매가격은 각각 ₩2,500과 ₩1,875이며, 제품 A와 제품 B를 완성시키기 위하여 추가원가가 각각 ₩4,500,000과 ₩3,500,000이 발생되었다. 순실현가치법을 적용할 경우 제품 A에 배부되는 결합원가가 ₩2,400,000이라면 총결합원가는 얼마인가? (세무사)

① ₩2,400,000 ② ₩3,000,000 ③ ₩3,600,000
④ ₩3,840,000 ⑤ ₩7,200,000

[9-8] 스마트정유는 수입한 원유를 정제하여 제품 X, Y, Z를 생산하고 있다. 다음은 20×9년 1월 한 달 동안 정제공정에 투입된 총 공통원가와 X, Y, Z의 생산량에 관한 자료이다.

(1) 원 가

1월 한 달 동안 정제공정에 투입된 재료원가(원유) ₩150,000,000

1월 한 달 동안 정제공정에 투입된 노무원가와 제조간접원가 ₩130,000,000

(2) 생산량과 판매가격

제 품	생 산 량	판 매 량	단위당 판매가격
X	20,000ℓ	15,000ℓ	₩15,000
Y	16,000ℓ	16,000ℓ	12,000
Z	12,000ℓ	10,000ℓ	9,000

공통원가는 각 제품이 공정에서 분리되는 시점에서 상대적 판매가치에 비례하여 배부한다. Y에 배부되는 공통원가는 얼마인가? 단, 20×9년 1월 1일 현재 기초재공품은 없다. (CPA)

① ₩150,000,000 ② ₩100,000,000 ③ ₩108,000,000
④ ₩89,600,000 ⑤ ₩85,714,280

[9-9] 스마트식품은 3가지 제품 A, B, M을 생산하며, 어느 한 달간의 결합공정의 원가는 ₩93,000이었다. 주산품인 A와 B의 최종판매가격은 각각 ₩4, ₩10이며, 단위당 추가가공원가는 모두 ₩2이다. M은 부산물이며 분리점에서 단위당 ₩3에 판매된다. 각 제품의 생산량은 다음과 같다.

A: 10,000단위, B: 5,000단위, M: 1,000단위

결합원가는 순실현가치를 기준으로 주산품에만 배부된다. M을 생산시점에 인식하는 경우 A에 배부되는 결합원가와, 판매시점에 인식하는 경우 B에 배부되는 결합원가를 각각 구하면?

	생산시점－A	판매시점－B
①	₩3,000	₩30,000
②	30,000	62,000
③	31,000	31,000
④	60,000	52,080
⑤	62,000	60,000

[문 9-10]과 [문 9-11] 관련자료

스마트화학은 하나의 결합공정에서 주산품 A, B와 부산물 X를 생산하고 있다. 다음은 20×9년 2월의 생산 및 원가자료이다.

	A	B	X	계
생산 및 판매량	10,000개	8,000개	4,000개	22,000개
최종판매가치	₩80,000	₩120,000	₩10,000	₩210,000
결합원가	?	?	?	50,000
추가가공원가	40,000	27,500	5,000	72,500

[9-10] 부산물은 생산시점에 인식하고 결합원가배부는 균등이익률법에 의한다. 주산품 A에 배부될 결합원가는 얼마가 되는가?

① ₩5,000 ② ₩6,875 ③ ₩7,000
④ (₩10,000) ⑤ ₩12,500

[9-11] 부산물은 판매시점에서 잡수익으로 처리하고, 결합원가배부는 균등이익률법에 의한다. 주산품 A에 배부될 결합원가는 얼마가 되는가?

① ₩5,000　　② ₩6,875　　③ ₩7,000
④ (−)₩10,000　　⑤ ₩12,500

[문 9-12]와 [문 9-13] 관련자료
(주)스마트는 한 공정에서 갑 200단위, 을 300단위 및 병 500단위를 생산하고 있으며, 이들에 대한 결합원가는 ₩1,000,000이다. 을과 병은 추가가공하지 않고 분리점에서 즉시 판매가 가능하며, 이들의 판매단가는 각각 ₩2,000과 ₩2,160이다. 갑 제품은 추가가공하여 슈퍼 갑으로 판매되는데, 슈퍼 갑의 판매단가는 ₩4,100이며 추가가공원가는 ₩100,000이다.

[9-12] 순실현가치법을 적용할 때 슈퍼 갑의 단위당 제조원가는 얼마인가?
① ₩1,800　　② ₩1,900　　③ ₩2,000
④ ₩2,100　　⑤ ₩2,200

[9-13] 을을 추가가공하면 슈퍼 을을 생산할 수 있다. 이때 투입량의 20%만큼 감손이 발생한다. 슈퍼 을의 판매단가는 ₩2,800이고, 추가가공원가가 ₩100,000이 발생할 것으로 예측된다면 을을 추가가공하면 이익이 얼마나 증감되겠는가?
① ₩240,000 증가　　② ₩140,000 증가　　③ ₩100,000 증가
④ ₩72,000 증가　　⑤ ₩28,000 감소

[9-14] (주)스마트는 두 가지 제품 A, B를 생산하여 판매하고 있다. 이 제품들은 결합생산되며 4월 중의 결합원가는 ₩500,000이다. 두 제품은 모두 분리점 이후 추가가공을 거친 다음 판매된다. 4월의 생산 및 판매자료는 다음과 같다. 기초재고자산은 없으며, 결합원가는 순실현가치법에 의해 배부하고 있다. 4월의 당기순이익은 얼마인가?

구 분	A	B	합 계
단위당 판매가격	₩800	₩1,500	
추가가공원가	₩400,000	₩700,000	₩1,100,000
생산량	2,000개	1,000개	3,000개
판매량	1,300개	800개	2,100개

(기업회계 1급)

① ₩815,000　　② ₩945,000
③ ₩985,000　　④ ₩1,065,000

[9-15] 스마트(주)는 원재료 A를 투입하여, 제품X와 제품Y를 생산하고 있다. 20×5년 6월 결합원가는 ₩1,500,000이며, 제품X와 제품Y의 생산량은 각각 2,000단위와 6,000단위이다. 제품X는 분리점 이후 ₩200,000을 추가로 투입하여 완성되며, 단위당 판매가격은 ₩500이다. 제품Y는 분리점 이후 ₩600,000을 추가로 투입하여 완성되며, 단위당 판매가격은 ₩300이다. 스마트(주)가 순실현가치법에 의해 결합원가를 배부한다면, 제품X와 제품Y에 배부될 결합원가는 각각 얼마인가?

	제품X	제품Y		제품X	제품Y
①	₩375,000	₩1,125,000	②	₩535,714	₩964,286
③	₩600,000	₩900,000	④	₩937,500	₩562,500
⑤	₩900,000	₩600,000			

주관식 문제

[9-1] 스마트(주)의 결합제품 A, B, C의 생산관련 자료이다.

구 분	A	B	C	합 계
생 산 량	1,000개	500개	250개	1,750개
결합원가	₩9,000	?	?	₩15,000
분리점에서의 판매가치	?	?	₩3,750	25,000
추가가공시 추가가공원가	1,750	₩1,250	750	3,750
추가가공 후 판매가치	17,500	7,500	5,000	30,000

(요구사항)

1. 결합원가가 분리시점에서의 상대적 판매가치에 의하여 배부될 때 제품 B와 제품 C에 배부되는 결합원가는 각각 얼마인가?
2. 결합원가가 분리점에서 상대적 판매가치에 의하여 배부된다고 가정할 때 A제품의 분리점에서의 판매가치는 얼마인가?

[9-2] 스마트(주)는 A, B제품으로 구성된 두 개의 결합제품을 생산한다. 20×1년 4월 결합원가는 ₩40,000이고, 20×1년 4월에 분리점 이후 제품을 판매가능한 형태로 전환하는 데 필요한 가공원가는 A제품 ₩300,000, B제품 ₩412,500이다. 추가가공 후 A는 1,500개, B는 1,375개를 생산·판매한다. 단위당 판매가는 A제품이 ₩500, B제품이 ₩700이다.

(요구사항)

순실현가능가치를 이용하여 결합원가를 배부한다면 20×1년 4월의 결합원가 중 A제품에 배부될 금액은?

[9-3] 스마트(주)는 kg당 판매가격이 ₩50과 ₩60인 결합제품 A와 B를 제조하고 있다. 부문 1에서는 원재료 1,000kg이 총원가 ₩20,000을 발생시키면서 가공되었다. 부문 1에서 가공된 물량의 60%는 부문 2로 대체되었고, 여기에서 추가가공원가 ₩6,000을 투입하여 A제품 600kg이 생산되었다. 부문 1에서 가공된 물량의 나머지 40%는 부문 3으로 대체되어 추가가공원가 ₩8,000을 투입하여 가공한 후 B제품 400kg이 완성되었다.

(요구사항)

순실현가치법을 사용할 때 각 결합제품의 단위당 원가는 얼마인가?

[9-4] 스마트(주)는 결합제품 A와 B를 생산하고 있다. A제품 50개와 B제품 40개를 생산하였으며, 분리점에서 단위당 판매가치는 A제품 ₩160, B제품 ₩100이며, A제품에 배부된 결합원가는 ₩24,000이다.

(요구사항)

상대적 판매가치법을 적용할 때 총결합원가는 얼마인가?

[9-5] 20×1년 1월 스마트(주)는 900리터의 화학물질 X를 가공하여 500리터의 화학물질 A와 300리터의 화학물질 B를 생산하였다. 이때 발생원가는 직접재료원가가 ₩100,000, 직접노무원가 ₩40,000, 제조간접원가 ₩40,000이다. 제품 A의 리터당 판매가격은 ₩400이며, 제품 B는 시장이 존재하지 않아 추가가공을 하여야 한다. 이때 추가가공원가는 직접노무원가 ₩40,000, 제조간접원가 ₩40,000이 발생하며, 최종판매가격은 리터당 ₩1,000이다.

(요구사항)

균등이익률법을 이용하여 결합원가 배부액을 산출하시오.

[9-6] (주)스마트는 원재료를 결합공정에 투입하여 두 개의 제품 갑과 을을 생산하기로 하였다. 원재료의 단위당 구입가격은 ₩80이다. 당기 중 결합공정에 원재료가 100,000단위 투입되었으며, 직접노무원가가 ₩6,000,000, 제조간접원가가 ₩4,000,000 발생하였다. 갑제품 60,000단위와 을제품 40,000단위가 생산되었다. 결합공정의 기초 및 기말 재공품은 없다. 을제품은 추가가공을 통해 판매되며, 추가가공원가는 ₩2,000,000이 발생하였다. 단위당 판매가격은 갑제품 ₩200, 을제품 ₩350이다.

(요구사항)

결합원가를 순실현가치를 기준으로 배부할 경우 을제품의 단위당 원가는 얼마인가? (기업회계 1급)

[9-7] (주)스마트는 동일한 원재료를 가공하여 두 개의 결합제품 A와 B를 생산한다. 20×5년도 중 A와 B의 생산과정에서 발생한 직접재료원가는 ₩1,000,000, 가공원가는 ₩1,000,000이었으며, 순실현가치법으로 배부한다. 분리점에서의 A의 판매가치는 ₩2,800,000인 반면, B는 추가가공을 거쳐 C라는 제품으로 전환되어 ₩5,000,000에 판매되며, 추가공정에서 ₩800,000의 가공원가가 발생된다.

(요구사항)

최종판매시점에서 C제품의 매출총이익률은 몇 %인가? (기업회계 1급)

[9-8] (주)스마트는 당월 중 결합 생산공정을 통해 결합제품 X(1,000단위)와 Y(2,000단위)를 생산한 후, 각각 추가가공을 거쳐, 최종제품 A와 B로 전환하여 모두 판매하였다. 결합제품 X와 Y의 단위당 추가가공원가는 각각 ₩200과 ₩150이며, 최종제품과 관련된 당월 자료는 다음과 같다.

구 분	제품 A	제품 B
생산량	1,000단위	2,000단위
제품단위당 판매가격	₩400	₩200

(요구사항)

이 공정의 당월 결합원가는 ₩100,000이며, 이를 균등이익률법으로 배부한다면, 당월 중 결합제품 X에 배분될 금액은 얼마인가? 단, 각 결합제품의 추가가공 전·후의 생산량 변화는 없다.

[9-9] 스마트(주)는 여러 개의 제조공정에서 3종류의 제품을 생산·판매하고 있다. 제 1 공정에서 결합제품 A와 B 그리고 판매가치가 낮은 부산물 X가 생산되며, 결합제품 B와 부산물 X는 각각 제 2 공정과 제 3 공정에서 추가가공된 후 판매된다. 이에 관한 자료는 다음과 같다.

1. 제 1 공정의 물량 및 원가자료

기초재공품 : 5,000kg(완성도 60%), 원가 ₩125,000
투 입 량 : 25,000kg
당기투입원가 : 재료원가 ₩250,000, 가공원가 ₩125,000

기말재공품 : 4,000kg(완성도 50%)

재료는 공정의 초기에 전량 투입되고, 가공원가는 공정전체에 걸쳐 균등하게 발생된다. 다만, 공정의 특성상 공손이나 감손은 발생되지 않는다.

2. 제 2 공정원가 ₩75,000, 제 3 공정원가 ₩1,500

3. 각 제품별 생산량 및 판매가격

A제품: 1,500단위, ₩150, B제품: 1,000단위, ₩350, 부산물 X: 100단위, ₩20

4. 스마트(주)는 선입선출법에 의하여 원가계산을 하며, 결합원가는 순실현가치를 기준으로 배부한다. 또한 부산물의 회계처리시에는 잡수익법을 적용한다.

(요구사항)

각 제품의 단위당 원가를 계산하시오.

[9-10] 스마트(주)는 세 개의 공정을 거쳐 다양한 제품을 생산하고 있는데, 20×1년 4월의 활동내역은 다음과 같다. 제 1 공정에서는 화학물질 A 900리터를 가공하여 화학물질 B 300리터와 화학물질 C 600리터를 생산하였다. 제 2 공정에서는 제 1 공정에서 생산된 화학물질 B 300리터에 추가로 화학물질 P 300리터를 첨가하여 화학물질 E 200리터, 산업폐기물 100리터, 그리고 화학제품 F 300리터를 생산하였다. 제 3 공정에서는 제 2 공정에서 생산된 화학물질 E 200리터를 추가가공하여 화학물질 G 200리터를 생산하였다. 최종제품 리터당 판매가격은 C가 ₩250, F가 ₩400, G가 ₩800이다. 산업폐기물을 처리하는 데 추가적인 원가는 발생하지 않는다.

각 공정별 발생원가는 다음과 같다.

	1공정	2공정	3공정
직접재료원가	₩100,000	₩60,000	–
직접노무원가	40,000	20,000	₩40,000
제조간접원가	40.000	20.000	40.000
합　　계	₩180,000	₩100,000	₩80,000

(요구사항)

순실현가치법에 따라 최종제품에 결합원가를 배부하시오.

[9-11] 스마트(주)는 두 개의 주제품 A, B와 부산물 C를 생산하고 있다. 20×1년 5월 중 생산활동에 관한 자료는 다음과 같다.

	5월 1일 재고		5월중 생산량
	단 위	원 가	단 위
제품 A	40,000	₩360,000	300,000
제품 B	20,000	300,000	400,000
제품 C	4,000	20,000	100,000

분리점 이후 주제품 A, B의 단위당 판매가격은 각각 ₩40과 ₩60이다. 부산물 C의 단위당 판매가격은 ₩15인데, 부산물 판매와 관련하여 단위당 ₩3의 포장비와 ₩2의 운송비가 발생한다. 20×1년 5월 중의 결합원가는 직접재료원가 ₩4,000,000, 직접노무원가 ₩2,000,000 그리고 제조간접원가 ₩4,000,000이 발생하였다. 20×1년 5월 중 판매량은 제품 A 310,000단위, 제품 B 390,000단위 그리고 부산물 C 100,000단위이다. 주제품인 A, B의 판매와 관련된 비용은 ₩5,000,000이며, 이들 비용은 제품 A, B에 균등하게 배부된다. 부산물에 대한 회계처리는 생산시점에서 부산물의 순실현가치를 주제품에 배부될 결합원가에서 차감하는 방법을 사용하고 있다. 또한 결합원가는 분리점에서의 상대적 판매가치를 기준으로 주제품에 배부하고 있다. 단, 재고자산에 대한 평가는 선입선출법을 사용하고 있다.

(요구사항)

1. 주제품 A, B에 배부될 결합원가는 각각 얼마인가?
2. 각 제품라인별 매출원가를 산정하시오.
3. 각 제품라인별 손익계산서를 작성하시오.

[9-12] [문제 9-11]의 자료를 참조하여 다음에 답하시오.

부산물 C를 주제품으로 가정하고 [문제 9-11]의 (요구사항)에 답하시오.

[9-13] 스마트(주)는 원재료 A 100kg을 가공하여 P 20kg과 K 80kg을 생산하고 있다. P와 K는 시장가치가 존재하지 않아 추가로 가공하여 각각 PP 20kg과 KK 80kg을 생산하여 판매하고 있다. 원재료 A의 가공과 관련하여 재료원가 ₩10,000과 가공원가 ₩20,000이 발생하였으며, 중간제품 P와 K의 가공에는 각각 ₩40,000, ₩60,000의 원가가 발생하였다. 최종제품 PP와 KK의 판매가격은 단위당 각각 ₩10,000, ₩5,000이다.

(요구사항)

원재료 A의 가공과 관련된 총원가 ₩30,000을 순실현가치법으로 배부할 때 각 제품에 배부되는 결합원가는 각각 얼마인가?

[9-14] 스마트정유(주)의 정유공정 A에서는 휘발유를 생산하고 있다. 이 휘발유가 추

가공정 B를 거치면 유연휘발유로 판매되고 추가공정 C를 거치면 무연휘발유로 생산·판매된다. 8월중 정유공정 A의 제조원가는 ₩1,000,000이다. 추가공정 B의 제조원가는 ₩40,000이고, 추가공정 C의 제조원가는 ₩160,000이다. 8월 중에 유연휘발유는 8,000리터를 생산하여 리터당 ₩95으로 판매되었다. 무연휘발유는 12,000리터를 생산하여 리터당 ₩120으로 판매되었다.

(요구사항)

순실현가치법에 의한 유연휘발유의 제조원가는 얼마인가?

[9-15] 스마트(주)는 여러 공정을 거쳐서 최종적으로 제품 F(1,000개), 제품 G(1,000개), 제품 H(1,000개), 부산물 W(120개) 등 4개의 제품을 생산하고 있다. 공정 1에서는 원재료 X를 투입하여 최종제품 F와 중간제품 R(2,000개), 부산물 W를 생산하고 있다. 중간제품 R은 판매시장이 존재하지 않아 추가가공을 하여야 한다. 따라서 공정 2에서는 중간제품 R을 추가가공하여 제품 G와, 제품 H를 생산하다. 제품 G와, 제품 H는 각각 ₩500,000과 ₩1,000,000의 원가를 추가로 투입하여야 최종제품이 된다. 부산물은 생산시점의 순실현가치법을 적용한다. 공정별 원가 및 제품별 단위당 판매가격은 다음과 같다.

- 공정 1의 결합원가 : ₩1,512,000
- 공정 2의 결합원가 : ₩1,200,000
- 단위당 판매가격

최종제품 F : ₩1,700	최종제품 G : ₩1,000
최종제품 H : ₩2,000	부 산 물 W : ₩100

(요구사항)

1. 순실현가치법을 기준으로 결합원가를 배분할 때, 각 제품(부산물 포함)에 배분될 결합원가는 얼마인가?
2. 요구사항 1에 기초할 때 각 제품별로 최종제품의 단위당 원가를 구하시오.
3. 위 기본자료와 달리 부산물 W가 폐기물에 해당하여 판매가치는 전혀 없고 폐기처분하는 데 단위당 ₩50이 소요된다고 가정한다. 순실현가치법으로 결합원가를 배부할 때 최종제품 G의 총원가는 얼마인가?
4. 중간제품 R의 판매가격이 ₩500일 때 제품 R을 추가가공하여 최종제품 G와 H를 생산하려 한다. 추가가공하기 위한 최종제품 H의 최소 판매가격을 구하시오. 단, 제품 G의 판매가격은 동일하다.

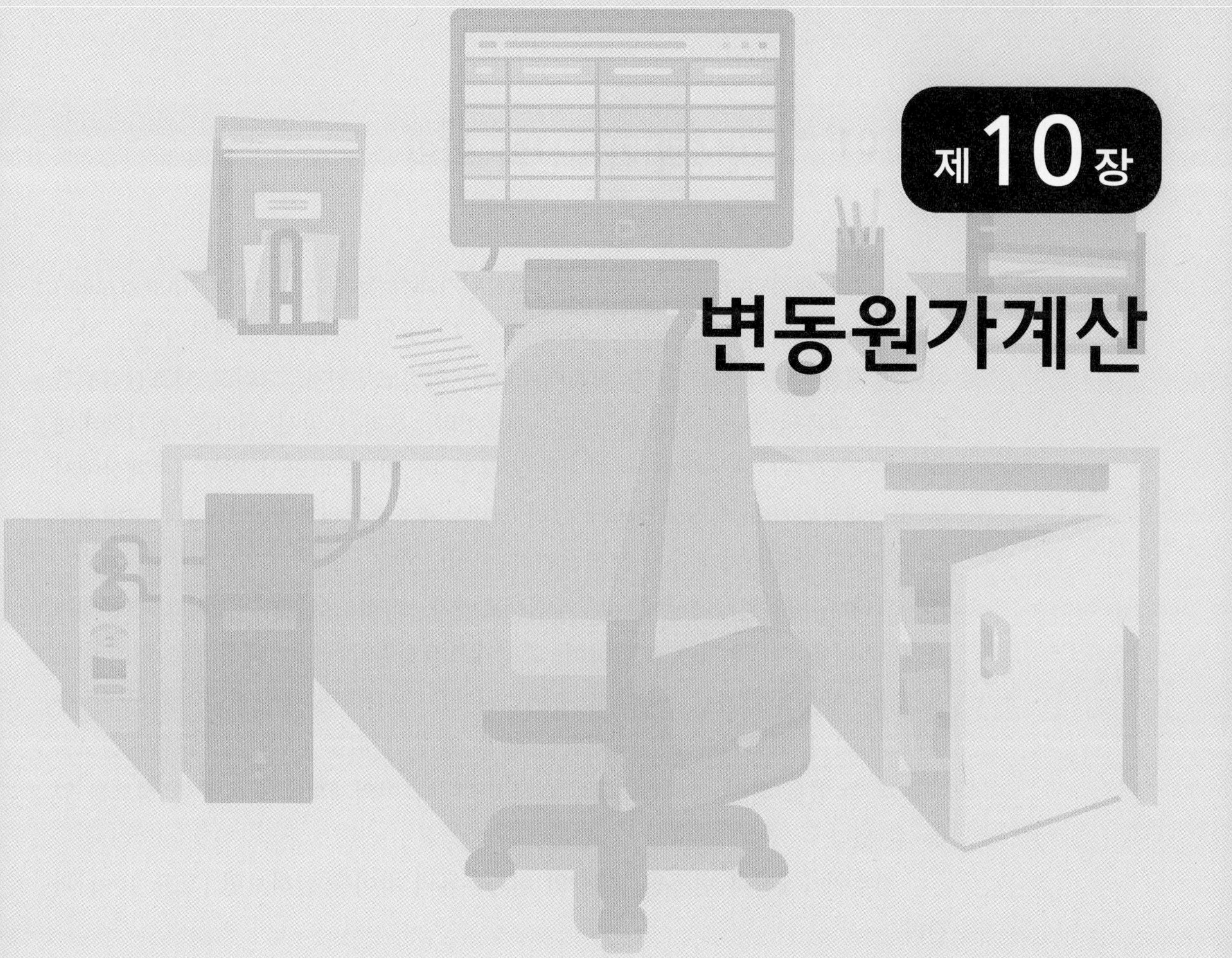

제 10 장 변동원가계산

01 변동원가계산의 의의

우리가 배웠던 개별원가계산이나 종합원가계산 등은 전부원가계산(full costing) 또는 흡수원가계산(absorption costing)이다. 이 방법을 전부원가계산이라고 하는 이유는 제품원가의 3요소, 즉 직접재료원가, 직접노무원가, 그리고 제조간접원가를 모두 제품원가계산에 포함시키기 때문이다. 우리는 앞서 원가를 원가행태에 따라 변동원가와 고정원가 두 가지로 구분한 바 있다. 따라서 전부원가계산에서는 직접재료원가와 직접노무원가 그리고 변동제조간접원가뿐만 아니라 고정제조간접원가도 제품원가계산에 포함시킨다는 의미이다.

그러나 변동원가계산에서는 직접재료원가, 직접노무원가, 그리고 변동제조간접원가만을 제품원가에 포함하며, 고정제조간접원가는 기간비용으로 처리한다. 이 경우 매출액이라는 수익에서 총변동원가를 차감하면 총공헌이익을 구할 수 있다. 따라서 변동원가계산을 이용할 경우 향후 살펴볼 CVP분석에서의 정보를 이용할 수 있을 뿐만 아니라, 각종 의사결정이나 이익계획에도 유용한 정보를 얻을 수 있다.

전부원가계산과 변동원가계산의 원가분류의 차이를 살펴보면 [도표 10-1]과 같다.

[도표 10-1] 전부원가계산과 변동원가계산의 원가분류

원가유형	전부원가계산	변동원가계산
직접재료원가	제품원가	제품원가
직접노무원가	제품원가	제품원가
변동제조간접원가	제품원가	제품원가
고정제조간접원가	제품원가	기간비용
변동판매관리비	기간비용	기간비용
고정판매관리비	기간비용	기간비용

변동원가계산은 제품원가에 포함되는 원가요소가 다르기 때문에 손익계산서에 나타나는 매출원가의 금액도 달라질 뿐만 아니라, 고정제조간접원가를 기간비용으로 처리하기 때문에 손익계산서의 구조도 전부원가계산과는 다르게 나타난

다. 자세한 차이점은 앞으로 설명하기로 하고, 여기서는 손익계산서 구조의 차이점만 비교해 보면 [도표 10-2]와 같다.

[도표 10-2] 전부원가계산과 변동원가계산의 손익계산서 비교

전부원가계산 손익계산서		
매　　출		×××
매출원가		
기초제품재고액	×××	
당기제품제조원가	×××	
기말제품재고액	(×××)	(×××)
매출총이익		×××
판매관리비		
변동판매관리비	×××	
고정판매관리비	×××	(×××)
영 업 이 익		×××

변동원가계산 손익계산서		
매　　출		×××
변동원가		
변동매출원가		
기초제품재고액	×××	
당기제품제조원가	×××	
기말제품재고액	(×××)	(×××)
변동판매관리비	×××	(×××)
		×××
공헌이익		
고정원가		
고정제조간접원가	×××	
고정판매관리비	×××	(×××)
영업이익		×××

[도표 10-2]를 보면 첫째, 제품원가가 다르다. 변동원가계산에서는 변동매출원가에서 보는 바와 같이 변동제조원가만을 제품원가에 포함시키고, 고정제조간접원가는 고정판매관리비와 같이 기간비용으로 처리한다. 전부원가계산에서는 고정제조간접원가를 제품원가에 포함시킨다. 둘째, 매출에서 차감되는 항목과 차감 후 산출되는 이익이 다르다. 전부원가계산에서는 매출원가를 차감하여 매출총이익을 구하지만, 변동원가계산에서는 변동원가를 차감하여 공헌이익을 구한다. 변동원가에는 변동매출원가뿐만 아니라 변동판매관리비도 포함된다.

손익계산서의 구조에서는 크게 두 가지 관점에서 차이가 있다. 앞으로의 논의는 전부원가계산과 변동원가계산에 어떤 차이점이 있는지를 구체적으로 살펴볼 것이다. 여기서 문제의 핵심은 [도표 10-2]에서 보는 바와 같이 고정제조간접원가를 어떻게 처리할 것인가이다. 변동원가는 조업도의 변화에 비례적으로 변동하지만, 고정원가는 관련 범위 내에서는 일정하게 발생한다는 점이 논의의 핵심이 될 것이다.

전부원가계산의 논거는 특정 기간의 생산활동과 관련하여 발생한 모든 원가를 그 기간의 제품원가에 포함시켜야 한다는 것이다. 전부원가계산에 의하여 계산된 제품원가는 외부보고용 재무제표를 작성하거나 법인세를 결정하는 과정에 사용된다.

변동원가계산의 논거는 고정제조간접원가는 특정 제품의 제조와 관계없는 생산설비에서 주로 발생하는 원가로써 단순히 시간의 경과에 의해서 원가가 발생하므로 제품원가에 포함시키지 말아야 한다는 것이다. 변동원가계산에 의해 계산된 제품원가는 주로 내부관리목적으로 사용된다.

02 전부원가계산과 변동원가계산

2.1 전부원가계산

변동원가계산은 전부원가계산보다 의사결정이나 계획편성에 유용한 정보를 제공한다고 하였다. 여기서는 전부원가계산을 이용할 경우 어떤 한계점이 있는지 살펴보기로 하자. 우선 [예제 10-1]을 통해 전부원가계산하의 제품원가와 손익계산서를 작성해 보자.

예제 10-1 전부원가계산

스마트(주)는 제품 A를 생산하고 있다. 20×5년 1, 2, 3월의 생산활동 내역은 다음과 같다. 단, 재공품은 없으며, 1월의 기초제품도 없다. 직접노무원가는 생산량에 비례하는 것으로 간주하며, 재고자산 평가는 선입선출법을 사용한다.

	1월	2월	3월
직접재료원가(단위당)	₩2,000	₩2,000	₩2,000
직접노무원가(단위당)	₩500	₩500	₩500
제조간접원가			
변동제조간접원가(단위당)	₩500	₩500	₩500
고정제조간접원가(총액)	₩1,500,000	₩1,500,000	₩1,500,000
생 산 량	1,500개	1,200개	1,000개
판 매 량	1,200개	1,200개	1,200개
판매가격(단위당)	₩10,000	₩10,000	₩10,000
판매관리비			
변동원가(단위당)	₩500	₩500	₩500
고정원가(총액)	₩1,500,000	₩1,500,000	₩1,500,000

(요구사항)

1. 전부원가계산에 의한 월별 A제품 단위당원가는 얼마인가?
2. 전부원가계산에 의한 월별 손익계산서를 작성하시오.

(해　　답)

1. 월별 A제품 원가

	1월	2월	3월
직접재료원가	₩3,000,000	₩2,400,000	₩2,000,000
직접노무원가	750,000	600,000	500,000
제조간접원가			
변동제조간접원가	750,000	600,000	500,000
고정제조간접원가	1,500,000	1,500,000	1,500,000
총제조원가	₩6,000,000	₩5,100,000	₩4,500,000
생 산 량	1,500개	1,200개	1,000개
제품 단위당원가	₩4,000	₩4,250	₩4,500

2. 월별 손익계산서(전부원가계산)

	1월		2월		3월	
매 출 액		₩12,000,000		₩12,000,000		₩12,000,000
매 출 원 가						
기초제품재고액	₩0		₩1,200,000		₩1,275,000	
당기제품제조원가	6,000,000		5,100,000		4,500,000	
기말제품재고액	(1,200,000)	4,800,000	(1,275,000)	5,025,000	(450,000)	5,325,000
매출총이익		₩7,200,000		₩6,975,000		₩6,675,000
판매관리비						
변동판매관리비	₩600,000		₩600,000		₩600,000	
고정판매관리비	1,500,000	2,100,000	1,500,000	2,100,000	1,500,000	2,100,000
영 업 이 익		₩5,100,000		₩4,875,000		₩4,575,000

[예제 10-1]을 보면 3개월 동안의 단위당 변동원가와 총고정원가는 모두 동일하다. 단지 다른 것은 생산량뿐이라는 것을 먼저 파악해 둘 필요가 있다. 그런데 단위당 제품원가를 보면 1월과 2월, 3월에 각각 ₩4,000, ₩4,250, ₩4,500이다. 월별 제품원가가 큰 차이를 보이고 있음을 알 수 있다. 그 차이의 원인은 무엇인가? 다른 조건이 동일하다면 생산량에 의한 차이이다. 생산량이 가장 많은 1월의 제품원가가 가장 낮으며, 생산량이 가장 적은 3월의 제품원가가 가장 높다. 생산량의 차이가 제품원가를 다르게 한 원인은 무엇일까? 그것은 고정원가 때문이다. 관련 범위 내에서는 생산량이 많을수록 제품 단위당 할당되는 고정원

가가 적기 때문이다.

이와 같이 생산량이 고정제조간접원가의 배부액에 영향을 미치고, 이것이 다시 단위당 제품원가에 영향을 미침으로써 손익계산서상의 경영성과를 상당히 왜곡하는 결과를 초래한다. 즉, 판매량이 동일한 상황에서 월별로 영업이익을 보면 1월에는 ₩5,100,000, 2월 ₩4,875,000, 3월 ₩4,575,000으로 생산량이 가장 많은 1월의 영업이익이 가장 높은 것으로 나타나 있다. 이 결과를 가지고 성과를 평가한다면 경영자는 1월의 경영성과가 가장 높은 것으로 판단할 수 있다. 그러나 판매량이 동일한 상황에서 생산량 증가에 의한 순이익 증가는 재고의 증가를 초래할 뿐이다. 따라서 관리 및 통제목적으로 전부원가계산을 사용할 경우 결과를 잘못 해석할 수 있는 문제를 야기할 가능성이 높다.

2.2 변동원가계산

전부원가계산은 고정제조간접원가를 모두 제품원가에 포함시킨다. 반면에 변동원가계산(variable costing)에서는 고정제조간접원가를 제품원가 산정에 포함시키지 않고, 기간비용으로 처리한다. 변동제조원가만을 제품원가에 포함시킨다. 이 방법은 제품원가를 고정원가와 변동원가로 분리함으로써 향후 살펴볼 CVP 분석에 필요한 정보를 제공할 수 있을 뿐만 아니라 다양한 의사결정 및 계획에도 이용될 수 있다. 변동원가계산은 직접원가계산(direct costing)이라고도 한다.

우선 [예제 10-1]을 그대로 사용하여 변동원가계산하의 제품 단위당원가와 손익계산서를 작성해 보자.

예제 10-2 변동원가계산

[예제 10-1]의 내용을 그대로 이용한다.

(요구사항)

1. 변동원가계산에 의한 월별 A제품 단위당원가는 얼마인가?
2. 변동원가계산에 의한 월별 손익계산서를 작성하시오.

(해　답)

1. 월별 A제품 원가

	1월	2월	3월
직접재료원가	₩3,000,000	₩2,400,000	₩2,000,000
직접노무원가	750,000	600,000	500,000
변동제조간접원가	750,000	600,000	500,000
총제조원가	₩4,500,000	₩3,600,000	₩3,000,000
생 산 량	1,500개	1,200개	1,000개
제품 단위당원가	₩3,000	₩3,000	₩3,000

2. 월별 손익계산서(변동원가계산)

	1월		2월		3월	
매 출 액		₩12,000,000		₩12,000,000		₩12,000,000
변동원가						
변동매출원가						
기초제품재고액	₩0		₩900,000		₩900,000	
당기제품제조원가	4,500,000		3,600,000		3,000,000	
기말제품재고액	(900,000)		(900,000)		(300,000)	
변동매출원가	3,600,000		3,600,000		3,600,000	
변동판매관리비	600,000	4,200,000	600,000	4,200,000	600,000	4,200,000
공헌이익		₩7,800,000		₩7,800,000		₩7,800,000
고정원가						
고정제조간접원가	₩1,500,000		₩1,500,000		₩1,500,000	
고정판매관리비	1,500,000	3,000,000	1,500,000	3,000,000	1,500,000	3,000,000
영업이익		₩4,800,000		₩4,800,000		₩4,800,000

[예제 10-1]과 [예제 10-2]를 비교해 보면 많은 차이를 발견할 수 있다. 첫째, 전부원가계산과 변동원가계산의 손익계산서 양식이 다르다. 전부원가계산의 손익계산서는 외부보고용과 동일한 구조를 가지고 있다. 반면에 변동원가계산의 손익계산서는 공헌이익의 개념이 나타나고 있다. 즉, 매출액이라는 총수익에서 총변동원가를 차감하는 CVP분석의 개념이 손익계산서에 포함되어 있음을 알 수 있다. 고정원가의 경우 모두 기간비용으로 처리되어 있다.

둘째, 손익계산서를 보면, 전부원가계산에서는 월별 영업이익이 서로 달랐지만, 변동원가계산에서는 월별 영업이익이 모두 동일하다. 전부원가계산에서와 같이 제품원가의 변동에 따른 영업이익의 변동이 변동원가계산에서는 발생하지 않는다는 것을 알 수 있다. 따라서 관리목적으로는 전부원가계산보다는 변동원가계산이 더욱 적합하다고 볼 수 있다. 전부원가계산과 변동원가계산하의 영업이익의 차이를 유발하는 원인은 제품원가의 차이 때문이지만 이는 결국 일부 생산제품이 재고로 남아 있게 되는 것이 근본적인 원인이다.

셋째, 전부원가계산에서는 고정제조간접원가를 제품원가에 포함시켜 계산하였지만 변동원가계산에서는 고정제조간접원가를 제품원가에서 제외시켰다. 그 결과 전부원가계산에서는 생산량 변동에 따라 제품원가도 달라졌지만, 변동원가계산에서는 생산량에 관계없이 동일하다. 이는 제품원가의 변동을 야기하는 고정제조간접원가를 원가계산에서 제외시켰기 때문이다. 따라서 당기에 비용으로 인식되는 금액이 정확하게 재고자산에 포함된 고정제조간접원가 금액만큼 달라져 순이익이 달라지게 된다.

2.3 전부원가계산과 변동원가계산의 비교

전부원가계산의 [예제 10-1]과 변동원가계산의 [예제 10-2]에서 이익이 서로 다름을 발견하였다. 다른 조건은 모두 동일하였으며, 단지 차이가 나는 것은 생산량의 차이뿐이었다. 두 가지 원가계산방법 간에 이익의 차이가 왜 나타나게 되는지 살펴보기 위하여 예제의 내용을 [도표 10-3]과 같이 간단히 요약하였다.

[도표 10-3]을 보면 전부원가계산과 변동원가계산 간에 이익의 차이원인과 특징을 몇 가지 발견할 수 있다. 첫째, 영업이익의 차이를 유발하는 근본적인 이유는 전부원가계산의 재고자산에 고정제조간접원가가 포함되어 있기 때문이다. 즉 변동원가계산에서는 고정제조간접원가가 기간비용으로 모두 당기비용으로 처리되었지만, 전부원가계산에서는 생산량의 일부가 재고자산으로 남아 있기 때문이다. 이는 결국 고정제조간접원가 중 당기비용으로 처리되는 금액을 차이나게 만든다. 예를 들어 1월의 경우 두 가지 원가계산방법 간의 영업이익의 차이는 ₩300,000이다. 이 차이는 고정제조간접원가 중 당기비용으로 처리된 금액의 차이 ₩300,000과 정확하게 일치한다. 2월과 3월의 경우에도 마찬가지이다.

> 변동원가계산하에서 이익은 판매량에 의해서만 영향을 받는다. 고정제조간접원가를 기간비용으로 처리하므로 이익이 생산량에 의해 영향을 받지 않기 때문에 생산량을 증가시켜 이익을 조작할 가능성이 낮아진다.

둘째, 생산량과 판매량 간의 차이에 따라 전부원가계산과 변동원가계산의 영업이익은 차이가 발생한다. 1월은 생산량이 판매량보다 큰 경우이다. 이 경우는 생산량 중 일부 수량이 기말재고로 남아 있다는 말이다. 이때에는 전부원가계산이 변동원가계산보다 영업이익이 더 크다는 것을 알 수 있다. 3월에는 생산량

[도표 10-3] [예제 10-1]과 [예제 10-2]의 결과 요약

구 분		1월	2월	3월
생 산 량		1,500	1,200	1,000
판 매 량		1,200	1,200	1,200
생산량과 판매량 비교		생산량>판매량	생산량=판매량	생산량<판매량
영업이익	전부원가계산(A)	₩5,100,000	₩4,875,000	₩4,575,000
	변동원가계산(B)	₩4,800,000	₩4,800,000	₩4,800,000
	차이(A−B)	₩300,000	₩75,000*	−₩225,000
고정제조간접원가 당기비용처리액	전부원가계산(A)	₩1,200,000[1)]	₩1,425,000[2)]	₩1,725,000[3)]
	변동원가계산(B)	₩1,500,000	₩1,500,000	₩1,500,000
	차이(A−B)	₩300,000	−₩75,000	₩225,000

* 1월과 2월의 단위당 고정제조간접원가 차이에 따라 발생한 금액
(₩1,000−₩1,250)×300단위=₩75,000
단위당 고정제조간접원가가 동일하고 생산량과 판매량이 같을 경우 두 원가계산방법에 따른 영업이익은 동일하다.

1) (₩1,500,000/1,500단위)×1,200단위=₩1,200,000
2) (₩1,500,000/1,500단위)×300단위+(₩1,500,000/1,200단위)×900단위=₩1,425,000
3) (₩1,500,000/1,200단위)×300단위+(₩1,500,000/1,000단위)×900단위=₩1,725,000

이 판매량보다 더 적은 경우이다. 이 경우는 기초재고 중 일부 혹은 전부가 판매되었다는 것을 의미한다. 따라서 전부원가계산이 변동원가계산보다 영업이익이 더 적다는 것을 알 수 있다.

간단하게 정리하면 재고가 증가하면 전부원가계산의 영업이익이 더 크다.

2.4 영업이익 차이의 조정

변동원가계산의 영업이익과 전부원가계산의 영업이익은 고정제조간접원가의 비용화 정도에 따라 달라졌으며, 이는 결국 재고자산 속에 포함된 고정제조간접원가 금액의 차이 때문이었다. 그렇다면 두 원가계산방법에서 영업이익의 차이를 서로 같게 만들 수도 있을 것이라는 생각을 할 수 있다. 간단하게 고정제조간접원가에서 비용화 정도의 차이만 조정해 주면 될 것이기 때문이다. 즉 전부원가계산의 재고자산에 포함되어 자산으로 처리된 고정제조간접원가 금액만큼을 조정하면 된다. 이 전부원가계산에서 제품원가에 포함되어 있는 고정제조간접원가가 변동원가계산에서는 당기비용으로 처리되었기 때문이다. 이를 [도표 10-4]와 같이 구할 수 있다.

기초재고자산에 포함된 고정제조간접원가라는 것은 전기에 발생한 고정제조간접원가 중에서 당기에 판매되어 비용화된 것을 의미하며, 기말재고자산에 포함된 고정제조간접원가라는 것은 당기 발생한 고정제조간접원가 중에서 미판매되어 비용화되지 않은 것을 의미한다.

[도표 10-4] 전부원가계산의 영업이익을 변동원가계산의 영업이익으로 차이조정

전부원가계산의 영업이익	×××
기초재고자산에 포함된 고정제조간접원가(+)	×××
기말재고자산에 포함된 고정제조간접원가(−)	(×××)
변동원가계산의 영업이익	×××

[도표 10-4]에서 보는 바와 같이 영업이익 차이의 조정은 재고자산의 순증감액에 포함된 고정제조간접원가를 전부원가계산의 영업이익에 가감하여 이루어진다. 즉, 재고자산의 순증가(기초<기말)인 경우 증가한 재고자산에 포함되어 있는 고정제조간접원가만큼 전부원가계산의 영업이익에서 차감하고, 만약 재고자산 순감소(기초>기말)인 경우 증가한 재고자산에 포함되어 있는 고정제조간접원가만큼 전부원가계산의 영업이익에 가산하면 변동원가계산에서의 영업이익을 구할 수 있다. 만약 변동원가계산의 영업이익을 전부원가계산의 영업이익으로 조정한다면 위의 식을 변형하여 [도표 10-5]와 같이 구할 수 있을 것이다.

[도표 10-5] 변동원가계산의 영업이익을 전부원가계산의 영업이익으로 차이조정

변동원가계산의 영업이익	×××
기초재고자산에 포함된 고정제조간접원가(−)	(×××)
기말재고자산에 포함된 고정제조간접원가(+)	×××
전부원가계산의 영업이익	×××

예제 10-3 영업이익 차이의 조정

[예제 10-1]과 [예제 10-2]의 결과를 이용하여 전부원가계산의 영업이익을 변동원가계산의 영업이익으로 조정하시오.

(해 답)

1) 전부원가계산의 영업이익을 변동원가계산의 영업이익으로 조정

	1월	2월	3월
전부원가계산의 영업이익	₩5,100,000	₩4,875,000	₩4,575,000
기초재고자산에 포함된 고정제조간접원가(+)	0	300,000	375,000
기말재고자산에 포함된 고정제조간접원가(−)	300,000*	375,000**	150,000***
변동원가계산의 영업이익	₩4,800,000	₩4,800,000	₩4,800,000

* : ₩1,000×300단위　　** : ₩1,250×300단위　　*** : ₩1,500×100단위

2) 변동원가계산의 영업이익을 전부원가계산의 영업이익으로 조정

	1월	2월	3월
변동원가계산의 영업이익	₩4,800,000	₩4,800,000	₩4,800,000
기초재고자산에 포함된 고정제조간접원가(−)	0	300,000	375,000
기말재고자산에 포함된 고정제조간접원가(+)	300,000	375,000	150,000
전부원가계산의 영업이익	₩5,100,000	₩4,875,000	₩4,575,000

[예제 10-3]에서 보는 바와 같이 1월에는 생산량이 판매량보다 크기 때문에, 즉 재고량이 증가하기 때문에 고정제조간접원가 중에서 당기에 비용처리된 금액이 전부원가계산에서 ₩300,000만큼 작다. 이에 따라 1월의 전부원가계산에 의한 영업이익이 변동원가계산에 의한 경우보다 ₩300,000만큼 크게 발생한다. 3월의 경우에는 판매량이 생산량보다 크기 때문에, 즉 재고량이 감소하기 때문에 전부원가계산에서 비용처리된 고정제조간접원가가 ₩225,000만큼 크다. 이에 따라 영업이익이 ₩225,000만큼 작게 나타난다. 2월의 경우에는 생산량과 판매량이 같고, 재고량의 변화가 없지만, 1월과 2월의 단위당 고정제조간접원가에 차이가 있기 때문에 두 원가계산방법에 따른 영업이익에 차이가 발생한다. 다만 전기와 당기의 단위당 고정제조간접원가가 동일한 경우, 생산량과 판매량이 동일하면 두 원가계산방법에 따른 영업이익은 동일하게 나타난다.

03 스루풋원가계산

전부원가계산의 가장 큰 문제점은 생산량이 증가하면 영업이익이 증가한다는 데 있다. 가령 [예제 10-2]에서도 1, 2, 3월의 판매량은 모두 100단위로 동일함에도 불구하고 2월의 영업이익이 가장 높은 것으로 나타났다. 즉, 판매의 여부에 상관없이 생산을 많이 하면 전부원가계산에서의 영업이익은 증가된다. 그렇다면 생산을 감소시키려는 경영자가 어디에 있겠는가? 따라서 기업이 전부원가계산을 사용하여 이익을 계산하고 이렇게 계산된 이익이 경영자의 업적평가에 영향을 미친다면 이는 불필요한 재고를 자꾸만 만들어 내는 유인을 제공하게 되는 것이다.

스루풋원가계산(throughput costing)은 변동원가계산에서 한 단계 더 나아간다. 즉, 변동원가계산조차도 과잉재고를 쌓게 될 여지를 남긴다는 것이다. 스루풋원가계산에서는 단지 직접재료원가만을 진정한 변동원가로 보고 재고가능원가(inventoriable cost)로 간주한다. 따라서 스루풋원가계산에서는 직접노무원가와 변동제조간접원가도 기간비용으로 처리한다. 스루풋원가계산은 초변동원가계산(super-variable costing)으로도 불리어진다. 이 방법은 아주 최근에 제안된 방법으로 아직 널리 사용되지는 않고 있다.

예제 10-4 스루풋원가계산 손익계산서

앞의 [예제 10-1]의 자료를 이용한다.

(요구사항)

이 자료를 이용해서 스루풋원가계산에서의 손익계산서를 작성하시오.

(해 답)

스루풋원가계산 손익계산서

	1월		2월		3월	
매 출		₩12,000,000		₩12,000,000		₩12,000,000
직접재료원가						
기초재고	₩0		₩600,000		₩600,000	
당기투입	3,000,000		2,400,000		2,000,000	
기말재고	(600,000)	2,400,000	(600,000)	2,400,000	(200,000)	2,400,000
스루풋 공헌이익		₩9,600,000		₩9,600,000		₩9,600,000
운영비용						
직접노무원가	₩750,000		₩600,000		₩500,000	
변동제조간접원가	750,000		600,000		500,000	
고정제조간접원가	1,500,000		1,500,000		1,500,000	
변동판매관리비	600,000		600,000		600,000	
고정판매관리비	1,500,000	5,100,000	1,500,000	4,800,000	1,500,000	4,600,000
영업이익		₩4,500,000		₩4,800,000		₩5,000,000

[예제 10-4]에서 살펴본 바와 같이 스루풋원가계산 손익계산서를 보면 우선 매출에서 직접재료원가를 차감해서 스루풋공헌이익(throughput contribution margin)

을 산출한다. 스루풋공헌이익은 "재료처리량공헌이익," "현금창출공헌이익"이라고도 한다. 직접재료원가는 단위당 직접재료원가에 판매량을 곱하여 산출된다. 따라서 생산량이 판매량보다 많으면 이 부분은 재고자산으로 인정된다. 그 다음 스루풋공헌이익에서 운영비용을 차감시켜서 영업이익이 산출되는데 여기서 주의해야 할 점은 직접노무원가와 변동제조간접원가는 단위당 원가를 생산량에 곱한다는 것이다. 따라서 생산량이 판매량보다 큰 경우에도 직접노무원가와 변동제조간접원가는 재고자산에 포함되지 않는다. 즉, 스루풋원가계산에선 고정제조간접원가와 마찬가지로 직접노무원가와 변동제조간접원가도 전액 당기비용으로 처리된다.

변동원가계산과 스루풋원가계산 간의 영업이익 차이는 (식 10-1)과 같다.

변동원가계산 영업이익 − 스루풋원가계산 영업이익 (식 10-1)
= (판매량 − 생산량) × (단위당 변동제조원가 − 단위당 직접재료원가) 또는
= (판매량 − 생산량) × (단위당 직접노무원가 + 단위당 변동제조간접원가)

(식 10-1)을 [예제 10-4]에 적용시켜 영업이익의 차이를 구해 보면 [도표 10-6]과 같다. 1월의 경우 생산량이 판매량보다 300단위가 더 많아 300단위가 재고로 남아 있으며 단위당 원가는 단위당 직접노무원가와 단위당 변동제조간접원가의 합으로 ₩1,000이다. 따라서 총 ₩300,000의 재고자산이 남게 된다. 2월에는 생산량과 판매량이 동일하기 때문에 그 차이가 0이며 따라서 변동원가계산과 스루풋원가계산의 영업이익 차이는 0이다. 3월의 경우에는 판매량이 생산량보다 200단위가 더 많은 경우이다. 여기서는 전월의 재고자산 중 200단위가 판매되었기 때문에 3월의 제조원가와 2월의 재고자산 금액 중 ₩200,000이 당기비용으로 처리되었다.

[도표 10-6] 변동원가계산과 스루풋원가계산의 영업이익 차이

	1월	2월	3월
판 매 량	1,200단위	1,200단위	1,200단위
생 산 량	1,500	1,200	1,000
차이(A)	−300단위	0단위	200단위
단위당 직접노무원가와 변동제조간접원가(B)	₩1,000	₩1,000	₩1,000
A×B	(₩300,000)	₩0	₩200,000

[도표 10-7] 전부원가계산, 변동원가계산과 스루풋원가계산의 영업이익 차이조정

	1월	2월	3월
전부원가계산 영업이익	₩5,100,000	₩4,875,000	₩4,575,000
+) 기초재고에 포함된 고정제조간접원가	0	300,000	375,000
−) 기말재고에 포함된 고정제조간접원가	300,000	375,000	150,000
변동원가계산 영업이익	₩4,800,000	₩4,800,000	₩4,800,000
+) 기초재고에 포함된 직·노와 변·제·간	0	300,000	300,000
−) 기말재고에 포함된 직·노와 변·제·간	300,000	300,000	100,000
스루풋 원가계산 영업이익	₩4,500,000	₩4,800,000	₩5,000,000

영업이익 차이조정

스루풋원가계산의 영업이익	×××
+기말재고자산에 포함된 직접노무원가	×××
+기말재고자산에 포함된 변동제조간접원가	×××
−기초재고자산에 포함된 직접노무원가	×××
−기초재고자산에 포함된 변동제조간접원가	×××

변동원가계산의 영업이익	×××
+기말재고자산에 포함된 고정제조간접원가	×××
−기초재고자산에 포함된 고정제조간접원가	×××
전부원가계산의 영업이익	×××

전부원가계산과 변동원가계산 그리고 스루풋원가계산의 영업이익을 각각 조정해 보면 [도표 10-7]과 같다. 전부원가계산의 영업이익에서 변동원가계산의 영업이익으로 조정하는 과정은 [예제 10-3]에서 이미 설명한 바 있으며, 변동원가계산의 영업이익을 스루풋원가계산의 영업이익으로 조정하는 과정은 [도표 10-6]에서 설명하였던 내용이다.

04 기준조업도

4.1 기준조업도의 유형

전부원가계산과 변동원가계산의 핵심적인 차이는 고정제조간접원가의 처리에 있다. 변동원가계산에서는 고정제조간접원가가 전액 당기비용으로 처리되는 반면, 전부원가계산에서 고정제조간접원가는 재고가능원가로 간주되어 자산으로 처리된다. 전부원가계산에서 기준조업도는 고정제조간접원가 예정배부율에 영향을 미쳐서 결국 제품원가에 영향을 준다. 따라서 경영자들은 기준조업도를 어떻게 결정할 것인가에 세심한 주의를 기울여야 한다. 고정제조간접원가 예정배부율을 결정하는 기준조업도로는 다음 네 가지 유형이 가장 많이 알려져 있다.

4.1.1 이론적 조업도

조업도(capacity)란 용어는 기업의 제품생산능력을 의미한다. 이론적 조업도(theoretical capacity)는 산출물의 생산이 처음부터 끝까지 기계의 고장이나 수선 등에 의해 발생하는 생산중단 없이 100% 효율성을 갖고 최대속도로 이루어졌을 때 가능한 최고의 활동수준을 말한다. 예를 들면, 스마트(주)가 보유하고 있는 한 기계는 최대속도로 시간당 1,000단위의 제품을 생산한다고 가정하자. 이때 스마트(주)의 월간 이론적 조업도는 720,000단위이다.

$$1{,}000\text{단위/시간} \times 24\text{시간} \times 30\text{일} = 720{,}000\text{단위}$$

이와 같이 이론적 조업도는 기계고장 등에 의한 작업중단이나 작업자의 휴식 등과 같은 요인으로 인한 유휴설비가 발생하지 않는 경우에 달성할 수 있는 생산능력을 의미한다. 이론적 조업도는 이론적으로 생산가능한 최대조업도를 의미한다.

4.1.2 실제최대조업도

생산시작부터 끝까지 아무런 방해 없이 최대속도로 조업이 이루어지는 것을 기대하기란 거의 불가능하다. 정기적인 기계수선, 휴일의 가동중단, 작업자의 휴식 등과 같은 불가피한 작업중단이 발생하게 된다. 실제최대조업도(practical capacity)는 이론적 조업도에서 이와 같은 불가피한 조업중단에 따른 생산능력 감소를 차감한 조업능력을 말한다. 위의 예에서 가령 공장은 한 달에 25일이 가동되며 또한 불가피한 가동중단을 감안한 실제생산속도로는 시간당 800단위의 제품을 생산할 수 있다고 하자. 그러면 이때 월간 실제조업능력은 480,000단위가 된다.

$$800\text{단위/시간} \times 24\text{시간} \times 25\text{일} = 480{,}000\text{단위}$$

지금까지 설명한 이론적 조업도와 실제최대조업도는 수요측면은 전혀 고려하지 않고 공급측면만 고려한 기준조업도의 측정치이다. 실제로는 공급할 능력은 있어도 수요가 없기 때문에 생산할 필요가 없는 상황이 적지 않게 발생된다. 다음에 설명할 정상조업도와 예산조업도는 수요측면까지 고려한 기준조업도의 측정치이다. 그렇기 때문에 이론적 조업도나 실제최대조업도를 상회할 수 없다.

4.1.3 정상조업도

정상조업도(normal capacity)는 평균연간활동(average annual activity) 혹은 정상연간활동(normal annual capacity) 등으로 불리기도 하는데, 이는 수년에 걸쳐 고객수요를 충족시킬 수 있는 평균적인 조업도(활동수준)를 의미한다. 여기서 수년간은 계절적인 것, 경기 순환적인 것, 혹은 그 밖의 다른 추세요인을 포함하기에 충분히 긴 기간으로 보통 3년 내지 5년이다. 이 회사는 다음 3년간 월간 정상조업도를 360,000단위로 잡고 있다.

4.1.4 예산조업도

예산조업도(master-budget capacity)는 차년도 기대활동(expected activity for the coming year) 혹은 종합예산활용(master-budget utilization)으로도 불리는데, 이는 차기예산기간의 기대되는 조업활용수준을 의미한다. 생산제품에 대한 수요에 호경기, 불경기 등이 수년에 걸쳐 순환주기를 지니는 경우에는 예산조업도와 정상조업도는 큰 차이를 보일 수 있다. 가령 이 회사의 제품은 차년도에 하강국면에 접어들어 월간 예산조업도 수준이 300,000단위이다. 많은 기업에서는 수년간에 걸친 정상조업도를 예측하는 데 어려움을 느끼기 때문에 예산조업도를 기준조업도로 선정하려는 경향을 보이고 있다.

4.2 기준조업도와 고정제조간접원가 배부율

위에서 설명한 스마트(주)의 고정제조간접원가 예산이 월간 ₩576,000,000이라고 하자. 이때 각 기준조업도 유형별 고정제조간접원가 예정배부율을 산출해 보면 다음과 같다.

기준조업도	고정제조간접원가 예산	기준조업도	조업도 단위당 배부율
이 론 적 조업도	₩576,000,000	720,000단위	₩800/단위
실제최대 조업도	576,000,000	480,000단위	1,200/단위
정 상 조 업 도	576,000,000	360,000단위	1,600/단위
예 산 조 업 도	576,000,000	300,000단위	1,920/단위

위의 표를 보면 기준조업도가 가장 커지는 이론적 조업도는 고정제조간접원

가 예정배부율이 단위당 ₩800으로 가장 낮고, 반대로 기준조업도가 가장 작은 예산조업도는 고정제조간접원가 예정배부율이 단위당 ₩1,920으로 가장 높다. 이는 어느 것을 기준조업도로 정하느냐에 따라서 단위당 표준원가가 크게 달라질 수 있음을 시사한다.

05 종합예제

스마트(주)는 내부의사결정 목적으로는 변동원가계산을, 외부보고 목적으로는 전부원가계산을 사용하고 있다. 다음은 스마트(주)의 20×1년 생산과 영업에 관련된 자료이다.

기초제품	6,000개
당기판매	70,000개
기말제품	8,000개
단위당 판매가격	₩250
단위당 직접재료원가	50
단위당 직접노무원가	40
단위당 변동제조간접원가	30
단위당 변동판매관리비	40
고정제조간접원가 예상 및 실제발생액	₩3,000,000
고정판매관리비	₩1,500,000

단위당 변동원가는 전년도와 동일하다. 원가흐름은 선입선출법을 가정하며, 고정제조간접원가는 기준조업도 100,000단위를 기준으로 배부하고, 제조간접원가 배부차이는 매출원가에서 전액 조정된다.

(요구사항)

1. 전부원가계산에 의한 손익계산서를 작성하시오.
2. 변동원가계산에 의한 손익계산서를 작성하시오.
3. 스루풋원가계산에 의한 손익계산서를 작성하시오.
4. 각 원가계산방법에 의한 영업손익의 차이를 조정하시오.

(해 답)

1. 전부원가계산

$$\text{단위당 고정제조간접원가} = \frac{₩3,000,000}{100,000} = ₩30$$

고정제조간접원가 배부차이 = 72,000 × ₩30 − ₩3,000,000 = ₩840,000 과소배부

단위당 제조원가 = ₩50 + ₩40 + ₩30 + ₩30

= ₩150

손익계산서(전부원가계산)

매 출 액	70,000 × ₩250		₩17,500,000
매 출 원 가			
기초제품재고	6,000 × ₩150	₩900,000	
당기제품제조원가	72,000 × 150	10,800,000	
기말제품재고	8,000 × 150	(1,200,000)	
조정전 매출원가		₩10,500,000	
제조간접원가 배부차이		840,000	11,340,000
매출총이익			₩6,160,000
판매관리비			
변동판매관리비	70,000 × ₩40	₩2,800,000	
고정판매관리비		1,500,000	4,300,000
영 업 이 익			₩1,860,000

2. 변동원가계산

손익계산서(변동원가계산)

매 출 액	70,000 × ₩250		₩17,500,000
변동원가			
변동매출원가			
기초제품재고	6,000 × ₩120	₩720,000	
당기제품제조원가	72,000 × 120	8,640,000	
기말제품재고	8,000 × 120	(960,000)	
		₩8,400,000	
변동판매관리비	70,000 × 40	2,800,000	11,200,000
공헌이익			₩6,300,000
고정원가			
고정제조간접원가		₩3,000,000	
고정판매관리비		1,500,000	4,500,000
영업이익			₩1,800,000

3. 스루풋원가계산

손익계산서(스루풋원가계산)

매 출 액	70,000×₩250		₩17,500,000
직접재료원가			
기초제품재고	6,000×₩50	₩300,000	
당기제품제조원가	72,000× 50	3,600,000	
기말제품재고	8,000× 50	(400,000)	3,500,000
스루풋공헌이익			₩14,000,000
운영비용			
직접노무원가	72,000×₩40	₩2,880,000	
변동제조간접원가	72,000× 30	2,160,000	
고정제조간접원가		3,000,000	
변동판매관리비	70,000× 40	2,800,000	
고정판매관리비		1,500,000	12,340,000
영업이익			₩1,660,000

4. 영업이익 차이조정

전부원가계산 영업이익		₩1,860,000
기초재고에 포함된 고정제조간접원가	6,000×₩30	180,000
기말재고에 포함된 고정제조간접원가	8,000× 30	(240,000)
변동원가계산 영업이익		₩1,800,000
기초재고에 포함된 직접노무원가와 변동제조간접원가	6,000×₩70	420,000
기말재고에 포함된 직접노무원가와 변동제조간접원가	8,000× 70	(560,000)
스루풋원가계산 영업이익		₩1,660,000

연 · 습 · 문 · 제

EXERCISES

객관식 문제

[10-1] 다음 설명 중에서 옳지 않은 것은?

① 재고자산이 감소하는 경우에 전부원가계산 기말재고자산금액이 변동원가계산 기말재고금액보다 크다.

② 변동원가계산에서 변동판매관리비는 제품원가가 아니다.

③ 생산량을 전혀 판매하지 못한 경우에는 전부원가계산과 변동원가계산의 영업이익이 동일하다.

④ 초변동원가계산에서는 제조간접원가를 고정원가와 변동원가로 구분하지 않아도 된다.

⑤ 초변동원가계산에서는 불필요한 재고누적에 대하여 일종의 벌금(penalty)을 부여하는 효과가 있다.

[10-2] 변동원가계산에 의한 손익계산서와 관련된 설명으로 틀린 것은?

① 공헌이익을 계산한다.

② 변동제조간접원가는 기간비용으로 처리한다.

③ 고정제조간접원가는 매출원가에 포함하지 않는다.

④ 제품의 생산량이 영업이익에 영향을 미치지 않는다.

⑤ 판매관리비를 변동원가와 고정원가로 분리하여 보고한다.

[10-3] 제조원가의 구성에 따라 전부원가계산과 변동원가계산, 그리고 초변동원가계산으로 구분된다. 다음 설명 중 틀린 것은? (기업회계 1급)

① 생산량과 판매량이 동일하면 위 세가지 방법의 이익은 모두 같다.

② 생산량보다 판매량이 적은 경우 전부원가계산방식의 이익이 가장 크고 초변동원가계산방식의 이익이 가장 작다.

③ 판매량이 생산량보다 큰 경우 전부원가계산의 순이익이 초변동원가계산의 순이익보다 크게 나타난다.

④ 변동원가계산과 초변동원가계산 모두 판매량의 변동에만 영향을 받고, 생산량의 변동에는 영향을 받지 않는다.

[10-4] 다음은 변동원가계산과 전부원가계산의 자료이다. 당기의 고정판매관리비로 옳은 것은? (기업회계 1급)

- 생산량 : 7,000단위(기초제품재고 없음)
- 판매량 : 6,000단위
- 제품 단위당 판매가격 : ₩450
- 전부원가계산에 의한 당기 총제조원가 : ₩1,015,000
- 제품 단위당 제조원가 : 직접재료원가 ₩50, 직접노무원가 ₩30, 변동제조간접원가 ₩40
- 제품 단위당 변동판매관리비 : ₩20
- 변동원가계산하의 영업이익 : ₩1,200,000

① ₩425,000 ② ₩450,000
③ ₩485,000 ④ ₩500,000

[10-5] 20×1년 초에 영업을 개시한 (주)스마트물산의 1월과 2월 중에 발생한 원가자료는 다음과 같다. 2월 중 변동원가계산에 의한 영업이익이 ₩210일 때, 전부원가계산에 의한 2월 중 영업이익은 얼마인가? 단, (주)스마트물산은 실제원가계산을 적용하고 있으며, 재고자산의 원가흐름은 선입선출법을 가정한다.

	20×1년 1월	20×1년 2월
생산능력	100개	100개
생 산 량	90개	100개
판 매 량	70개	90개
고정제조간접원가	₩1,350	₩1,400

① ₩300 ② ₩330 ③ ₩360
④ ₩400 ⑤ ₩450

[10-6] 다음은 (주)스마트광천수의 원가자료이다. 전부원가계산에 의한 당기순이익이 변동원가계산에 의한 당기순이익보다 ₩200이 많을 경우에 당기의 재고증감량은 몇 단위인가?

- 당기생산량 : 1,000단위
- 기초재고수량 : ?
- 기말재고수량 : 100단위

- 판매가격 : 단위당 ₩15
- 변동제조간접원가 : 단위당 ₩5
- 고정제조간접원가 : ₩2,000
- 변동판매관리비 : 단위당 ₩2
- 고정판매관리비 : ₩300

① 100단위 증가 ② 50단위 증가 ③ 50단위 감소
④ 10단위 증가 ⑤ 10단위 감소

[10-7] 스마트물산은 20×1년에 200,000단위를 생산하였으며, 예산도 이와 같다. 기초재고는 없으며 변동제조원가는 단위당 ₩30이다. 예산 및 실제 고정제조간접원가는 ₩600,000이었다. 실제 판매관리비는 ₩400,000이었으며 전액 고정원가이다. 20×1년의 판매량은 120,000단위, 판매가격은 ₩40이었다. 전부원가계산에 의할 경우 영업이익은?

① ₩200,000 ② ₩440,000 ③ ₩600,000
④ ₩840,000 ⑤ 그 외의 다른 금액

[문 10-8]과 [문 10-9] 관련 자료

2009년초 (주)스마트는 단위당 판매가격과 변동원가가 다음과 같은 제품을 생산하기 시작하였다.

판 매 가 격		₩500
직접재료원가	₩100	
변동가공원가	150	
변동판매관리비	50	300
공 헌 이 익		₩200

월간 고정제조간접원가는 ₩180,000이고 고정판매관리비는 ₩120,000이다.
1월과 2월의 생산량과 판매량은 다음과 같다.

	1월	2월
생 산 량	3,000개	3,000개
판 매 량	2,800개	2,500개

[10-8] 2월의 변동원가계산에 의한 영업이익은 얼마인가?

① ₩50,000　② ₩75,000　③ ₩125,000
④ ₩150,000　⑤ ₩200,000

[10-9] 2월의 초변동원가계산에 의한 영업이익은 얼마인가?

① ₩50,000　② ₩75,000　③ ₩125,000
④ ₩150,000　⑤ ₩200,000

[10-10] 20×3년 3월에 영업을 시작한 (주)스마트는 선입선출법에 의한 실제원가계산 제도를 채택하고 있으며, 20×3년 3월과 4월의 생산과 판매에 관한 자료는 다음과 같다.

	3월	4월
생산량	8,000단위	9,000단위
판매량	7,000단위	10,000단위
고정제조간접원가	₩1,600,000	₩1,620,000
고정판매관리비	₩800,000	₩900,000

20×3년 4월중 변동원가계산에 의한 영업이익이 ₩1,200,000이라고 할 때, 전부원가계산에 의한 영업이익을 구하면? (세무사)

① ₩800,000　② ₩700,000　③ ₩980,000
④ ₩680,000　⑤ ₩1,000,000

[10-11] 20×5년말 스마트(주)의 재고자산은 30,000단위이다. 스마트(주)의 단위당 변동제조원가는 ₩10이고, 고정제조원가는 단위당 ₩5이다. 20×5년 변동원가계산에 의한 순이익이 전부원가계산에 의한 순이익보다 ₩12,000 높은 것으로 나타났다. 20×5년초의 기초 재고자산은 몇 단위였겠는가? (단, 전기와 당기의 생산량 및 고정제조간접원가는 동일하다)

① 28,800단위　② 27,600단위　③ 32,400단위
④ 42,000단위　⑤ 30,000단위

[10-12] 20×4년에 영업을 시작한 (주)스마트는 선입선출법에 의해 원가계산을 하고 있으며 20×4년과 20×5년의 원가계산관련 자료는 다음과 같을 때, 변동원가계산에 의한 20×5년도 영업이익이 ₩500,000이었다면, 외부공표용 재무제표상 영업이익은 얼마인가? (기업회계 1급)

구 분	20×4년	20×5년
생 산 량	12,000개	14,000개
판 매 량	10,000개	15,000개
단위당 변동제조원가	₩100	₩120
단위당 변동판매비	₩65	₩60
고정제조간접원가	₩90,000	₩98,000
고정판매관리비	₩50,000	₩52,000

① ₩490,000 ② ₩491,000 ③ ₩492,000
④ ₩493,000 ⑤ ₩494,000

[10-13] (주)스마트는 20×9년 초에 영업을 개시하여 무선전화기를 생산·판매하고 있다. 20×9년에 3,000개를 생산하였으며, 제품 단위당 판매가격은 ₩150,000이다. 관련 자료는 다음과 같다.

	고정원가	제품 단위당 변동원가
직접재료원가		₩30,000
직접노무원가		25,000
제조간접원가	₩45,000,000	15,000
판매관리비	60,000,000	20,000

전부원가계산에 의한 20×9년의 영업이익이 변동원가계산에 의한 영업이익에 비하여 ₩15,000,000이 많을 경우, 20×9년의 판매량은 몇 개인가? (1998, 세무사)

① 200개 ② 500개 ③ 1,000개
④ 1,500개 ⑤ 2,000개

[10-14] 스마트(주)는 변동원가계산을 실행하고 있다. 변동원가계산에 의한 제품단위당 매출원가는? (단, 판매비와 관리비는 모두 고정원가이다) (기업회계 1급)

• 당기영업이익 : ₩175,000	• 매출액 : ₩325,000
• 당기 고정원가	• 당기제품제조수량 : 5,800단위
– 제조원가 : ₩65,000	• 기말제품재고수량 : 450단위
– 판매비와관리비 : ₩42,200	• 기초제품재고 : 없음

① ₩8 ② ₩10
③ ₩12 ④ ₩14

[10-15] 당기에 설립된 (주)스마트는 1,500단위를 생산하여 그중 일부를 판매하였으며, 관련 자료는 다음과 같다. 초변동원가계산에 의한 당기영업이익은?

- 직접재료 매입액 : ₩500,000
- 직접노무원가 : 기본원가의 30%
- 제조간접원가 : 전환원가(가공원가)의 40%
- 매출액 : ₩1,000,000
- 판매관리비 : ₩200,000
- 직접재료 기말재고액 : ₩45,000
- 직접재료 기초재고액 및 재공품 기말재고액 : 없음
- 제품 기말재고액 중 직접재료원가 : ₩100,000

① ₩20,000　② ₩40,000　③ ₩80,000
④ ₩120,000　⑤ ₩140,000

주관식 문제

[10-1] 다음 자료는 20×4년 9월의 스마트(주)의 변동원가계산에 의한 손익계산서이다.

매출액(단위당 15원)			₩600,000
변동원가			
변동매출원가			
기초재고	₩72,000		
당기변동제조원가	315,000		
판매가능원가	387,000		
기말재고	27,000	₩360,000	
변동판매관리비		80,000	440,000
공헌이익			₩160,000
고정원가			
고정제조간접원가	105,000		
고정판매관리비	35,000		140,000
영업이익			₩20,000

동사는 매월 35,000단위를 생산하고 있으며, 단위당 변동제조원가와 총고정제조원가는 몇 년간 일정하게 유지되고 있다

(요구사항)

1. 전부원가계산에서 20×4년 9월의 기말재고자산은 얼마인가?
2. 전부원가계산에서 20×4년 9월의 손익계산서를 작성하시오.

[10-2] 스마트(주)의 20×8년 영업활동에 관한 자료는 다음과 같다. 단, 기초재고는 없다.

제품 단위당원가	
직접재료원가	₩200
직접노무원가	100
변동제조간접원가	150
변동판매관리비	50
연간고정원가	
고정제조간접원가	₩1,200,000
고정판매관리비	500,000
연간 판매량	10,000단위

(요구사항)

1. 생산량이 12,000단위와 15,000단위일 때 각각 전부원가계산에 의한 매출원가는 얼마인가?
2. 생산량이 12,000단위와 15,000단위일 때 각각 변동원가계산에 의한 매출원가는 얼마인가?
3. 생산량이 12,000단위와 15,000단위일 때 각각 전부원가계산하에서 비용처리된 고정제조간접원가와 재고자산으로 이연된 고정제조간접원가는 얼마인가?
4. 생산량이 12,000단위와 15,000단위일 때 각각 변동원가계산하에서 비용처리된 고정제조간접원가와 재고자산으로 이연된 고정제조간접원가는 얼마인가?

[10-3] 다음은 스마트(주)의 생산과 매출에 대한 자료이다.

제조간접원가		
변동제조간접원가		₩500/단위당
고정제조간접원가 예산액	연간 ₩6,000,000	
생산과 매출에 대한 자료		
기초제품재고		20,000단위
생 산 량		150,000단위
판 매 량		160,000단위

고정제조간접원가 예정배부율을 계산하기 위한 기준조업도는 120,000단위이며,

과대 또는 과소배부된 제조간접원가는 전액 매출원가에서 조정된다.

(요구사항)

변동원가계산에 의한 순이익이 ₩1,000,000일 때 전부원가계산에 의한 순이익은 얼마인가? 단, 고정제조간접원가 예정배부율은 기초제품과 당기제품에 동일하게 적용된다.

[10-4] 스마트(주)는 당기에 10,000단위의 제품을 생산하여 9,500단위의 제품을 ₩1,000에 판매하였다. 당기의 원가자료는 다음과 같다.

제품단위당	직 접 재 료 원 가	₩500
	직 접 노 무 원 가	200
	변동제조간접원가	100
	변동판매관리비	50
고정제조간접원가		600,000

(요구사항)

기초재고자산이 없다고 가정할 때 다음을 계산하시오.

1. 전부원가계산에 의할 경우 제품단위당 제조원가는 얼마인가?
2. 변동원가계산에 의할 경우 제품단위당 제조원가는 얼마인가?
3. 전부원가계산에 의할 경우 기말제품재고액은 얼마인가?
4. 변동원가계산에 의한 순이익이 전부원가계산에 의한 순이익보다 얼마나 큰가? 혹은 작은가?

[10-5] 20×4년 초 스마트(주)는 단위당 판매가격이 ₩100인 제품을 생산하여 판매하기 시작했다. 이 회사의 20×4년과 20×5년 영업활동에 관한 자료는 다음과 같다.

	20×4년	20×5년
기초제품	0개	4,000개
생 산 량	14,000	10,000
판 매 량	10,000	12,000
기말제품	4,000	2,000
발생원가		
변동제조원가	₩560,000	₩400,000
고정제조간접원가	280,000	280,000
변동판매관리비	100,000	120,000
고정판매관리비	60,000	60,000

회사는 선입선출법을 적용하여 재고자산을 평가하고 있다.

(요구사항)

1. 전부원가계산에 의한 20×4년과 20×5년의 손익계산서를 작성하시오.
2. 변동원가계산에 의한 20×4년과 20×5년의 영업이익은 얼마인가? 두 원가계산 방법에 의한 영업이익의 차이를 조정하는 방법을 사용하여 산출하시오.

[10-6] 스마트(주)는 20×4년 1월 1일 영업을 개시하였으며, 단일의 제품을 생산하여 개당 ₩1,000씩에 판매하고 있다. 스마트(주)는 실제원가시스템으로 원가를 계산하고 있다. 20×4년 동안 100,000단위의 제품을 생산하여 80,000단위의 제품을 판매하였다. 20×4년 12월 31일 재공품계정의 잔액은 없다. 20×4년의 제조원가와 기간비용에 관한 자료는 다음과 같다.

	고정원가	단위당 변동원가
직접재료원가	–	₩200
직접노무원가	–	125
제조간접원가	₩12,000,000	75
판 매 비	7,000,000	100

(요구사항)

스마트(주)의 변동원가계산 방법에 의한 영업이익은 얼마인가?

[10-7] (주)스마트는 단일제품을 생산판매하고 있다. 20×8년 기초재고는 10,000단위이었고 당기에 총 240,000단위를 생산하였으며 230,000단위를 판매하였다. 제품 단위당 판매가격은 ₩500이며, 당기의 원가자료는 다음과 같다.

	단위당 변동원가	고정원가
제 조 원 가	₩300	₩5,000,000(예산 및 발생액)
판매관리비	100	7,000,000

고정제조간접비예산은 연평균 조업도인 200,000단위를 기준으로 제품에 배부된다. 초과 또는 부족 배부된 제조간접원가는 매출원가에 가감하여 조정한다.

(요구사항)

1. 변동원가계산에 의한 손익계산서를 작성하시오.
2. 전부원가계산에 의한 손익계산서를 작성하시오.
3. 양 방법의 순이익 차이를 조정하시오.

[10-8] 선입선출법을 따르는 스마트(주)의 원가자료는 다음과 같다.

기초제품	2,000개	당기발생 고정제조간접원가	₩5,000,000
당기생산량	25,000	당기발생 고정판매관리비	2,000,000
판 매 량	20,000	계	₩7,000,000
전부원가계산하의 기말제품 단위당 원가는 ₩1,000이다.			

(요구사항)

1. 변동원가계산에 의한 기말재고자산금액은 얼마인가?
2. 전부원가계산과 변동원가계산에서 기말재고의 차이가 나는 이유는 무엇인가?

[10-9] 스마트(주)는 장난감 자동차를 생산·판매하고 있으며, 20×4년 12월 31일 첫 해 사업을 종료하였다. 사장은 회계담당자에게 외부보고용과 내부보고용 손익계산서를 각각 작성할 것을 지시하였다. 이에 따라 회계담당자는 변동원가계산과 전부원가계산을 이용하여 손익계산서를 작성하고자 한다. 사업개시 첫 해의 자료는 다음과 같다.

직 접 재 료 원 가	₩60,000,000
직 접 노 무 원 가	45,000,000
변동제조간접원가	21,000,000
고정제조간접원가	30,000,000
변동판매관리비	15,000,000
고정판매관리비	42,000,000

20×4년 한 해 동안 30,000대의 자동차가 생산되어, 27,000대가 판매되었으며, 단위당 판매가격은 ₩8,000이다. 또한 기초와 기말재공품은 없는 것으로 한다.

(요구사항)

1. 전부원가계산과 변동원가계산에 의한 기말재고자산을 평가하시오.
2. 전부원가계산과 변동원가계산에 의한 손익계산서를 작성하시오.
3. 두 방법 사이의 순이익 차이를 조정하시오.
4. 사장이 두 가지 손익계산서를 요구한 이유를 설명하시오.

[10-10] 스마트(주)는 원가계산방법에 대한 재검토 결과 다음과 같은 몇 가지 대체안을 고려하고 있다. 동사는 다음과 같은 생산 및 판매에 관한 자료를 이용하여 다양한 원가계산방법에 따른 회계처리 결과를 비교해 보고자 한다. 또한 동사는 모든 제조간접원가 차이를 매출원가에서 조정하고자 한다.

실 제 판 매 량	14,000단위
생 산 량	15,000
실 제 최 대 조 업 도	20,000
정 상 조 업 도	18,000
기 초 재 고	1,000
단 위 당 판 매 가 격	₩20
단위당 변동제조원가	8
단위당 변동판매관리비	2
연간 고정제조간접원가	54,000
연간 고정판매관리비	30,000

(요구사항)

1. 변동원가계산에 의한 순이익을 계산하시오.
2. 정상조업도를 이용하여 제조간접원가 배부율을 산출할 경우, 전부원가계산에 의한 순이익을 계산하시오.
3. 실제최대조업도를 이용하여 제조간접원가 배부율을 산출할 경우, 전부원가계산에 의한 순이익을 계산하시오.

[10-11] 스마트(주)는 제품을 생산·판매하고 있는데, 단위당 판매가격은 ₩100, 20×1년의 기초제품은 10,000단위로서 단위당 원가는 ₩50인데 이 중 ₩30은 변동제조원가이고, ₩20은 고정제조간접원가이다. 회사는 20×1년 중 제품 40,000단위를 생산하였으며, 35,000단위를 판매하였다. 20×1년의 원가자료는 다음과 같다. 단, 기초 및 기말 재공품재고는 없다.

	변동원가	고정원가	합 계
직접재료원가	₩125,000	–	₩125,000
직접노무원가	150,000	–	150,000
제조간접원가	85,000	₩70,000	155,000
판 매 관 리 비	140,000	180,000	320,000

(요구사항)

선입선출법으로 원가흐름을 가정할 경우에 다음에 답하시오.

1. 전부원가계산에 의한 20×1년의 손익계산서를 작성하시오.
2. 변동원가계산에 의한 20×1년의 손익계산서를 작성하시오.
3. 전부원가계산 영업이익과 변동원가계산 영업이익 간의 차이를 조정하시오.

[10-12] 스마트(주)는 대형냉장고를 생산·판매하고 있으며, 20×4년 1/4분기의 매월 생산 및 원가관련 자료는 다음과 같다.

	1월	2월	3월
기초재고(단위)	0	300	300
생 산 량	1,000	800	1,250
판 매 량	700	800	1,500
변동원가 자료			
생산단위당 제조원가	₩9,000	₩9,000	₩9,000
단위당 판매관리비	6,000	6,000	6,000
고정원가 자료			
제조원가	₩4,000,000	₩4,000,000	₩4,000,000
판매관리비	1,400,000	1,400,000	1,400,000

단위당 판매가격은 ₩25,000이다. 재고자산은 선입선출법에 따라 평가한다.

(요구사항)

1. 변동원가계산과 전부원가계산에 의한 손익계산서를 작성하시오.
2. 두 가지 방법에 따른 영업이익의 차이를 설명하시오.
3. 스마트(주)의 20×4년 1/4분기의 단위당 변동제조원가가 다음과 같을 때 스루풋원가계산에 의한 손익계산서를 작성하시오.

	1월	2월	3월
직접재료원가	₩5,000	₩5,000	₩5,000
직접노무원가	1,000	1,000	1,000
제조간접원가	3,000	3,000	3,000
	₩9,000	₩9,000	₩9,000

[10-13] 스마트(주)는 선풍기를 생산·판매하고 있으며, 20×4년과 20×5년의 영업활동과 관련된 자료는 다음과 같다. 스마트(주)는 재고자산 평가를 위해 표준원가제도를 도입하고 있으며, 고정제조간접원가 배부를 위한 기준조업도로 정상조업도를 사용하고 있다.

단위관련 자료	20×4년	20×5년
기초재고	900	1,400
당기생산	2,000	400
판 매 량	1,500	1,700

정상조업도	2,000	2,000
표준원가관련 자료		
단위당 판매가격	₩1,000	₩1,000
단위당 직접제조원가	400	400
(단위당 직접재료원가)	(230)	(230)
단위당 변동제조간접원가	150	150
단위당 변동판매관리비	10	10
고정제조간접원가 예산(실제)	₩100,000	₩100,000
고정판매관리비	30,000	30,000
변동제조원가 순 불리한 차이	10,000	10,000

(요구사항)

1. 전부원가계산에 의한 손익계산서를 작성하시오.
2. 변동원가계산에 의한 손익계산서를 작성하시오.
3. 스루풋원가계산에 의한 손익계산서를 작성하시오.

[10-14] 스마트(주)의 20×7년 10월과 11월의 생산 및 원가자료는 다음과 같다.

	10월	11월
단위당 판매가격	₩150	₩150
판매량	12,000	10,000
기초재고량	3,000	3,000
생산량	12,000	12,000
단위당 변동제조원가	₩80	₩80
변동판매관리비	10	10
고정제조간접원가 (예산 및 실제)	₩450,000	₩450,000
고정판매관리비	200,000	200,000

동사의 제조간접원가 배부는 15,000단위를 기준조업도로 하여 배부한다. 또한 제조간접원가 배부차이는 전액 매출원가에서 조정한다.

(요구사항)

1. 변동원가계산에 의한 11월의 손익계산서를 작성하시오.
2. 전부원가계산에 의한 11월의 손익계산서를 작성하시오.
3. 두 방법에 의한 순이익의 차이를 조정하시오.

[10-15] (주)스마트는 내부보고목적으로 변동원가계산을, 외부보고목적으로는 전부원가계산을 적용하고 있다. 20×7년 한 해 동안 실제 발생한 제품 단위당 원가는 다음과 같다.

직 접 재 료 원 가	₩300
직 접 노 무 원 가	100
변동제조간접원가	200
고정제조간접원가	150

직접재료는 공정초에 전량 투입되며, 가공원가는 전공정을 걸쳐 균등하게 발생한다. 20×7년 생산착수량은 20,000단위며, 재고자산 내역은 다음과 같다.

기초재공품	2,000단위(완성도 60%)
기말재공품	3,000단위(완성도 40%)
기 초 제 품	2,500단위
기 말 제 품	1,500단위

제품 단위당 판매가격은 ₩1,500이며, 재고자산은 선입선출법으로 평가하며, 전기에도 단위당 원가는 당기와 동일한 것으로 가정한다.

제품 단위당 변동판매관리비는 ₩100이며, 연간 고정판매관리비는 ₩2,500,000이다.

(요구사항)

1. 전부원가계산에 의한 손익계산서를 작성하시오.
2. 변동원가계산에 의한 손익계산서를 작성하시오.
3. 초변동원가계산에 의한 손익계산서를 작성하시오.
4. 각 원가계산방법의 의한 순이익의 차이를 조정하시오.

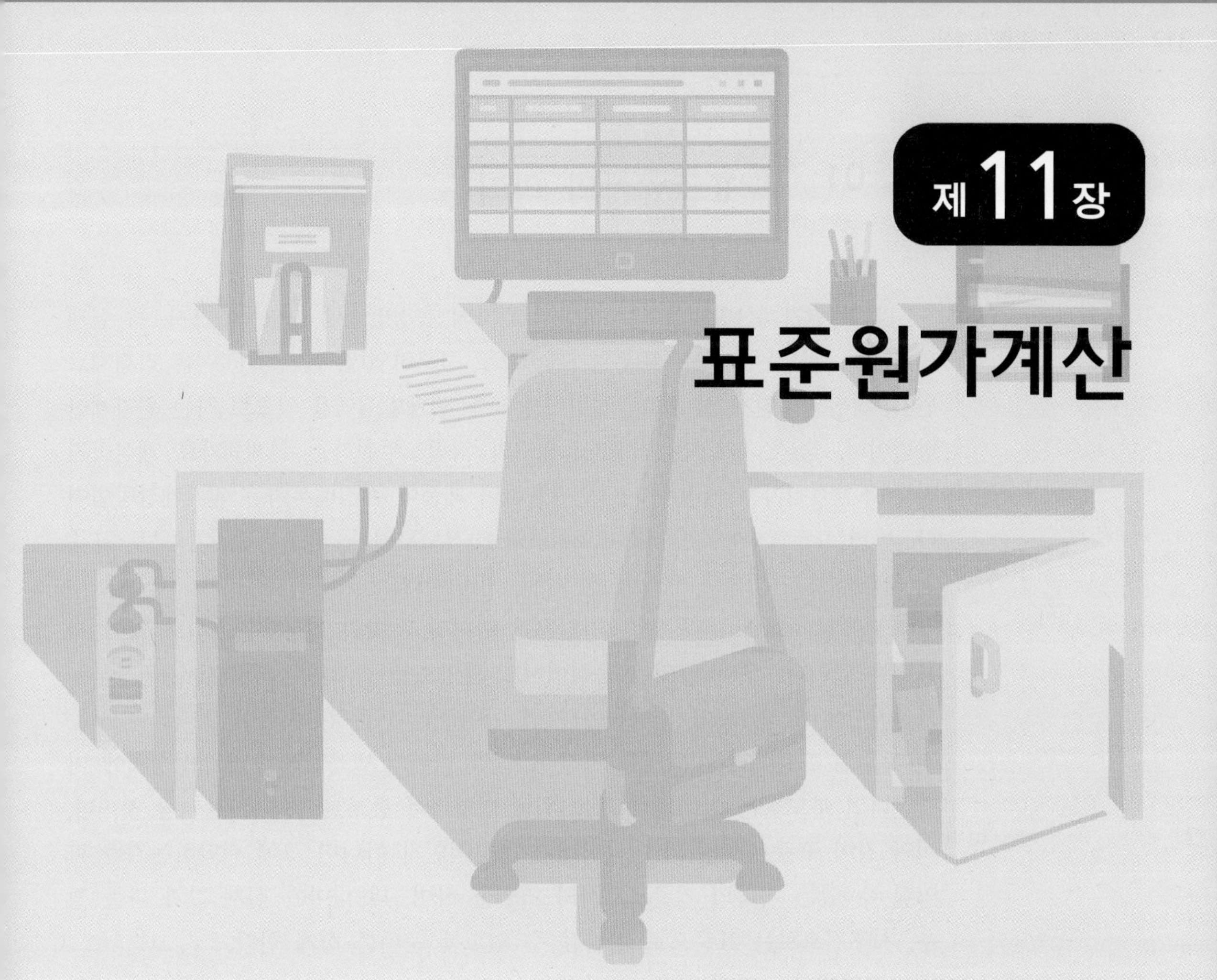

제 11 장 표준원가계산

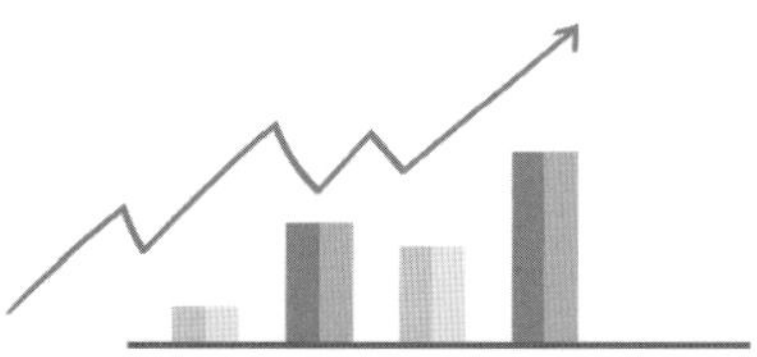

01 표준원가의 의의

앞서 원가계산방법을 분류하면서 원가의 측정방법에 따라 세 가지, 즉 실제원가계산, 정상원가계산, 표준원가계산으로 구분하였다. 실제원가계산은 직접재료원가, 직접노무원가 및 제조간접원가를 모두 실제발생액을 기초로 하는 원가계산방법이며, 정상원가계산은 직접재료원가와 직접노무원가는 실제원가로 계산하지만 제조간접원가는 예정배부율을 적용하여 제품에 예정배부하는 원가계산방법이다. 반면 표준원가계산은 직접재료원가와 직접노무원가, 제조간접원가 모두 표준치(예정치)를 기준으로 원가를 산정하는 방법이다.

표준(standards)이란 말은 기업뿐만 아니라 우리의 일상생활에서도 많이 사용되는 말이다. 우리가 먹는 음식에서도 영양소를 골고루 섭취하도록 권장하는 표준식단이 있고, 소아과 병원에 가면 아이들의 표준성장치들이 있다. 이 모든 것이 소위 표준이라는 의미를 가진다. 만약 아이의 발육상태가 표준성장치에 미달한다면 부모들은 아이의 성장을 위해 영양가가 풍부한 음식을 준비할 것이다. 이와 같이 표준은 아이의 발육상태가 정상적인지 아니면 그에 미달하는지를 파악할 수 있는 하나의 기준으로서의 역할을 하며, 더 나아가 실제 값과 다를 경우, 사후적으로는 표준으로 나아갈 수 있도록 준비를 하게 한다.

기업에서도 마찬가지로 표준치와 실제치를 비교하여 차이가 발생하게 되면 그 차이를 측정하여 평가하고, 앞으로의 경영계획에서는 그 차이를 해소하기 위한 조치를 취하게 될 것이다. 만약 표준치와 실적치 간의 차이에 대해 책임을 지는 관리자가 있다면 그 차이를 통해 성과평가가 가능하다. 만약 이러한 차이가 계속 발생하고 있다면 큰 손실을 초래하는 것이기 때문에 경영자의 특별한 관심을 유도할 수도 있을 것이다. 이외에도 표준원가제도는 예산편성이나 가격결정 등에도 사용될 수 있다.

이와 같이 표준원가제도는 사후적 평가 및 통제뿐만 아니라 사전적인 예방활동에도 사용된다. 따라서 기업들이 표준원가의 설정과 표준 및 실제원가 간의 차이분석에 의미를 두고 잘 활용한다면 보다 많은 원가절감의 기회를 포착할 수 있을 것이며, 기업의 관리를 더욱 체계화시킬 수 있을 뿐만 아니라 지속적인 개선에도 큰 도움이 될 수 있을 것이다.

02 표준원가계산

2.1 표준원가계산의 역할

기업은 예산과 같은 일련의 공식적인 계획을 통해 조직 각 부문의 기대결과를 표현함으로써 조직운영을 계획·통제하게 된다. 즉, 정기적으로 실제결과를 누적하여 예산자료와 대비시킴으로써 조직의 각 부분이 조직목표를 얼마나 잘 달성하였는지를 평가한다. 표준원가계산제도는 보다 시기적절하고 상세한 성과측정 및 원가통제를 위한 틀을 제공하는 경영통제제도이다. 표준원가계산제도의 유용성을 구체적으로 살펴보면 다음과 같다.

첫째, 원가통제를 위해 사용될 수 있다. 실제원가와 표준원가를 각각 월별, 주별, 일별 또는 단일작업조별로 집계하고 상호 비교할 수 있다. 만약 실제원가와 표준원가 간에 차이가 발생하면 경영자들이 관심을 가지게 되고, 그 차이의 원인을 밝혀내어 이를 제거하려는 조치를 취할 수 있도록 한다. 이러한 주의환기 시스템이 갖추어져 있지 않다면 기업은 상당한 손실을 감수한 후에야 높은 원가를 감지할 수 있게 된다.

둘째, 가격결정을 위해 사용될 수 있다. 기업들은 제품원가에 이익까지 회수할 수 있는 가격을 설정한다. 실제원가는 제품이나 서비스를 생산하는 데 소요된 원가를 반영하지만 가격결정에 있어서 항상 일관성 있고 시기적절한 정보를 제공해 주는 것은 아니다. 예를 들어, 원가계산기간에 따라 생산량이 다르다면 실제원가는 매 기간마다 다르게 산출되는 문제가 있다. 표준원가는 실제원가에서의 이러한 변동을 제거함으로써 일관성 있는 측정치를 제공한다. 기업은 일관되게 제품가격을 설정하고 가격변동을 수반하는 부정적인 시장결과를 제거함으로써 경쟁적 우위를 모색할 수 있다. 기업은 제품가격결정을 위해 회계기간 말까지 기다릴 수 없으므로 경쟁시장에 직면해 있는 기업들은 표준원가를 유용하게 사용할 수 있다. 또한 표준원가는 기업이 변화하는 시장여건에 대응할 때 가격결정의 재무적 함의를 평가할 능력을 제공한다.

셋째, 성과평가에 사용될 수 있다. 표준이 성과평가를 위해 설정될 때 표준은 평가받는 모든 조직구성원에 균등하게 제공될 수 있는 측정치가 된다. 가령 제품 한 단위를 생산하는 데 소요되는 표준직접노무시간은 제품을 생산하는 작업자들이 표준을 얼마나 가깝게 성취하는지에 대해 평가받을 수 있으며, 구매담당자는 원자재 실제구입가격이 표준에 얼마나 일치하는가로 평가받을 수 있다. 이와 같이 표준은 성과평가의 몇 안 되는 객관적인 수단 중의 하나가 된다. 그러나 조직구성원의 성과평가는 이외에도 많은 변수가 관련되어 있는데 어떤 변수는 주관적이기 때문에 적용시키기가 곤란하거나 부적절한 경우도 있다.

넷째, 목표관리(management by objectives)와 예외에 의한 관리(management by exception)를 가능하게 한다. 목표관리는 구체적 목표가 각 사업활동별로 설정되고 그러한 활동에 대해 책임을 지는 경영자들이 목표를 달성하기 위해 업무를 수행함을 의미한다. 활동이 허용할 수 있는 성과수준 안에 있다면 정규적 감독 이외의 특별한 관리활동이 필요 없다. 그러나 성과가 허용할 수 있는 수준으로부터 크게 벗어난 경우, 경영자들은 적절한 조치를 취해서 문제를 교정하려 한다. 즉, 예외에 의한 관리가 이루어지게 된다. 표준원가제도는 표준과 실제성과 간의 차이를 식별하여 보고함으로써 신속하게 유용한 정보를 제공하기 때문에 목표관리를 용이하게 한다.

다섯째, 제품원가계산에 이용할 수 있다. 표준원가는 제품수량에 단위당 표준원가를 곱하여 산출한 것이기 때문에 매출원가나 기말재고자산의 금액을 계산하는 데 용이하다. 표준원가를 사용할 경우 거래의 기장업무를 감소시킬 수 있지만, 실제치와 표준치와의 차이는 기말에 조정해 주어야 한다.

2.2 표준원가의 종류

표준은 사전에 객관적이고 합리적인 방법에 의해 산정되어야 한다. 표준을 어떻게 설정하느냐에 따라 조직구성원들에 미치는 영향이 다를 수 있기 때문이다. 따라서 일반적으로 노력해도 달성하기 어려운 이상적인 표준보다는 현실적인 표준이 많이 이용된다. 표준은 대개 이상적 표준과 정상적 표준, 현실적 표준으로 구분할 수 있다.

이상적 표준은 이상적인 작업조건에서 달성될 수 있는 표준이다. 기계고장이나 작업중단이 허용되지 않으며 작업자들의 휴식시간 등도 고려되지 않는다. 고도로 숙련된 작업자들이 100% 능력을 다 발휘하고 작업환경도 최상의 조건을 가정한다. 따라서 이론적 표준 혹은 공학적 표준이라 불리기도 한다. 이상적 표준은 현실적으로 달성하기가 불가능한 목표치이다.

정상적 표준은 정상적인 조업수준이나 능률수준에 대하여 설정된 표준이다.

여기서 정상이란 경영활동에서 이상 또는 우발적인 상황을 제거한 것이다. 정상적 표준은 비교적 장기간의 과거 실적치를 통계적으로 평균화하여 미래의 예상되는 경영상황을 고려하여 결정된다. 따라서 경제상황이 비교적 안정된 경우 재고자산가액과 매출원가계산에 가장 적합하며, 원가관리를 위한 성과평가의 척도가 될 수 있다.

현실적 표준은 능률적인 작업조건에서 평균적인 근로자가 합리적인 노력으로 달성가능한 표준이다. 정상적인 감손과 정상적인 기계고장 및 공손 그리고 정상적인 작업자의 여유시간 등을 허용한다. 따라서 이상적 표준보다는 어느 정도 여유가 있으며, 작업자들이 정상적인 노력을 한다면 달성가능한 표준이다. 현실적 표준과 실제원가의 차이는 현실에서 벗어난 비효율로 볼 수 있기 때문에 경영자의 주의를 환기시키는 데 매우 유용하다고 볼 수 있다.

2.3 표준원가의 설정

표준원가계산을 실시하기 위해서는 먼저 표준원가를 설정해야 하는데, 표준은 제품원가의 3요소인 직접재료원가와 직접노무원가, 제조간접원가 각각에 대한 수량표준과 가격표준으로 설정된다. 수량표준은 제품 1단위를 생산하는 데 필요한 생산요소의 양을 말한다. 가격표준은 생산요소 1단위당 금액을 말한다. 표준원가는 (식 11-1)과 같이 수량표준과 가격표준의 곱으로 나타나게 된다. 표준원가의 설정 예를 보면 후술하는 [예제 11-1]과 같다.

$$\text{표준원가} = \text{수량표준} \times \text{가격표준} \qquad \text{(식 11-1)}$$

첫째, 직접재료원가에 대한 표준설정은 투입되는 재료의 수량표준과 가격표준에 의해 이루어진다. 이때 가격표준은 재료의 구매금액뿐만 아니라 부대비용과 수량할인 등을 고려하여야 한다. 수량표준은 일반적으로 재료명세서(bill of materials: BOM)에 의해 산출된다. BOM은 완제품 한 단위 생산에 투입되는 각 원재료의 종류와 수량을 기록한 목록이다. 이때 공손이나 작업폐물 등을 고려하여 표준을 설정하여야 할 것이다. 따라서 제품 1단위 생산에 필요한 직접재료의 수량표준과 직접재료 1단위당 가격표준을 곱하여 직접재료원가의 표준원가를 산출한다.

단위당 표준직접재료원가 = 단위당 표준원재료수량 × 원재료 단위당 표준가격
(표준원가) (수량표준) (가격표준)

둘째, 직접노무원가의 표준설정은 표준작업시간과 표준임률에 의해 이루어진다. 표준작업시간은 제품 1단위 완성하는 데 투입되는 직접노무시간을 말하며, 종업원의 휴식시간이나 청소, 작업준비 등을 고려하여 결정된다. 시간당 표준임률은 종업원들의 임금뿐만 아니라 세금이나 복리후생비 등을 고려하여 결정할 수도 있다. 따라서 제품 1단위 생산에 투입되는 직접노무시간의 표준시간과 직접노무시간 1시간당 표준임률을 곱하여 직접노무원가의 표준원가를 산출한다.

단위당 표준직접노무원가 = 단위당 표준직접노무시간 × 시간당 표준임률
(표준원가) (수량표준) (가격표준)

셋째, 표준제조간접원가의 설정이다. 제조간접원가는 그 구성항목이 매우 많으므로 각각의 구성항목별로 표준을 설정하는 것은 그에 소요되는 비용에 비하여 효익이 별로 크지 않다. 따라서 각각의 구성항목별로 표준원가를 설정하지 않고 원가행태에 따라 크게 변동제조간접원가와 고정제조간접원가로 구분하여 표준원가를 설정하는 것이 일반적이다. 이 가운데 변동제조간접원가의 표준을 설정하기 위해서는 변동제조간접원가의 발생을 논리적으로 가장 잘 설명해 줄 수 있는 조업도를 선택해야 한다. 예를 들어, 노동집약적인 산업형태의 기업에서는 직접노무시간이, 그리고 자본집약적인 산업형태의 기업에서는 기계시간이 변동제조간접원가와 적절한 인과관계를 가질 것이므로 이들을 각각 조업도로 선정하는 것이 바람직하며, 전통적으로는 직접노무시간을 표준작업시간으로 사용하였다. 변동제조간접원가의 표준설정은 표준조업도와 표준배부율로 이루어진다.

단위당 표준변동제조간접원가 = 단위당 표준조업도 × 조업도 단위당 표준배부율
(표준원가) (수량표준) (가격표준)

반면에 고정제조간접원가의 경우에는 변동제조간접원가와는 달리 관련 범위 내에서는 조업도 변동에 영향을 받지 않는다. 즉, 고정제조간접원가는 원가행태상 조업도에 관계없이 항상 일정하므로 제품에 배부되는 고정제조간접원가의 배

부율은 조업도에 따라 변동한다. 따라서 제품단위당 표준고정제조간접원가는 제품단위당 표준조업도와 조업도 단위당 예정배부율을 곱하여 계산한다.

단위당 표준고정제조간접원가	=	단위당 표준조업도	×	조업도 단위당 예정배부율
(표준원가)		(수량표준)		(가격표준)

예제 11-1 표준원가

스마트(주)는 최근 개발한 인삼을 원료로 한 드링크제에 대한 표준을 설정하고자 한다. 제품 1단위를 생산하는 데 200g의 원재료와 3시간의 직접노무시간이 필요하다. 원재료 100g당 표준가격은 ₩25, 직접노무시간당 표준임률은 ₩30으로 결정되었다. 변동제조간접원가는 직접노무시간당 ₩30으로 추정되었다. 회사는 원가계산을 목적으로 직접노무시간당 ₩50의 고정제조간접원가를 배부하려고 한다.

(요구사항)

제품단위당 표준원가를 설정하시오.

(해　답)

	수량표준	가격표준	표준원가
직접재료원가	200g	₩25/100g	₩50
직접노무원가	3시간	30/시간	90
변동제조간접원가	3시간	30/시간	90
고정제조간접원가	3시간	50/시간	150
제품단위당 표준원가			₩380

03 차이분석

3.1 차이분석의 기본모형

표준을 가격과 수량 두 가지 범주로 구분하였다. 그 이유는 첫째, 일반적으

[도표 11-1] 차이분석의 기본모형

	실제원가		실제투입량에 의한 표준원가		실제생산량에 허용된 표준배부액
	AQ × AP		AQ × SP		SQ[a] × SP
직접재료원가		가격차이		수량차이	
직접노무원가		임률차이		능률차이	
변동제조간접원가		소비차이		능률차이	

a) 실제생산량×수량표준

SQ의 의미 : 표준을 설정할 때는 제품 한 단위를 기준으로 한다. 그러므로 SQ는 제품 한 단위를 생산하는 데 필요한 표준수량을 의미한다. 그러나 차이분석을 할 때는 일정기간별로 총생산에 대하여 분석하므로 SQ는 실제총생산량에 허용된 표준수량을 의미한다.

로 가격과 수량에 대한 통제의사결정이 서로 다른 시점에서 이루어지며, 둘째는 통제에 대한 책임담당자가 서로 다르기 때문이다. 예를 들어, 원재료의 경우 가격에 대한 통제는 구매시점에서 이루어지는 반면, 수량에 대한 통제는 원재료가 생산라인에 투입된 후에 이루어지게 된다. 원재료가 구입과 동시에 생산라인에 투입되는 것이 아니기 때문이다. 또한 원재료의 구매가격에 대한 통제책임은 구매담당자에게 있지만, 원재료를 효율적으로 활용하는 통제책임은 생산담당자에게 있기 때문이다. 따라서 표준원가통제를 위해서는 가격과 수량표준을 구분하여 사용한다. [도표 11-1]과 같은 차이분석의 기본모형도 이러한 틀에서 나온 것이다.

[도표 11-1]에서 보는 바와 같이 차이분석은 직접재료원가, 직접노무원가 그리고 변동제조간접원가에 대해 모두 계산해 낼 수 있다. 표준원가의 차이는 실제원가와 실제생산량에 허용된 표준원가와의 총차이에 의해 산출된다. 직접재료원가에 대해서는 가격차이와 수량차이, 직접노무원가는 임률차이와 능률차이, 그리고 변동제조간접원가는 소비차이와 능률차이로 각각 불린다. 고정제조간접원가는 예산차이와 조업도차이로 구분되는데, 고정제조간접원가는 변동원가와 비교해서 원가행태가 다르기 때문에 차이분석의 틀에 차이가 있으며, 후에 다시 논의하기로 한다.

3.2 직접재료원가의 차이분석

3.2.1 차이분석 시점을 구분하지 않는 경우

직접재료원가의 차이는 실제 발생한 직접재료원가와 실제생산량에 허용된 표준직접재료원가의 차이를 말한다. 이때 발생된 총차이는 가격차이와 수량차이로 구분된다. [예제 11-2]를 통해 직접재료원가의 차이분석을 해 보자.

예제 11-2 직접재료원가의 차이분석

스마트(주)는 지난 달 1,000kg의 재료를 ₩100,000에 구입하였다. 그 가운데 950kg을 제품생산에 사용하였다. 직접재료의 표준수량은 2.0kg이며, 표준가격은 ₩110이다. 지난 달의 예산 생산량은 500개이며, 실제 생산량은 450개이다. 단, 직접재료의 기초재고는 없다.

(요구사항)

직접재료원가의 차이분석을 하시오.

(해 답)

실제원가 (AQ × AP)	실제투입량에 의한 표준원가 (AQ × SP)	실제생산량에 허용된 표준배부액 (SQ × SP)
950kg × ₩100 = ₩95,000	950kg × ₩110 = ₩104,500	900kg[a] × ₩110 = ₩99,000

가격차이 ₩9,500(F) | 수량차이 ₩5,500(U)

총차이 ₩4,000(F)

a) 450단위 × 2.0kg = 900kg

[예제 11-2]를 보면 직접재료원가의 총차이는 ₩4,000이며, 이것은 두 가지로 분리되는데 가격차이가 ₩9,500이며 수량차이가 ₩5,500이다. 가격차이와 수량차이의 합이 ₩15,000이지만 총차이가 ₩4,000이 되는 것은 F와 U로 표시되는 유리한 차이(favorable variance : F)와 불리한 차이(unfavorable variance : U)가 있기 때문이다. 즉, 실제가격 또는 수량이 가격표준 또는 수량표준을 초과하면 불리한 차이가 되고, 반대의 경우 유리한 차이가 된다. 따라서 유리한 차이인 가격차이 ₩9,500과 불리한 차이인 수량차이 ₩5,500을 서로 상쇄시키면 총차이인 ₩4,000이 남게 된다. 일반적으로 가격차이와 수량차이 간에는 상충관계가 존재하게 된다. 예를 들어, 질이 낮은 값싼 원재료를 사용하면 직접재료원가의 가격차이는 유리하게 나타나지만, 그로 인해 직접재료원가 수량차이는 불리하게 나타난다.

분개할 때 불리한 차이와 유리한 차이의 위치 : 불리한 차이는 차변에 기록되며, 유리한 차이는 대변에 기록된다. 불리한 차이는 실제원가가 표준원가보다 많이 발생한 상황을 나타내므로 비용이나 자산을 증가시켜야 한다. 그러므로 차변에 나타나는 것이다. 쉽게 이해하려면 불리한 차이는 비용의 성격이므로 차변에 나타나고 유리한 차이는 수익의 성격이므로 대변에 나타난다고 생각하면 된다.

표준원가의 회계처리는 원재료의 구입시점과 투입시점을 구분하느냐 여부에 따라 달라진다. 시점을 구분하지 않는 경우 원재료구입시에는 구입에 대한 분개만 하면 된다. 원재료가 투입될 때 재료의 가격차이와 수량차이가 인식된다. 이 경우 원재료계정에는 항상 실제원가로 기록된다. 표준원가 차이분석에서 불리한 차이는 비용의 성격을 갖기 때문에 차변에 기록하며, 유리한 차이는 수익의 성격을 갖기 때문에 대변에 기록한다. 앞의 예제를 이용하여 시점을 구분하지 않을 경우의 회계처리는 다음과 같다.

원재료구입시

(차) 원 재 료	100,000	(대) 현 금	100,000

원재료투입시

(차) 재 공 품	99,000	(대) 원 재 료	95,000
직접재료 수량차이	5,500	직접재료 가격차이	9,500

직접재료원가의 가격차이가 발생하는 원인은 원재료시장의 공급과 수요의 차이, 구매담당자의 업무능력, 표준설정시 표준재료의 품질수준과 실제 구입한 원재료의 품질차이, 구입처의 변경 등이 있다. 수량차이가 발생하는 원인은 생산과정에서 원재료의 비효율적 사용, 표준설정시의 원재료 품질과의 차이, 점진적인 기술혁신 등이 그 원인이 될 수 있다. 그러나 정상적인 상황에서도 차이는 발생하게 된다. 그 차이가 관리범위 내에 있다면 크게 중요하지 않다고 보아야 한다. 만약 구매담당자가 가격차이에 대한 책임감을 너무 지나치게 느낀다면 품질이 낮은 원재료를 구매할 가능성이 있다. 이는 완제품의 품질이 떨어지는 원인이 될 수 있기 때문에 주의가 필요하다. 표준원가제도는 종업원들을 비판하거나 과도하게 통제하는 데 사용되어서는 안 된다.

3.2.2 차이분석 시점을 구분하는 경우

여기서 살펴보아야 할 큰 문제는 차이의 분리시점을 언제로 하느냐이다. 앞서도 언급하였지만 직접재료의 경우 구매시점과 소비시점(생산시점)이 서로 다르기 때문에 차이분석을 언제로 할 것인가에 따라 결과가 달라진다. 관리적인 입장에서 보면 가능한 한 빨리 차이분석을 실시하는 것이 좋을 것이다. 경영자가 가능한 한 빨리 통제정보를 획득하여 주의를 환기시킬 수 있으며, 그에 대한 조치

[도표 11-2] 직접재료원가의 시점별 차이분석

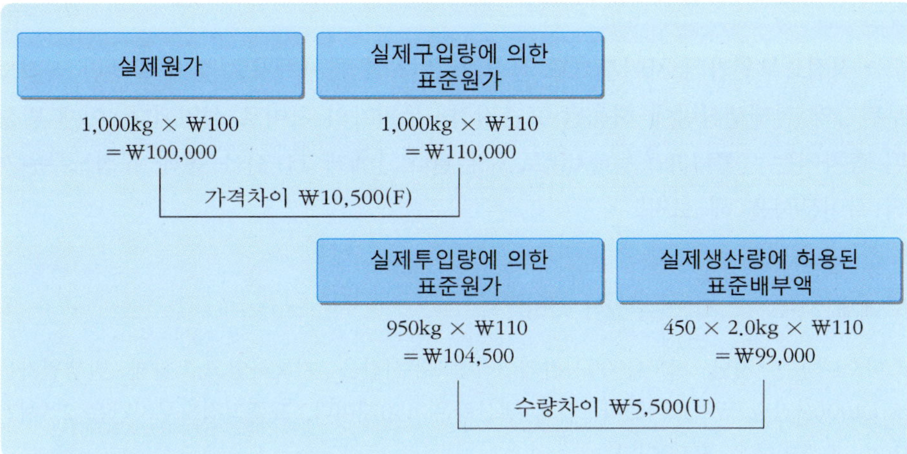

를 가능한 한 빨리 취할 수 있기 때문이다. 만약 원재료의 재고가 오랜 기간 동안 창고에 보관되어 있을 때 차이분석의 시점을 분리하지 않으면 수개월이 지난 후에야 가격차이 분석이 가능하게 될 것이다.

따라서 직접재료원가의 가격차이와 수량차이를 각각 구입시점과 소비시점으로 구분하여 차이분석을 하는 것이 원가통제를 위해 유용할 것이다. 또한 시점을 분리함으로써 표준원가로 원재료를 원재료재고 계정에 전기할 수도 있다. 이는 재료원가의 기장업무와 계산과정을 단순화시키게 된다. 원재료를 구입시점에서 직접재료원가의 가격차이를 분리하는 경우 직접재료의 가격차이는 구입수량을 기초로 금액을 산출하고, 수량차이는 생산라인에 투입수량을 기초로 산출하면 된다.

시점을 구분하는 경우 직접재료의 표준원가 회계처리는 원재료를 구입할 때 표준원가로 재료계정 차변에 기록하고, 실제구입가격과의 차이는 가격차이계정으로 처리한다. 이 경우 재료계정은 항상 표준원가로 기록된다. 앞의 예제를 이용하여 회계처리하면 다음과 같다.

재료원가 차이에 대한 책임 : 보통 구매담당자가 재료원가 가격차이에 대해 책임을 지는 반면에 생산담당자는 재료원가 수량차이에 대해 책임을 진다. 그러나 구매담당자가 유리한 차이를 얻기 위해서 질이 떨어지는 원재료를 구입하면 수량차이가 불리하게 나타날 수도 있으므로 원가차이에 대한 책임은 쉽게 판단할 문제는 아니다.

원재료구입시

(차) 원 재 료	110,000	(대) 현　　금	100,000
		직접재료 가격차이	10,000

원재료투입시

(차) 재 공 품	99,000	(대) 원 재 료	104,500
직접재료 수량차이	5,500		

3.3 직접노무원가의 차이분석

직접노무원가의 차이분석도 직접재료원가와 마찬가지로 실제 발생한 직접노무원가와 실제생산량에 허용된 표준직접노무원가의 차이로 설명된다. 이때 발생된 총차이는 임률차이와 능률차이로 구분된다. [예제 11-3]을 통해 직접노무원가의 차이분석을 해 보자.

예제 11-3 직접노무원가 차이분석

스마트(주)는 지난 달 1,000시간의 직접노무시간을 기록하였고, 실제 발생원가는 ₩4,100(시간당 ₩4.1)이었다. 실제 생산량은 450개이다. 표준직접노무시간은 2.5시간이며, 표준임률은 ₩4.0이다.

(요구사항)

직접노무원가에 대한 차이분석을 하시오.

(해　답)

실제원가 (AQ × AP)	실제투입량에 의한 표준원가 (AQ × SP)	실제생산량에 허용된 표준배부액 (SQ × SP)
1,000시간 × ₩4.1 = ₩4,100	1,000시간 × ₩4.0 = ₩4,000	1,125시간[a] × ₩4.0 = ₩4,500

임률차이 ₩100(U)　　능률차이 ₩500(F)

총차이 ₩400(F)

a) 450단위 × 2.5시간 = 1,125시간

인사관리부서에서 필요한 인력을 파악하여 선발하며, 생산부서에서는 생산에 필요한 인력을 배치하고 감독한다. 따라서 생산담당자가 제조활동에 필요한 인력을 잘못 배치하거나 감독하여 발생하는 직접노무원가 능률차이에 대하여는 책임을 져야 하나 생산담당자의 권한을 벗어나는 시간당 임률에 대한 임률차이는 책임지지 않는다. 권한이 없으면(통제권이 없으면) 책임 또한 없다.

직접노무원가의 임률차이가 발생하는 원인은 높은 임률의 숙련작업자가 비숙련작업을 하거나 낮은 임률의 작업을 할 경우, 초과근무수당을 지급하는 경우 등이다. 또한 직접노무원가의 능률차이가 발생하는 원인은 작업자의 숙련도 차이, 즉 숙련작업자는 비숙련작업자에 비하여 생산성이 높거나, 작업시간이 정상적인 경우보다 많이 소요된 경우(조업중단 등), 감독소홀 등이다. 임률차이는 일반적으로 인사부서에서 책임을 지며, 능률차이는 생산부서에서 책임을 진다. 그러나 이들 사이에도 상충관계가 존재하게 되는데, 예를 들어 비숙련공을 고용하면 직접노무원가의 임률차이는 유리하게 나타나지만, 능률차이는 불리하게 나타날 수 있다. 예제의 내용을 회계처리하면 다음과 같다.

발생시

(차)		(대)	
직접노무원가	4,100	현 금	4,100

대체시

(차)		(대)	
재 공 품	4,500	직접노무원가	4,100
직접노무원가 임률차이	100	직접노무원가 능률차이	500

3.4 변동제조간접원가의 차이분석

변동제조간접원가의 차이분석은 직접재료원가나 직접노무원가의 차이분석과 마찬가지로 실제 발생한 변동제조간접원가와 실제생산량에 허용된 표준변동제조간접원가의 차이로 설명될 수 있다. 이때 발생된 총차이는 소비차이와 능률차이로 구분된다. [예제 11-4]를 통해 변동제조간접원가의 차이분석을 해 보자.

예제 11-4 변동제조간접원가 차이분석

스마트(주)는 지난 달 변동제조간접원가의 실제발생액이 수선비 ₩10,000과 동력비 ₩11,000이며, 모두 현금지급하였다. 실제 생산량은 450개이다. 실제투입시간은 1,000시간이다. 표준직접노무시간은 2.5시간이며, 표준배부율은 ₩20이다.

(요구사항)

변동제조간접원가에 대한 차이분석을 하시오.

(해 답)

실제원가 (AQ × AP)	실제투입량에 의한 표준원가 (AQ × SP)	실제생산량에 허용된 표준배부액 (SQ × SP)
1,000시간 × ₩21[a)] = ₩21,000	1,000시간 × ₩20 = ₩20,000	1,125시간[b)] × ₩20 = ₩22,500

소비차이 ₩1,000(U)　　능률차이 ₩2,500(F)

총차이 ₩1,500(F)

a) ₩21,000 ÷ 1,000시간 = ₩21

b) 450단위 × 2.5시간 = 1,125시간

변동제조간접원가의 소비차이와 능률차이를 발생하는 원인은 변동제조간접원가의 실제배부율과 표준배부율이 다를 경우, 변동제조간접원가의 표준배부율을 잘못 산정한 경우(이 경우는 제조간접원가 속에 서로 다른 원가행태를 보이는 많은 항목들이 포함되어 있기 때문임), 변동제조간접원가에 속한 원가항목들을 능률적으로 혹은 비능률적으로 사용한 경우 등이다. 예제의 내용을 회계처리하면 다음과 같다.

발생시

(차)	수선유지비	10,000	(대) 현　　금	21,000
	동 력 비	11,000		

대체시

(차)	변동제조간접원가	21,000	(대) 수선유지비	10,000
			동 력 비	11,000

배부시

(차)	재 공 품	22,500	(대) 변동제조간접원가	21,000
	변동제조간접원가 소비차이	1,000	변동제조간접원가 능률차이	2,500

조업도차이는 실제 생산된 제품에 배부된 고정제조간접원가와 고정제조간접원가예산과의 차이를 말한다. 즉, 실제로 생산된 수량이 표준원가를 계산할 때 사용하였던 예상수량과 다른 경우에 발생하는 원가차이이다. 조업도차이가 불리하다는 것은 예상수량(예산상의 기준조업도)이 실제로 생산된 수량보다 크다는 것이다. 한가지 주의 할 점은 조업도차이는 고정제조간접원가 자체의 통제가 잘못되어서 발생하는 것이 아니라 생산량에 대한 예상이 잘못되어 발생하는 것으로서 고정제조간접원가 조업도차이는 원가통제목적상은 중요한 의미가 없으며, 다만 외부보고용 제품원가계산을 위해서 중요한 의미가 있다.

3.5 고정제조간접원가의 차이분석

고정제조간접원가는 앞서 분석한 직접재료원가, 직접노무원가 그리고 변동제조간접원가와는 아주 다른 원가행태를 보여준다. 즉, 고정제조간접원가는 관련범위 내에서 산출량에 관계없이 일정하게 발생하는 원가이다. 따라서 효율적으로 관리한다고 하더라도 고정제조간접원가의 발생금액은 변화가 없다. 그 결과 고정제조간접원가에서는 능률차이가 인식되지 않는다. 실제 발생액과 예산총액을 비교하여 그 차이를 전부 예산차이로 인식한다. 다만, 고정제조간접원가 차이분석에서는 표준배부율을 산정할 때 사용되는 기준조업도와 표준조업도의 차이에 의해서 고정제조간접원가 조업도차이가 발생한다. 고정제조간접원가의 차이분석 기본모형은 [도표 11-3]과 같다.

[도표 11-3]을 보면 기준조업도와 표준조업도가 나오는데 기본모형을 이해하려면 두 조업도의 의미를 이해하고 있어야 한다. 기준조업도는 고정제조간접원가 예정배부율을 구하기 위해 미리 설정해 놓은 예산조업도를 말한다. 기준(예산)조업도는 주로 직접노무시간 예산이나 직접노무원가 예산, 기계작업시간 예산 혹은 생산량 예산 등이 많이 사용된다. 예를 들어, 고정제조간접원가 예산금액이

[도표 11-3] 고정제조간접원가의 차이분석 기본모형

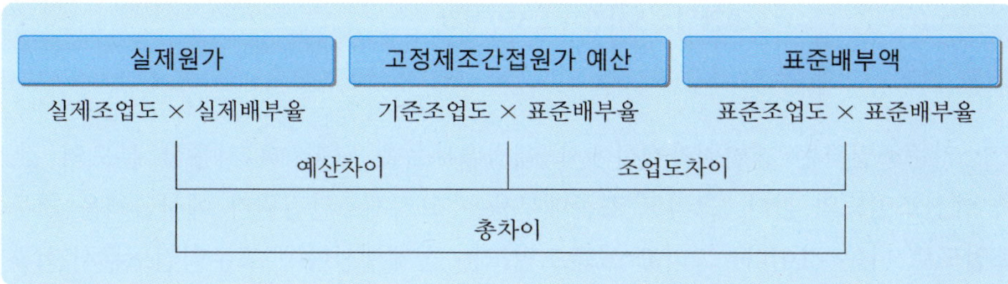

₩100,000이고, 직접노무시간 예산이 1,000시간이라면 고정제조간접원가의 표준(예정)배부율은 직접노무시간당 ₩100이며, 이때 직접노무시간 예산이 기준조업도가 된다. 기준조업도는 한번 선택되면 일정기간 동안 변동되지 않는다. 왜냐하면 그 기간 동안 생산된 제품에 배부되는 제조간접원가 금액이 안정적이어야 하기 때문이다. 표준조업도는 실제 산출량에 허용된 조업도 수준, 즉 표준허용조업도를 말한다. 고정제조간접원가 표준배부율은 (식 11-2)와 같이 산출되며, [예제 11-5]를 통해 좀 더 구체적으로 살펴보기로 하자.

$$\text{고정제조간접원가 표준(예정)배부율} = \frac{\text{고정제조간접원가 예산}}{\text{기준조업도}} \qquad \text{(식 11-2)}$$

예제 11-5 고정제조간접원가 차이분석 1

스마트(주)의 전월 고정제조간접원가 예산은 ₩40,500이며, 기준조업도는 직접노무시간이다. 제품 1단위당 표준직접노무시간은 3시간이며, 고정제조간접원가 실제발생액은 ₩38,700이다. 예산생산량은 500단위이며, 생산된 제품의 수량은 450단위이다.

(요구사항)

1. 기준조업도는 얼마인가?
2. 고정제조간접원가의 표준배부율은 얼마인가?
3. 표준조업도는 얼마인가?

(해 답)

1. 기준조업도＝500단위×3시간＝1,500시간
2. 고정제조간접원가 표준배부율＝₩40,500÷1,500시간
＝₩27/시간

3. 표준조업도 = 실제생산량 × 표준직접노무시간
= 450단위 × 3시간 = 1,350시간

기준조업도는 개별원가계산에서 예정배부율을 구할 때 사용한 분모의 값, 즉 예산조업도와 같다. 그리고 표준배부율은 고정제조간접원가 예산금액을 기준조업도로 나눈 값이다. 그리고 표준조업도는 실제생산량에 표준직접노무시간(혹은 직접노무원가, 기계작업시간 등)을 곱한 값이다. 이제 [예제 11-6]을 통해 고정제조간접원가의 차이분석을 해 보자.

예제 11-6 고정제조간접원가 차이분석 2

[예제 11-5]의 자료, 즉 스마트(주)의 전월 고정제조간접원가 예산은 ₩40,500이며, 기준조업도는 직접노무시간이다. 제품 1단위당 표준직접노무시간은 3시간이며, 고정제조간접원가 실제발생액은 ₩38,700이다. 예산생산량은 500단위이며, 생산된 제품의 수량은 450단위이다. 고정제조간접원가는 모두 감가상각비이다.

(요구사항)

고정제조간접원가의 차이분석을 하시오.

(해 답)

실제원가	고정제조간접원가 예산	표준배부액
₩38,700	1,500시간 × ₩27 = ₩40,500	1,350시간[a] × ₩27 = ₩36,450
예산차이 ₩1,800(F)	조업도차이 ₩4,050(U)	
총차이 ₩2,250(U)		

a) 450단위 × 3시간 = 1,350시간

예제의 내용을 회계처리하면 다음과 같다.

발생시

(차) 감가상각비	38,700	(대) 감가상각누계액	38,700

대체시

(차)	고정제조간접원가	38,700	(대) 감가상각비	38,700

배부시

(차)	재 공 품	36,450	(대) 고정제조간접원가	38,700
	고정제조간접원가 조업도차이	4,050	고정제조간접원가 예산차이	1,800

04 제조간접원가의 다양한 차이분석 방법

제조간접원가의 차이분석은 크게 4분법, 3분법 그리고 2분법으로 구분할 수 있다. 4분법은 앞서 살펴본 변동제조간접원가의 소비차이와 능률차이, 고정제조간접원가 예산차이와 조업도차이 분석방법을 그대로 이용하면 된다. 3분법은 차이분석에서 예산차이, 능률차이 그리고 조업도차이 세 가지로 구분된다. 변동제조간접원가의 소비차이와 고정제조간접원가의 소비차이를 합쳐 예산차이라고 하고, 능률차이, 조업도차이를 각각 구분하여 차이분석한 것이다. 2분법은 차이분석에서 예산차이와 조업도차이 두 가지로 구분된다. 3분법에서의 예산차이와 능률차이를 합쳐 예산차이라고 하고, 조업도차이를 분석하는 방법이다. 3분법과 2분법의 차이분석 기본모형을 보면 [도표 11-4]와 같다.

[도표 11-4] 2분법과 3분법의 차이분석 기본모형

실제원가	변동예산(투입기준)	변동예산(산출기준)	표준배부액
실제변동제조간접원가	AQ × SP	SQ × SP	SQ × SP
실제고정제조간접원가	고정제조간접원가예산	고정제조간접원가예산	SQ × SP
×××	×××	×××	×××

3분법	예산차이	능률차이	조업도차이
2분법	예산차이		조업도차이
총차이	제조간접원가차이		

변동제조간접원가는 조업도차이가 없고, 고정제조간접원가는 능률차이가 없다.

예제 11-7 제조간접원가의 다양한 차이분석

스마트(주)의 제조간접원가 표준은 다음과 같다.

	수량표준	가격표준	표준원가
변동제조간접원가	2시간	₩11	₩22
고정제조간접원가	2시간	10	20
			₩42

월기준조업도는 12,500단위이다. 월고정제조간접원가 예산은 ₩250,000이다. 전월 실제생산량은 10,000단위였다. 제조간접원가는 직접노무시간을 기준으로 배부한다. 실제 발생한 직접노무시간은 22,000시간이며, 변동제조간접원가와 고정제조간접원가의 실제 발생액은 각각 ₩255,000과 ₩265,000이었다.

(요구사항)

1. 4분법으로 전월의 제조간접원가 차이를 분석하시오.
2. 3분법과 2분법으로 전월의 제조간접원가 차이를 분석하시오.
3. 제조간접원가 차이를 4분법, 3분법, 2분법으로 분석한 결과를 비교하시오.

(해　　답)

1. 제조간접원가 차이분석(4분법)

① 변동제조간접원가 차이분석

실제원가	실제투입량에 의한 표준원가	실제생산량에 허용된 표준배부액
₩255,000	22,000시간 × ₩11 = ₩242,000	20,000시간[a] × ₩11 = ₩220,000

소비차이 ₩13,000(U) | 능률차이 ₩22,000(U)

a) 10,000단위×2시간=20,000시간

② 고정제조간접원가 차이분석

실제원가	고정제조간접원가 예산	표준배부액
₩265,000	25,000시간[a] × ₩10[b] = ₩250,000	20,000시간[c] × ₩10 = ₩200,000

예산차이 ₩15,000(U) | 조업도차이 ₩50,000(U)

a) 월기준조업도를 시간단위로 환산하면 12,500단위×2시간=25,000시간
b) ₩250,000÷25,000시간=₩10
c) 10,000단위×2시간=20,000시간

2. 제조간접원가 차이분석(3분법과 2분법)

실제원가	변동예산 (투입기준)	변동예산 (산출기준)	표준배부액
₩255,000	₩242,000	₩220,000	₩220,000
₩265,000	₩250,000	₩250,000	₩200,000
₩520,000	₩492,000	₩470,000	₩420,000

3분법	예산차이 ₩28,000(U)	능률차이 ₩22,000(U)	조업도차이 ₩50,000(U)
2분법	예산차이 ₩50,000(U)		조업도차이 ₩50,000(U)
총차이	제조간접원가차이 ₩100,000(U)		

3. 4분법, 3분법, 2분법의 차이분석 결과비교

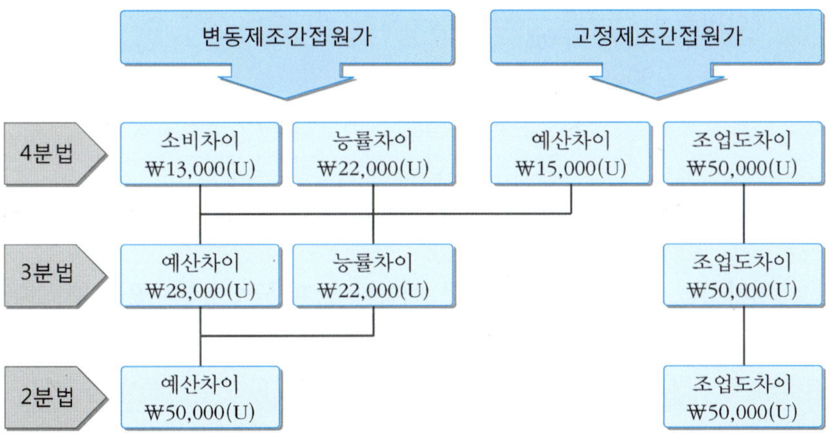

05 배합차이와 수율차이

5.1 의 의

지금까지 원재료나 노동력 등 생산투입요소가 한 종류인 경우에 대한 차이분석을 살펴보았다. 그러나 현실적으로는 여러 가지의 생산요소가 서로 혼합되어 하나의 제품을 생산하고 있다. 예를 들어, 과자를 만든다고 했을 때 투입되는 재료는 밀가루를 비롯하여 계란이나 설탕 등도 함께 투입되어 제품이 된다. 그동안 우리는 밀가루 한 종류에 대해서만 차이분석을 실시한 것이다. 또한 노동력 투입에서도 숙련도가 동일한 것에 대해서만 분석해 왔다. 여기서는 두 가지 이상의 생산투입요소가 단일 제품을 생산할 때 차이분석 방법을 알아보고자 한다.

먼저 배합비율과 수율에 대한 개념부터 이해해야 한다. 생산요소의 배합비율은 여러 종류의 생산요소를 투입하여 한 종류의 제품을 생산할 때 그 제품의 생산에 투입된 전체 생산요소 양 가운데 특정 생산요소의 양이 차지하는 비율을 말한다. 수율이란 생산요소의 투입량과 제품산출량의 비율을 말한다. 예를 들어, 설탕 20g과 밀가루 80g이 투입되어 90g의 과자 1개를 만들었다면 배합비율과 수율은 다음과 같이 산출된다.

$$\text{배합비율} = \frac{80g}{20g + 80g} \times 100\% = 80\%(\text{밀가루})$$

$$\text{수율} = \frac{90g}{20g + 80g} \times 100\% = 90\%$$

5.2 재료원가의 배합차이와 수율차이

여기서는 여러 종류의 재료를 배합하여 제품을 생산하였을 때 얼마나 효율적으로 생산이 이루어졌는지를 분석한다. 앞서 직접재료원가의 차이분석에서 가격차이와 수량차이 두 가지로 구분하여 살펴보았다. 이 가운데 수량차이는 다시 배합차이(mix variance)와 수율차이(yield variance)로 구분된다. [예제 11-8]을 통해 구체적으로 살펴보자.

예제 11-8 재료원가 배합차이 및 수율차이

스마트(주)는 A, B 두 종류의 원재료를 투입하여 제품을 생산하고 있다. 제품 1단위를 생산하는 데 필요한 표준투입물량과 실제투입물량(총량)은 다음과 같다.

	표준투입물량(단위당)			실제투입물량(총량)		
재 료	물 량	kg당 가격	재료원가	물 량	kg당 가격	재료원가
A	1.2kg	₩3,000	₩3,600	487.5kg	₩3,100	₩1,511,250
B	0.8	2,000	1,600	262.5	2,400	630,000
합 계	2.0kg		₩5,200	750.0kg		₩2,141,250

원재료의 표준배합비율은 재료 A가 60%, 재료 B가 40%이다. 전월에 360단위의 제품을 생산하였다. 단, 원재료의 재고는 없다.

(요구사항)

1. 직접재료원가의 가격차이와 수량차이를 산출하시오(시점분리 않음).
2. 직접재료원가의 배합차이와 수율차이를 산출하시오.

(해　답)

1. 직접재료원가의 가격차이와 수량차이

재료	실제원가	실제투입량에 의한 표준원가	실제생산량에 허용된 표준원가
A	487.5kg × ₩3,100 = ₩1,511,250	487.5kg × ₩3,000 = ₩1,462,500	432kg[a)] × ₩3,000 = ₩1,296,000
B	262.5kg × ₩2,400 = ₩630,000	262.5kg × ₩2,000 = ₩525,000	288kg[b)] × ₩2,000 = ₩576,000
합계	₩2,141,250	₩1,987,500	₩1,872,000

가격차이	수량차이
₩153,750(U)	₩115,500(U)

총차이 ₩269,250(U)

a) 360단위×1.2kg=432kg
b) 360단위×0.8kg=288kg

2. 직접재료원가의 배합차이와 수율차이

재료	실제투입량에 의한 표준원가 (실제투입량, 실제배합, 표준가격)	(실제투입량, 표준배합, 표준가격)	실제생산량에 허용된 표준원가 (표준투입량, 표준배합, 표준가격)
A	487.5kg × ₩3,000 = ₩1,462,500	450kg[a)] × ₩3,000 = ₩1,350,000	432kg × ₩3,000 = ₩1,296,000
B	262.5kg × ₩2,000 = ₩525,500	300kg[b)] × ₩2,000 = ₩600,000	288kg × ₩2,000 = ₩576,000
합계	₩1,987,500	₩1,950,000	₩1,872,000

배합차이	수율차이
₩37,500(U)	₩78,000(U)

수량차이 ₩115,500(U)

a) 750kg×60%=450kg
b) 750kg×40%=300kg

재료원가의 배합차이가 불리하게 나타나는 이유는 대개 표준배합에 비해 실제배합이 상대적으로 비싼 원재료의 투입비율이 높고 싼 원재료의 투입비율이 낮기 때문이다. 이 예에서는 상대적으로 비싼 재료 A의 표준배합비율은 60%인데 비해 실제 배합비율은 65%(=487.5kg/750kg)로 더 높아졌기 때문에 불리한 차이가 나타났다. 재료원가의 수율차이는 원재료의 실제투입량이 원재료의 표준투입량에 비해 많으면 불리하게 나타나고, 반대로 적으면 유리하게 나타난다. 이 예에서는 실제투입량은 750kg인 데 반해 표준투입량은 720kg(=360단위×2.0kg)이기 때문에 불리한 차이를 보이고 있다.

한 가지 유념할 것은 직접재료원가의 수량차이를 배합차이와 수율차이로 세분할 수 있었던 것은 복수원재료를 사용하고 있었기 때문이며, 또한 이질적인 원재료간의 상호대체가 가능하다는 것이 전제되어야 한다. 이 예에서 재료 A의 투입량을 줄이고, 대신 재료 B의 투입량을 늘림으로써 제품생산에 큰 영향이 없어야 한다는 것이다. 만약 상호대체가 가능하지 않을 경우 세분하는 것은 의미가 없다.

5.3 직접노무원가의 배합차이와 수율차이

직접노무원가의 배합차이와 수율차이를 계산하는 방법은 직접재료원가의 경우와 동일하다. 여기서는 여러 유형의 노동력의 배합을 얼마나 효율적으로 사용하였는지를 분석한다. 직접노무원가 차이분석에서도 배합차이와 수율차이를 구분해 낼 수 있다. [예제 11-9]를 통해 구체적으로 살펴보자.

예제 11-9 직접노무원가 배합차이 및 수율차이

스마트(주)는 숙련, 비숙련 두 종류의 노동력을 투입하여 제품을 생산하고 있다. 제품 1kg을 생산하는 데 필요한 표준투입시간과 실제투입시간(총량)은 다음과 같다.

	표준투입시간(단위당)			실제투입물량(총량)		
노동력	표준시간	임 률	노무원가	실제시간	임 률	노무원가
숙 련	4시간	₩2,000	₩8,000	1,620시간	₩2,100	₩3,402,000
비숙련	8	800	6,400	2,430	1,000	2,430,000
합 계	12시간		₩14,400	4,050시간		₩5,832,0000

직접노무원가 표준배합비율은 숙련 1/3, 비숙련 2/3이다. 전월에 제품 360kg을 생

산하였다.

(요구사항)

1. 직접노무원가의 임률차이와 능률차이를 산출하시오.
2. 직접노무원가의 배합차이와 수율차이를 산출하시오.

(해 답)

1. 직접노무원가의 임률차이와 능률차이

노동력	실제원가	실제투입량에 의한 표준원가	실제생산량에 허용된 표준원가
숙 련	1,620시간 × ₩2,100 = ₩3,402,000	1,620시간 × ₩2,000 = ₩3,240,000	1,440시간[a] × ₩2,000 = ₩2,880,000
비숙련	2,430시간 × ₩1,000 = ₩2,430,000	2,430시간 × ₩800 = ₩1,944,000	2,880시간[b] × ₩800 = ₩2,304,000
합계	₩5,832,000	₩5,184,000	₩5,184,000

임률차이	능률차이
₩648,000(U)	₩0

총차이
₩648,000(U)

a) 360kg×4시간=1,440시간
b) 360kg×8시간=2,880시간

2. 직접노무원가의 배합차이와 수율차이

노동력	실제투입량에 의한 표준원가 (실제투입량, 실제배합, 표준가격)	(실제투입량, 표준배합, 표준가격)	실제생산량에 허용된 표준원가 (표준투입량, 실제표준, 표준가격)
숙 련	1,620시간 × ₩2,000 = ₩3,240,000	1,350시간[a] × ₩2,000 = ₩2,700,000	1,440시간 × ₩2,000 = ₩2,880,000
비숙련	2,430시간 × ₩800 = ₩1,944,000	2,700시간[b] × ₩800 = ₩2,160,000	2,880시간 × ₩800 = ₩2,304,000
합계	₩5,184,000	₩4,860,000	₩5,184,000

배합차이	수율차이
₩324,000(U)	₩324,000(F)

총차이
₩0

a) 4,050시간×1/3=1,350시간
b) 4,050시간×2/3=2,700시간

노무원가의 배합차이가 불리하게 나타난 이유는 표준배합에 비해 실제배합이 상대적으로 비싼 노동력의 투입비율이 높고 싼 노동력의 투입비율이 낮기 때문이다. 이 예에서 비싼 숙련노동력의 표준배합비율은 33.3%인 데 비해, 숙련노동력의 실제배합비율은 40%로 더 높았기 때문이다. 그런데 이 예에서 노무원가의 수율차이는 유리한 차이를 보이고 있다. 그 이유는 비싼 숙련노동력을 많이 투입함으로써 생산성이 그만큼 높아졌기 때문이다. 즉, 표준노동투입시간 4,320시간보다 적은 4,050시간의 실제노무시간을 투입하였다.

06 종합예제

스마트(주)는 표준종합원가계산제도를 사용하고 있으며, 단일공정에서 단일제품을 대량으로 생산한다. 회사가 생산하는 제품의 단위당 표준원가는 다음과 같다.

	표준수량	표준가격	표준원가
직접재료원가	2.2kg	₩10	₩22
직접노무원가	1.1시간	5	5.5
변동제조간접원가	1.1시간	2	2.2
고정제조간접원가	1.1시간	3	3.3
총표준원가			₩33

고정제조간접원가 예산은 월간 ₩3,300이다. 원재료는 공정 초에 전량 투입되며 가공원가는 공정 전반에 걸쳐 균등하게 발생한다.

20×1년 9월의 원가계산자료는 다음과 같다.

	수 량	완성도
기초재공품	300개	30%
당기착수	1,200	
당기완성	1,300	
기말재공품	200	50%

〈추가자료〉

1. 9월 중 2,500kg의 원재료를 kg당 ₩11에 구입하여 사용하였다.

2. 9월의 실제 가공원가는 다음과 같다.

직접노무원가	1,250시간 × ₩9 =	₩11,250
변동제조간접원가		2,000
고정제조간접원가		3,500
합　계		₩16,750

(요구사항)

1. 선입선출법에 의해 표준원가를 이용하여 9월의 제조보고서를 작성하시오. (단, 기초재공품에 대한 표준원가는 동일하다.)
2. 표준원가분석을 하시오.

(해　답)

1. 제조보고서

물량흐름의 파악 : 재 공 품

기초재공품수량	300	기초재공품완성량	300
당기착수량	1,200	당기착수완성량	1,000
		기말재공품수량	200
총투입량	1,500	총산출량	1,500

완성품 환산량 산출 :

	재 료 비	가공원가
기초재공품완성량	0	300 × (1 − 0.3) = 210
당기착수완성량	1,000	1,000
기말재공품 수량	200 × 1.0 = 200	200 × 0.5 = 100
합　계	1,200	1,310

완성품 환산량 단위당 원가계산 :

	재 료 비	가공원가
총제조원가	₩26,400	₩14,410
완성품 환산량	1,200	1,310
단위당 원가	₩22	₩11

원가의 배부 :

완성품원가	1,300 × ₩33	= ₩42,900
기말재공품원가	200 × ₩22 + 100 × ₩11 =	5,500
		₩48,400

2. 표준원가 차이분석

1) 직접재료원가 차이분석

실 제	실제투입수량×가격표준	표 준
2,500kg×₩11	2,500kg×₩10	1,200×2.2kg×₩10
₩27,500	₩25,000	₩26,400

가격차이	수량차이
₩2,500(U)	₩1,400(F)

2) 직접노무원가 차이분석

실 제	실제투입시간×표준임률	표 준
	1,250×₩5	1,310×1.1시간×₩5
₩11,250	₩6,250	₩7,205

임률차이	능률차이
₩5,000(U)	₩955(F)

3) 제조간접원가 차이분석

	실제발생	변동예산 (투입기준)	변동예산 (산출기준)	표준배부액
		1,250×2	1,310×1.1시간×₩2	
	₩2,000	=₩2,500	=₩2,882	=₩2,882
				1,310×1.1시간×₩3
	3,500	3,300	3,300	=4,323
합계	₩5,500	₩5,800	₩6,182	₩7,205

예산차이	능률차이	조업도차이
₩300(F)	₩382(F)	₩1,023(F)

연·습·문·제

EXERCISES

객관식 문제

[11-1] 다음 중 표준원가제도와 관련된 설명으로 옳지 않은 것은? (세무사)

① 원가발생의 예외를 관리하여 통제하기에 적절한 원가계산방법이다.
② 변동원가계산제도에서도 적용할 수 있다.
③ 기업회계기준 및 원가계산기준에서 원가차이 발생시 원가성이 있다고 인정되는 경우에는 이를 기말재고(기말제품 및 기말재공품)에 배부하도록 규정하고 있다.
④ 전부원가계산제도에서도 적용할 수 있다.
⑤ 종합원가계산제도에서도 적용할 수 있다.

[11-2] 다음 중 표준원가계산에 대한 설명으로 옳지 않은 것은 모두 몇 개인가? (기업회계 1급)

가. 실제원가와 표준원가의 비교를 통해 그 차이를 분석함으로써 원가통제를 할 수 있는 정보를 제공해 준다.
나. 직접재료원가 차이분석시 표준수량(SQ)은 사전에 미리 설정해 놓은 최대 생산량에 대한 표준수량이다.
다. 고정제조간접원가의 차이분석에서는 능률차이의 개념이 존재하지 않는다.
라. 고정제조간접원가 조업도차이는 변동원가계산에서는 발생하지 않는다.

① 0개　② 1개
③ 2개　④ 3개

[11-3] 다음 중 표준원가계산의 고정제조간접원가 차이분석에 대한 설명으로 옳지 않은 것은? (기업회계 1급)

① 투입량기준 변동예산과 산출량기준 변동예산상의 금액이 같다.
② 조업도차이는 고정제조간접원가 예산과 고정제조간접원가 표준배부액과의 차이이다.
③ 조업도차이는 가용생산자원의 이용정도를 파악하는 측정치로 이용될 수 있다.

④ 고정제조간접원가 예산차이에서는 능률차이가 존재한다.

[11-4] 다음 표준원가계산제도와 관련된 설명 중 틀린 것을 모두 고르시오. (재경관리사)

ㄱ. 원가통제를 포함한 표준원가시스템을 잘 활용하여도 원가절감을 유도할 수는 없다.
ㄴ. 표준에서 벗어나는 차이는 모두 검토하여야 한다.
ㄷ. 종합원가계산제도에서 적용할 수 있다.
ㄹ. 재료원가 가격차이를 원재료 구입시점에서 분리하든 사용시점에서 분리하든 직접재료원가 능률차이에는 영향을 주지 않는다.

① ㄱ, ㄴ
② ㄱ, ㄷ
③ ㄴ, ㄷ
④ ㄷ, ㄹ

[11-5] 다음 중 표준원가계산에 대한 설명으로 틀린 것은? (전산세무 1급)

① 표준원가계산방법을 선택한 경우에는 실제원가와 상관없이 표준원가로 계산된 재고자산의 금액을 재무상태표 금액으로 결정하여야 한다.
② 표준원가계산은 사전에 객관적이고 합리적인 방법에 의하여 산정한 원가를 이용하되 그 표준원가는 회사 사정을 고려하여 현실적으로 달성 가능하도록 설정하여야 한다.
③ 표준직접재료원가 설정시 표준소비가격은 과거 및 현재의 시장가격과 장래에 예측되는 가격동향 등 제반 경제적 여건을 고려하여 설정하여야 한다.
④ 표준원가계산시 표준원가와 실제발생원가의 차액인 원가차이는 원가계산 기간별로 산정하여야 한다.

[11-6] 변동제조간접원가와 관련한 자료는 다음과 같다. 변동제조간접원가 소비차이는 얼마인가? (재경관리사)

• 변동제조간접원가 실제발생액 ₩6,300,000
• 실제생산량에 허용된 표준작업시간의 변동제조간접원가 예산 ₩6,249,000
• 실제작업시간기준 변동제조간접원가 예산 ₩6,904,000

① ₩51,000(불리)
② ₩655,000(불리)
③ ₩604,000(유리)
④ ₩655,000(유리)

[11-7] (주)스마트는 에어컨을 생산 · 판매하는 회사로서 기준조업도의 정상작업시간은 월 500시간으로 한 단위당 표준원가와 6월 중 발생한 자료는 다음과 같다. 6월 중 제조간접원가의 조업도차이는 얼마인가? (기업회계 1급)

- 실제 제품생산량 : 500단위
- 고정제조간접원가 예산액 : ₩500,000
- 실제 고정제조간접원가 : ₩580,000
- 제품 단위당 표준작업시간 : 1.2시간

① ₩100,000(유리) ② ₩80,000(불리)
③ ₩80,000(유리) ④ ₩100,000(불리)

[11-8] 다음 표준원가계산자료에 의하여 당기 중의 실제작업시간을 계산하면? (기업회계 1급)

- 실제생산량 : 2,000단위
- 직접노무원가 발생액 : ₩4,000,000
- 단위당 표준허용시간 : 24시간
- 유리한 임률차이 : ₩1,200,000
- 불리한 능률차이 : ₩400,000

① 40,000시간 ② 44,000시간
③ 50,000시간 ④ 52,000시간

[11-9] (주)스마트산업은 표준원가계산제도를 사용하고 있다. 다음은 이 회사의 4월 중 생산활동과 관련한 직접노무원가에 대한 자료이다. 직접노무원가 임률차이는 얼마인가?

- 직접노무원가 표준임률 : 시간당 ₩10,000
- 허용 표준 직접노무시간 : 8,000시간
- 실제 직접노무원가 임률 : 시간당 ₩9,500
- 직접노무원가 유리한 능률차이 : ₩4,800,000

① ₩3,760,000(유리) ② ₩3,760,000(불리)
③ ₩2,850,000(유리) ④ ₩2,850,000(불리)

[11-10] (주)스마트는 표준원가계산제도를 채택하고 있다. 20×1년 직접재료의 표준원가와 실제원가는 다음과 같을 때, 직접재료원가 수량차이는? (세무사)

표준원가	제품단위당 직접재료표준투입량	20kg
	직접재료 표준가격	₩30/kg
실제원가	실제 생산량	50개
	직접재료원가	₩35,000
	직접재료 구입가격	₩28/kg

① ₩5,500 유리 ② ₩5,500 불리 ③ ₩7,500 유리
④ ₩7,500 불리 ⑤ ₩0 차이 없음

[11-11] (주)스마트는 표준원가계산제도를 채택하고 있으며, 제품 5,000개를 기준으로 제조간접원가에 대한 표준을 설정하고 있다. (주)스마트의 원가에 관한 자료는 다음과 같다. (세무사)

제조간접원가예산	₩1,800,000＋₩100×기계시간
제품단위당 표준기계시간	5시간
실제 변동제조간접원가 발생액	₩5,000,000
실제 고정제조간접원가 발생액	2,000,000
실제 기계시간	51,000시간
실제 생산량	10,000개

(주)스마트가 4분법을 이용하여 제조간접원가에 대한 차이분석을 수행할 경우에 유리한 차이가 발생하는 것으로만 나열된 것은?

① 소비차이, 능률차이 ② 능률차이, 예산차이
③ 예산차이, 조업도차이 ④ 소비차이, 예산차이
⑤ 소비차이, 조업도차이

[11-12] (주)스마트는 직접노무시간을 기준으로 제조간접원가를 배부한다. 20×9년도의 관련 자료는 다음과 같다.

	실 제	고정예산
생 산 량	8,000개	10,000개
변동제조간접원가	₩4,000,000	₩5,000,000
고정제조간접원가	800,000	700,000

당기의 실제 직접노무시간은 30,000시간이고, 제품 1단위당 표준 직접노무시간은 5시간이다. 총제조간접원가의 능률차이는 얼마인가? (CPA)

① ₩1,000,000 유리 ② ₩1,000,000 불리 ③ ₩1,500,000 유리
④ ₩1,500,000 불리 ⑤ ₩2,000,000 유리

[11-13] 제품 실제생산량이 12,200단위이며, 그때 변동제조간접원가 ₩38,720과 고정제조간접원가 ₩124,700이 발생하였다. 표준변동제조간접원가 배부율이 ₩1.5이고 예산고정제조간접원가는 ₩120,000이다. 표준배부율은 25,000기계시간을 기준으로 계산되었다. 제품단위당 표준기계시간은 2시간이다. 총 24,200기계시간이 실제 발생하였다. 고정제조간접원가 예산차이와 조업도차이는 각각 얼마인가? (세무사)

	예산차이	조업도차이
①	₩4,700 불리	₩2,880 불리
②	4,700 유리	2,880 유리
③	4,500 불리	3,080 불리
④	4,500 유리	3,080 유리
⑤	4,700 불리	3,080 불리

[11-14] 스마트회사는 표준원가계산제도를 채택하고 있다. 다음은 재료원가 표준원가와 실제원가의 차이에 관한 자료이다.

- 실제원가
  - 직접재료원가 실제사용량 3,200kg, ₩11/kg
  - 실제완성품 생산수량 2,000단위
- 재료원가 원가차이
  - 직접재료원가 가격차이 ₩9,600 (유리한 차이)
  - 직접재료원가 수량차이 ₩2,800 (불리한 차이)

제품 2,000단위 표준재료원가와 제품 1단위당 표준투입량은 얼마인가? (세무사)

	제품 2,000단위 표준재료원가	제품 1단위당 표준투입량
①	₩42,000	1.5kg
②	₩44,800	2.0kg
③	₩35,200	2.0kg
④	₩42,200	1.3kg
⑤	₩47,600	2.5kg

[11-15] 다음은 스마트회사의 20×9년도 제조활동과 관련된 자료이다.

단위당 표준 직접노무시간	2시간
실제 직접노무시간	10,500시간
생산된 제품단위	5,000개
변동제조간접원가 표준	표준 직접노무시간당 ₩3
실제 변동제조간접원가	₩28,000

회사의 20×9년도 변동제조간접원가 능률차이는? (세무사)

① ₩2,000 유리 ② ₩1,500 불리 ③ ₩2,000 불리
④ ₩3,500 유리 ⑤ ₩1,500 유리

주관식 문제

[11-1] 스마트(주)는 단일 제품을 생산하고 있는데 회사가 생산하는 제품의 단위당 표준원가는 다음과 같다.

	표준수량	표준가격	표준원가
직 접 재 료 원 가	2kg	₩27/kg	₩54
직 접 노 무 원 가	3시간	₩2.6/시간	7.8
변동제조간접원가	3시간	₩2.2/시간	6.6
고정제조간접원가	3시간	₩5/시간	15
제품단위당 표준원가			₩83.4

고정제조간접원가 예정배부율을 산정하는 데 사용된 기준조업도는 18,000시간이다. 회사는 20×1년 중 제품 5,000개를 생산하였으며, 실제 발생된 제조원가는 다음과 같다.

직 접 재 료 원 가	12,000kg×₩27.5=	₩330,000
직 접 노 무 원 가	16,000시간×₩2.5=	40,000
변동제조간접원가		28,000
고정제조간접원가		80,000
합 계		₩478,000

당기의 원재료 구입량은 16,000kg이며, kg당 구입가격은 ₩27.5이었다.

(요구사항)

1. 직접재료원가의 구입가격차이와 수량차이를 구하시오(구매와 투입시점을 구분).
2. 직접노무원가의 임률차이와 능률차이를 구하시오.
3. 변동제조간접원가의 소비차이와 능률차이를 구하시오.
4. 고정제조간접원가의 예산차이와 조업도차이를 구하시오.

[11-2] 단일 제품을 생산하는 스마트공업은 20×4년 1월 1일 생산 및 영업을 개시하였다. 회사는 표준원가시스템을 사용하고 있다. 20×4년 한 해 동안 생산량은 450개, 판매량 400개이었다. 직접재료 구입은 1,000kg(단가 ₩6.5)이었으며, 직접재료 기말재고는 40kg이었다. 기말제품에 포함된 직접재료원가는 ₩500이었으며, 제품단위당 표준재료소비량은 2kg이다.

(요구사항)

20×4년의 가격차이와 수량차이를 구하면? 단, 구매와 투입시점을 구분하며, 기말재공품은 없다.

[11-3] (주)스마트의 표준원가계산자료는 다음과 같다.

- 직접노무원가 발생액 ₩5,200,000
- 직접노무원가 임률차이 150,000(유리)
- 단위당 표준직접노무시간 25시간
- 직접노무원가 능률차이 350,000(불리)

(요구사항)

실제 생산량이 2,000개인 경우에 실제 직접노무시간은 몇 시간인가?

[11-4] 스마트(주)는 표준원가계산제도를 채택하고 있으며 3월의 직접노무원가 자료는 다음과 같다.

실제 생산량	1,000단위
실제 노무원가 발생액	₩2,000,000
단위당 표준직접노무시간	12시간
직접노무원가 능률차이	₩440,000(F)
직접노무원가 임률차이	₩200,000(F)

(요구사항)

직접노무시간당 표준임률은 얼마인가?

[11-5] (주)스마트는 내부관리목적으로 표준원가회계제도를 도입하고 있다. 당기 변동제조간접원가 예산은 ₩6,000,000이며, 고정제조간접원가 예산은 ₩8,000,000이고, 기준조업도는 1,000직접노무시간이다. 당기 실제 직접노무시간은 800시간이었다.

(요구사항)

변동제조간접원가 능률차이가 ₩300,000(불리)이라면 고정제조간접원가 조업도차이는 얼마인가?

[11-6] (주)스마트의 표준원가 및 생산활동 자료이다. (CPA)

- 완제품 실제 생산량 : 1,000개
- 직접재료 표준구매가격 : ₩64/kg
- 직접재료 표준사용량 : 21kg/완성품 1개
- 직접재료 실제발생원가 : ₩1,400,000
- 직접재료 수량차이 : ₩64,000(유리)

(요구사항)

(주)스마트의 직접재료 가격차이는 얼마인가? 단, 직접재료와 재공품, 제품의 기초 및 기말재고는 없다.

[11-7] (주)스마트는 3분법을 사용하여 제조간접원가를 예산차이, 능률차이 및 조업도차이로 분리하고 있다.

• 총제조간접원가 실제발생액	₩892,500
• 제조간접원가 추정방정식	₩550,000 + 시간당 ₩2.5
• 제조간접원가 표준배부율	시간당 ₩7.5
• 조업도차이	₩50,000(유리)

(요구사항)

당기 제품생산에 허용된 표준시간은 얼마인가? 단, 고정제조간접원가의 경우 예산과 실제발생액은 동일하다.

[11-8] 스마트(주)는 표준원가계산제도를 사용하고 있다. 다음은 스마트(주)의 2월 중 관련된 자료이다. (세무사)

실제 직접노무원가 총발생액	₩26,400
실제 직접노무시간	14,000시간

실제 생산량에 허용된 표준노무시간	15,000시간
직접노무원가 임률차이(불리)	₩8,400
실제 제조간접원가 총발생액	₩192,000
고정제조간접원가예산액	₩54,000
정상조업도(직접노무시간)	12,000시간
표준직접노무시간당 총제조간접원가 배부율	₩13.5

(요구사항)

위 자료에 의할 때 스마트(주)의 2월의 제조간접원가 조업도차이는 얼마인가? 단, 스마트(주)는 제조간접원가 차이분석에 2분법을 사용하고 있다.

[11-9] 스마트(주)는 표준원가계산제도를 사용하고 있다. 10월의 변동제조간접원가에 관한 자료는 다음과 같다.

실제 변동제조간접원가	₩20,000
단위당 변동제조간접원가 표준배부율	₩3/직접노무시간
제품단위당 표준직접노무시간	4시간
소비차이	₩4,000(F)
능률차이	₩6,000(F)

(요구사항)

실제생산량과 실제직접노무시간은 얼마인가?

[11-10] 스마트기계는 표준원가계산을 사용하고 있다. 20×3년 단위당 표준원가를 설정할 때 기준조업도는 실제적 최대조업도(practical capacity) 12,000개를 사용하였다. 이때 고정제조간접원가 표준배부율은 ₩3이었으며, 고정제조간접원가 조업도차이는 ₩3,000 불리한 차이였다. 만약 정상조업도(normal capacity)를 사용하였더라면 조업도차이는 ₩3,600 유리한 차이였을 것이다.

(요구사항)

정상조업도는 몇 개인가?

[11-11] 표준원가계산제도를 사용하는 (주)스마트는 직접노동시간을 기준으로 제조간접원가를 배부한다. 20×1년도 기준조업도는 20,000 직접노무시간이나, 실제 직접노무시간은 22,500시간이다. 변동제조간접원가의 표준배부율은 직접노무시간당 ₩6이다. 다음은 20×1년도의 제조간접원가와 관련된 자료이다. (세무사)

(1) 변동제조간접원가
실제발생액 : ₩110,000
배부액 : ₩138,000
(2) 고정제조간접원가
예산차이 : ₩30,000(불리)
조업도차이 : ₩27,000(유리)

(요구사항)

20×1년도의 고정제조간접원가 실제발생액은?

[11-12] (주)스마트는 표준원가제도를 채택하고 있다. 20×1년 직접재료원가와 관련된 표준 및 실제원가 자료가 다음과 같다.

실제 발생 직접재료원가	₩28,000
직접재료단위당 실제구입가격	₩35
제품단위당 표준재료투입량	9개
직접재료원가 가격차이	₩4,000 불리
직접재료원가 수량차이	3,000 유리

(요구사항)

20×1년의 실제 제품생산량은 몇 단위인가?

[11-13] (주)스마트는 표준원가계산을 사용하고 있으며, 월간 기준조업도는 제품 1,200단위를 생산할 수 있는 6,000기계시간이다. (주)스마트의 20×1년 4월 각 조업도 수준별 제조간접원가 변동예산은 다음과 같다. (세무사)

	조업도 수준		
	5,000기계시간	6,000기계시간	7,000기계시간
변동제조간접원가			
소모품비	₩1,000	₩1,200	₩1,400
간접노무원가	1,500	1,800	2,100
소계	₩2,500	₩3,000	₩3,500
고정제조간접원가	9,000	9,000	9,000
총제조간접원가	₩11,500	₩12,000	₩12,500

(주)스마트는 20×1년 4월 중 제품 1,300단위를 생산하였다. 이와 관련하여 6,800 기계시간이 사용되었고, 실제 변동제조간접원가는 ₩4,200이며, 실제 고정제조간접원가는 ₩9,400이다.

(요구사항)

(주)스마트의 20×1년 4월 고정제조간접원가 조업도차이는 얼마인가?

[11-14] (주)스마트의 제품단위당 원재료 사용에 대한 표준자료는 다음과 같다. 당기에 6,000단위의 제품을 생산하였고 원재료 X는 kg당 ₩45에 구입한 20,000kg을 투입하였다. 직접재료원가 배합차이와 수율차이가 각각 ₩42,000(불리), ₩38,000(불리)이었다.

• 원재료 X : 3kg, ₩50/kg　　• 원재료 Y : 2kg, ₩20/kg

(요구사항)

원재료 Y의 실제 투입량은 몇 kg인가?

[11-15] 스마트(주)는 제품 X를 생산하는 데 세 등급의 근로자를 고용하고 있다. 제품 단위당 등급별 표준노무시간 및 표준임률은 다음과 같다.

	표준수량	표준임률
1급 근로자	2시간	₩100
2급 근로자	3시간	80
3급 근로자	5시간	50

스마트(주)는 20×1년 5,000단위의 제품 X를 생산하였으며, 이와 관련된 직접노무원가 관련 자료는 다음과 같다.

	실제노무시간	실제임률
1급 근로자	11,000시간	₩110
2급 근로자	18,000시간	75
3급 근로자	20,000시간	60

(요구사항)

1. 직접노무원가 임률차이와 능률차이를 산출하시오.
2. 직접노무원가 배합차이와 수율차이를 산출하시오.

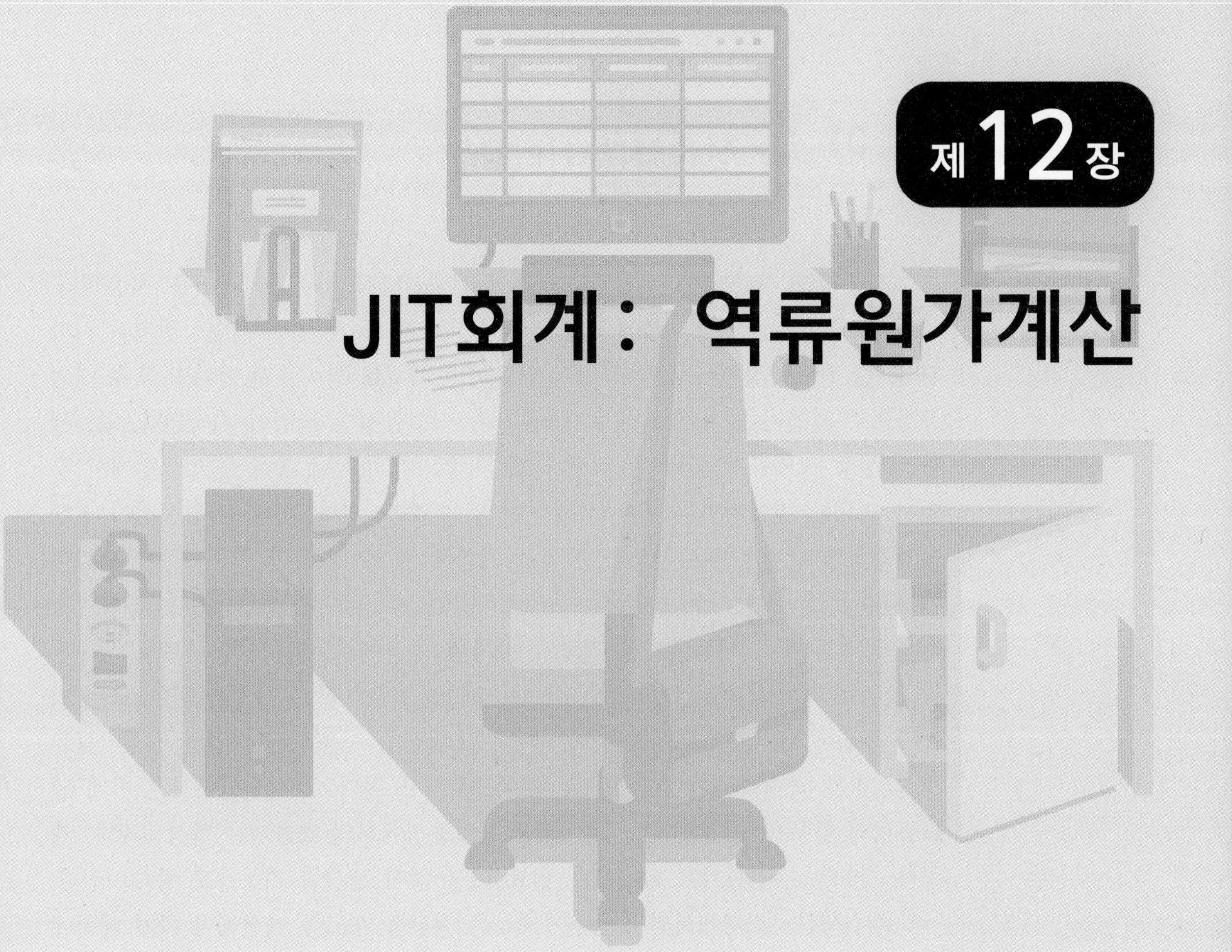

제12장

JIT회계: 역류원가계산

01 전통적(푸쉬) 생산

전통적인 제조방법은 일반적으로 푸쉬생산방식(push system)을 사용한다. 푸쉬제조방법은 생산스케줄에 의한 작업지시에 따라 첫 번째 작업공정에서 시작된다. 한 작업공정에서 특정 작업이 완료되면 재고로 쌓이든지 아니면 후속 작업공정으로 작업이 넘겨지고 이로 인해 후속 작업공정의 작업이 시작된다. 즉, 생산은 선행 작업공정의 작업완료에 의해 착수되기 때문에 후속 작업공정에서 무엇이 필요한 것인지와는 아무런 관련이 없을 수도 있다. 후속 작업공정이 선행 작업공정으로 넘겨받은 작업을 제대로 소화해 낼 수 없다면 완충재고가 생겨나게 된다.

푸쉬방식에서 제품은 기능적으로 배치된 공장에서 대규모의 롯트로 생산된다. 기능적 배치공장(functionally arranged factory)이란 같은 작업을 하는 모든 기계를 군집배치하는 것을 의미한다. 푸쉬제조방식을 사용하는 기업의 경영자들은 생산설비를 극대화하여 효율적으로 보이도록 시도한다. 푸쉬생산방식은 기계 및 노동력의 활용을 극대화하는 것은 해당 작업공정에서의 효율성은 향상되지만, 재공품 재고를 누적시키고 완제품을 필요 이상 많이 생산할 가능성도 증대시킨다.

푸쉬생산시스템에서의 제품원가계산은 재공품 재고를 계산해야 하기 때문에 복잡해진다. 또한 부서별 재공품의 진척도가 모두 다르기 때문에 복잡한 종합원가계산절차가 요구된다. 푸쉬생산방식에서 실제원가계산을 사용하면 경영층은 단위당 고정원가를 줄이기 위해서 생산설비를 적정수준 이상 활용하여 과잉생산을 할 위험이 존재한다. 단위당 고정원가를 감소시키는 것은 나쁘지 않지만 과잉재고는 창고면적을 차지하고, 자금을 동결시키며, 진부화될 위험이 있다. 생산과 판매의 균형을 달성하는 것이 경쟁의 중요한 요소이기 때문에 관련범위 내에서 활동하는 것이 기업의 목표가 되어야 한다.

푸쉬생산방식이 표준원가계산을 사용하면, 직접노무원가 능률차이를 신경써서 보아야 하므로 이 또한 장기적으로 기업이 과도한 재고를 보유하게 될 위험에 빠질 수 있다. 개별 작업공정에서의 효율이 반드시 경쟁력을 향상시키는 것은 아니다. 사실 효율적 생산에 대한 압력 때문에 제품의 품질을 훼손시켜 오히려 정반대의 결과를 나타나게 할 수 있다. 또한 작업공정간에 재고가 누적되기 때문에 한 작업공정에서 생산된 불량생산품은 후속작업공정의 작업자가 사용하기 전까지는 발견되지 않은 채로 지나치게 된다. 따라서 불량품이 발견될 때까지 많은 양의 불량품이 선행작업공정에서 계속 생산된다.

단위당 매출총이익이 단위당 제품원가보다 크다면, 기업은 재고부족으로 인한 판매기회의 상실을 피하기 위해서 충분한 재고를 보유하려 할 것이다. 재고부족으로 인한 판매기회를 상실한 원가가 제품원가보다 훨씬 크다면 이는 이치가 맞다. 그런데 점점 제품원가와 가격간의 차이가 줄어들면서 이익마진이 감소하는 상황에서는 필요한 수요량만큼을 생산하는 전략이 매우 중요시되고 있다. 적은 이익마진과 증대되는 경쟁을 경험하고 있는 많은 기업들은 과도한 재고유지와 관련된 제반 비용 및 위험을 최소화시키기 위해서 적시생산제도를 도입하고 있다.

02 적시(풀)생산

풀방식(pull system)으로 특정지어지는 적시생산시스템(just-in time: JIT)은 후속 작업공정에서 필요로 하는 물량을 적시에 생산해 냄으로써 과도한 재고를 보유할 필요성을 배제한다. 풀방식에서 제품의 생산은 고객주문에 의해 착수된다. 여기서 고객은 최종구매자일 수도 있고 또는 기업 내 또 다른 작업공정일 수도 있다. 한 작업공정은 선행 작업공정으로부터 생산을 위해 요구되는 물품을 인출한다. 그러면 선행 작업공정은 인출된 부품을 보충하기에 필요한 양만큼만 생산하고 또 다시 그 공정의 선행 작업공정으로부터 필요한 부품을 인출한다. 풀방식은 완제품으로부터 역으로 진행된다. 그러므로 고객주문이 최종결합공정으로 하여금 모든 선행작업공정들의 작업속도와 생산요구량을 설정하도록 만든다.

현재 전자부품, 자동차, TV, 사진기 그리고 복사기 등을 대량으로 생산하는 많은 기업에서 JIT개념을 적용하고 있다. JIT개념을 적용하는 기업들은 공장을 초점공장(focused factories)으로 배치함으로써 운영을 개선시키고 있다. 초점공장은 각 제조 셀(cell)이나 전체공장이 단일제품의 제조만 전담시키는 공장이다. 기업들은 단일 공장건물 안에 여러 개의 초점공장들이 있도록 공장을 배치한다.

2.1 JIT에서 간반의 사용

후속 작업공정에 의한 인출에 필요한 부품의 생산시기 및 생산량에 대한 정보는 허용된 재고 각 단위마다 하나의 빈(bin)을 사용함으로써 가능하다. 일반적으로 간반(kanban)은 또 다른 단위나 롯트규모의 생산을 착수시키기 위해서 한 작업공정으로부터 선행 작업공정에 건네주는 카드이다. 여러 형태의 간반이 있는데, 어떤 것은 생산주문간반 또 어떤 것은 인출간반으로 불리어진다. 한 작업공정에서 사용되는 간반의 숫자는 생산라인에 균형을 가져다 줄 수 있는 부품의 최대재고량을 나타내 준다. 실무에서 많은 기업들은 빈이나 카트를 사용하는 데 이 역시 간반이며, 간반은 미리 설정된 양의 부품을 담고 있다. 후속 작업공정 작업자가 빈을 가져오면, 그는 선행 작업공정에 빈을 보충하기에 필요한 양만큼만 생산을 착수하라는 신호를 보낸 것이다. 이러한 과정은 외부구매자가 필요한 구매물품을 더 보내 달라고 할 때까지 모든 작업공정에 걸쳐서 차례로 반복된다. 고객의 주문에 대해 신속하게 반응하고 고객을 경쟁사에게 빼앗기지 않기 위해서 적시생산시스템의 배달시간은 크게 줄어들어야 한다.

JIT에 대한 최고경영층의 몰입은 결정적인 것이다. 그렇지 않으면 JIT시스템을 생성하기에 필요한 자원, 종업원 보상 그리고 그 밖의 요소들이 활용될 수 없기 때문이다. JIT의 도입활용은 푸쉬생산방식에서 가려졌던 많은 문제점들이 노출되기 때문에 장기간 고통스런 프로세스이다. 경영층과 작업자들은 이러한 문제들을 신속하게 교정해야 한다.

2.2 JIT적용의 효익

JIT는 '최선의 방법은 운영을 단순화시키는 것이다'라는 철학에 기초하고 있다. JIT를 채택하는 기업이 누릴 수 있는 주요 효익은 다음과 같다.

첫째, JIT는 수월성을 가져다 준다. JIT의 가장 중요한 효익은 조직의 철학 및 태도에 변화를 가져다 주는 것이다. JIT철학은 제조의 수월성과 지속적 개선 프로세스를 강화시킨다. JIT는 물량취급, 재고량, 재고통제, 회계 및 자료처리시스템 등을 복잡하게 만드는 복잡한 제조시스템과는 대조적으로 단순성을 강조하는 개념이다. 보통 JIT의 도입으로 기업은 보다 신뢰할 수 있는 다기능을 지닌 몰입된 작업인력을 지니게 되고, 공급자들과 고객들과의 관계도 향상되며, 예방적 보수유지도 개선될 뿐만 아니라 제품품질의 향상을 달성할 수 있다.

둘째, JIT는 재고절감을 가져다 준다. JIT철학은 과도한 재고는 불필요한 재고유지비용을 발생시킬 뿐만 아니라 구매, 생산 및 마케팅의 비효율성과 제품품질문제를 위장시키기 때문에 나쁜 것으로 간주된다. 그리고 재고가 증가되면 자본의 기회비용, 창고비용, 관리비용, 진부화 등 관련 비용도 증가하게 된다. JIT는 재고비용의 절감으로 이러한 관련비용을 감소시킨다.

셋째, JIT는 여러 문제점을 노출시킨다. 전통적 생산방식에서 필연적으로 나타나는 재고는 불량품의 생산, 부실한 설비유지보수, 작업자의 오류 그리고 기계작동의 비효율성 등 많은 문제점을 위장시킬 수 있다. 푸쉬시스템에서 그러한 문제점이 발견되는 시기는 대부분 최종검사 시점이기 때문에 불량품의 생산이 이미 상당량의 원재료, 가공시간 그리고 설비자원의 낭비가 이루어진 후이다. JIT하에서 재고수준이 낮아짐에 따라 생산에 있어서 어떠한 차질도 중대한 문제라는 인식이 고조된다. 이는 마치 강물의 수위가 낮아지면 이전에는 보이지 않았던 암석이 노출되는 것과 같다. 강물의 흐름이 재고라면 암석은 문제점이다. JIT의 주요관건은 안전재고 없이 최저재고수준을 유지하는 것이기 때문에 어떠한 실수나 불량품 공급도 운영에 차질을 일으킬 수 있으므로 차질의 원천이 식별 수정되어야 한다. 흔히 JIT시스템에서 생산작업자는 생산에 주요문제가 나타나면 전체 생산라인을 정지시킨다. 많은 기업은 장기적으로 불량품을 생산하는 것보다 생산라인을 정지시킨 후 적절한 조치를 취하는 것이 오히려 비용절감에 유리하다고 생각한다.

넷째, JIT는 종업원 참여(involvement)를 유도한다. JIT는 종업원들이 팀으로 작업하는 것을 장려하기 때문에 종업원 참여는 결정적이다. 사실 종업원 참여 없이 JIT를 시행한다는 것은 불가능하다. 팀 개념은 종업원들에게 권한을 부여해 생산성이나 그 밖에 프로세스와 관련된 문제들을 해결하는 방법을 통해서 의사결정하는 데 참여하게 만든다.

다섯째, JIT는 부가가치 창출활동에 초점을 둔다. JIT기업에서는 풀환경에 적합하지 않은 전통적인 측정치로 업적을 측정하고 평가하는 일을 중단하는 것이 중요하다. JIT환경에서 설비나 기계의 최대활용이 회사목표가 되어서는 안 된다. 많은 푸쉬기업들은 보통 값비싼 전용기계를 구입하여 조업수준을 높이는 것을 경제적인 것으로 간주한다. 가능한 한 생산량을 늘려서 단위당 원가를 낮추려 함으로써 많은 양의 재고를 산출한다. 이러한 전통적인 자원활용철학은 JIT에 위배된다. JIT는 각 작업공정마다 제품에 가치가 부가되는 통합 구매, 제조, 선적 프로세스이다. 부가가치활동은 원재료를 완제품이나 해당 작업공정에서의 부품으로 가공하는 활동이다. 그러므로 원재료를 이동시키거나 부품을 검사하는 것과 같은 비부가가치활동은 제거되어야 한다. 활동기준원가계산 방법도 경영자에게 비부가가치활동을 알려줘서 이를 극소화시킬 수 있는 실마리를 제공해준다.

여섯째, JIT는 품질을 개선(향상)시킨다. 품질통제의 전통적인 방법은 대부분 산출품의 검사에 치중해 왔다. 반면에 JIT의 목적은 제품조립 전 투입물품을 검사함으로써 불량품 생산을 제거하려는 데 있다. JIT제조에서 가장 강조되는 것은 올바른 것을 만듦으로써 무결점을 달성하려는 데 있다. JIT환경에서 낮은 재고수준은 품질에 조그마한 차질도 심각한 운영상의 문제를 야기할 수 있기 때문에 품질관리의 중요성이 증대된다. JIT제조에서 기업은 총체적 품질통제로 양질의 재료와 노동력을 사용함으로써 최종 산출물의 재작업을 극소화하려 한다. 전사적 품질통제(total quality control: TQC)는 제품수명주기 초기부터 품질에 집중하는 것을 의미한다. TQC 프로그램을 시행하는 가장 좋은 방법은 경영층의 초점을 제품속에 품질을 설계하는 데 맞추는 것이다. 제품에 품질을 설계한다는 것(designing quality into the product)은 제품이 기능적이고, 고객을 염두에 두고 설계되어서 제조가능하고 최종소비자가 바람직한 것으로 받아들이는 것을 확실시하는 것이다.

일곱째, JIT는 융통성을 증대시킨다. JIT는 작은 규모의 롯트생산을 필요로 한다. 기계를 준비하는 데 오랜 시간이 걸리는 기업은 JIT방식으로는 성공적으로 작업할 수 없다. 따라서 JIT상황에서 가장 먼저 수행해야 할 일은 운영을 단순화시키는 것이다. 다음으로 작업준비시간을 낮추어야 한다. 하나의 준비에서 다른 준비로 신속하게 변경시킬 수 있는 기업만 작은 규모의 롯트생산을 가능하게 한다. 작업준비시간이 단축됨으로써 리드타임이 줄어들어 결국 기업은 주문시간과 주문량의 변화에 신속하게 대응할 수 있게 된다. 또한 재공품 재고를 적게 가지고 있기 때문에 그만큼 융통성이 늘어나 기업은 작업을 신규주문에 맞게 쉽게 조정할 수 있다.

여덟째, JIT는 현금흐름을 개선시킨다. JIT로 융통성이 증대될 뿐만 아니라 재고에 투자된 자금을 줄일 수 있으므로 기업의 현금흐름이 개선된다. 뿐만 아니라 원자재가 적시에 공급되고 안전재고를 보관하는 데 사용되던 공간이 더 이상 필요없이 되기 때문에 시설규모를 줄일 수 있다.

2.3 성공적 JIT적용의 조건

JIT의 효익을 완전히 실현시키기 위해서 제조기업은 가급적 고객의 수요를 유연화시킬 필요가 있다. 경영층은 적시에 다음 작업공정이나 고객의 수요를 충족시키기 위해서 소규모의 롯트로 무결점 제품의 생산을 진작시킬 수 있는 분위기를 조성해야 한다. 기업은 필요한 시기에 필요량만큼의 높은 품질의 원자재를 공급받을 수 있도록 공급자들과의 관계도 잘 형성시켜야 한다. 또한 기업은 공장 및 기계배치를 JIT에 맞게 배열할 수 있는 충분한 자원을 확보해야 한다. 경영층과 작업자들은 팀워크를 받아들이도록 동기부여되어져야 한다. 기업은 최종 제품을 검사한다는 품질에 대한 전통적인 사고방식에서 탈피하여 각 작업공정에서 제품에 대해 품질을 설계하고 달성한다는 사고로 전환할 수 있는 능력과 성숙성을 지녀야 한다. 판매와 생산간에 엄청난 조정이 있어야 하고 생산작업자와 특히 최고경영층의 수월성에 대한 진실된 몰입이 있어야 한다.

2.4 JIT구매제도

JIT제조는 구매의 적시수납을 의미하는 JIT구매를 필요로 한다. 요구되는 높은 품질의 원재료나 부품을 적시에 제공받을 수 있는 능력은 공급자들과의 관계에 좌우된다. JIT제도를 시행하는 제조기업은 공급자의 숫자를 선별적으로 감소시켜야 하고 공급자와의 관계를 개선시키도록 작업을 해야 한다. 많은 JIT제조기업체들은 공급자들과 밀접하게 활동을 벌이며 그들이 JIT시스템으로 전환하는데 도움을 주고 있다.

첫째, 공급업체 관리에 도움이 된다. JIT구매는 요구되는 바람직한 품질의 재고를 생산 또는 판매가 필요한 시점에서 공급자로부터 공급받는 것을 의미한다. 이는 매우 단순한 개념이지만 성공을 거두기 위해선 용의주도한 계획, 통제 및 의사소통이 요구된다.

둘째, 하나의 주요 이슈는 공급자들의 기업에의 근접성이다. 많은 제조기업들은 공급자들이 그들과 근접한 곳에 공장을 세우기를 요구한다. 필요로 하는 때에 필요한 양의 재고를 제공하는 공급자의 능력이 성공적인 JIT구매제도의 관건이다. 공급자의 공장을 가깝게 배치시킴으로써 대기시간을 감축시킬 수 있으며 이는 곧 원가를 절감시키고 생산의 신축성과 경쟁적 우위를 증가시킬 수 있다.

셋째, JIT구매는 구입물품의 품질을 효율적이고 효과적인 생산에 결정적인 것으로 만든다. JIT생산에선 구입된 물품이 즉시 생산에 투입되어야 하기 때문에 물품의 품질이 떨어지면 생산활동이 정지되거나 지연되어 큰 손해를 입힐 수도 있다. 불량물품을 공급한 공급자는 즉시 공급을 중단시켜야 한다. 외부로부터 유입되는 재료에 대한 검사비용을 회피하기 위해서 JIT기업들은 적시에 높은 품질의 물품을 공급하는 공급자들에게 의존한다.

넷째, 공급자들과 장기적인 관계를 유지함으로써 JIT기업은 규모, 형태 및 성과 등의 요구수준에 대한 상세한 명세서를 요구할 수 있다. 상호신뢰와 협조관계가 이룩된 후에 공급 및 구매기업들은 적시에 소규모 롯트로 공급하는 스케줄에 합의할 수 있다. 때로는 공급자가 구매자에게 활동을 개선시킬 수 있는 방안을 제시할 수도 있다. 확립된 관계로 기업들은 회수가능한 용기 및 설계개선 등과 같은 원가절감안을 개발할 수도 있다. 우리나라의 자동차 제조업체나 전자 제조업체 등에서 많은 공급업체를 협력기업체로 분류해서 관리하는 것은 이상에서 언급한 공급업체의 근접성, 품질 그리고 장기관계를 모두 고려한 관리방법으로 간주된다.

2.5 JIT 업적측정

세계적 경쟁은 기업업적을 측정·평가하는 전통적인 방법에 새로운 도전을 가하고 있다. 예를 들면 전통적인 제조 업적측정치는 품질수준이나 차후작업공정에서의 필요성 등과는 상관없이 투입된 투입물에 대한 생산된 산출물의 숫자를 가름하는 것이 주였다. 그러나 JIT시스템에서는 품질의 중요성 때문에 적시에 필요한 양을 무결점으로 생산하는 것을 높게 평가한다. JIT에서 사용되는 업적측정치로는 통과시간, 제조사이클 효율성 그리고 직진율 등이 있다.

첫째, 통과시간(throughput time)은 제조주기시간(manufacturing cycle time)이라고도 하는데, 원재료가 투입되어 완제품으로 전환되기까지 소요되는 시간을 의미한다. 이런 통과시간은 가공시간(process time), 검사시간(inspection time), 이동시간(move time) 그리고 대기시간(queue time)으로 구성된다. 통과시간 중 가공시간을 제외한 검사시간, 이동시간 그리고 대기시간은 부가가치를 창출하지 않는 시간(non-value added time)이다.

둘째, 제조기업은 부가가치를 창출하지 않는 검사시간, 이동시간, 그리고 대기시간을 감축시킴으로써 통과시간을 단축시킬 수 있다. 통과시간을 단축시킨다는 것은 고객에게 적시에 원하는 제품을 공급할 확률을 높인다는 측면에서 매우 중요하다. 통과시간의 단축은 제조주기 효율성(manufacturing cycle efficiency: MCE)으로 측정될 수 있다. MCE는 부가가치를 창출하는 시간(가공시간)을 통과시간으로 나누어서 계산된다. 이를 등식으로 표현하면 (식 12-1)과 같다. MCE는 0보다 크고 1보다 작은 값을 지니는데, 그 값이 작을수록 그만큼 통과시간 중 부가가치를 창출하지 않는 낭비시간이 많다는 것을 나타내 준다.

$$\text{제조주기 효율성(MCE)} = \frac{\text{부가가치 창출시간}}{\text{통과시간}} \qquad \text{(식 12-1)}$$

셋째, 직진율(first pass yield)은 재작업 등을 거치지 않고 한 번 작업으로 품질 등의 기준을 완전히 충족시키는 양품으로 통과하는 비율을 나타내 준다. 예를 들면, 직진율이 95%라면 전체 생산제품 가운데 재작업을 거치지 않고 한 번에 기준을 통과한 양품은 95%이고 나머지 5%는 재작업을 거쳐서 양품으로 되거나 불량품으로 생산됨을 의미한다. 따라서 직진율이 높다는 것은 그만큼 품질관리가 잘 되고 있음을 간접적으로 시사해 줌과 동시에 재작업과 불량품생산 등으로 인한 자원소모가 적음을 알려 주는 것이다.

03 역류원가계산

전통적인 표준원가계산에서 원가자료는 물리적 생산의 연속적 흐름에 따라서 대체된다. 직접재료원가는 구매하면 원재료에서 재공품으로 그리고 완제품으로 순차적으로 대체된다. 직접노무원가와 제조간접원가도 재공품으로 그리고 완제품으로 물리적 생산흐름에 따라 차례로 대체된다. 제품원가자료는 제품과 함께 완제품재고로 이동된다. 완제품이 판매될 때 제품원가는 매출원가로 대체된다. 그런데 JIT는 앞서 설명한 바와 같이 풀생산전략이므로 JIT에서는 전통적인 표준원가계산절차를 사용하면 제품원가계산이 보다 어렵게 된다. 상이한 제품군의 빈번한 소규모의 롯트로부터 기인되는 많은 양의 거래 때문에 JIT환경에서 전통적인 기록유지는 비용이 많이 든다. 기록유지를 단순화시키고, JIT에 적합치 않은 계정들을 제거하기 위해서 역류원가계산(backflush costing)이 사용된다. 역류원가계산(또는 지연원가계산 : delayed costing)은 산출물에 초점을 맞추고 역순으로 판매된 제품과 기말재고단위에 원가를 할당하는 작업을 하는 표준원가계산제도이다. 제품의 생산완료나 판매가 회계기장을 불러일으키는 시점이다. 즉 역류원가계산에서의 회계처리는 단지 제품이 회계기장시점(trigger point)에 도달할 때만 이루어진다.

예제 12-1

소백산(주)는 단일제품을 생산하고 있다. 기초재고는 없었고 표준원가는 다음과 같이 설정하고 있다.

직접재료원가	₩20
가공원가	10
단위당 표준원가	₩30

소백산(주)의 최근 한 달간 활동에 관한 자료는 다음과 같다.

1. 원재료 ₩2,000,000을 구매하였다.
2. 제품 90,000단위를 생산하는 데 표준가액으로 ₩1,800,000의 원재료가 직접재료로 투입되었다.
3. 또한 90,000단위를 생산하는 데 가공원가 ₩960,000이 발생하였다.
4. 제품 90,000단위가 완성되었다.
5. 그 중 80,000단위를 단위당 ₩50에 판매하였다.

역류원가계산에서는 통상 직접노무원가의 비중이 작기 때문에 별도로 추적하지 아니하고 제조간접원가와 합쳐서 가공원가 계정에 포함시킨다. 역류원가계산은 회계기장시점을 어디까지 지연시키느냐에 따라 [도표 12-1]과 같이 세 가지 유형으로 구분된다.

[도표 12-1] 역류원가계산의 유형

유 형	회계기장 시점
역류원가계산 1	(1) 원재료의 구입 그리고 (2) 제품생산의 완료
역류원가계산 2	(1) 원재료의 구입 그리고 (2) 제품의 판매
역류원가계산 3	(1) 제품생산의 완료

3.1 역류원가계산 1

이 방법에서 회계기장 시점은 (1) 원재료의 구입과, (2) 제품생산의 완료 두 군데이다. 여기서는 원재료 계정과 재공품 계정을 하나의 계정으로 통합시켜 재공원료(raw in-process: RIP) 계정을 사용한다.

1. 원재료의 구입: 이는 역류원가계산 1에서 첫 번째 회계기장시점이다.

(차) 재공원료	2,000,00	(대) 매입채무	2,000,000
(표준원가로 ₩2,000,000의 원재료를 구입하다)			

2. 원재료의 투입: 이때는 분개를 생략한다.
3. 가공원가 발생: 이때는 가공원가 계정에 차기한다.

(차) 가공원가	960,000	(대) 제좌(미지급금, 감가상각누계액 등)	960,000
(가공원가 ₩960,000이 발생하다)			

4. 제품생산의 완료: 이는 역류원가계산 2에서 두 번째 회계기장시점이다.

(차) 완제품(₩30×90,000)	2,700,000	(대) 재공원료	1,800,000
		가공원가(₩10×90,000)	900,000
(제품 90,000단위가 완성되다)			

5. 제품의 판매

(차) 매출원가(₩30×80,000)	2,400,000	(대) 완 제 품	2,400,000
(차) 매출채권(₩50×80,000)	4,000,000	(대) 매 출	4,000,000
(제품 80,000단위를 단위당 ₩50에 판매하다)			

6. 초과(또는 부족) 배부가공원가의 조정: 여기서는 편의상 매출원가에서 전액 조정하기로 한다.

(차) 매출원가	60,000	(대) 가공원가	60,000

(부족배부 가공원가 ₩60,000을 매출원가계정에서 조정하다)

이상에서 역류원가계산 1에 의해 분개한 내용을 제품원가 관련 T계정을 사용해서 요약하면 [도표 12-2]와 같다.

[도표 12-2]에 나타난 바와 같이 역류원가계산 1에 의한 총기말재고자산은 재공원료가 ₩200,000 그리고 완제품이 ₩300,000이므로 ₩500,000이다.

[도표 12-2] 역류원가계산 1의 요약

재공원료

차변	대변
(1) 2,000,000	(4)1,800,000
200,000	

완 제 품

차변	대변
(4)2,700,000	(5)2,400,000
300,000	

매출원가

차변	대변
(5) 2,400,000	
(6) 60,000	

가공원가

차변	대변
(3) 960,000	(4) 900,000
	(6) 60,000
0	

3.2 역류원가계산 2

이 방법에서 회계기장시점은 (1) 원재료의 구입과, (2) 제품의 판매 두 군데이다. 역류원가계산 1에서는 두 번째 회계기장시점을 제품생산의 완료로 설정한 것에 반해, 여기서는 판매시점으로 설정한 이유는 생산보다 판매를 더 강조하기 위함이다. 역류원가계산 2는 재고로 쌓아두기 위한 생산에 대한 인센티브를 전혀 주지 않는다. 이 방법에 의하면 가공원가는 재고가능원가(inventoriable cost)가 아니라 기간비용이 된다. 따라서 이 방법은 초변동원가계산(supervariable costing) 또는 스루풋원가계산(throughput costing)과 그 내용이 일치된다. 또한 여기서는 모든 재고자산을 통합시켜 제품계정에 기록한다. 이 방법은 재공품과 완제품의 재고가 없는 경우에 적용하기 적합한 방법이다.

1. 원재료의 구입: 이는 역류원가계산 2에서 첫 번째 회계기장시점이다.

(차) 재 고	2,000,000	(대) 매입채무	2,000,000

(₩2,000,000의 원재료를 구입하다)

2. 원재료의 투입: 이때는 분개를 역시 생략한다.
3. 가공원가 발생: 이때는 가공원가계정에 차기한다.

(차) 가공원가	960,000	(대) 제좌(미지급급료, 감가상각누계액 등)	960,000

(가공원가 ₩960,000이 발생하다)

4. 제품생산의 완료: 역류원가계산 2에서는 분개를 생략한다.
5. 제품의 판매: 역류원가계산 2에서 두 번째 회계기장시점이다.

(차) 매출원가(₩30×80,000)	2,400,000	(대) 재고(₩20×80,000)	1,600,000
		가공원가(₩10×80,000)	800,000
(차) 매출채권(₩50×80,000)	4,000,000	(대) 매 출	4,000,000

(제품 80,000단위를 단위당 ₩50에 판매하다)

6. 차이 및 초과(또는 부족) 가공원가의 조정: 여기서는 편의상 매출원가에서 전액 조정하기로 한다.

(차) 매출원가	160,000	(대) 가공원가	160,000

(부족배부 가공원가 ₩160,000을 매출원가계정에서 조정하다)

이상에서 역류원가계산 2에 의해 분개한 내용을 제품원가관련 T계정을 사용하여 요약하면 [도표 12-3]과 같다.

[도표 12-3] 역류원가계산 2의 요약

재 고		가공원가		매출원가	
(1) 2,000,000	(5)1,600,000	(3) 960,000	(5) 800,000	(5) 2,400,000	
			(6) 160,000	(6) 160,000	
400,000		0			

[도표 12-3]에서 나타난 바와 같이 역류원가계산 2에 의한 총기말재고자산은 재고 ₩400,000이다. 이 ₩400,000 속에는 원재료 형태의 기말재고 ₩200,000(=₩2,000,000－₩1,800,000)과 기말완제품형태의 재고 ₩300,000(=₩2,700,000－₩2,400,000) 속에 포함된 원재료 ₩200,000(=₩20×10,000단위)이 담겨져 있다. 앞서 설명한 바와 같이 역류원가계산 2에 의하면 기말완제품 속의 가공원가(이 경우 ₩100,000(=₩10×10,000단위))는 제품원가의 일부로 재고자산 속에 포함되지 아니하고 기간비용으로 처리된다. 따라서 역류원가계산 1과 비교해 보면 역류원가계산 1에서는 [도표 12-2]에 나타난 바와 같이 총기말재고자산이 ₩500,000이었으나 여기서는 ₩400,000이다. 역류원가계산 1에서는 판매시점이 아닌 생산완료시점에서 회계기장을 하므로 기말완제품 속의 가공원가(이 경우 ₩100,000)도 역시 재고자산 속에 포함시킨다. 따라서 두 방법간의 총기말재고자산의 차이는 ₩100,000(=₩500,000－₩400,000)이 나타나게 된다.

3.3 역류원가계산 3

이 방법에서 회계기장시점은 제품생산의 완료이다. 모든 회계처리를 완제품의 생산에까지 뒤로 미루기 때문에 이 방법은 원재료나 재공품 재고가 없는 경우에 적합한 방법이다. 원재료계정과 재공품계정은 사용하지 않고 대신 완성시점에서 완제품계정만 사용된다.

1. 원재료의 구입: 이 방법에서는 분개가 생략된다.
2. 원재료의 투입: 분개는 역시 생략된다.
3. 가공원가의 발생: 이때는 가공원가계정에 차기한다.

(차) 가공원가	960,000	(대) 제좌(미지급금, 감가상각누계액 등)	960,000

(가공원가 ₩960,000이 발생하다)

4. 제품생산의 완료: 역류원가계산 3에서 유일한 회계기장시점이다.

(차) 완 제 품	2,700,000	(대) 매입채무	1,800,000
		가공원가	900,000

(제품 90,000단위가 완성되다)

5. 제품의 판매: 역류원가계산 1에서는 같은 분개를 한다.

(차) 매출원가(₩30×80,000)	2,400,000	(대) 완 제 품	2,400,000
(차) 매출채권(₩50×80,000)	4,000,000	(대) 매 출	4,000,000

(제품 80,000단위를 단위당 ₩50에 판매하다)

6. 초과(또는 부족) 가공원가의 조정, 역류원가계산 1에서와 같은 분개를 한다.

(차) 매출원가	60,000	(대) 가공원가	60,000

(부족배부 가공원가 ₩60,000을 매출원가계정에서 조정하다.)

이상에서 역류원가계산 3에 의해 분개한 내용을 제품원가관련 T계정을 사용하여 요약하면 [도표 12-4]와 같다.

[도표 12-4]에 나타난 바와 같이 역류원가계산 3에 의한 총기말재고자산은 완제품 ₩300,000이다. 앞서 설명한 바와 같이 역류원가계산 3에서는 회계기장

[도표 12-4] 역류원가계산 3의 요약

완 제 품 (차)	완 제 품 (대)	가공원가 (차)	가공원가 (대)	매출원가 (차)	매출원가 (대)
(4) 2,700,000	(5)2,400,000	(3) 960,000	(4) 900,000	(5) 2,400,000	
			(6) 60,000	(6) 60,000	
300,000		0			

시점이 제품생산의 완료까지 지연되므로 원재료재고나 재공품재고는 인식되지 않는다. 이 예에서도 원재료기말재고 ₩200,000(=₩2,000,000−₩1,800,000)은 인식되지가 않았다.

3.4 역류원가계산제도의 평가

역류원가계산제도는 원가회계거래를 조금만 사용한다. 이는 지속적으로 재고를 추적하지 않기 때문에 무재고생산의 JIT개념과 잘 어울리는 간단한 제도이다. 역류원가계산에선 이 프로세스의 결과는 공장 내 업적측정 및 평가에 사용될 수 없다는 것을 기억할 필요가 있다. 또한 역류원가계산은 가격결정이나 그 밖의 특수의사결정에서 사용될 수 없다.

역류원가계산제도는 JIT시스템에서 사용되는 경우가 많지만 회계처리비용을 감소시킬 수 있다는 점에서 어느 생산시스템과도 병행될 수 있다. 그러나 역류원가계산제도가 사용될 수 있는 여건은 JIT시스템의 도입을 첫 번째로 꼽을 수 있다. 그 외에도 경영층에서 회계처리비용을 감소시킬 목적으로 단순한 회계제도를 선호한다면 역류원가계산제도가 그 대안으로 고려될 만하다. 역류원가계산제도는 도입되기 전에 반드시 제품별 표준원가나 예정원가가 설정되어 있어야 한다. JIT를 도입하지 않은 경우에도 일정한 재고수준을 유지하는 경우에는 역류원가계산의 결과는 회계기록을 물리적 흐름에 일치시켜 순차적으로 하는 전통적인 회계처리의 결과와 큰 차이를 보이지 않는다. 그러나 역류원가계산의 가장 큰 문제점은 재공품재고가 존재하는 데도 불구하고 이를 인식하지 않으므로 일반적으로 인정된 회계원칙에 위배된다는 데 있다. 또한 증거자료를 제공해 주지 못한다는 점에서는 역류원가계산제도는 한계를 지닌다. 따라서 회계정보시스템의 단순화는 어디까지나 기업운영활동의 단순화에 초점을 두어야 한다. 경영층은 너무 복잡하여 적시에 정보를 제공해 주지 못하는 회계제도나 너무 단순하여 완벽한 정보를 제공해 주지 못하는 회계제도는 피하여야 한다.

연·습·문·제

EXERCISES

주관식 문제

[12-1] 스마트(주)는 스포츠카를 제조·판매하고 있는데, JIT 생산시스템을 운영하고 있다. 지난 달의 원가자료는 다음과 같다. 회사는 제조간접원가를 직접노무원가의 160%로 배부하며, 배부차이는 연말에 매출원가에서 조정한다.

기초재고	₩0
원재료구입	800,000
사용된 원재료	520,000
직접노무원가 발생액	160,000
제조간접원가 발생액	256,000
완성된 제품	936,000
매출원가	700,000
기말재고	0

(요구사항)

1. 전통적인 원가시스템에서 행할 분개를 제시하시오.
2. 역류원가계산시스템에서 행할 분개를 제시하시오(단, 재고자산은 원재료구입시와 제품완성시에 인식한다).

[12-2] 스마트(주)는 JIT 생산시스템과 다음과 같은 두 개의 유발시점을 갖는 역류원가계산을 사용한다.

- 원재료 및 구성요소의 구입
- 완제품의 완성

스마트(주)의 제조활동과 관련된 지난 달의 자료는 다음과 같다. 단, 기초재고는 없다.

구입된 원재료	₩38,000
사용된 원재료	10,400

발생된 가공원가	8,100
가공원가의 배부	7,800
제품에 대체된 원가	18,200
매출원가	16,000

(요구사항)

지난 달의 요약 장부분개(설명 없이 그리고 부족배부된 또는 초과배부된 가공원가의 처리가 없이)를 제시하시오.

[12-3] 문구류를 생산하는 소백산(주)는 필요한 부품을 적시에 적량 생산·조달하고 있다. 회사는 원재료 구입시와 제품완성시에 회계처리를 한다. 회사의 8월 제조활동에 관한 자료는 다음과 같다.

제품단위당 표준원가	재료원가	₩8
	가공원가	₩10
원재료 구입액	₩4,800,000	
가공원가 발생액	₩5,050,000	
제품 생산량	500,000단위	
제품 판매량	450,000단위	

재료원가의 원가차이는 없으며 가공원가 배부차이는 월별 매출원가에서 조정한다.

(요구사항)

1. 8월의 요약장부 분개를 하시오.
2. 8월의 매출원가와 재고자산 기말잔액을 구하시오.

[12-4] 스마트(주)는 선풍기를 생산·판매하고 있으며, JIT시스템과 역류원가계산제도를 채택하고 있다. 현재 동사는 원재료 구입시점과 판매시점에서 원가계산을 실시하고 있다. 20×1년 10월중에 발생한 원가자료는 다음과 같다.

원재료 구입	₩750,000
원재료 사용	720,000
가공원가 발생	450,000
가공원가 배부	480,000

스마트(주)는 원재료 구입과 가공원가 발생액에 대해서는 실제원가를 기록하고 있으며, 제품이 판매될 때 전체 표준원가에 대하여 역류원가시스템에서 반영하고 있다.

동사의 단위당 표준변동원가는 다음과 같다.

직 접 재 료 원 가	₩24
직 접 노 무 원 가	12
변동제조간접원가	4

20×1년 10월중 30,000단위를 생산하여 27,000단위를 판매하였으며, 기초 및 기말재고는 없으며, 재공품 재고도 없는 것으로 간주한다.

(요구사항)

1. 정상원가계산하에서 20×1년 10월의 요약분개를 하시오(단, 가공원가 배부차이는 매출원가에서 조정한다).
2. 역류원가계산하에서 20×1년 10월의 요약분개를 하시오.
3. [요구사항 1]과 [요구사항 2]의 재고자산을 비교하시오.

[12-5] 다음 자료를 참고하여 요구사항에 답하시오.

구 입 된 원 재 료	①
사 용 된 원 재 료	₩400,000
발 생 된 가 공 원 가	320,000
배 부 된 가 공 원 가	300,000
제품으로 대체된 원가	②
매 출 원 가	650,000

유발시점은 재료의 구입과 제품생산의 완성시점이다.

	전통적 원가계산	역류원가계산
기 말 원 재 료	₩50,000	−
기말재공원료	−	₩58,000
기 말 재 공 품	③	−
기 말 제 품	④	⑤
총 재 고 자 산	⑥	⑦

(요구사항)

1. 재공품이 제품으로 완성된 비율은 얼마인가?
2. ① ~ ⑦의 금액을 구하시오.
3. 총재고자산의 차이와 그 이유를 설명하시오.

[12-6] 스마트(주)는 전자제품을 생산·판매하는 회사로 적시생산방식을 채택하고 있다. 따라서 원재료의 구입시점과 제품의 완성시점에서 회계처리를 하고 있다. 제품 한 단위 생산에 소요되는 시간은 몇 분 정도이다. 기초재고자산은 없으며, 이번 달에 발생한 원가자료는 다음과 같다. 단, 당기의 완성품원가는 ₩8,820,000이고, 매출원가는 ₩3,500,000이다.

원재료 구입액	₩7,392,000
원재료 사용액	5,040,000
가공원가 발생액	3,542,000
가공원가 배부액	3,780,000

(요구사항)

1. 제품의 완성시점에서만 거래를 인식하는 경우에 필요한 분개를 하시오.
2. 이상적인 적시생산방식을 채용하는 경우 물음 1에 다시 답하시오.
3. 적시생산방식의 장점을 기술하시오.

[12-7] 스마트(주)는 TV 부품을 생산하는 제조업체이다. 소백산(주)는 적시생산시스템을 채택하고 있으며 제품 한 단위를 생산하는 시간은 몇 분 정도이다. 소백산(주)는 다음의 2가지 거래시점을 인식하고 역류원가계산제도를 적용하고 있다.

- 원재료 및 구성요소의 구입
- 완제품의 완성

월초재고자산은 없으며 이번 달에 발생된 원가자료는 다음과 같다.

원재료 구입액	₩12,320,000
원재료 사용액	11,900,000
가공원가 발생액	5,908,000
가공원가 배부액	5,600,000
완성품원가	17,500,000
매출원가	16,660,000

(요구사항)

1. 이번 달에 필요한 분개를 하시오.
2. 제품의 완성시점에만 거래를 인식하는 경우 분개를 하시오.

[12-8] 스마트(주)는 라디오를 제조·판매하는 회사이다. 소백산(주)는 적시생산시스템을 구축하여 원부재료의 구입시점과 제품완성시점을 거래인식시점으로 하는 역류원

가계산제도를 운용하고 있다. 스마트(주)의 라디오 1대당 표준원가는 직접재료원가가 ₩26,000, 가공원가가 ₩15,000이다. 당월에 제조와 관련된 자료는 다음과 같다. 소백산(주)의 월초 원재료와 재공품은 없다.

원·부재료 구입액	₩7,420,000,000
가공원가 발생액	4,312,000,000
완 성 품 수 량	280,000대
판 매 수 량	268,800대

(요구사항)

1. 당월의 거래를 분개하시오(단, 재료원가 차이는 없으며, 가공원가 차이의 배부는 생략).
2. 2번째 거래인식시점이 완성시점이 아니라 판매시점인 경우의 분개를 하시오 (단, 재료원가 차이는 없으며, 가공원가 차이의 배부를 하시오).
3. 거래인식시점이 제품완성시점 하나인 경우 분개를 하시오.

찾아보기

공저자 약력

김 재 열

서강대학교 대학원 졸업(경영학 석사·박사)
현 건양대학교 경영학부 교수

〈주요 논문 및 저서〉
"과업상호의존성에 따른 비영리조직 부서관리자의 예산관련행동과 부서성과간의 관계"
"대학 교육서비스 품질측정과 학생인 고객만족도 제고에 관한 연구"
디지털시대의 경영관리기법

김 달 곤

서강대학교 대학원 졸업(경영학 석사·박사)
현 경상대학교 경영대학 교수

〈주요 논문 및 저서〉
"품질전략과 경영성과간의 관계에서 통제시스템의 매개효과"
"한·일기업의 예산 및 표준원가제도 운영실태 비교"

김 봉 기

서강대학교 대학원 졸업(경영학 석사·박사)
현 경인여자대학교 세무회계과 교수

〈주요 논문 및 저서〉
"신제품 개발전략과 성과평가유형이 신제품개발성과에 미치는 영향에 관한 연구"
"K연구원의 균형성과표 도입사례"

정 순 여

서강대학교 대학원 졸업(경영학 석사·박사)
현 제주대학교 회계학과 교수

〈주요 논문 및 저서〉
"품질비용 발생편차와 품질관리활동 그리고 성과간의 관계"
"성과주의 예산제도의 도입이 정부조직성과에 미치는 영향"

이 창 대

서강대학교 대학원 졸업(경영학 석사·박사)
현 목포대학교 경영학과 교수

〈주요 논문 및 저서〉
"성과평가 및 보상제도에서 비재무적 측정치의 활용에 관한 실증연구"
"금호타이어의 경영혁신활동－균형성과표와 6시그마를 중심으로"

김 상 우

서강대학교 대학원 경영학 박사
단국대학교 경영학부 외래교수
현 조세일보 재무교육원 원장

〈주요 논문 및 저서〉
"차별화 전략과 분권화 수준에 따른 성과측정지표의 활용도가 경영성과에 미치는 영향"
"AHP기법을 이용한 성과측정지표의 활용도에 대한 연구"

박 경 원

서강대학교 대학원 졸업(경영학 박사)
현 군산대학교 회계학과 부교수

〈주요 논문 및 저서〉
"경영전략, 성과측정시스템의 이용, 측정치의 다양성, 그리고 경영성과간의 관계"
"예산기반 보상에 있어서 예산목표와 변동성과급의 동기부여 효과"

이 상 완

서강대학교 대학원 졸업(경영학 박사)
현 동아대학교 경영학과 부교수

〈주요 논문 및 저서〉
"성과측정시스템의 이용과 조직성과간의 관계에서 성과측정지표의 다양성과 조직학습의 역할"
"공공기간의 BSC 운영기간과 조직성과간의 관계에서 PMS의 이용과 조직학습의 역할"

송 현 경
서강대학교 대학원 졸업(경영학 박사)
현 서강대학교 대우교수

〈주요 논문 및 저서〉
"제조부서의 관리회계시스템에 관한 연구: 상호의존성, 조직구조를 중심으로"
"최고경영자 교체에 따른 조직변화"

신 성 호
서강대학교 대학원 졸업(경영학 박사)
현 백석대학교 경상학부 조교수

〈주요 논문 및 저서〉
"경영전략과 예산시스템의 이용이 예산슬랙과 관리적 단기지향성에 미치는 영향"
"경영자의 단기지향성과 기업지배구조가 자본적 투자활동에 미치는 영향"

이 다 솜
서강대학교 대학원 졸업(경영학 박사)
현 강릉원주대학교 회계학과 조교수

〈주요 논문 및 저서〉
"조직정치가 성과측정지표의 다양성과 기업성과에 미치는 영향"
"The Role of Agility in the Relationship between Use of Management Control Systems and Organizational Performance: Evidence from Korea and Japan"

사용자 중심의
SMART 원가회계 [제 4 판 수정판]

2025년 9월 1일 제4판 수정판 발행
2021년 1월 30일 제4판 발행
2018년 8월 15일 제3판 발행
2015년 3월 2일 제2판 발행
2012년 3월 5일 초 판 발행

저 자 서강관리회계연구회
발행인 이 구 만
발행처 유원북스
04091 서울특별시 마포구 토정로 222,
한국출판콘텐츠센터 416호
전화 (02)593-1800 FAX (02)593-1801
등록 2011. 9. 6. 제25100-2012-3호
www.uwonbooks.com ywbooks@naver.com

정 가 29,000원 ISBN 979-11-6288-125-5